କବିତା କାହା ପାଇଁ

କବିତା କାହା ପାଇଁ

ସୁଚେତା ମିଶ୍ର

BLACK EAGLE BOOKS
2021

BLACK EAGLE BOOKS

USA address:
7464 Wisdom Lane
Dublin, OH 43016

India address:
E/312, Trident Galaxy, Kalinga Nagar,
Bhubaneswar-751003, Odisha, India

E-mail: info@blackeaglebooks.org
Website: www.blackeaglebooks.org

First Edition : Nilotpala Publications, 2002

First International Edition Published by
BLACK EAGLE BOOKS, 2021

KABITA KAHA PAAIN
by **Sucheta Mishra**

Cover & Interior Design: Ezy's Publication

ISBN- 978-1-64560-220-0 (Paperback)

Printed in the United States of America

ମୋର ଶବ୍ଦମାନେ ସମର୍ପିତ
ସେହି ମୁହୂର୍ତ୍ତମାନଙ୍କୁ
ଯାହା କୋଳରେ ସେମାନେ
ଜନ୍ମ ନେଲେ ।

ମୋର ଶବ୍ଦମାନେ ସମର୍ପିତ
ସେମାନଙ୍କୁ ବି
ଯିଏ ଏ ଶବ୍ଦମାନଙ୍କୁ
ସଂକଳିତ ରୂପରେ
ଦେଖିବାକୁ ଚାହିଁଲେ ।

Poetry, I feel, is a tyrannical discipline. You've got to go so far so fast in such a small space; you've got to burn away all the peripherals.

- Sylvia Plath

ଅଭିମତ

କବିତା ବିଷୟରେ ସୁଚେତା ମିଶ୍ର ଯାହା ଯାହା କହିଛନ୍ତି, ସେଥିରୁ କିଛି ମତେ ଜଣା ଥିଲେ ଅଭିମତଟିଏ ଲେଖିବା ପାଇଁ ଏତେ ଧନ୍ଦି ହୋଇ ନ ଥାନ୍ତି। ତା ଛଡ଼ା, ଯାହା କୁହାଯାଇଛି, ତା ସହିତ ତମେ ଏକମତ ନ ହେଲେ ନିଜର ମତ ବୁଝାଇ କହିବାର ସୁଯୋଗ ମିଳନ୍ତା, କିନ୍ତୁ ଏକମତ ହୋଇଥିଲେ କ'ଣ କରିବ? ଯାହା କୁହାଯାଇଛି ତାକୁ ଦୋହରାଇବ, ନଚେତ୍ ଅଳ୍ପ କେତୋଟି ଶବ୍ଦରେ ନିଜର ସମର୍ଥନ ଜଣାଇବ।

ତେବେ ଏତିକି ନିଶ୍ଚିତ ଭାବରେ କହିପାରିବି ଯେ ସୁଚେତା ମିଶ୍ର ଯାହା ଲେଖିଛନ୍ତି ତାହା ସେ କେବଳ କବିତା ଲେଖୁଥିବା ଯୋଗୁ ଲେଖିନାହାନ୍ତି, କବିତାରେ ବଞ୍ଚୁଥିବାରୁ ଲେଖିଛନ୍ତି। ସେପରି ବଞ୍ଚିବା ଫଳରେ ଯେଉଁ ଅନ୍ତର୍ଦୃଷ୍ଟି ଆସେ, କବିତାରେ ନ ବଞ୍ଚି କବିତା ଲେଖୁଥିବା ବ୍ୟକ୍ତିର ସେ ଅନ୍ତର୍ଦୃଷ୍ଟି ଆସେ ନାହିଁ। ସେପରି କବିତା ଲେଖୁଥିବା ବ୍ୟକ୍ତିର ଦୃଷ୍ଟିରେ ସେ ଲେଖିଥିବା କବିତା ହିଁ କବିତା, କିନ୍ତୁ ସୁଚେତା ମିଶ୍ରଙ୍କ ପରି କବିମାନେ ଜାଣନ୍ତି ଯେ କବିତାର ଶବ୍ଦମାନଙ୍କ ଅନ୍ତରାଳରେ ଯାହା ଥାଏ ତାହା ହିଁ କବିତା। ତାକୁ ଶବ୍ଦରୂପ ଦେବାକୁ ସେ ଅଧିକାଂଶ ସମୟରେ ଅସମର୍ଥ, ସୁତରାଂ ଅଧିକାଂଶ ସମୟରେ ପରାଜୟର ଅନୁଭବ ତା'ର ମୁଖ୍ୟ ଅନୁଭବ। ସହୃଦୟ ପାଠକ ହିଁ ସେପରି କବିତା ପଢ଼ିପାରେ, ତା'ର କବିକୁ ଚିହ୍ନେ, ଭଲପାଏ। ସେ ହିଁ ଜାଣେ ଯେ ସମୟ ଭିତରେ ଅବସ୍ଥିତ ସ୍ଥିତି ଛଡ଼ା ଆଉ ଗୋଟିଏ ସ୍ଥିତି ଅଛି, ସମୟାତୀତ ସ୍ଥିତି ଏବଂ ସେଠାକୁ ଯିବା

ପାଇଁ କବିତା ହିଁ ତା'ର ପଥପ୍ରଦର୍ଶକ। ସୁଚେତା ମିଶ୍ର ଯେତେବେଳେ କହନ୍ତି ଯେ ବ୍ୟକ୍ତିଗତ ପୀଡ଼ାକୁ ସର୍ବସ୍ୱ କରିଥିବା କବିତା ନିଜକୁ ଜାଣିଶୁଣି ସଂକୁଚିତ କରିଦିଏ, ସେ ଏଇ ସମୟାତୀତ ସ୍ଥିତି କଥା କହୁଛନ୍ତି, ସମ୍ପ୍ରସାରିତ ହେବାକୁ କୁଣ୍ଠିତ ମନକୁ ଧିକ୍କାର କରୁଛନ୍ତି। ବ୍ୟକ୍ତିଗତ ପୀଡ଼ା ଅର୍ଥହୀନ ବୋଲି ସେ କହୁନାହାନ୍ତି। ଜୀବନରେ ଘଟୁଥିବା ସବୁ ଘଟଣାର ତାତ୍ପର୍ଯ୍ୟ ଅଛି। କିନ୍ତୁ କବିତାକୁ ଆସିଲା ବେଳକୁ ତାହା କେବଳ ସେ ଜଣକର ଜୀବନର ଘଟଣା ହୋଇ ନ ରହିବା ଉଚିତ, ଅନେକଙ୍କର ଅନୁଭବର ଆଲୋକରେ (ବା ଅନ୍ଧାରରେ) ତାହା ପ୍ରଶସ୍ତ ହୋଇଯାଇଥିବା ଉଚିତ, ପ୍ରେମର କୌଣସି ନା କୌଣସି ରୂପରେ ରୂପାନ୍ତରିତ ହୋଇ ଯାଇଥିବା ଉଚିତ। କବିତାଟିଏ ଜଣକ ଦ୍ୱାରା ଲେଖାହୁଏ ଅବଶ୍ୟ, କିନ୍ତୁ ଲେଖା ହୋଇ ସାରିବା ପରେ ତାହା ପାଠକର ନିଜର କବିତା ହୋଇଯାଏ।

ଏ ସବୁ ଓ ଆହୁରି ଅନେକ କଥା ସୁଚେତା ମିଶ୍ର କହିଛନ୍ତି ଏ ବହିଟିରେ, କିନ୍ତୁ କହିଛନ୍ତି ଖୁବ୍ ଅଲଗା ଭାବରେ, ଗଦ୍ୟର ଛଦ୍ମବେଶ ପିନ୍ଧିଥିବା କବିତାରେ, ଏପରି ଶୈଳୀରେ ଯାହା ବେଳେବେଳେ ପକ୍ଷୀ ପରି ଓହ୍ଲାଇ ଆସି ଭୂଇଁକୁ ତନ୍ନ ତନ୍ନ କରି ଦେଖେ, ତା ପରେ ପକ୍ଷୀ ପରି ଉପରକୁ ଉଡ଼ିଯାଏ। ବେଳେବେଳେ ସେ ଦୁଃଖୀ ବି ହୋଇପଡ଼ିଛନ୍ତି, କିନ୍ତୁ କବିତା ଉପରେ ଗଭୀର ପ୍ରତ୍ୟୟ ଯୋଗୁଁ ଦୁଃଖକୁ ଅତିକ୍ରମ କରି ଯାଇଛନ୍ତି। ତାଙ୍କ ଦୃଷ୍ଟିରେ ତ "କବିତା ଜୀବନକୁ ସମ୍ଭାଳି ନେବାର ଗୋଟିଏ ନାଆଁ।"

ପୂରା ବହିଟିରେ ସୁଚେତା ମିଶ୍ରଙ୍କର କବିତା ପ୍ରତି ସମର୍ପଣଭାବ, ଅଭିଜ୍ଞତା ଓ ଅଭୀପ୍ସା ମିଶାମିଶି ଉପଲବ୍ଧି, ସବୁ କାବ୍ୟତତ୍ତ୍ୱର ଊର୍ଦ୍ଧ୍ୱରେ ଅବସ୍ଥିତ କବିତାକୁ ଚିହ୍ନାଇବାର ଆକୁଳତା ସୁସ୍ପଷ୍ଟ। ଏତେ ମୌଳିକ, ଏତେ ବାସ୍ତବ, ଏତେ ପ୍ରାଣବନ୍ତ ସୃଷ୍ଟି ଜଣେ ପ୍ରକୃତ କବିର ଲେଖନୀରୁ ହିଁ ସମ୍ଭବ।

ହରପ୍ରସାଦ ଦାସ

ସତରେ କବିତା କାହାପାଇଁ

ସତରେ କବିତା କାହା ପାଇଁ ? କବି କ'ଣ ତା'ର ବେଦନା-ଆନନ୍ଦ-ସିକ୍ତ ଆତ୍ମଜକୁ 'କାହା ପାଇଁ' ଜନ୍ମ ଦିଏ ? ପୁନେଇଁ ଜହ୍ନ କ'ଣ ପୂର୍ବାଶାରେ ଉଇଁ ଆସେ ନିର୍ଦ୍ଦିଷ୍ଟ କାହା ପାଇଁ ? ଘଞ୍ଚ ଆମ୍ବତୋଟାରେ କୋଇଲିର ଅଥୟ କୁହୁ ଅନୁରଣିତ ହୁଏ ନିର୍ଦ୍ଦିଷ୍ଟ କାହା ପାଇଁ ? କୁଳୁକୁଳୁ ଝରଣା ଗୀତ ଗାଇ ଗାଇ ଚାଲିଥାଏ କେହି ଜଣକ ପାଇଁ ?

ଏ ସଭିଙ୍କ ପରି କବିତା। ହୁଏତ ସେ ସଭିଙ୍କ ପାଇଁ। ହୁଏତ କାହାରି ପାଇଁ ନୁହେଁ। ଏମିତିକି କାବ୍ୟପୁରୁଷର ନିଜ ସତ୍ତା ପାଇଁ ବି ନୁହେଁ। ସୁଚେତା 'ଅତଳ ଗଭୀରତା' କଥା କହିଛନ୍ତି, ସାହସ ସଞ୍ଚୟ କରି ସେ ଗଭୀରତାକୁ ପ୍ରଶ୍ନ ପଚାରିବା କଥା କହିଛନ୍ତି। ଶବ୍ଦ ଯେ କବିର ମାନବୀୟ ପରିଚୟର ଉଦ୍ଧାରକ, ଏ କଥା ବୁଝିଛନ୍ତି ଆଉ ଶେଷରେ ସବୁ ସତ୍ କବିଙ୍କ ସହ ଭାଙ୍ଗି ପଡ଼ିଛନ୍ତି ଯେ "କିଛି ବି କହି ହେଲାନି"।

କବିତା ତ ସେଇ 'ଆରଜଣକ' ପାଇଁ - ଯିଏ କବିର ପ୍ରଶ୍ନାକୁଳ ମନ, ଅପାରଗତା-ଅବବୋଧର ଅସହନୀୟ ଦୁଃଖ ଓ କବିତାର ଅନ୍ତିମ ଶବ୍ଦାୟନର ଅସୀମ ଆନନ୍ଦକୁ ବୁଝେ। ଆପଣାର କରିନିଏ। ସେ ଆରଜଣକକୁ 'ସମଧର୍ମୀ' କୁହାଯାଇଛି, ରସଗ୍ରାହୀ, ବିଦଗ୍ଧ ପାଠକ କୁହାଯାଇଛି, ନାନା ବାଗରେ ବର୍ଣ୍ଣନା କରାଯାଇଛି। ସେ ଆରଜଣକ କବିର ହୃଦସ୍ଥଳରେ ଅଭିଷିକ୍ତ ନିଜେ। କାରଣ କବିତାଟିଏ ଜନ୍ମ ନେଲା ପରେ ସେ କବିତା ଯେ କେବଳ ଆପଣାର ହୋଇ ରହେନି - ସେ ମିଶିଯାଏ ଏକ ବୃହତ୍ତର ଆତ୍ମିକ ଗୋଷ୍ଠୀର

ନିଷ୍କପଟ ଅନୁଭବରେ । କବିତା ସତରେ କ'ଣ ଉଦ୍‌ଘାଟିତ କରେ ? ଚିରନ୍ତନ ସତ୍ୟ ? ଅପାଶୋରା ସ୍ୱପ୍ନ ? ଅଭୁଲା ସୌନ୍ଦର୍ଯ୍ୟ ନା' ଅଥଳ ଯନ୍ତ୍ରଣା ? ଗୋଟିଏ ଦୃଷ୍ଟିରେ କବିତା ଗୋଟିଏ ମୁଗ୍ଧ ସାକ୍ଷୀ, ନୀରବ ଦ୍ରଷ୍ଟା ଆମର ମାନବୀୟ ଭାଗ୍ୟର । ଗହନ ଅନ୍ଧାରରେ ଘୂରି ଘୂରି ଯାଇଥିବା ଆମର କୁନି ପୃଥିବୀର ମଣିଷ ହେବାର ମାନେ । ଆରଜଣକୁ ଦେଖାଇବାକୁ ଚାହେଁ ଦର୍ପଣରେ ଏଇ ମାନବୀୟ ଭାଗ୍ୟର ସତ୍ତା ଓ ସ୍ୱରୂପ । ଆଉ ଗୋଟିଏ ଦୃଷ୍ଟିରେ ସେ ପ୍ରତ୍ୟେକ ବସ୍ତୁରେ ଆବିଷ୍କାର କରେ ଏକ ଅଲୌକିକ ଐଶ୍ୱରୀୟ ସତ୍ତା, ଯାହାକୁ ଦେଖିଲା ପରେ ସବୁ କିଛି ଓଲଟ ପାଲଟ ହୋଇଯାଏ । ଜୀବନ, ମରଣ, ପ୍ରେମ, ମୃତ୍ୟୁ, କାମ୍ୟୁଙ୍କ ସାହଚର୍ଯ୍ୟ ବା Soliderity ଓ ଏକେଲାପଣିଆ ସବୁର ନୂଆ ଅର୍ଥ ଉଇଁ ଆସେ । କେତେବେଳେ କବିକୁ ଲାଗେ ସକଳ ଅପାରଗତା ସତ୍ତ୍ୱେ, ଅମାନିଆ ଶବ୍ଦଙ୍କ ସହ ଜୀବନବ୍ୟାପୀ ଧୂଳି ଖେଳ ସତ୍ତ୍ୱେ କିଛି କ'ଣ ଆଖିରେ ପଡ଼େ, ଦୃଶ୍ୟ ହୁଏ ? ଦସ୍ତୋଭସ୍କି ତାକୁ "The divine mystery in things" ବୋଲି ନାଁ ଦେଇଥିଲେ ।

କବିତା ସର୍ଜନାର ଉନ୍ମୁକ୍ତ ପରିସର ସମ୍ପର୍କରେ ସୁଚେତା ଅନେକ କିଛି କହିଛନ୍ତି । ଅର୍ଥହୀନ ପ୍ରଶ୍ନାକୁଳତା, ଅପୂର୍ଣ୍ଣତା, ଆତ୍ମୀୟତା, ପ୍ରତୀକ୍ଷା ଇତ୍ୟାଦି ଇତ୍ୟାଦି । ଏ ସବୁଥିରେ ତାଙ୍କ ନିଜସ୍ୱ କିଛି କହିବାର ଅଭୀପ୍ସା ଓ ଅନୁଭବୀ ପ୍ରାଣର ପରିଚୟ ସୁସ୍ପଷ୍ଟ । ପୋଥିଗତ ଜ୍ଞାନ ଗରିମା ପ୍ରାୟ ଅନୁପସ୍ଥିତ । ମୋତେ ଲାଗିଛି, ଏ ପ୍ରବନ୍ଧ ଗୁଡ଼ିକର ତାହା ହିଁ ବୈଶିଷ୍ଟ୍ୟ ଓ ଆଦରଣୀୟ, ଆକର୍ଷଣୀୟ ବିଭବ ।

କବିତା ସମ୍ପର୍କରେ ଶେଷ କଥା କିଛି ନାହିଁ ଯେମିତି ଜୀବନ, ପ୍ରେମ ବା ମୃତ୍ୟୁ ସମ୍ପର୍କରେ ବି ଅନ୍ତିମ କିଛି ଉଚ୍ଚାରଣ ନାହିଁ । କିଛି ଆତ୍ମିକ ଅବବୋଧକୁ ସ୍ୱଚ୍ଛ ଓ ନିର୍ଲିପ୍ତ ଭାଷାରେ ରୂପାୟିତ କରିଥିବା ଯୋଗୁଁ ମୋର ମନେହୁଏ, ଏ ପ୍ରବନ୍ଧଗୁଡ଼ିକ ପାଠକଙ୍କ ମନକୁ ଛୁଇଁବ ।

କେହି ଜଣେ ସମାଲୋଚକ କହିଥିଲେ ଯେ କବିର କାବ୍ୟ-ପରାକାଷ୍ଠାର ପ୍ରକୃତ ପରିମାପକ ତା'ର ଗଦ୍ୟର ଭାଷା ଓ ବକ୍ତବ୍ୟ । ସୁଚେତାଙ୍କ କବିତା ସହ, ତା'ର ସ୍ୱଚ୍ଛନ୍ଦ ସାବଲୀଳ ପ୍ରବାହ ଓ ସ୍ୱଚ୍ଛତା ସହ ଏ ପ୍ରବନ୍ଧଗୁଡ଼ିକ ବାସ୍ତବରେ ସମାନ୍ତର ।

ତା।୨୫/୦୯/୨୦୦୨ **ସୀତାକାନ୍ତ ମହାପାତ୍ର**

ଭୁବନେଶ୍ୱର

ଭୂମିକା

ଚିଠି ଆସିଛି। ପଚରା ଯାଇଛି "ଆପଣ ହଠାତ୍ କବିତା ଚର୍ଚ୍ଚା ବନ୍ଦ କରିଦେଲେ କାହିଁକି ?" 'କବିତା କାହା ପାଇଁ' ବାଲେଶ୍ୱରରୁ ପ୍ରକାଶିତ 'ଧ୍ୱନି ପ୍ରତିଧ୍ୱନି' ସମ୍ବାଦପତ୍ରର ସାହିତ୍ୟପତ୍ର 'ସୁଚୟନ'ରେ ନିୟମିତ ପ୍ରକାଶିତ ହେଉଥିଲା ପ୍ରାୟ ବର୍ଷେ ଧରି (୨୦୦୦ ନଭେମ୍ବର ଠାରୁ ୨୦୦୨ ମାର୍ଚ୍ଚ ପର୍ଯ୍ୟନ୍ତ)। ଏହା କିପରି ସମ୍ଭବ ହେଉଥିଲା ଏବଂ ମୁଁ କେମିତି ଲେଖି ପାରୁଥିଲି, ମତେ ଜଣା ନାହିଁ। କେବଳ ଏତିକି ଜାଣିଛି, ଦିନେ ମତେ ଲାଗିଥିଲା ଗୋଟିଏ ଅତଳ ଗଭୀରତା ଭିତରେ ମୁଁ ଅଛି। ଏ ଗଭୀରତା ପ୍ରତି ଯଦିଓ ମୁଁ ଥିଲି ସଜାଗ, ଏବେ ତା' ବିଷୟରେ ଶବ୍ଦଟିଏ ବି କହିପାରିବିନି। ସେ ଗଭୀରତା ସହ ସଂଶ୍ଳିଷ୍ଟ ଥିଲେ ମୋର ମନ, ଶ୍ୱାସ, ବାଣୀ, ଚକ୍ଷୁ, କର୍ଣ୍ଣ ଓ ଚେତନା; କିନ୍ତୁ ସତ କହିବାକୁ ଗଲେ, ସେ ଗଭୀରତାକୁ ନା ମସ୍ତିଷ୍କ ଦ୍ୱାରା ବୁଝି ହେଉଥିଲା ନା ବାଣୀରେ ପ୍ରକାଶ କରି ହେଉଥିଲା। କେଜାଣି ଅଦମ୍ୟ ସାହସ ସହିତ କେମିତି ସେ ଗଭୀରତାକୁ ପ୍ରଶ୍ନ ପଚାରି ପାରୁଥିଲି।

ଏଇ କେତେବର୍ଷରେ ସ୍ୱୀକୃତି, ବିଫଳତା, ପ୍ରଶଂସା, ଆକ୍ଷେପ, ପୀଡ଼ା, ହତାଶା ଓ ଅଭିମାନମାନେ ମତେ ବାଧ କରୁଥିଲେ ପଚାରିବା ପାଇଁ ଯେ, ମୁଁ ଏମିତି କାହିଁକି ବା ମୋ ଭଳି ଅନ୍ୟମାନେ ଏମିତି କାହିଁକି ? ମଣିଷ ଭିନ୍ନ ଭିନ୍ନ, କିନ୍ତୁ ପୃଥିବୀ ଯାକର ସବୁ କବି ଏକା ଭଳି। ମୁଁ କେବେଠାରୁ ସ୍ୱୀକାର କରିନେଇଛି ଯେ, କବିତାର ହୃଦୟଗ୍ରାହୀ ପ୍ରତିଟି ପାଠକ ବି ଜଣେ ଜଣେ ଶ୍ରେଷ୍ଠ କବି।

ବୟସ, ଅନୁଭୂତି କି ଯତ୍‌କିଞ୍ଚିତ୍ ସାଧନା ମତେ ଜଣାନାହିଁ, କିଏ ଜଣେ ଶିଖେଇଲା ଯେ ଶବ୍ଦ କବି ପାଖକୁ କେବେ ବି ନିର୍ଜୀବ, ସନ୍ଦର୍ଭାତ୍ମକ ସଂକେତ ଭାବରେ ଆସେନି; ବରଂ ଏହା ସ୍ୱତଃ ଯଥାର୍ଥ, ଜୀବନ୍ତ ଏବଂ ସମ୍ମୋହନ ତଥା ଆରାଧ୍ୟ ରୂପରେ ଆସେ। କାହିଁକି ନା ଶବ୍ଦ ହିଁ କବିଙ୍କର ମାନବୀୟ ପରିଚୟର ଉଦ୍ଧାରକ। କବି ଶବ୍ଦକୁ ଏମିତି ସ୍ୱାଗତ କରନ୍ତି, ଯେମିତି କି ସେ ଜନ୍ମ ଜନ୍ମ ଧରି ତା'ର ବାଟ ଚାହିଁ ବସିଥିଲେ। ସେଇ ଗଭୀରତାକୁ ପ୍ରଶ୍ନ କରିଥିଲି- କାହିଁକି କିଏ ବୁଝିବେନି କବିଙ୍କର ଏଇ ପ୍ରତୀକ୍ଷାର କଥା, କାହିଁକି ବୁଝିବେନି ତାଙ୍କର ନିଷ୍ଠା, ବିଫଳତା, ପ୍ରାପ୍ତି ଓ କ୍ଷୟର କଥା, କାହିଁକି କବିତା ଶୁଣି 'ବାହାବା' କହି ଉଠିଯିବେ ଥରେ ଭାବିବେନି ତାଙ୍କର କଲବଲ, ତାଙ୍କର ଉଜାଗର ରହିବାର କଥା ?

ଏଇ ଛୋଟ ଛୋଟ କଥାମାନଙ୍କୁ ଆଜି ଏକତ୍ର କଲାବେଳେ ମୁଁ ପୁଣିଥରେ ଭାଙ୍ଗି ପଡୁଛି ଏଇୟା ଭାବି ଯେ, କିଛି ବି କହି ହେଲାନି। ବାସ୍ତବିକ୍ ମୁଁ କିଛି ହିଁ କହିପାରି ନାହିଁ। ଜନ୍ମ, ମୃତ୍ୟୁ, ପ୍ରେମ ଭଳି ଆଦି-ଅନ୍ତହୀନ କବିତା। ସେଥିରୁ ଟିପେ ବି ଛୁଇଁ ପାରିଲିନି, କିନ୍ତୁ ଗୋଟିଏ ଆଶ୍ୱାସନା, କାଲେ କିଏ ଏହାକୁ ପଢ଼ିବା ପରେ ଆହୁରି ବହୁତ କିଛି ଅନୁଦ୍‌ଘାଟିତକୁ ପ୍ରକାଶ କରିଦେଇ ପାରିବ। କାଲେ କିଏ କହିପାରିବ, ଯାହା ସବୁ ଲେଖାଯାଇଛି ଏ ବହିରେ ସବୁ ଭୁଲ୍ - ଅସଲରେ ସତ୍ୟମାନେ ଭିନ୍ନ ପ୍ରକାର ଏବଂ ଆହୁରି ଗହୀର।

ଅତଳ ଗଭୀରତାରେ ଯେତେବେଳେ ଶ୍ୱାସ ମିଳୁ ନ ଥିଲା, ଏକ ଅଦ୍ଭୁତ ଖୁସି କିନ୍ତୁ ମତେ ଛୁଇଁ ଯାଉଥିଲା। ମତେ ଲାଗୁଥିଲା- ମୁଁ, ମୋର ସମସାମୟିକ, ମୋର ପୂର୍ବପିଢ଼ି, ମୋର ଉତ୍ତରପିଢ଼ି ଏବଂ ଆଗକୁ ଜନ୍ମ ହୋଇ ନ ଥିବା ସବୁ କବି - ଆମେ ସମସ୍ତେ ଛିଡ଼ା ହେଇଛୁ ଗୋଟିଏ ଭୂଇଁରେ। ଓଃ ! କେତେ ପାଖରେ ! ଆମ ସଭିଙ୍କର ହୃଦୟର ସ୍ପନ୍ଦନ ମିଳିମିଶି ତୋଳୁଛି ଏକ ମଧୁର ଝଂକାର। ଈର୍ଷା-ଦ୍ୱେଷ ନାହିଁ। ଅହଂକାର, ପରଶ୍ରୀକାତରତା ନାହିଁ। କେତେ ସ୍ୱର୍ଗୀୟ ସତରେ କବିତା !

କବିଟିଏ କେବେ କିଛି ଲୋଡ଼େନି। କେବଳ ଅନ୍ୟର ନିକଟତର ହେବାକୁ ଚାହେଁ, ପାଖରେ ରହିବାକୁ ଚାହେଁ। ଏହା ବି ତ ସାହିତ୍ୟର ଧର୍ମ - ସହିତ ରହିବାର ଭାବ। କାହିଁକି ଦୁର୍ବୋଧ, ଅବୋଧ ହେବ କବିତା ? କାହିଁକି ଆମେ କହିବା, କବିତା ଫାଲତୁ ବୋଲି, କାହିଁକି ଆମ କତିରେ, ଆମ ସହ ଜିଇଁ ଆସୁଥିବା କବିତାକୁ ଆମେ ଚିହ୍ନିବାନି ? କାମ୍ୟୁଙ୍କର ପ୍ରସିଦ୍ଧ କାହାଣୀ 'ଦି ଆର୍ଟିଷ୍ଟ'ର ନାୟକ (କଳାକାର) ମାସ ମାସ ଧରି ଗୋଟିଏ ଛବି ଆଙ୍କିବା ଲାଗି ଏକାଗ୍ର ରହି ସର୍ବଶେଷରେ ଗୋଟିଏ ଧଳା କାନ୍‌ଭାସ୍ ଉପରେ କେବଳ 'ସଲିଡାରିଟି' (ସାହଚର୍ଯ୍ୟ) ଶବ୍ଦଟି ଲେଖିଦେଇ କୃତକୃତ୍ୟ

ହୋଇଯାଏ। କବିଟିଏ ଆଉ କ'ଣ କରେ କି? ଭଲପାଏ ବୋଲି କହିବ ବୋଲି ଶବ୍ଦମାନଙ୍କୁ ସଜଡ଼ ସଜଡ଼ ଜନ୍ମଟିଏ ସାରିଦିଏ।

'କବିତା କାହା ପାଇଁ' ଲେଖିବା ବେଳେ ମୁଁ ନିଜ କଥା କହିଛି କମ୍। ମୋର ଅନୁଭୂତିଗୁଡ଼ିକ କେବଳ ମାତ୍ର ଉପଲକ୍ଷ। ଅତଳ ତଳ ଭିତରେ ସେହି ଅନୁଭୂତିମାନେ କେବେ କେବେ ମତେ ଆଲୁଅ ଦେଖେଇଛନ୍ତି, ସତ୍ୟର ନିକଟତର ହେବାକୁ। ନ ହେଲେ ଏତେ ଅନ୍ଧାର, ଏତେ ଐଶ୍ୱର୍ଯ୍ୟ ଭିତରେ ମୁଁ ସେମିତି ଆଗଭଳି ମୁଣ୍ଡପୋତି ବସିରହି ଥାଆନ୍ତି।

'କବିତା କାହା ପାଇଁ' କହିବାର ଅର୍ଥ କବିତା କେବଳ ନିର୍ଦ୍ଦିଷ୍ଟ କେଇଜଣଙ୍କ ପାଇଁ ଭାବିବା ଯୁକ୍ତିଯୁକ୍ତ ନୁହେଁ। 'କବିତା କାହା ପାଇଁ କହିବାର ଅର୍ଥ- କବିତାକୁ ହୃଦୟଙ୍ଗମ ଓ ଧାରଣ କରୁଥିବା ବ୍ୟକ୍ତିସତ୍ତାଟି କେଉଁଭଳି, ସେଇ କଥା କହିବା। ଯାହା ଏ ବହିରେ ଅଛି, ତାହା ମୋର ଜ୍ଞାନ, ଗରିମା ନୁହେଁ - ଏକ ସୁକୁମାର ସମ୍ମୋହନ। ମୁଁ ଜାଣିଥିଲି ସେ ସମ୍ମୋହନ ବେଶୀ ସମୟ ରହିବନି। ଯେଉଁ ଅଜଣା ସ୍ୱରଟି ମୋ କାନ ପାଖରେ ଯାହା ସବୁ କହିଦେଇ ଯାଉଛି, ଦିନେ ହଠାତ୍ ସେ ସ୍ୱର ମତେ ଆଉ ଶୁଣା ଯିବନି ଓ ମତେ ବାଧ୍ୟ ହୋଇ ଇତି ଲେଖିବାକୁ ହେବ। ତାହା ହିଁ ହେଲା। କିନ୍ତୁ ମତେ ଖୁବ୍ ଭଲକରି ଜଣା କବିତା ତା'ର ବିପୁଳ ଓ ରହସ୍ୟମୟ ସୌନ୍ଦର୍ଯ୍ୟକୁ ଧରି ଠିକ୍ ପୂର୍ବବତ୍ ନୂଆ।

ମୁଁ ମୋର ପାଠକ/ପାଠିକାଙ୍କ ପାଖରେ କୃତକୃତ୍ୟ। ସେମାନଙ୍କର ସୌହାର୍ଦ୍ଦ୍ୟ ମତେ ସାହସ ଦେଇଛି। ମୁଁ କୃତଜ୍ଞ 'ଧ୍ୱନି ପ୍ରତିଧ୍ୱନି'ର ସମ୍ପାଦିକା ଶ୍ରୀମତୀ ସୈରିନ୍ଧ୍ରୀ ସାହୁ ଓ ଏହାର ସାହିତ୍ୟ ପୃଷ୍ଠାକୁ ଜୀବନ୍ତ କରି ସଜଉଥିବା ଶ୍ରୀଯୁକ୍ତ କୃଷ୍ଣ କୁମାର ମହାନ୍ତିଙ୍କ ପାଖରେ। ଏମାନଙ୍କର ସହଯୋଗ ଓ ପ୍ରେରଣା ମତେ ଉତ୍ସାହିତ କରିଛି। ସର୍ବୋପରି ମୁଁ ଋଣୀ କବି ଓ ପ୍ରକାଶକ ଶ୍ରୀଯୁକ୍ତ ସଦାଶିବ ଦାଶଙ୍କ ପାଖରେ, ଯିଏ ଏ ଲେଖା ସବୁ ବହିର ଆକାର ନେଉ ବୋଲି ନିଜ ତରଫରୁ ଆଗ୍ରହ ପ୍ରକାଶ କରି ମତେ ଚମତ୍କୃତ କରିଛନ୍ତି। ଏସବୁ ମତେ ଭବିଷ୍ୟତରେ ଆଉ କିଛି ଖୋଜିବା ଲାଗି ନିଶ୍ଚୟ ବାଧ୍ୟ କରିବ। କୃତଜ୍ଞତା ବୋଲି କୁହାଯାଉଥିବା ଆମର କିଛି ଅନୁଭବ ପ୍ରକୃତରେ କୃତଜ୍ଞତାଠାରୁ ଗଭୀର - ଯେଉଁଠି ଶବ୍ଦମାନେ ରହିଯାଆନ୍ତି ଅନୁଚ୍ଚାରିତ, ଆମ ସାହିତ୍ୟର ଦୁଇ ଯଶସ୍ୱୀ କବି ଶ୍ରୀଯୁକ୍ତ ରମାକାନ୍ତ ରଥ ଓ ଶ୍ରୀଯୁକ୍ତ ସୀତାକାନ୍ତ ମହାପାତ୍ରଙ୍କର ଆନ୍ତରିକ ଶ୍ରଦ୍ଧାର୍ପଣ ପାଖରେ ମୋର ଅନୁଭବମାନେ କିଛି ଏହିଭଳି ଅସହାୟ।

ଏବଂ ଶେଷରେ, ସବୁ ଉଦାସ-କ୍ଲାନ୍ତ ଆଖିକୁ ମିଳୁ ସ୍ୱପ୍ନ, ସବୁ ଭଗ୍ନ-ନିକାଞ୍ଚନ ହୃଦୟକୁ ମିଳୁ ପରିବ୍ୟାପ୍ତ ପ୍ରେମ, ମୋର ପ୍ରାର୍ଥନା।

- ସୁଚେତା ମିଶ୍ର

ସୂଚିପତ୍ର

ଅଙ୍ଗୀକାର

ଯେବେ କବିତା ଲେଖୁ ନ ଥାଏ, ସେତେବେଳେ କବିତା ବିଷୟରେ ଭାବୁଥାଏ। ଦିନ ଦିନ ବିତିଯାଏ କଲମ ନ ଛୁଇଁ, ହେଲେ ନିରନ୍ତର ଅନ୍ତର ଭିତରେ କ'ଣ ସବୁ ଜମା ହେଉଥାଏ। ସେସବୁ ଆବର୍ଜନା ନୁହେଁ। ଆବର୍ଜନା ହୋଇଥିଲେ ଏତେ ଐଶ୍ୱର୍ଯ୍ୟମୟ ଲାଗନ୍ତା ନାହିଁ। କୌଣସି ଦୁଃଖ କି ପୀଡ଼ା ନୁହେଁ, କୌଣସି ଅଭାବ କି ଅବସୋସ ନୁହେଁ। କେବଳ ଗୋଟିଏ ବିସ୍ତୃତି, ଗୋଟିଏ ଅନନ୍ତ-ବିପୁଳ, ଯାହାକୁ ଧାରଣ କରିବା ସହଜ ନୁହେଁ। ବଜ୍ର ଭଳି ନ କଲେ ନିଜକୁ, ଯାହା ମତେ ଚୁରମାର୍ କରିଦେବ, ସେମିତି ଲାଗୁଥାଏ। ସେତେବେଳେ ବଡ଼ କାକୁସ୍ଥ ଭାବରେ ଚାହେଁ, ମୁଁ ସାଉଁଟି ରଖିଥିବା ବହିମାନଙ୍କ ଆଡ଼େ। ଏକାଧିକ ବହି, ଅଜସ୍ର ଶବ୍ଦ, ଅସରନ୍ତି କବିତା କାହା ପାଇଁ?

ସେହି ଲୋକମାନଙ୍କର କଥା ମନକୁ ଆସେ, ଯେଉଁମାନେ ଧରାବନ୍ଧା ଜୀବନ, ଧରାବନ୍ଧା ବିଚାର, ଧରାବନ୍ଧା ଇତିହାସ, ସେ ଅନୁଯାୟୀ ଅତୀତ, ପୂର୍ବ ନିର୍ଦ୍ଧାରିତ ଭବିଷ୍ୟତ ଓ ଏକ ଯାନ୍ତ୍ରିକ ସମ୍ବେଦନତନ୍ତ୍ର ଭିତରେ ଜିଇଁ ଯାଆନ୍ତି। ଏ ଧରାବନ୍ଧା ଜୀବନ ଭିତରୁ ସେମାନେ ଭରସି ବାହାରି ପାରନ୍ତି ନାହିଁ। ଜୀବନକୁ ଆଉ ଏକ ନୂଆ ମୋଡ଼ରେ ନେଇ ପରୀକ୍ଷା କରିବାକୁ ଚାହାନ୍ତିନି। ସେମାନେ ପ୍ରେମ ବି କରନ୍ତି ତ ମାପିଚୁପି, ବିଲ୍‌କୁଲ୍ ତୌଲ କରି। ସେମାନେ କବିତାକୁ କେମିତି ଦେଖୁଥିବେ? ଏମିତି ଲୋକଟି ଯଦି କବିତା ବ୍ୟତୀତ ଅନ୍ୟ କିଛି ଲେଖୁଥିବ (ସବୁ ମଣିଷ ପ୍ରଥମେ କବି) ତେବେ କହୁଥିବ- କବିତାରେ କ'ଣ ଅଛି? ଗପ, ଉପନ୍ୟାସ, ପ୍ରବନ୍ଧ ପଢ଼। ଯଦି ସେ ସମ୍ପାଦକ ହୋଇଥିବେ (ଭଲ କବିତା ମାଗିନେଇ ଛାପୁଥିଲେ ବି) କହୁଥିବେ ମାତ୍ର କୋଡ଼ିଏଟି ଖଣ୍ଡିଆ ଧାଡ଼ି ପାଇଁ ପଚାଶ ଟଙ୍କାର ପୂଜା ପତ୍ରିକା କବିଙ୍କୁ ଉପହାର ଥାଉ। ଆଉ ଯଦି ଏମିତି ଲୋକଟି ନିଜକୁ କବି ବୋଲି କହୁଥିବ (ଆପାତତଃ କବିତା ଭଳି କିଛି ଲେଖୁଥିବ) ତେବେ ସେଥିରେ କବିତା ଅପେକ୍ଷା ସମ୍ବାଦ ଥିବ ଅଧିକ ଏ ଶ୍ରେଣୀର ଲୋକଙ୍କୁ ଯଦି ପାଠକ ବୋଲି ଗ୍ରହଣ କରିବା, ତେବେ ବିଚରା ନିଷ୍ପାପର

କବିଟିକୁ ଆହୁରି ଅଧିକ ଏକାଗ୍ର ହେବାକୁ ହେବ କବିତା ମାଧ୍ୟମରେ ତାଙ୍କ ପାଖରେ ପହଞ୍ଚିବାକୁ (ସମ୍ଭାବନା କମ୍)।

କିନ୍ତୁ କବିତା କ'ଣ ପାଠକ ପାଇଁ ଲେଖାଯାଏ ? ବହୁ କବିଙ୍କୁ କହିବାର ଶୁଣିଛି- ଆତ୍ମଶୁଦ୍ଧି (କି ଆତ୍ମବିନୋଦ) ପାଇଁ ଆମେ ଲେଖୁ। ଯିଏ ବୁଝିବ ବୁଝୁ, ଯିଏ ନ ବୁଝିବ ବରଂ ନ ପଢୁ। କବିତା କ୍ଷେତ୍ରରେ ଏ କଥାଟି ସମ୍ପୂର୍ଣ୍ଣ ଅସ୍ୱୀକାର କରିଦେବା ସହଜ ନୁହେଁ।

କର୍ମକୁ ଯଦି ତିନି ଭାଗରେ ବିଭକ୍ତ କରାଯାଏ- ନିତ୍ୟ, ନୈମିତ୍ତିକ ଏବଂ କାମ୍ୟ, ତେବେ କବିତାକୁ ଆମେ କାମ୍ୟ ବୋଲି କହିପାରିବା। ନିତ୍ୟ, ଅର୍ଥାତ୍ ଯାହା ନିତ୍ୟ ସମ୍ପନ୍ନ ହେଉଥାଏ, ଯଥା ଖାଇବା, ଶୋଇବା, ଶୌଚ ଆଦି। ନୈମିତ୍ତିକ କର୍ମ ଯାହା ଖାସ୍ ନିମିତ୍ତ ଲାଗି ହୁଏ, ଯଥା ସୁରକ୍ଷା ପାଇଁ ଅସ୍ତ୍ର ତିଆରିବା, କଳା-ସଂସ୍କୃତିକୁ ସାଇତିବା ଲାଗି ନୃତ୍ୟଶାସ୍ତ୍ର ଲେଖାଯିବା କି ପୋଲିଓକୁ ତଡ଼ିବା ପାଇଁ ଛୁଆଙ୍କୁ ମାଗଣାରେ ଔଷଧ ଖୁଆଇବା। କବିତାକୁ କାମ୍ୟ କର୍ମ କହିବାର ଅର୍ଥ, କବି ଏ କର୍ମଟି ନ କରି ରହିପାରେନି। ଏହା ନିତ୍ୟ ଓ ନୈମିତ୍ତିକ ହେବାକୁ ବାଧ୍ୟ ନୁହେଁ। ବରଞ୍ଚ ଏ ଦୁଇଟି ରାସ୍ତାରେ ଚାଲିଲେ କବିତାରୁ ଔଜ୍ଜ୍ୱଲ୍ୟ ହ୍ରାସ ହେବାର ଭୟ ଥାଏ।

ଆମେ କାହିଁକି କହୁ କବିତା ପାଇଁ ସହୃଦୟ ପାଠକର ଆବଶ୍ୟକତା ଅଛି। କବିଟିଏ ହେବା ପାଇଁ ବି ତ ପ୍ରଥମେ ସହୃଦୟ ହେବା ଜରୁରୀ। ସହୃଦୟ ଶବ୍ଦର ଏକ ଭିନ୍ନ ତର୍ଜମା କରାଯାଇ ପାରେ। ସହୃଦୟର ଅର୍ଥ ନୁହେଁ ଯେ, କେବଳ ଜଣଙ୍କ ପାଖରେ ହୃଦୟ ଥିବ ବରଂ ସେ ଅନ୍ୟ ପାଖରେ ହୃଦୟର ପ୍ରମାଣ ଦେଇ ପାରୁଥିବ। ସେ ଅନ୍ୟଟି କବିତା ବୋଲି ଧରାଯାଉ। ସହୃଦୟ ସିଏ, ଯାହାକୁ କବିତାର ଶାଣିତ ତରବାରୀ ବିଦ୍ଧ କରିଯାଏ। ହୃଦୟ ବି ପାତ୍ରଟିଏ, ଯେଉଁଥିରେ ଜୀବନର ସମସ୍ତ ଦ୍ରବ୍ୟ ଥାଏ। ସହୃଦୟ ସେ ପାତ୍ରଟିକୁ କବିତା ଆଗରେ ଥୋଇଦିଏ, ଯେମିତି କବିତା ତାହାକୁ ପାନ କରିପାରିବ, ତାକୁ ସମ୍ପୂର୍ଣ୍ଣ ଖାଲି କରିଦେଇ ପାରିବ।

ହୃଦୟ ପାତ୍ରକୁ ଖାଲି କରିବା ସଂକ୍ରାନ୍ତରେ କାବ୍ୟ ଶାସ୍ତ୍ରୀ ମମ୍ମଟ କହିଛନ୍ତି- ସଦ୍ୟଃ ପରନିର୍ବୃତ୍ତି- ତତ୍‌କାଳ ମୃତ୍ୟୁ। ଜିଇଁ ରହି ଖାଲି ହେଇଯିବା ହିଁ କବିର ଆନନ୍ଦ (ପରନିର୍ବୃତ୍ତିର ଅନ୍ୟ ଅର୍ଥ ଆନନ୍ଦ ମଧ୍ୟ)। କବିତା ତା' ପାଇଁ, ଯିଏ ବଞ୍ଚି ଥାଉ ଥାଉ ବାରମ୍ବାର ଖାଲି ହେଇଯିବାର ସାମର୍ଥ୍ୟ ଓ ସଂକଳ୍ପ ରଖିଥିବ। ସେ କବି ହେଇପାରେ ବା କେବଳ ପାଠକ (ମୋଟେ କବିତା ଲେଖି ନ ଥିବା ମଣିଷ ଅଛନ୍ତି, ଯେଉଁମାନେ କବି ଭଳି ଜୀଅନ୍ତି)। ଏଭଳି ଏକ ଅପରିଚିତ କିନ୍ତୁ ରମଣୀୟ ମୃତ୍ୟୁର ଅଭ୍ୟାସ କରିବାକୁ ଯାହା ପାଖରେ ସାହସ ଓ ଏକାଗ୍ରତା ନାହିଁ ସେ ବରଂ କବିତାଠାରୁ ଦୂରରେ ରହିବା ଭଲ।

■

ମୃତ୍ୟୁର କଳା

କାହିଁକି ମନେହୁଏ ଯେ, କବିତା ଭିତରେ ଗୋଟେ ଡାକ ଅଛି। ସେ ଡାକ କବିତାର ଧାଡ଼ି, ଶବ୍ଦ, ଅକ୍ଷରମାନଙ୍କର ବାଡ଼ ଡେଇଁ ଦୂରରୁ କେଉଁଠୁ ଶୁଣାଯାଉଥାଏ। ଯେତେବେଳେ ଶୀତରାତିରେ ଦୁଆର ଖୋଲି ମୁଁ ପିଣ୍ଡାରେ ଛିଡ଼ା ହୁଏ, ସେତେବେଳେ ସେ ସ୍ୱରଟିକୁ ହିଁ ଝୁରି ହେଉଥାଏ। କୁହୁଡ଼ି ମିଶା ଅନ୍ଧାରରେ ଆକାଶ ସାରା ଖୋଜି ଆସେ ନକ୍ଷତ୍ରମାନଙ୍କୁ। ଅଚିହ୍ନା ରାତିଜଗା ପକ୍ଷୀର ଏକ ନିହାତି ଅପରିଚିତ ସ୍ୱର ସହିତ ସମୁଦ୍ରର ସ୍ୱର ମତେ ଅନେକ ରାତି ଯାଏଁ ଉଜାଗର ରଖେ। ବିୟୋଗକୁ ଅନୁଭବି ହୁଏ। କେହି ଜଣେ ଦାର୍ଶନିକ କହିଥିଲେ- 'କବିତା, ମୃତ୍ୟୁର କଳା'। ସେ ଦାର୍ଶନିକଙ୍କର ନାଁ ଆଜିଯାଏଁ ଖୋଜି ପାଇଲିନି (କିଏ ଜାଣିଥିଲେ କହିବେ) କିନ୍ତୁ ଗୋଟିଏ ସତ୍ୟକୁ ବୁଝି ପାରିଛି ଯେ, ସହୃଦୟ ଆଗରେ କବିତା ନିଜକୁ ବିଭିନ୍ନ ବିନ୍ୟାସ, ଅର୍ଥ ଓ ଅନୁଗୁଞ୍ଜନରେ ଥୋଇଦେଇ ପାରେ। କବିତା ଅକ୍ଷର, ଶବ୍ଦ, ବାକ୍ୟ, ଲୟ ଆଦିର ଅପ୍ରତ୍ୟାଶିତ ସଂଯୋଗ ସ୍ଥଳ। ସହୃଦୟର କାମ ହେଲା ନିଜର ସମସ୍ତ ଅବଧାରଣାକୁ ଠେଲି ଦେଇ ଏହି ସଂଯୋଗକୁ ଘଟିତ ହେବା ଲାଗି ସୁଯୋଗ ଦେବା। ଏହି ସଂଯୋଗ ତିଆରି ହେବା ପ୍ରକ୍ରିୟାରେ ହିଁ ତା ନିଜର ବିୟୋଗର ରୂପାନ୍ତର ସମ୍ଭବ ହୋଇପାରିବ। ସେହି ସଂଯୋଗରେ ହିଁ ଥାଏ ଗୋଟିଏ ଅନ୍ତରଙ୍ଗ ଡାକ, ଯାହା ତାକୁ ବେଳ ଅବେଳରେ ଅଥୟ କରେ, ହୃଦୟରେ ଶାଣିତ ତରବାରୀ ପରି ଭେଦ କରିଯାଇପାରେ। ସେତେବେଳେ ହୃଦୟ କ'ଣ କେବଳ ହୃଦୟ ହୋଇ ରହେ? ବ୍ୟଥିତ, ଉନ୍ମତ୍ତ, ଉଦାସ ହେଉଥିବା ହୃଦୟ ଆତ୍ମାକୁ ଧାରଣ କରିବାର ସାମର୍ଥ୍ୟ ପାଇ ସାରିଥାଏ।

କେଡ଼େ ବିଚିତ୍ର କଥା ନା, ଯେକୌଣସି ମୁହୂର୍ତ୍ତରେ ବନ୍ଦ ପଡ଼ିଯିବାକୁ ଥିବା ହୃଦୟ ଏମିତି ଚିଜଟିକୁ ସାଇତି ରଖିପାରେ, ଯାହାର ଜନ୍ମ କି ମୃତ୍ୟୁ ନାହିଁ। କେବେ କେବେ ଭାବିଛି ପିଲାଦିନରୁ ଶୁଣିଥିବା ଆତ୍ମା-ଅବିନଶ୍ୱର କଥାଟି ଭୁଲିଯିବି।

ସେତେବେଳେ ଲାଗିଛି- ଆହୁରି ଗୋଟିଏ ଚିଜ ଅଛି, ଯାହାର ଜନ୍ମ କି ଅନ୍ତ ନାହିଁ। ସେ ମୃତ୍ୟୁ। ଆମ ଅସ୍ତିତ୍ୱର ବହୁ ପୂର୍ବରୁ ଓ ଆମର ଅନ୍ତ ପର୍ଯ୍ୟନ୍ତ ବିସ୍ତୃତ ଯେଉଁ ଅନ୍ଧକାର ଭିତରେ ଆମର ସ୍ଥିତି ଗୋଟିଏ ଛୋଟ ଦୀପଶିଖା ଭଳି ଜଳି ଲିଭିଯାଏ, ସେଇ ଅନ୍ଧକାର ହିଁ ତ ମୃତ୍ୟୁ। ହୃଦୟ ଭିତରେ ଅନନ୍ତ ସ୍ପନ୍ଦନ ଭଳି ରହିଥିବା ମୃତ୍ୟୁରୁ ଅବିନଶ୍ୱର ଭଳି ଗ୍ରହଣ କରାଯାଇ ପାରେ।

ତାକୁ ହିଁ ଆମେ ସହୃଦୟ କହିବା ଯିଏ ମୃତ୍ୟୁ ସହ ବର୍ତ୍ତମାନ ପାଲଟି ଯାଇଥାଏ। ଅନ୍ୟ ଅର୍ଥରେ କବିତା ତା ପାଇଁ ଯିଏ ମୃତ୍ୟୁ ସହ ଜିଇଁ ଥାଏ। କବିତା ଥରକୁ ଥର ସହୃଦୟ ଭିତରେ ଲୁଚି ବସିଥିବା ଏ ମୃତ୍ୟୁକୁ ତା'ର ଛାତି ଚିରି ବାହାର କରି ଆଣୁଥାଏ ଓ ତାକୁ ହିଁ ଆନନ୍ଦ ବୋଲି କୁହାଯାଉଥାଏ।

ଏ ଆନନ୍ଦ ପୁଣି କିଭଳି ଆନନ୍ଦ ? ଜୁଆଡ଼ି ତାସ୍ ଫେଣ୍ଟେ। ବାଣ୍ଟିସାରି ଅପେକ୍ଷା କରେ। ଜୁଆଡ଼ିର ଏ ପ୍ରତୀକ୍ଷା କାହା ପାଇଁ? ଜିଣିବା ଲାଗି ନା ହାରିବା ଲାଗି ? ପୋଲାଣ୍ଡର ଗାଳ୍ପିକ ସିଙ୍ଗର୍ ତାଙ୍କ ଗଳ୍ପର ନାୟକ ମିଷ୍ଟର ବିବର୍‌ଙ୍କ ମୁହଁରେ କୁହେଇଛନ୍ତି ଯେ, ଜୁଆଡ଼ିର ପ୍ରତୀକ୍ଷା, ଏ ଦୁଇଟି ମଧ୍ୟରୁ କେଉଁଟି ପାଇଁ ନୁହେଁ। ଜୁଆଡ଼ି, ଜୁଆ ଖେଳିବା ବେଳେ ଆଉ ଏକ ତୃତୀୟର ପ୍ରତୀକ୍ଷା କରୁଥାଏ – ତାହା ସବୁ ଜିଣିବାଠାରୁ ବଡ଼ ଓ ସବୁ ହାରିବାଠାରୁ ବି ବଡ଼। ସେ ତାସ୍‌ର ଅପ୍ରତ୍ୟାଶିତ ବିନ୍ୟାସ ଭିତରେ ଏକ ଅଲୌକିକ ଆକାଂକ୍ଷା ଉଦ୍‌ଘାଟିତ ହେଇଯିବାକୁ ଅପେକ୍ଷା କରିଥାଏ। ସେ ମୁହୂର୍ତ୍ତଟିର ଆନନ୍ଦ ଅବର୍ଣ୍ଣନୀୟ, ସେ ପ୍ରତୀକ୍ଷା ବି ଅନିର୍ବଚନୀୟ। କିନ୍ତୁ ଜୁଆଡ଼ି ଯଦି ଚାଲାକି କରେ (ଜିତିବା ଲୋଭରେ ହେଉ) ନିଜ ପାଇଁ ରହସ୍ୟକୁ ଆଉ ରହସ୍ୟ ହେଇ ରହିବାକୁ ଦିଏ ନାହିଁ, ତେବେ ସେ ଜୁଆଡ଼ିରୁ ବେପାରୀ ପାଲଟି ଯାଏ।

ଆମର ଏଠି କ'ଣ ବେପାରୀ କମ୍ ଅଛନ୍ତି। ବିପଣୀ ମେଲିଛି, ବେପାରୀ ବଢ଼ିଛନ୍ତି। ସେମାନେ ନିଜକୁ ବଞ୍ଚେଇ ରଖିବା ଲାଗି (ମୃତ୍ୟୁ ସହ ଯାତ୍ରୀ ହେବାର ପୀଡ଼ାଠାରୁ ନିଜକୁ ନିବୃତ୍ତ ରଖିବା ଲାଗି) ହୃଦୟପାତ୍ରକୁ ଢାଙ୍କୁଣି ଦେଇ ବନ୍ଦ କରି ଦେଇଛନ୍ତି। ବାରମ୍ବାର ମରିବାର ଅଭ୍ୟାସ ପାଖରୁ ସେମାନେ ଦୂରେଇ ଅଛନ୍ତି। କବିତା ସବୁବେଳେ ଫେରି ଆସିଛି ସେମାନଙ୍କ ପାଖରୁ। ସେମାନେ ଗଦା ଗଦା କାଗଜରେ ଅକ୍ଷରମାନଙ୍କୁ ବନ୍ଦୀ କରି ରଖିଛନ୍ତି। ଅକ୍ଷରମାନେ ଶବ୍ଦ ପାଲଟିବା ଲାଗି ଓ ଅସରନ୍ତି ଶବ୍ଦ ନୂଆ ନୂଆ ଅର୍ଥ ଧାରଣ କରିବା ଲାଗି ବିକଳ ହେଉଛନ୍ତି। ହୃଦୟର ପୀଡ଼ାଠାରୁ କବିତା ପାଲଟି ପାରୁ ନ ଥିବା ଗୋଟିଏ ଭାଷାର ପୀଡ଼ା ମାରାତ୍ମକ।

■

ପ୍ରାକୃତିକ

କେତେ ପୀଡ଼ା ! ମଣିଷ ଓ ପଶୁପକ୍ଷୀଙ୍କର ପୀଡ଼ା, କଟାଗଛମାନଙ୍କର ପୀଡ଼ା। ଯୁଦ୍ଧ ଧ୍ୱସ୍ତ ରାଷ୍ଟ୍ର-ଉପରାଷ୍ଟ୍ରଙ୍କର ପୀଡ଼ା। ଦଳିତ, ଅଶ୍ୱେତ, ଅଳ୍ପ ସଂଖ୍ୟକ, ଅପସଂସ୍କୃତିର ପୀଡ଼ା। ଯେବେ ଚିନ୍ତା କରେ, ଉଦାସ ହୋଇଯାଏ ମୁଁ। କେଉଁଠାରୁ ଆସେ ଅତୃପ୍ତି ? ଯାହା ହେଉଛି ଓ ଯାହା ହେବା ଉଚିତ ମଝିରେ ଏକ ବିକଟାଳ ଖାଇ ଭଳି ତାହା ମତେ ଗ୍ରାସ କରିଯିବ ଯେମିତି। ଦିନ ଦିନ ଧରି ଚୁପ୍ ବସି ରହେ। ଟିଭିର ଚ୍ୟାନେଲମାନଙ୍କୁ ଏପଟ ସେପଟ କରେ। ସବୁ କାମ ଭିତରେ ଇଚ୍ଛା ହୁଏ କାନ୍ଦିବା ବି ଗୋଟିଏ କାମ ଓ ମୁଁ ବହୁଦିନ ହେଲାଣି କାନ୍ଦି ନାହିଁ।

ହଁ, ଅସନ୍ତୁଷ୍ଟ ବ୍ୟକ୍ତି ହିଁ ଲେଖେ। ଯେଉଁମାନେ ଆରାମରେ ରହିପାରନ୍ତି, ଶୋଇପାରନ୍ତି, ଧରାବନ୍ଧା ବ୍ୟବସ୍ଥା ଉପରେ ପର୍ଯ୍ୟାୟକ୍ରମେ ମାର୍ଚ୍ଚିଂ କରି ଚାଲି ଯାଇପାରନ୍ତି, ସେମାନେ ବୈଷୟିକ ବହୁ ଆନନ୍ଦକୁ ଗୋଟେଇ ଆଣିବାର ଯୋଜନା କରୁଥିବେ, ଲେଖିବାର ଝାମେଲା କାହିଁକି ବୋହିବେ, ପୁଣି କବିତା (?) ସ୍ଥୂଳ ଗଦ୍ୟମୟ ଜିଇଁବା ଭିତରେ ବୁଢ଼ିଆଣୀ ଜାଲ ଭଳି ସୂକ୍ଷ୍ମ, କବିତାର ସେ ତନ୍ତୀମାନଙ୍କୁ କାହିଁକି ଖୋଜିବେ, କାହିଁକି ବୁଣିବେ ? କବିତା ଲେଖିବା, ପ୍ରେମ କରିବାଠାରୁ କୌଣସି ଗୁଣରେ କମ୍ ନୁହେଁ - କିଛି ଗୋଟେ ଯାହା ମନୋରମ, ମୁକ୍ତିଦାୟକ, ପ୍ରଜ୍ଜ୍ୱଳ ଓ ଶାନ୍ତିପ୍ରଦ। କିନ୍ତୁ ତାକୁ ଖୋଜି ପାଇବା ଯେତିକି କଷ୍ଟ ତାକୁ ଧରି ରଖିବା ସେତିକି ଆୟାସସାଧ୍ୟ।

ସେଇ 'କିଛିଗୋଟେ' ହିଁ କବିତା। କବିତାର ଶବ୍ଦ, ପ୍ରତୀକ, ଧାଡ଼ିମାନଙ୍କର ଅନ୍ତରାଳରେ ଯାହା ଶୁଣାଯାଉଥାଏ, ତାହା ହିଁ କବିତା। ଆମ ଭିତରୁ କେତେଜଣ ବୁଝିଛନ୍ତି ଏ କଥା। ଆମେ କବିତାର ଧାଡ଼ିରେ କବିତା ଖୋଜୁ। କେଇ ଧାଡ଼ିରେ ସବୁକଥା କହି ପକେଇବାକୁ ବସୁ ଓ ଭାବୁ କବିତା ହେଇଗଲା। କବିତାର କବର ଉପରେ ଫୁଲ ଚଢ଼େଇ କହୁ, ଦେଖିବ ଆସ କବିତା କେଡ଼େ ସୁନ୍ଦର ! କବିତାର

ଧାଡ଼ିମାନଙ୍କର ଅନ୍ତରାଳରୁ ଶୁଣାଯିବାକୁ ଥିବା ଭିଜାଭିଜା ସ୍ୱରଟି ଥାଏ ପ୍ରାୟ ଅନୁପସ୍ଥିତ। ପାଠକ ଦେଖେ ତା'ର ଗଦ୍ୟମୟ ଜିଇଁବା ଭଳି ସ୍ଥୂଳ ଧାଡ଼ିମାନଙ୍କୁ – ଭାବେ, ଏ ସବୁ ନ ଲେଖା ହୋଇଥିଲେ ବି ଚଳିଥାନ୍ତା। ପଇସା ଓ ପୁଚ୍ଛ ପଛରେ ଧାଇଁଥିବା ମଣିଷ ନିଜକୁ କବି ବୋଲି ପରିଚୟ ଦେଉଥାଏ। ତା' ପାଖରୁ ସହୃଦୟ ସତ୍ତାଟି ହଜି ସାରିଥାଏ। ଏ କ୍ଷେତ୍ରରେ ପାଠକ ଦୂରେଇ ଯାଏ କବିତା ପାଖରୁ। କବି ପାଇଁ ବି ପାଠକ ପାଲଟିଯାଏ ଅନ୍ତଃସାରଶୂନ୍ୟ ସତ୍ତା, ଯିଏ ତା' ଲେଖା ପଢ଼ିବାକୁ ବାଧ୍ୟ। ସଗର୍ବରେ ଲେଖା ଚାଲିଥାଏ କବିତା। କବି ଓ ପାଠକ ମଝିରେ ପଥର ପାଚେରୀ ଭଳି ଛିଡ଼ା ହୋଇଥାଏ ସେହି ସବୁ କବିତା। ଅଥଚ ଆମେ ଜାଣୁ କବିତା କେଡ଼େ ତରଳ। କବିତା ପରା ଧାରଣ କରିପାରେ ପ୍ରତିବିମ୍ବ। କବିତାରେ ପରା ଦେଖିହୁଏ ନିଜକୁ। ମଣିଷ ଓ ସମାଜର ସଞ୍ଚିତ ପୀଡ଼ା – ସେହି ତାପ ପରା ସହୃଦୟର ସମ୍ବେଦନାକୁ – ସେହି ଜଳତତ୍ତ୍ୱକୁ, ମେଘର ରୂପ ଦିଏ। ଆଉ କବିତାରୂପୀ ମେଘ ଯେବେ ବରଷି ଯାଇ ଶାନ୍ତ ହୋଇଯାଏ, ସେତେବେଳେ ପୃଥିବୀ ନୂଆ ସବୁଜିମାରେ ଭାସ୍ୱର ହୋଇ ଉଠେ। ଯାତନାର ନର୍କ କୁଣ୍ଡରୁ କବିତା ହୁ ହୁ ହେଇ ଉଠେ ଓ ଆକାଶ ଯାଏଁ ଯାଇ ସୁଶୀତଳ ମେଘ ପାଲଟି ଯାଏ।

ସୃଷ୍ଟିର ପ୍ରଥମ ପ୍ରହରରୁ ଏବେ ଯାଏଁ ଯାହାକିଛି ବ୍ରହ୍ମାଣ୍ଡରେ ଘଟୁଛି, ଆଗକୁ ଘଟିବାର ଅଛି ସେ ସବୁର ଛାଇ, ଅନୁଗୁଞ୍ଜନ, ପାଦଶବ୍ଦ, ସ୍ପନ୍ଦନ, ସ୍ୱପ୍ନ, ସଂକେତ ଓ ସ୍ମୃତି ଯେଉଁ ମହାରଣ୍ୟରେ ବୃକ୍ଷ ପାଲଟିଥାନ୍ତି, ସେଇ ଅରଣ୍ୟ ହିଁ କବିତା। ସେଇ ଅରଣ୍ୟର ଆଖ ପାଖରେ କେଉଁଠି ବସତି ସ୍ଥାପନ କରିଛି ମଣିଷସଭ୍ୟତା। ଆଧୁନିକତା ଓ ଆମ ଯାନ୍ତ୍ରିକ ଜିଇଁବାର କୁରାଢ଼ି ଚୋଟରେ ଗଛମାନେ ଟଳି ପଡ଼ୁଛନ୍ତି। ତେବେ ବି କିଛି ଛାଇ ବଞ୍ଚି ରହିଛି। କାଳର ଅବାରିତ ପ୍ରବାହରେ ବିମ୍ବ, ପ୍ରତୀକ ଓ ଶବ୍ଦମାନେ ଭାସିଯାଇ ନାହାନ୍ତି।

କବିତା, ଠିକ୍ ସେତିକି ପ୍ରାକୃତିକ ଓ ବିଶିଷ୍ଟ ଯେତିକି ଆମର ଚାରି ପାଖରେ ଥିବା ମାଟି, ଗଛ, ପଶୁପକ୍ଷୀ, ଆମ ଚମଡ଼ାର ରଙ୍ଗ କି ଋତୁଚକ୍ର। ସେଥିଲାଗି କବିତା ଜନ୍ମ ନେବା ଲାଗି ମାତୃଭାଷାକୁ ହିଁ ଆଶ୍ରା ମାଗେ। କବିତା ଆମର ସ୍ୱ-ଭାବ। ସ୍ୱ-ଭାବ, ସ୍ୱ-ଭାଷା ଛଡ଼ା ଅନ୍ୟ ଭାଷାରେ ପ୍ରସ୍ଫୁଟିତ ହେବା ସନ୍ଦେହପ୍ରଦ। ଆମର ଆଭୂଷଣ, ଆମର ଜୋତା-ଛତାର ବିଜ୍ଞାପନ କବିତା ପାଲଟେ ନାହିଁ। କବିତା ବସ୍ତୁ ନୁହେଁ। ଶବ୍ଦ, ପ୍ରତୀକ, ବିମ୍ବମାନଙ୍କୁ ଠାଏ ଠାଏ ଖଞ୍ଜିଦେଲେ ବି କବିତା ହୁଏନି। କବିତା ତ ଆମର ଭାବାଲୋକ ଓ ବସ୍ତୁଲୋକର ପ୍ରତିଛବି। କେବେ କେବେ ଆମେ ଚିହ୍ନି ନ ଥିବା କୋଉ ବିକଳ୍ପ ଲୋକର ପ୍ରତିଛବି କବିତା ପାଲଟିଯାଏ। କବିତାର ପୀଡ଼ା କେବଳ

ଏତିକି ଯେ, ତାକୁ ସେହି ଶବ୍ଦମାନଙ୍କୁ ନେଇ ଚାଲିବାକୁ ପଡ଼େ। ଯାହାକୁ ଆଉ କିଏ (ଆମ ଜନ୍ମ ଆଗରୁ) ଗଢ଼ିଥାଏ। ସେ ଶବ୍ଦମାନଙ୍କର ବହୁ ଆଗରୁ ଗୋଟିଏ ଗୋଟିଏ ଅର୍ଥ ନିର୍ଦ୍ଧାରିତ। ସେଇଥିଲାଗି ଚିତ୍ର ଓ ସଂଗୀତ ଭଳି କବିତା ସେହି ଅନୁପାତରେ ମୁକ୍ତ ନୁହେଁ। ଭାଷା, ପୂର୍ବପ୍ରଦତ୍ତ ଓ ବିଦ୍ୟମାନ। ସେଥିରେ ଅଛି ଅତୀତ ଓ ବର୍ତ୍ତମାନର ତତ୍ତ୍ୱ। ସେଥିରେ ଯେବେ ଭବିଷ୍ୟତ ଆସି ଖଞ୍ଜିହୁଏ, କବିତା ଜନ୍ମ ନିଏ। ସେଇଥି ଲାଗି ବୋଧହୁଏ କବିତାକୁ ତ୍ରିକାଳଦର୍ଶୀ କୁହାଯାଏ। ତା'ର ଦୃଷ୍ଟି ସାଧାରଣମାନଙ୍କର ଦୃଷ୍ଟିଠାରୁ ଭିନ୍ନ। ସେ କେବଳ ଅତୀତକୁ ଝୁରି ହୁଏନି, ବର୍ତ୍ତମାନକୁ ନେଇ କଳବଳ ହୁଏନି, ସଂଘଟିତ ହେବାକୁ ଥିବା ଯଥାର୍ଥମାନଙ୍କୁ ବି ଦେଖିପାରେ। କବି ସମ୍ମାନ କି ଉପାଧି ଲୋଡ଼େନି। କବି ପାଖରେ ପହଞ୍ଚିଲେ ଆପେ ମଥା ନଇଁଯାଏ। ପ୍ରକୃତିର ସୁବିଶାଳ ଐଶ୍ୱର୍ଯ୍ୟକୁ (କବିତାକୁ) ଧାରଣ କରିଥାଏ କବି।

ସହୃଦୟତା

କେଉଁ ଏକ ଅବୋଧ, ଆକସ୍ମିକ ମୁହୂର୍ତ୍ତରେ ମୋର ଭେଟ ହେଇଥିବ କବିତା ସହ। ଏବେ ଲେଉଟି ଚାହିଁଲେ ଦେଖେ ଚତୁର୍ଥ ଶ୍ରେଣୀରେ ପଢୁଥିବା ଛୋଟ ଝିଅଟିକୁ, ଯିଏ ପ୍ରଥମ କରି ମୃତ୍ୟୁ କ'ଣ ବୁଝୁଛି। ସପ୍ତମ ଶ୍ରେଣୀରେ ପଢୁଥିବା ସେଇ ଝିଅ ଦିନେ ସହପାଠୀର ମୃତ୍ୟୁ ଖବର ଶୁଣି ଧାଇଁଯାଉଛି ଓ ଦେଖୁଛି ପ୍ରଥମ କରି ଶବ। ସ୍କୁଲ ପାଠ ସରିବା ପରେ ମୋର ଘର ଛାଡ଼ିବା ଓ ହଷ୍ଟେଲରୁ ମୋର ପ୍ରଥମ ଚିଠି ମୋ ମାଆଙ୍କ ପାଖକୁ, ନିଶ୍ଚୟ କବିତା ହିଁ ହୋଇଥିବ। ପ୍ରକୃତିରେ ଓ ମଣିଷ ଭିତରେ ଯାହା କିଛି ସୁନ୍ଦର, ସେ ସବୁ ବାନ୍ଧି ପକାଉଥିଲା, ଆବିଷ୍ଟ କରୁଥିଲା। ଯାହା କୃତ୍ରିମ, ଅସୁନ୍ଦର, ଛଳନାମୟ ତାହା ପୀଡ଼ା ଦେଉଥିଲା। ଏବେ ଜାଣିପାରୁଛି କବିତା ଏଇଠୁ ହିଁ ଜନ୍ମେ। ସମ୍ଭବତଃ ସୁନ୍ଦର ଓ ଅସୁନ୍ଦରକୁ ଠିକ୍ ଏକାଭଳି ଆନ୍ତରିକତାରେ ଗ୍ରହଣ କରିବାକୁ ଶିଖାଏ। ଯେକୌଣସି ବିଦ୍ରୂପକୁ ବି କବିତା କରାଯାଇ ପାରେ ମୁଁ ଧୀରେ ଧୀରେ ଶିଖିଛି। ସେଇଥିଲାଗି କେବେ କେହି ମୋତେ କବିତାରେ ଦର୍ଶନ କି କୋଉ ଦୁର୍ଦ୍ଧାନ୍ତ ତଥ୍ୟ କଥା ପଚାରିଲେ ମୁଁ ଚୁପ୍ ରହେ। ଗୋଟିଏ ଅନିର୍ବାଯ୍ୟ ଆତ୍ମ ପ୍ରସ୍ଫୁଟନ କବିତାର ସବୁଠାରୁ ସହଜ ଓ ସିଧା ବ୍ୟାଖ୍ୟା।

କବିତା କାହା ଉପରେ ଆଶ୍ରିତ ନୁହେଁ- ପାଣ୍ଡିତ୍ୟ ନୁହେଁ କି ବିଚାରଧାରା ନୁହେଁ। କବିତା ଏକ 'ପବିତ୍ର କଳା' ବୋଲି କହି ମୁଁ ଖସିଯିବାକୁ ଚାହୁଁଛି ତା' ନୁହେଁ। କେବଳ ଏତିକି କହିବାକୁ ଚାହୁଁଛି ଯେ, କବିତା ନିଜେ ଏକ ସମ୍ପୂର୍ଣ୍ଣ ସଂସାର। ସଂଘର୍ଷର ଅସଂଖ୍ୟ ରୂପକୁ ନିଜ ଭିତରେ ସମାହିତ କରି, ସୁନ୍ଦରତାର ବିସ୍ତାର କରି, ଛନ୍ଦ ଓ ଲୟର ପ୍ରସାର ଭିତରେ ଶବ୍ଦ ଓ ଅର୍ଥ ଭିତରେ ସର୍ବଦା ଏକ ନୂଆ ସମ୍ବନ୍ଧକୁ ଉଦ୍‌ଘାଟନ କରୁଥିବା ଏକ ସମ୍ପୂର୍ଣ୍ଣ ସଂସାର ହେଉଛି କବିତା।

ଶବ୍ଦମାନଙ୍କ ସହିତ ଯଦି ଆମର ଗୋଟିଏ ଅଲଗା ସମ୍ପର୍କ ନ ଥାନ୍ତା, ତା'ହେଲେ ଏ ସମାଜ କେଡ଼େ ନିର୍ଜୀବ ମନେ ହେଉଥାନ୍ତା। କବିତା, ଆମକୁ କିଛି ନୂଆ ଅର୍ଥ

ପ୍ରଦାନ କରେ। ଆମେ ଦୁନିଆକୁ କିଛି ଅଲଗା ଭାବରେ ଦେଖୁ। ସମାଜ ବଦଳୁଛି। ଏକ ଅଦୃଶ୍ୟ ଶକ୍ତି ଏ ଦୁନିଆକୁ, ମଣିଷକୁ ନିଜର ପ୍ରଭୁତ୍ୱ ଓ ଉନ୍ମାଦରେ ସଂଚାଳିତ କରୁଛି। ସେ ଏତେ ବେଶି ଚାକଚକ୍ୟ ଆମକୁ ଦେଇ ଦେବାକୁ ପ୍ରସ୍ତୁତ ଯେ, ଆମେ ନୂଆ କିଛି ଖୋଜିବାନି, ଆମର ଯାନ୍ତ୍ରିକ ଜିଇଁବା ଭିତରୁ ଆମେ କେବଳ କିଛି ଜିନିଷକୁ ଦେଖିବା, କିଛି ଶବ୍ଦମାନଙ୍କୁ ପଢ଼ିବା ଓ ରଚିବା ଆମର ନିୟତି ପାଲଟି ଯିବାକୁ ବାଧ୍ୟ। ଉପଭୋକ୍ତାବାଦର ପ୍ରଲୋଭନ, ବଜାରମାନଙ୍କର ପ୍ରଭୁତ୍ୱ ଅଟ୍ଟେ ବହୁତେ କବିତାକୁ ଆକ୍ରମଣ ନ କରୁଛି, ତା ନୁହେଁ। କବିତାର ଗହଳ ଅରଣ୍ୟରେ ହଜି-ମଜି ନିଜକୁ ଖୋଜିବାର ପ୍ରୟାସକୁ ପଙ୍ଗୁ କରି ପକେଇବାକୁ ଏବେ ଏକାଧିକ ଉପକରଣ ପ୍ରସ୍ତୁତ ଅଛନ୍ତି। ତେବେ ବି ଏହାକୁ ସକାରାତ୍ମକ (Positive despair) ଭାବରେ ଗ୍ରହଣ କରାଯାଇପାରେ। କେଉଁଠି ନିଶ୍ଚୟ ଲୁଚି ରହିଛି ଏକ ପ୍ରତିରୋଧ ଆମରି ଭିତରେ। କବିତାକୁ ଜାଗ୍ରତ କରେଇବାର ଆମର ସଂଘର୍ଷ ଅଧିକ ବ୍ୟାପକ, ଅଧିକ ନିଷ୍ଠାପର ହେବା ଜରୁରୀ ମନେ ହେଉଛି। ଲାଗୁଛି କବିତା ସେଇ ଲୋକ ପାଇଁ ବି ଲେଖାଯିବା ଉଚିତ, ଯାହାକୁ ଆମେ ସନ୍ଦେହ କରୁ ଯେ, ଦିନେ ସେ ଆସି ଆମକୁ ହତ୍ୟା କରି ଚାଲିଯିବ।

ହୁଏତ ଏ କଠିନ ସମୟ ଆଗକୁ ଆହୁରି କଠିନ ପାଲଟିବ। କଳ୍ପନା, ସମ୍ବେଦନା, ବିଚାର ଓ ଆଦର୍ଶର ନିରନ୍ତର କ୍ଷୟ ପାଇଁ ହଜାର ହଜାର କାରଣ ଏକା ସାଙ୍ଗରେ ଉପସ୍ଥିତ ଥିବେ। ସେତେବେଳେ କବିତା ଥିବ, ଅପହଞ୍ଚ ମନେ ହେଉଥିବା କେଉଁ ମନ୍ଦର ପର୍ବତରେ ଦୁର୍ମୂଲ୍ୟ ଔଷଧୀୟ ଲତାଗୁଳ୍ମ ଭଳି। ଆମେ ଦଣ୍ଡେ ବଞ୍ଚିଯିବା ଲାଗି କବିତା ପାଖରେ ପହଞ୍ଚିବା ସବୁ ଔଜଲ୍ୟକୁ ତିରସ୍କାର କରି।

କବିତା ପାଇଁ ଏ ପ୍ରତିବଦ୍ଧତା, ଏ ବିଶ୍ୱାସ ମୋର ବଳିଷ୍ଠ ଏଇଥି ପାଇଁ ଯେ, କେଉଁ ଦୂର ଦୂରାନ୍ତରରେ ମଣିଷଟିଏ କୌଣସି କବିତାର କେଇଧାଡ଼ି ପଢ଼ି ତା'ର ସଂସାର ସମ୍ପୂର୍ଣ୍ଣ ବଦଳିଗଲା ଭଳି ଅନୁଭବ କରେ ଚିଠି ଲେଖେ। ଏ ବିଚିତ୍ରତା, ଏ ଚମତ୍କାରିତା ଏ ଯାଦୁବିଦ୍ୟା କବିତାରେ ଆଜିବି ଅଛି, ଚିରଦିନ ଥିବ।

ଏକ ଅଦ୍ଭୁତ ନିଶାରେ କବି ଓ ସହୃଦୟ କବିତା ଗଢୁଛି, ଭାଙ୍ଗୁଛି, ପୁଣି ଗଢୁଛି। ନିଶ୍ଚୟ କାହାର ଋଣ ସୁଝୁଛି। ତାକୁ ଜଣା ନାହିଁ କାହାର ସେ ଋଣ-ପୂର୍ବଜଙ୍କର ନା ସମକାଳୀନ ମାନଙ୍କର। ଋଣ ପ୍ରକୃତରେ ସୁଝି ହେଉଛି କି ନା ତାହା ବି ତାକୁ ଠିକ୍‌ରେ ଜଣା ନାହିଁ। ବାସ୍, କେବଳ ଗୋଟିଏ ଭ୍ରମକୁ ଆଶ୍ୱାସନା ମନେ କରି ସେ ପିଢ଼ି ପରେ ପିଢ଼ି କବିତା ଲେଖି ଚାଲିଛି। କବିତାର ଅନ୍ତ ନାହିଁ। କେତେ ଯୁଗରେ, କେତେ ପାଣ୍ଡୁଲିପିମାନଙ୍କୁ ଗାଏବ୍ କରିଦିଆଯାଇଥିବ। ଲୋଚାକୋଚା, ଚିରା କାଗଜ

ଉପରେ କେଉଁଠି ଧାଡ଼ିଏ କବିତା ବର୍ତ୍ତି ଯାଇଥିବ ଓ କାଳାନ୍ତରରେ ଏକ ନୂଆ ଅର୍ଥ ପ୍ରାପ୍ତ ହୋଇଥିବ।

ସବୁବେଳେ କବିତା ଏକ ନୂଆ ଆରମ୍ଭକୁ ଚାହିଁ ବସିଥାଏ। ପ୍ରତ୍ୟେକ ଯୁଗ, କବିତା ପାଇଁ ତା' ନିଜର ଆପଣାର ଯୁଗ। ବୈଜ୍ଞାନିକ ଓ ସମାଜବାଦୀମାନେ ଯାହା ସତ୍ୟ ନିର୍ଦ୍ଧାରଣ କରନ୍ତୁ ନା କାହିଁକି କବି ପାଖରେ ତା' ନିଜର ଅର୍ଜିତ ସତ୍ୟ ରହିଥିବ। କବିତା ପାଖରେ ସେ ଚିରକାଳ ବସମ୍ବଦ ସହୃଦୟ। ଅନ୍ୟର ପୀଡ଼ା ଓ ପ୍ରକୃତିକୁ ନିଜ ଭିତରେ ସମାହିତ କରିବା ପାଇଁ ନିଜେ ନିଜର ବିଚାରଧାରା ସହ ବିବାଦ କରିବାର ସାହସ ଓ ସମୟ ଠୁଳ କରିବା ପାଇଁ ଏକ ଗଭୀର ଆନ୍ତରିକତାର ଆବଶ୍ୟକତା ଅଛି। ଏହା କବି ପାଇଁ ଯେତିକି ଜରୁରୀ, କବିତାର ପାଠକ ପାଇଁ ବି ସେତିକି ଜରୁରୀ। ସେଇଥି ଲାଗି ଯଦି କୁହାଯାଏ, କବିତା ପାଇଁ ଆବଶ୍ୟକ ସହୃଦୟ ପାଠକ, ସେଥିରେ ଭୁଲ୍ ନାହିଁ।

■

ଅପୂର୍ଣ୍ଣ

ଗୋଟିଏ ସାହିତ୍ୟ ସଭାରେ ଜଣେ ବିଶିଷ୍ଟ ସାହିତ୍ୟିକ କହିଲେ, 'କବିମାନେ କାହିଁକି ଦୁଃଖୀ ଦୁଃଖୀ ଭଳି ବୁଲୁଥାନ୍ତି, ମୁଁ ବୁଝିପାରେନି - ଯେବେ କି ମୋ ଜାଣିବାରେ କବିତା ଆନନ୍ଦ ପ୍ରଦାନ କରେ। କବିଟିଏ ହେଲେ ଯେ ଦୁଃଖୀଟିଏ ହେବାକୁ ହୁଏ ଏହା ବୋଧହୁଏ ଅନେକଙ୍କର ଧାରଣା।' ସେ ସଭାରେ ମୁଁ ଥିଲି ଭାଗ୍ୟବଶତଃ। ତାଙ୍କ କଥାରେ ହୁଏତ କିଛି ଯଥାର୍ଥ ଥିଲା କିନ୍ତୁ ଥିଲା ସାମାନ୍ୟତମ ଶ୍ଳେଷ ବି, ଯାହା ମୋତେ କଷ୍ଟ ଦେଇଥିଲା।

ସେଇ ଶ୍ଳେଷ ଟିକକ ନେଇ ମୁଁ ଗୁଡ଼ାଏ ଦିନ ଘାଣ୍ଟି ଚକଟି ହେଲି। ପରେ ମତେ ରାସ୍ତାଟିଏ ଦିଶିଲା। ସେ ବିଶିଷ୍ଟ ସାହିତ୍ୟିକ ଓ ପ୍ରାଜ୍ଞ ପୁରୁଷଙ୍କୁ ଏଇଠି କିଛି କହିପାରିବି ବୋଧହୁଏ। ସାଧାରଣ ଭାବରେ ଆମେ 'ଆନନ୍ଦ'ର ଅର୍ଥ ସୁଖ ବୋଲି ଧରି ନେଉ। ବ୍ରହ୍ମାଣ୍ଡଯାକର ସବୁ ସୁଖ ଲଦା ହୋଇଥିଲେ ବି ମଣିଷଟିଏ କଦବା କେମିତି ଆନନ୍ଦ ଲାଭ କରୁଥିବ। ଆନନ୍ଦ ଏକ ମହାର୍ଘ୍ୟ ଚିଜ। ଏହାର ବାସ୍ତବିକ ଅର୍ଥ ପରିପୂର୍ଣ୍ଣତା (ଯଦି ଭୁଲ୍ କହୁଥାଏ, ତେବେ ଦୋଷାଦୋଷ ସମ୍ପୂର୍ଣ୍ଣ ଭାବରେ ମୋ ନିଜର)। ଏବେ କଥା ହେଉଛି ପୂର୍ଣ୍ଣତା ମଣିଷକୁ କେବେ, କେଉଁଠି କେତେବେଳେ ମିଳେ। ସାଂସାରିକ ବୈଷୟିକ ପ୍ରାପ୍ତିମାନଙ୍କୁ ଦେଖେଇ ପୂର୍ଣ୍ଣତା ବୋଲି କହିବାର ଛଳନା ଆମେ କରିଚାଲିଛୁ। ସେ ସବୁକୁ ପୁଣି ବିକଳରେ ଜାବୁଡ଼ି ଧରି ଜିଇଁବା ଓ ସେ ସବୁ ମଝିରେ ଆଖି ବୁଜିବାକୁ ଆମେ କହୁ ଏକ ପୂର୍ଣ୍ଣ ଜୀବନ। ତେବେ ଏ ଉପରେ ତର୍ଜମା କରିବା ଆମର ଉଦ୍ଦେଶ୍ୟ ନୁହେଁ। କେବଳ ଏତିକି କହିବାକୁ ଚାହେଁ ଯେ, ପୂର୍ଣ୍ଣତା ଏକ ଅନୁଭବ ଯାହା କ୍ଷଣିକ ପାଇଁ ଆସେ। ଏହାର ସାକାର ରୂପଟି କ'ଣ ତାହା ଆମ ପାଖରେ ଅଜଣା - ଏକ ରହସ୍ୟ।

କେଡ଼େ ସୌଭାଗ୍ୟବନ୍ତ ସେ ମଣିଷ ଯିଏ କବିତାର ସହୃଦୟ - ଯାହାକୁ ଆମେ କବି ବୋଲି କହୁ। କବିତାର ଜନ୍ମ ପରେ ଯେଉଁ ଆନନ୍ଦ ସେ ପାଏ, ତାହା

ପରିପୂର୍ଣ୍ଣତା। ସେ ପରିପୂର୍ଣ୍ଣତାକୁ ସେ ଆତ୍ମାରେ ଓ ସ୍ପନ୍ଦନରେ ଛୁଇଁ ପାରେ। ପୃଥିବୀଟା ଯାକର ମଣିଷଙ୍କୁ ଡାକିଆଣି ସେତେବେଳେ ତା'ର ଦେଖେଇ ଦେବାକୁ ଇଚ୍ଛା ହୁଏ, ପୂର୍ଣ୍ଣତାର ସ୍ୱରୂପକୁ। କିନ୍ତୁ କବିତା ସେତେବେଳକୁ ଅଲଗା ହେଇ ଛିଡ଼ା ହୋଇଥାଏ। କବିତାକୁ କବି ସାକ୍ଷୀ କି ପ୍ରମାଣ ଭଳି ଗ୍ରହଣ କରି ପାରେନି। ପରିପୂର୍ଣ୍ଣତାର ଆବେଗ ସତରେ କ୍ଷଣିକ। ସେ ଅନିର୍ବଚନୀୟ ଅନୁଭୂତିକୁ ପାଇବା ପାଇଁ ତାକୁ ଯେ ପୁଣି ଥରେ ଯୁଝିବାକୁ ହେବ ସେ ବୁଝିପାରେ। ତା'ର ଉଦାସୀନତାର ଏ ବି ଗୋଟିଏ କାରଣ। ଏବେ କିଛିଦିନ ତଳେ ବିଶିଷ୍ଟ ହିନ୍ଦୀ କବି ଓ କଥାକାର ବାଗୀଶ ଶୁକ୍ଳଙ୍କର ଗୋଟିଏ ନିବନ୍ଧ ପଢୁଥିଲି। ସେଥିରେ ସେ ଠାଏ ଲେଖିଛନ୍ତି ଯେ, ଏ ଦେହ ଗୋଟିଏ ମାଠିଆ (ଘଟ), ଯେଉଁଥିରେ ପ୍ରାଣବାୟୁ ଭରି ରହିଛି। କେତେ ସହସ୍ର ମୁହୂର୍ତ୍ତମାନଙ୍କ ମଧ୍ୟରୁ କୋଉ ଗୋଟିଏ ମୁହୂର୍ତ୍ତରେ କାବ୍ୟାନନ୍ଦରୁ ବୁନ୍ଦାଏ ସେ ମାଠିଆ ଭିତରେ ପଡୁଛି। ସେଇ ବୁନ୍ଦାକୁ ଜାଗା ଦେବା ଲାଗି ଗୋଟିଏ ନିଃଶ୍ୱାସ ପରିମାଣ ପ୍ରାଣବାୟୁ ପଦାକୁ ବାହାରି ଯାଉଛି। ଧୀରେ ଧୀରେ କାବ୍ୟାନନ୍ଦରୁ ସମ୍ପୂର୍ଣ୍ଣ ଘଟ (ଦେହ) ଭରି ଯାଉଛି ଓ ସମସ୍ତ ପ୍ରାଣବାୟୁ ବାହାରି ଆସୁଛି। ସେଇଠି ପାଖରେ କେଉଁଠି ଦେବଦୂତ ଓ ଯମଦୂତ ନିଜ ନିଜର ଖାତା ଧରି ଛିଡ଼ା ହୋଇଛନ୍ତି। ଦେବଦୂତ କହୁଛନ୍ତି, ଏବେ ଏହାକୁ ମିଳିଥିବା ସମସ୍ତ ପ୍ରାଣବାୟୁ ଖର୍ଚ୍ଚ ହୋଇଗଲା। ଯମଦୂତ କହୁଛନ୍ତି, ଏବେ ସେ ଆନନ୍ଦରେ ପରିପୂର୍ଣ୍ଣ ହୋଇଗଲା। ଏହାପରେ ଦୁହେଁ ନିଜ ନିଜର ଖାତା ବନ୍ଦ କରି ଚାଲିଯାଉଛନ୍ତି ନିସ୍ତେଜ ପଡ଼ି ରହିଥିବା ସେ ଦେହ ଆଡ଼େ ମୋଟେ ନଜର ନ ଦେଇ। ସେମାନଙ୍କୁ ଜଣା ଏ ଦେହକୁ ପୋଡ଼ିବାକୁ ବା ପୋତିବାକୁ କେହି ନା କେହି ଆସିଯିବେ ନ ହେଲେ ତାହାକୁ ଶ୍ୱାନ ଶୃଗାଳ ଖାଇଯିବେ। ସେମାନେ ବିଷ୍ଣୁଲୋକ କିମ୍ବା ଯମଲୋକ ପର୍ଯ୍ୟନ୍ତ ତାକୁ ନେବାଲାଗି କଷ୍ଟ କରନ୍ତିନି, କେବଳ ସେଠାରେ ପହଞ୍ଚି ସେମାନେ ଗୋଟିଏ ଗୋଟିଏ ରିପୋର୍ଟ ଲେଖି ଦିଅନ୍ତି।

କବି ବାଗୀଶ ଶୁକ୍ଳ ଏହାପରେ ଆଉ କିଛି କହି ନାହାନ୍ତି। କିନ୍ତୁ ଆମକୁ ଜଣା ଏହାପରେ କ'ଣ ହୋଇଥିବ। ସେ ମଣିଷଟି ପୁଣି ଉଠିଥିବ, ସତରେ ଯେମିତି ଗୋଟିଏ ନୂଆ ଦେହ (ଘଟ) ପାଇଛି ଓ ପୁଣି କାବ୍ୟାନନ୍ଦରୁ ବୁନ୍ଦାଏ ପାଇବାକୁ ଚାହିଁ ରହୁଥିବ। ସବୁଥର କବିତାଟିଏ ଲେଖିବା କବିର ଏକ ନିଭୃତ ମୃତ୍ୟୁ, ଏକ ମହନୀୟ ପୁନର୍ଜନ୍ମ। ଏ ବିପୁଳ ଆନନ୍ଦକୁ ପାଇବାକୁ ଓ ଥାକୁ ଧାରଣ କରିବାକୁ ତାକୁ ଯେ ବିପୁଳ ଓ ଶାଶ୍ୱତ ଦୁଃଖମାନଙ୍କ ଭିତର ଦେଇ ଚାଲିବାକୁ ପଡୁଥିବ ଏ କଥା ସେଦିନ ସଭାରେ ସେ ବିଶିଷ୍ଟ ବକ୍ତା ଜଣଙ୍କ ନିଶ୍ଚୟ ଜାଣିଥିବେ (କି ଜାଣି ନ ଥିବେ?)। କବି ସୁଖୀ ନୁହେଁ। ଅନ୍ତତଃ ଯେଉଁ ଅର୍ଥରେ ସୁଖମାନଙ୍କୁ ସଂସାର ଗୋଟେଇ ରଖୁଛି ସେ ଅର୍ଥରେ ଜନ୍ମ

ହେଲେ ନୁହେଁ। କିନ୍ତୁ ସୁଖୀ ନ ହେବାର ଅର୍ଥ ଦୁଃଖୀ ନୁହେଁ। ତେବେ ଭେକ ନ ଥିଲେ ଭିକ ମିଳେନା ଭଳି ଯେଉଁ କଥା ଅଛି କିଛି କବି (ନିଜକୁ କବି ବୋଲି କହୁଥିବେ) ବୋଧହୁଏ ସେମିତି ସଜେଇ ଥାନ୍ତି ନିଜକୁ। ବକ୍ତାଙ୍କର ଆକ୍ଷେପ ସେଦିନ ସେଇମାନଙ୍କ ପାଇଁ ଥିଲା ବୋଲି ଆମେ ଧରିନେବା ହିଁ ବୋଧହୁଏ ଠିକ୍ ହେବ। କଳା ତ ଆନନ୍ଦ ଦିଏ। କବିତା ବି ଏକ କଳା। ତେବେ କବିତା ଅନ୍ୟ କଳାମାନଙ୍କଠାରୁ ଭିନ୍ନ। ପୂର୍ବରୁ କହିଥିଲି, ଆଉଥରେ କହୁଛି। କଳାକାରମାନଙ୍କ ଭିତରେ କବି (ସାହିତ୍ୟିକ) ହିଁ ଏଭଳି ଜୀବଟିଏ ସୃଷ୍ଟି ପାଇଁ ଯାହାକୁ ଦୈନନ୍ଦିନର ଦନ୍ଥରା, ଘଷଣା ଶବ୍ଦମାନଙ୍କ ଉପରେ ନିର୍ଭର କରିବାକୁ ପଡ଼େ। ଚିତ୍ରକାର, ମୂର୍ତ୍ତିକାର, ସଂଗୀତଜ୍ଞ - ସମସ୍ତେ କଳାର ବିଶିଷ୍ଟ ମାଧ୍ୟମମାନଙ୍କୁ ପ୍ରୟୋଗ କରିପାରନ୍ତି - ରୋଷେଇ ଘରୁ, ଫାଇଲ ଭିତରୁ ଅଳିଆଗଦାରୁ ମାଧ୍ୟମମାନଙ୍କୁ ଗୋଟେଇ ଆଣିବାକୁ ପଡ଼େନି ସେମାନଙ୍କୁ। କବି ପାଇଁ ସେଇ ଗୋଟିଏ ମାଧ୍ୟମ ଭାଷା - ସେଇ କଥିତ ଓ ଲିଖିତ ଭାଷା। ସେଇ ପୁରୁଣା ଶବ୍ଦମାନଙ୍କରେ ନୂଆ ଅର୍ଥ ଭରିବା ପାଇଁ ହିଁ ତା' ପାଇଁ ଏକ ଯୁଦ୍ଧ ଡାକରା। ଏଇ ନିହିତ ବିଫଳତା ସହ ସେ ଯୁଝୁଥାଏ। ସେ ବିଫଳତାକୁ ପରାସ୍ତ କରିବା ଲାଗି ତା'ର ଆପ୍ରାଣ କଷ୍ଟ କଥା ଯଦି କିଏ ବୁଝୁଥାନ୍ତା ତା'ହେଲେ କେବେ ବି କହନ୍ତାନି କବି ତମେ କାହିଁକି ଦୁଃଖୀ ଦୁଃଖୀ ଭଳିଆ ବୁଲୁଛ।

ଯେବେ ଶବ୍ଦମାନେ ଅକାମୀ ନିରର୍ଥକ ମନେ ହୁଅନ୍ତି ମଣିଷ ଚୁପ୍ ପଡ଼ିଯାଏ। କବି ଏ ନିଶ୍ଚୁପକୁ ବି କହିଦେବାକୁ ଚାହେଁ - ମୌନତାର ଅଭିବ୍ୟକ୍ତିକୁ ଏକ ନୂଆ ରୂପରେ। ସେ ନିଜର ଅତି ବ୍ୟକ୍ତିଗତ ଦୁଃଖଟିକୁ ବି ସାର୍ବଭୌମ ଓ ସାର୍ବକାଳିକ କରିଦେଇପାରେ। କବି ସବୁଠି ଥାଏ - ସବୁ ପ୍ରାପ୍ତି ଓ ଅପ୍ରାପ୍ତି ପାଖରେ, ସବୁ ଦମ୍ଭ ଓ ପରାଜୟ ପାଖରେ, ସବୁ ଆନନ୍ଦ ତା'ର ଅର୍ଜିତ, ସଭିଙ୍କ ପୀଡ଼ା ତା' ନିଜର। ଏତେ ସବୁ ଧାରଣ କରି ଯଦି ସେ କେବେ ଟିକିଏ ଗମ୍ଭୀର ଦେଖାଗଲା, ଆମ ପ୍ରଶ୍ନର ଉତ୍ତର ନ ଫେରାଇଲା, ଟିକିଏ ଅନ୍ୟମନସ୍କ, ଅସଜଡ଼ା ରହିଲା ତ ଆମେ ତାକୁ ବୁଝିବାନି(?)

■

ଦୁଇଟି ଜୀବନ

ଏବେ ବି ଲାଗେ ମୋତେ ବେଶୀଦିନ ହୋଇନାହିଁ ମୋ ମା'ର ମୃତ୍ୟୁ, ନିହାତି ଆଶ୍ଚର୍ଯ୍ୟଜନକ ଓ ଅପ୍ରତ୍ୟାଶିତ ମୃତ୍ୟୁ। ମତେ ଥରେ ଥରେ ଆଶ୍ଚର୍ଯ୍ୟ ଲାଗେ ଯେ, କେମିତି ସହିଲି ମୁଁ ଏ ବିପତ୍ତି। ଏହିଭଳି ଓ ଏହାଠାରୁ ଆହୁରି ଦାରୁଣ ବିପତ୍ତିମାନଙ୍କୁ ସହିବା ଲାଗି ମୁଁ କେମିତି ତିଆରି କରିପାରୁଛି ନିଜକୁ। କେବଳ କ'ଣ କବିତା ଅଛି ବୋଲି (?) ଦୁଃଖୀ ହେଇଗଲେ ମୁଁ କବିତା ପଢ଼େ। ସେ ସୁନ୍ଦର କବିତାମାନଙ୍କର ସ୍ରଷ୍ଟାମାନଙ୍କୁ ପ୍ରଣାମ କରେ।

ବେସାହାରା ହୋଇଯିବାର ଭୟରେ ହେଉ କି ଜିଇଁ ଯିବାର ଆଶାରେ ହେଉ, ଆମେ ଆତ୍ମୀୟ ବନ୍ଧୁବାନ୍ଧବଙ୍କୁ ଖୋଜି ପକଉ, ଚିଠି ଲେଖି ପକଉ, ଫୋନ୍ କରି ପକଉ, କିଛି ନ ହେଲେ କେବଳ ମନେ ପକେଇ ବି ସାହସ ଯୋଗାଡ଼ି ନେଉ। କବିତା ବି ଏମିତି କେଉଁଠି ନା କେଉଁଠି ଥାଏ ଆମର ବନ୍ଧୁ ପରିଜନ, ଆତ୍ମୀୟ ଭଳି। କବିତା ଅଛି ସେଇଥିଲାଗି ଲାଗେ ଏଇ ଯେଉଁ ବିପତ୍ତି ସବୁ ଭିତରେ ମୁଁ ଗତି କରୁଛି ସେ ଭିତରେ ଆଗରୁ ବହୁତ ଜଣ ଯାଇଛନ୍ତି। ବିପତ୍ତି ସହିତ ମୋର ପରିଚୟ ଅଲଗା (ନୂଆ) ହେଇପାରେ କିନ୍ତୁ ମୁଁ ନୂଆ ନୁହେଁ। କବିତା ଆମର ଦୁଃଖକୁ କି ପୀଡ଼ାକୁ କମେଇ ଦିଏନି କିନ୍ତୁ ଦୁଃଖ ଓ ପୀଡ଼ାମାନଙ୍କୁ ସହିବା ବେଳେ କେହି ଜଣେ ଅନ୍ତରଙ୍ଗ ପାଖରେ ଥିବାର ବୋଧ ଆଣିଦିଏ। ନିଶ୍ଚୟ ପୃଥିବୀର ବହୁତ ସାହିତ୍ୟ (କବିତା) ଏ କାମଟି ତୁଲଉଛନ୍ତି।

ସହୃଦୟ ଓ ସଚେତନ ପାଠକର ଦୁର୍ଲ୍ଲଭତା ବହୁ ବିଶିଷ୍ଟ କୃତିମାନଙ୍କୁ ସେମାନଙ୍କର ଉପଯୁକ୍ତ ମର୍ଯ୍ୟାଦା ଦେଇପାରି ନାହିଁ। ଯିଏ ପ୍ରଭାବୋତ୍ପାଦକ ଓ ଛଳନାପୂର୍ଣ୍ଣ ଶବ୍ଦାବଳୀ ମଧ୍ୟରେ ପ୍ରଭେଦକୁ ଚିହ୍ନିପାରେନି, ଯିଏ ବାଚିକ ପ୍ରୟୋଗରେ ଶବ୍ଦର ସୂକ୍ଷ୍ମ ଅର୍ଥାନ୍ତରକୁ ଛୁଇଁ ପାରେନି, ଯାହାର ସ୍ମୃତି ଗଳାଥରର ନିର୍ବାଚନ ପ୍ରଚାର ଓ ବିଜ୍ଞାପନମାନଙ୍କୁ ନେଇ ସୀମିତ, ଯିଏ ବଜାର ଓ ଉପାଧିମାନଙ୍କ ପ୍ରଚାର ପାଖରେ

ଆଣ୍ଠୁଭାଙ୍ଗି ଛିଡ଼ା ହୋଇଥାଏ, ନିଜର ଅସମ୍ମତି ଓ ଭିନ୍ନ ମତକୁ ଜଳାଞ୍ଜଳି ଦେଇ ଯିଏ ବିବେକହୀନ ଉପଭୋକ୍ତାବାଦକୁ ସବୁକାଳେ, ସବୁଠାରେ (ସାହିତ୍ୟ କ୍ଷେତ୍ରରେ ବି) ରାସ୍ତା ଛାଡ଼ିଦେଇଛି ସେ କବିତା ପାଖରେ ପହଞ୍ଚି ତାକୁ ଆନ୍ତରିକ ଭାବରେ ଛୁଇଁବ କେମିତି ? କବିତା ଲେଖି ଦେବାରେ କବିର କାମ ପୂର୍ଣ୍ଣ ହେଇଯାଏ ସତ କିନ୍ତୁ ଅନେକ ସମୟରେ ପାଠକ କବିଠାରୁ ଅଧିକ ସ୍ୱଷ୍ଟ ଭାବରେ କବିତାର ନିହିତ ଭାବବୋଧକୁ ଦେଖିପାରେ। ପାଠକ ତା' ନିଜ ଦୃଷ୍ଟିରେ କବିତାର ପୁନର୍ସୃଜନ କରେ। କବି ତା'ରି ମାଧ୍ୟମରେ ନିଜ କୃତିକୁ ଆଉ ଏକ ବାଗରେ (ନୂଆ ଭାବରେ) ବୁଝିବାକୁ ସକ୍ଷମ ହୁଏ। ସେଥିଲାଗି ସବୁକାଳେ, ସବୁ ଯୁଗରେ କବି, ସହୃଦୟ ପାଠକଟିଏ ଖୋଜୁଥାଏ ମନେ ମନେ।

ପାଠକୀୟ ଦୁର୍ଭିକ୍ଷ ମଝିରେ ଉଜୁଡ଼ି ଯାଉଥିବା ଗୋଟିଏ ଭାଷାକୁ ନେଇ ଯାହାକିଛି ଲେଖା ହେଉଛି- ସାହିତ୍ୟ, ଅସାହିତ୍ୟ ଓ ସେଲାଗି ମିଳି ଯାଉଥିବା କିଛି ଉତ୍ସାହ, କିଛି ପୁରସ୍କାର ଓ ଉପାଧିକୁ ନେଇ ଆମେ ସନ୍ତୁଷ୍ଟ। ଆପଣାର ପ୍ରଚେଷ୍ଟାରେ ପ୍ରକାଶିତ ପୁସ୍ତକ (ଅଧିକାଂଶ କବିତା ପୁସ୍ତକ) ସାହିତ୍ୟର ଉପେକ୍ଷା ଓ ଲେଖକୀୟ ଏକଲାପଣର ଗୋଟିଏ ଗୋଟିଏ ପ୍ରମାଣ। ପ୍ରାନ୍ତୀୟ ଭାଷାର ସାହିତ୍ୟର ଅନୁବାଦ ମିଳିଯାଏ ପଢ଼ିବାକୁ, ଆମ ଭାଷାର ଶ୍ରେଷ୍ଠ କୃତିର ଅନୁବାଦ ନାହିଁ। ଗାଁଠାରୁ ସହର ଓ ଜିଲ୍ଲା ଯାଏ ବ୍ୟାପିଯାଇଛି ଏକ ବିକଟାଳ ପାତାଳ। ସେ ପାତାଳ ଭିତରେ ବସି ବସି ଶହ ଶହ କବି ଓ ଲେଖକ ଲେଖୁଛନ୍ତି। ସେମାନଙ୍କୁ ଜଣାନାହିଁ ସେମାନଙ୍କର କବିତା ରମାକାନ୍ତ ରଥ କି ସୌଭାଗ୍ୟ ମିଶ୍ରଙ୍କ କବିତାଠାରୁ କେତେ ଭିନ୍ନ। ସେମାନଙ୍କର ଗପ ମନୋଜ ଦାସ କି ଚନ୍ଦ୍ରଶେଖର ରଥଙ୍କର ଗପଠାରୁ କେତେ ଅଲଗା। ସେମାନଙ୍କର କୃତୀ ଦୋକାନରେ ମିଳେନି। ପତ୍ରିକାରେ ସେମାନଙ୍କ କୃତିର ନିରପେକ୍ଷ ସମୀକ୍ଷା ହୁଏନି। ଉପଯୁକ୍ତ ସମୀକ୍ଷାକର୍ମ ଓ ସୃଜନଶୀଳତାର ସାମାନ୍ୟତମ ମାନ୍ୟତା ମିଳିଲେ ହୁଏତ କିଛି କବି-ଲେଖକ ଅନ୍ତତଃ ପାଠକ ପାଲଟନ୍ତେ। ଅନ୍ଧକାର ଭିତରେ କେଉଁଠି ହଜି ଯାଆନ୍ତେନି, ଉତ୍ସାହିତ ହୁଅନ୍ତେ। ସହୃଦୟ ପାଠକଟିଏ ହେବା ବି ସାହିତ୍ୟର ସୃଜନ କ୍ଷେତ୍ରରେ ଭାଗିଦାର ହେବା ଏ କଥାଟି କିଏ କାହାକୁ ବୁଝେଇବ।

ଗତ ଦଶବର୍ଷ ଭିତରେ ଓଡ଼ିଆ କବିତା ପ୍ରାଞ୍ଜଳ ହେବାକୁ ଆରମ୍ଭ କରିଛି। ମଣିଷର ପୀଡ଼ାକୁ ଛଳନାହୀନ ଭାବରେ ପ୍ରକାଶ କରିବାର ସାହସ କରିଛି, ଅଧିକ ଅନ୍ତରଙ୍ଗ ଆତ୍ମୀୟ ହେବାର ପ୍ରୟାସ କରିଛି। ଏଥିଲାଗି ଜଣେ ବା ଦୁଇଜଣ କବି ଦାୟୀ ନୁହନ୍ତି। ଏଥିପାଇଁ ଗୋଟିଏ ଯୁଗ ଦାୟୀ। ଜୀବନ, ଯଥାର୍ଥ, ତଥ୍ୟ, ଅନୁଭବ, ଅନୁଭୂତି, କଳ୍ପନା, ଚିନ୍ତନ, ସୌନ୍ଦର୍ଯ୍ୟବୋଧ, ଭାବ ଓ ପ୍ରୟୋଗ- ଏ ସବୁ ତ ଆଧାରଶିଳା

କବିତା ପାଇଁ। କବିତା ତା'ର ସ୍ୱରୂପ ନିର୍ଦ୍ଧାରଣ କରେ ଆପେ ଆପେ କବିତା ମାଧ୍ୟମଟିଏ। ଗୋଟିଏ ବଳିଷ୍ଠ ସଚ୍ଚା କବିତା ଆମ ପାଇଁ ଆଶୀର୍ବାଦ – ତାହା ଯାହାଦ୍ୱାରା ଲେଖାଯାଇଥାଉ ନା କାହିଁକି।

ଦୁଇଟି ଜୀବନ ନେଇ ଜିଏଁ କବି। ସେକ୍‌ସ୍‌ପିଅରଙ୍କ ହେମ୍‌ଲେଟ୍ ଓ ହେରେଶିୟୋର ଜୀବନ। ହେମ୍‌ଲେଟ୍ ପୀଡ଼ା ସହେ। ହେରେଶିୟୋ ହେମ୍‌ଲେଟ୍‌ର ପୀଡ଼ାକୁ ଦେଖେ, ସାକ୍ଷୀ ରହେ। ସାକ୍ଷୀ ରହିବାର ପୀଡ଼ା ହେମ୍‌ଲେଟ୍‌ର ସହିବାର ପୀଡ଼ାଠାରୁ କୌଣସି ଗୁଣରେ କମ୍ ନୁହେଁ ବରଂ ଅଧିକ କଷ୍ଟପ୍ରଦ। ହେରେଶିୟୋକୁ ଜିଇଁ ରହିବାକୁ ହେବ ଓ ତା' ବନ୍ଧୁର ବିକଟାଳ ମୃତ୍ୟୁକୁ ଦେଖିବାକୁ ହେବ କାହିଁକି ନା ପରେ ତା' ବନ୍ଧୁ ସହିତ ପ୍ରକୃତରେ କ'ଣ କ'ଣ ସବୁ ସଂଘଟିତ ହୋଇଥିଲା ସେ ସବୁ ତାକୁ କହିବାକୁ ହେବ ଦୁନିଆକୁ। ଆମ ଭିତରୁ ଅଧିକାଂଶ ହେମ୍‌ଲେଟ୍‌ର ଜୀବନ ଜିଉଁଥିବେ ନିଜ ନିଜର ଅନ୍ତକୁ ଚାହିଁ ଚାହିଁ। କିନ୍ତୁ ନିଶ୍ଚୟ କେଉଁଠି ଅଛନ୍ତି ଏମିତି କବିମାନେ ବି ଯେଉଁମାନେ ଜୀବନର ପୀଡ଼ାକୁ ସହି ସହି ମରିବା ଅପେକ୍ଷା ଏ ପୀଡ଼ାର କଥା କହିବା ଲାଗି ସାକ୍ଷୀ ଭଳି ଜିଇଁ ରହିବାକୁ ଚାହାନ୍ତି। ସେ କବିଟିକୁ ଆମେ କାହିଁକି ନିଜ ଭିତରେ ଖୋଜିବାନି, ଜଣେ ସଚ୍ଚା ପାଠକ କି ଜଣେ ଲେଖକ ଭଳି।

କବିତା କେବେବି ଚୁପ୍ ବସେନି। କବିତା କେବେବି ଛଳନାକୁ ପ୍ରଶ୍ରୟ ଦିଏନି। କବିତା ନିରପେକ୍ଷ, ଉଦାର ଓ ଅନୁଗ୍ରହ ରହିତ। ଏଠି ତ ମିଛକୁ ତିନିଥର ସତ ବୋଲି କହିଦେଲେ ମିଛ ସତ ପାଲଟି ଯାଏ। ଏ ଏକ ସାଂଘାତିକ କାର୍ଯ୍ୟ। ମିଛକୁ ଆଶ୍ରା କରିଥିବା ଲୋକ ଅଧିକ ଲୋକପ୍ରିୟ ଓ ସାଧନସମ୍ପନ୍ନ। କିନ୍ତୁ ଏ ବି ତ ଗୋଟିଏ ପୀଡ଼ା, ଯାହାକୁ କହିବା ଲାଗି କବିକୁ ଜିଇଁ ରହିବାକୁ ହେବ। ଜଣେ କବି ମତେ ଥରେ ଖୁବ୍ ବ୍ୟସ୍ତ ହେଇ କହିଲେ, 'ଆମ ଭାଷାରେ କେତେ ଅକବିତା ଲେଖା ହେଉଛି କହିଲ, ନକଲି ମୁଦ୍ରା ଅସଲ ମୁଦ୍ରାକୁ ଠେଲି ବାହାର କରିଦେବ।' ସେ ସେଦିନ ଏମିତି କହିବା ପାଇଁ କହିଥିବେ। ମତେ ଜଣା, ସେ ନିଶ୍ଚୟ ଜାଣିଥିବେ ଯେ, କବିତା ବଜାରରେ ନୁହେଁ ଏକାନ୍ତରେ ଜନ୍ମ ନିଏ ଏବଂ ଏକାନ୍ତରେ ଜନ୍ମ ନେଉଥିବା ଚିଜ (ନକ୍ଷତ୍ର ହେଉ କି ଦୂବ ହେଉ) ସହଜରେ ମରେନି।

■

ସାକ୍ଷୀ

ନିଜ ଭିତରୁ କିଛି ଦୁଃଖ କିଛି ଆବର୍ଜନା କାଢ଼ି ପକେଇବା କଥା ଓ ନିଜେ ନିଜ ସୃଷ୍ଟିରେ ଟିକିଏ ଖୁସି ହେଇଯିବା କଥା, ନ ହେଲେ ପଢୁଛି, କିଏ ବୁଝୁଛି କବିତା - ଏହା ମୋର ନୁହେଁ ଆମ ସମୟର ଜଣେ ତରୁଣ ଉଦୀୟମାନ କବିଙ୍କର ବକ୍ତବ୍ୟ, ଯାହା ଦିନେ ମତେ ମୋ ଭିତରେ ଥରେଇ ଦେଇଥିଲା। ଆମେ ହଲପ କରି କହିପାରିବାନି ଏଭଳି ଚିନ୍ତା ଆମ ଭିତରେ ଥରଟିଏ କେବେ ନ ଆସିଛି।

କବି ପାଇଁ ପୀଡ଼ା ଓ ଉପେକ୍ଷା ନୂଆ ନୁହେଁ। ଭାଙ୍ଗି ପଡୁଥିବା ଆକାଶଟିକୁ ମୁଣ୍ଡେଇ ନେବାର ସାହାସ ଥାଏ କେବଳ କବି ପାଖରେ। କିନ୍ତୁ ଗୋଟିଏ କବିତା-ବିମୁଖ ସମୟ ଭିତରେ ବଞ୍ଚିବା କବି ପାଇଁ ଦୁଃସହ ନିଶ୍ଚୟ। ସାଧାରଣତଃ ଲୋକେ ଭାବନ୍ତି ଯେ, କବିତାରେ ଯାହା ଫୁଟି ଉଠୁଥାଏ ବାସ୍ତବ ଜୀବନରେ ସେମିତି ସାଙ୍ଘାତିକ କିଛି ବି ଘଟି ନ ଥାଏ। ଅନେକଙ୍କର ଏଭଳି ଧାରଣା ବି ଅଛି ଯେ, କବିତା ଲେଖା ଏକ ସାମୟିକ ଲୀଳା ବିନୋଦ- ଯେମିତି ପ୍ରେମରେ ପଡ଼ିଲେ କି ପ୍ରତାରିତ ହେଲେ କବିତା ଲେଖାଯାଏ, ବର୍ଷାକୁ ଚାହିଁ ଚାହିଁ (ଯଦି କିଛି କାମ ନାହିଁ) ବା କେବଳ ଛପା ଅକ୍ଷରରେ ନିଜ ନାଁକୁ ଦେଖି ପ୍ରଫୁଲ୍ଲିତ ହେବା ପାଇଁ ବି କବିତା ଲେଖାଯାଏ। ସେହି ଲୋକମାନେ ଭାବନ୍ତି ଯେ, ସାହିତ୍ୟ ଜଗତରେ ନାଁ କମେଇବା ଲାଗି କବିତା ଲେଖିବା ହିଁ ସବୁଠାରୁ ସହଜ ପନ୍ଥା ଏବଂ ପରେ ସେ ନାଁକୁ ଧରି ରାଜନୀତି ହେଉ କି ସାମ୍ବାଦିକତା ହେଉ କେଉଁ ଗୋଟେ ବାଟରେ ଯାଇ ହେବ। ସେମାନେ କହିବାର ଶୁଣିଛି, ଦିନେ ମୁଁ କବିତା ଲେଖୁଥିଲି ଯେ, ଦେଖିଲି କିଛି ଲାଭ ନାହିଁ।

କବିତା ତେବେ କ'ଣ କିଛି ଲାଭର ଆଶା ରଖି ଲେଖାଯାଏ? ଚାହିଁଲେ କ'ଣ କବିତା ଲେଖିବା ଛାଡ଼ିଦେଇ ହୁଏ? ଏ ପ୍ରଶ୍ନମାନଙ୍କର ଉତ୍ତର ମୁଁ ଏଯାଏଁ ପାଇ ନାହିଁ। (ବୋଧହୁଏ ଆଉ କିଛିବର୍ଷ ଦରକାର ସେ ପାଇଁ) କିନ୍ତୁ ଗୋଟିଏ କଥା

ମନରେ ଉଙ୍କିମାରେ ଯେ, କବିତା ତ ପ୍ରବନ୍ଧ ନୁହେଁ କି ଗପ ନୁହେଁ। ବିଷୟବସ୍ତୁ ଉପରେ ତର୍ଜମା ସରିଗଲେ ପ୍ରବନ୍ଧ ଲେଖାଟିଏ ସରିଯାଏ। ଜୀବନର ଘଟଣା ଓ ଦୁର୍ଘଟଣାମାନଙ୍କୁ ବଖାଣି ଦେଲେ ଗପ କହିବା ସରିଯାଏ କିନ୍ତୁ କବିତା ଆମର ପ୍ରତିଟି ନିଃଶ୍ୱାସ ପ୍ରଶ୍ୱାସର ସାକ୍ଷୀ। ଆମର ଝୁଣ୍ଟିବା-ଉଠିବା, ଆମର ହାରିବା-ଜିତିବା, ଆମର ଭୁଲ୍ ଓ ଆମର ପାପପୁଣ୍ୟର ସେ ସାକ୍ଷୀ। ଆମ ପାଖରେ ଆମର ଛାଇ, ଆମର ସାକ୍ଷୀ ଭଳି ଛିଡ଼ା ହୋଇଥାଏ ଯେଉଁ କବିତା ତାକୁ ଆମେ ଆଡ଼ ଆଖିରେ ନ ଚାହିଁଲେ ବି ସେ ଥିବା। A Defence of Poetry ରେ କବି ଶେଲୀ କୁହନ୍ତି- Poetry is connate with the origin of man ମଣିଷ ଯେଉଁ ମୁହୂର୍ତ୍ତରୁ ଜନ୍ମଲାଭ କରୁଛି, ତା' ଭିତରେ କବିଟିଏ ଠିକ୍ ସେହି କାଳରୁ ଭୂମିଷ୍ଠ ହେଉଛି। ସେ କବିଟି ସବୁକିଛି କବି ଦୃଷ୍ଟିରେ ଦେଖିବା ଲାଗି ଆମକୁ ଉଦ୍‌ବୋଧନ ଦେଉଛି। ଆମ ଭିତରୁ ଯେଉଁମାନେ ଏଥିରେ ରାଜି ହେଇଯାଉଛନ୍ତି, ସେମାନେ ସବୁକିଛି ଦେଖୁଛନ୍ତି, ଅନୁଭବ କରୁଛନ୍ତି। ଯିଏ ରାଜି ନ ହେଉଛି ତା'ର ଭିତରର ଦୁଆର ଝରକା ସବୁ ବନ୍ଦ୍ ହୋଇ ରହୁଛି। ବାହାର ସୋର୍ ଶବ୍ଦ ଭିତରେ ସେ ମଜ୍ଜି ରହୁଛି। ନିଜକୁ ଏକାଟିଆ ପାଇବାକୁ ନାରାଜ ହେଉଛି। ନିଜ ଭିତରକୁ ଉଠୁଥିବା ପ୍ରଶ୍ନମାନଙ୍କୁ ସାମ୍ନା ନ କରିବା ଲାଗି ସେ ଘରୁ ବାହାରି ଯାଉଛି। ସଭା, ସମିତି, ଭିଡ଼ ଭିତରେ ନିଜକୁ ମିଶେଇ ଦେଉଛି।

ଏ କଥା ସତ ଯେ, କବିତା ବାହାରେ, ଏକାଧିକ ରଙ୍ଗ ଓ ଜୀବନ ଆମକୁ ଅପେକ୍ଷା କରିଛନ୍ତି। କିନ୍ତୁ ଏ କଥା ବି ସତ ଯେ, କବିତା ଭିତରେ ଯାହା ସଂଘଟିତ ହେଉଛି ତାହା ବି ଜୀବନ। କବିତା, କେବେବି କେବଳ ପଦାରେ ଯାହା ଘଟୁଛି ତାହା ବଖାଣେନି। କବିତା ଅନ୍ତର୍ଜଗତକୁ ବି ଠିକ୍ ଏକାଭଳି ଗୁରୁତ୍ୱ ଦିଏ। କବିତାର ସତ୍ୟ କେବଳ ପଦାରେ ଘଟିଥିବା ସତ୍ୟ ନୁହେଁ କବିତାର ସତ୍ୟ ତା'ର ରଚନା ପ୍ରକ୍ରିୟାରେ ହିଁ ଗଢ଼ି ହୋଇଯାଏ। ଆମକୁ ଜଣା ନାହିଁ ପ୍ରକୃତରେ ମହାଭାରତ ସଂଘଟିତ ହୋଇଥିଲା କି ନାହିଁ। ଯଦିବା ହୋଇଥିଲା, ତା'ର ଇତିହାସ ଓ ବ୍ୟାସଙ୍କର ରଚନାରେ ନିଶ୍ଚୟ କିଛି ମୌଳିକ ପ୍ରଭେଦ ଥିବ। ମହାକାବ୍ୟ କୌଣସି ଐତିହାସିକ ଘଟଣାକୁ ଉପଜୀବ୍ୟ କରିପାରେ। ଏ କ୍ଷେତ୍ରରେ ଘଟଣାର ରୂପାନ୍ତର ନ ଘଟିପାରେ କିନ୍ତୁ କବିତାର କାୟାକଳ୍ପ ରଚନାକାରଙ୍କର ଅନ୍ତର୍ଜଗତରୁ ବି କିଛି ଆହରଣ କରିଥିବା ଅସ୍ୱୀକାର କରି ହେବନି। ଏହା ଇତିହାସର ବିଡ଼ମ୍ବନା ନୁହେଁ, କବିତାର ସତ୍ୟ।

ସେଥିଲାଗି କହିହେବ ଯେ, କବି ଯାହା ଯାହା ଲେଖୁଛି କବିତା ସେ ସବୁର ସାକ୍ଷୀ। କବିତା ଆମ ଭିତରେ ଓ ଆମ ବାହାରେ ଘଟୁଥିବା ପୀଡ଼ା ଓ ଦ୍ୱନ୍ଦ୍ୱର

ସାକ୍ଷୀ। ଇତିହାସ ପୃଷ୍ଠାକୁ ମିଳିଯିବ ନାଁ ଓ ତାରିଖମାନଙ୍କର ତାଲିକା। କିନ୍ତୁ ଇତିହାସ ପୃଷ୍ଠାରେ ହଜିଯାଇଥିବା (ନାଁ ନ ଥିବା) ମଣିଷର ଅନୁଭବର ସାକ୍ଷୀ ହୋଇ ହୁଏତ ଛିଡ଼ା ହେଉଥିବ କବିତା।

କବିତା ଅନ୍ୟ ଲାଗି (କବି ହେଉ କି ପାଠକ) ସାକ୍ଷୀ କାହିଁକି ନା କବିତା ନିଜେ ନିଜ ପାଖରେ ସାକ୍ଷୀ। କବିତାର ସତ୍ୟ ତା' ନିଜର ସତ୍ୟ ଯାହା ମୌଳିକ। କବିତାର ସତ୍ୟ କୌଣସି ବସ୍ତୁନିଷ୍ଠ ସତ୍ୟ ନୁହେଁ। ଏହା ସଂଶୟ ଓ ସନ୍ଦେହ, ଆଶଙ୍କା ଓ ହତାଶା, ରାଗ-ବିରାଗ ଭିତରେ ଘଷିମାଜି ହେଇ ବାହାରିଥିବା ସତ୍ୟ। କବିତାର ସତ୍ୟ ଉପରେ ଭରସା ରଖୁ ନ ଥିବା (ବା ଅଙ୍କ ଥିବା) ଲୋକଙ୍କୁ ଏତିକି କୁହଯାଇ ପାରେ ଯେ, କବିତା ସତ୍ୟକୁ କେବେବି କଳା ବା ଧଳା ଏଭଳି ଦୁଇ ଭାଗ କରି ଥୁଏନି। କବିତା ପାଇଁ ସତ୍ୟ ବହୁଳ। ଏହା ସତ୍ୟର ବହୁଳତାର ସାକ୍ଷୀ। ଆମେ ସଭିଏଁ ଖୋଜୁଥାଉ ଏମିତି ସତ୍ୟଟିଏ ଯାହାକୁ ଆମେ ଆମ ନିଜ ବ୍ୟବହାରରେ ଉପଯୋଗ କରିପାରିବୁ। କବିତା ସେଥିଲାଗି ବୋଧହୁଏ ପାଠକମାନଙ୍କ ପାଖରେ ଭିନ୍ନ ଭିନ୍ନ କାୟାକଳ୍ପ ଧରି ଛିଡ଼ା ହୁଏ।

ଆମ ଦୈନନ୍ଦିନ ଜୀବନ ଭିତରେ ଯାହା ବାରମ୍ବାର ଘଟୁଥାଏ, ଯଥା ପ୍ରେମ, ପ୍ରକୃତି ସହ ସମ୍ବନ୍ଧ, ନଶ୍ୱରତାବୋଧ ଇତ୍ୟାଦି, ଏ ସବୁର ସାକ୍ଷୀ କବିତା। ଆମ ଜୀବନ ଓ ଜୀବନ ବାହାରେ ଘଟୁଥିବା ସବୁ ଘଟଣା ଓ ଦୁର୍ଘଟଣାକୁ ଏକ ଅଦ୍ୱିତୀୟ ଆଭାରେ ଦେଖୁଥାଏ କବିତା। ସେଠି ବି ଠିକ୍ ଏକାଭଳି ଥାଏ କବିର ଆତ୍ମୀକ ଅନୁଭବ ଆମେ ଯେବେ ଶ୍ରୀରାଧା ପଢୁଥାଉ ଆମେ ଏକ ସମୟରେ ରମାକାନ୍ତ, ଶ୍ରୀରାଧା ଓ ପ୍ରେମକୁ ପଢୁଥାଉ। ତିନିହେଁ ତିନିଜଣଙ୍କୁ ଏକା ସମୟରେ ଗଢୁଥାନ୍ତି ଓ ଭାଙ୍ଗୁଥାନ୍ତି। ଆମକୁ ମନେ ରଖିବାକୁ ହେବ (ଅନ୍ତତଃ ସବୁ କବିଙ୍କୁ ମନେ ରଖିବାକୁ ହେବ) ଯେ, ଆମେ କେବଳ ଆମ ସମୟ ଭିତରେ ନୁହେଁ ସମୟ ବାହାରେ ବି ରହୁ। କବିତା ତେଣୁ ଯେତିକି ଆମ ସମୟର ସାକ୍ଷୀ, ଠିକ୍ ସେହିଭଳି ସମୟାତୀତର ସାକ୍ଷୀ। କବିତା ସାର୍ବଜନୀନ ହେବା ଉଚିତ କି ନା ସେ ଅଲଗା କଥା। କିନ୍ତୁ କବିତା ଆମ ବ୍ୟକ୍ତିଗତ ଅନୁଭବମାନଙ୍କଠାରୁ ବାହାରି ପୁଣି ବ୍ୟକ୍ତିଗତ (ପାଠକର) ଅନୁଭବ ସହ ଏକାତ୍ମ ହେବା ଲାଗି ସମୟାତୀତର ସାକ୍ଷୀ ହେବା ଜରୁରୀ।

ମୁଁ ସେଦିନ ସେ ତରୁଣ କବିଙ୍କୁ ଏତେସବୁ କଥା କହିପାରି ନ ଥିଲି। କେବଳ ଏତିକି କହିଥିଲି- ତମେ ଯେଉଁ ଦୁର୍ଘଟଣାର ସମ୍ମୁଖୀନ ହେଇଛ, ତାକୁ ନିଜ ଭିତରେ ସାଇତି ରଖ। ଏଇନା ଲେଖନି କିଛି ବି (ଅନ୍ତତଃ କବିତା କେବେ ହେଲେ ନୁହେଁ)। ଭୟ ଅଛି ଏଇନା କେବଳ ତମ ବ୍ୟକ୍ତିଗତ ପୀଡ଼ାକୁ ବଖାଣିବା

ହିଁ ସାର ହେବ। କବିତା ଆମର ବ୍ୟକ୍ତିଗତଠାରୁ ବହୁତ ବଡ଼, ବହୁତ ବ୍ୟାପକ ଓ ବିସ୍ତୃତ। ଏଇନା ତମ ନିଜଠାରୁ ବଡ଼ ଦିଶୁଥିବା ତମ ଦୁଃଖକୁ ସୋରିଷ ମଞ୍ଜିଟିଏ ଭଳି କେଉଁଠି ରହିଯିବାକୁ ଦିଅ ନିଜ ଭିତରେ। ଜୀବନ ପାଖରେ ହାରି ଯାଇଥିବା (ସେଭଳି ବୋଧ ନେଇ ଛିଡ଼ା ହୋଇଥିବା) ସେ କବିବନ୍ଧୁ ଜଣଙ୍କ ସେଦିନ କବିତା ଲେଖିବା ଛାଡ଼ିଦେବେ ବୋଲି କହିଥିଲେ। କିନ୍ତୁ ମୁଁ ଜାଣେ, କବିତା ତାଙ୍କୁ ଛାଡ଼ିବନି। କବିତାକୁ ଯଦି ସେ ଜୀବନର ସାକ୍ଷୀ ବୋଲି ଗ୍ରହଣ କରନ୍ତି, ତେବେ ସମ୍ଭବତଃ ସେ କବିତାକୁ ଛାଡ଼ି ବଞ୍ଚି ପାରିବେନି।

■

ସ୍ୱାଭିମାନ

କବି ଲଙ୍ଗ୍‌ଫେଲୋଙ୍କର ଦୁଇ ଧାଡ଼ି କୋଉ କାଳରୁ ମୋ ଭିତରେ ଲେଖା ହୋଇ ରହିଛି । Know how sublime a thing it is. To suffer and be storng. ସହାନୁଭୂତି ସହ୍ୟ ହୁଏନା । ସହାନୁଭୂତି ମୋତେ କନ୍ଦେଇ ଦିଏ ବୋଲି, ସହାନୁଭୂତି ପାଖରେ ମୁଁ ଦୁର୍ବଳ ବୋଲି ଧରା ପଡ଼ିଯାଏ ବୋଲି, କେଜାଣି ? ଅନେକ ଥର ଏ ନେଇ ଚିନ୍ତା କରିଛି । ଲାଗିଛି, ମୋ ଭାଗର ଦୁଃଖ, ପରାଜୟ ବିଫଳତା, କେବଳ ମୋର । ମୋତେ ଏକାଟିଆ ସେ ସବୁ ସହିବାକୁ ହିଁ ହେବ । ସହାନୁଭୂତି ଭୟରେ ଥରେ ଥରେ ଦୂରେଇ ଯାଇଛି ଆତ୍ମୀୟ ପରିଜନଙ୍କଠାରୁ । ସହାନୁଭୂତିର ଚିଠିଟିଏ ପହଞ୍ଚିଯିବ ବୋଲି ବର୍ଷ ବର୍ଷ ଧରି ଚିଠି ଲେଖିନି । ମୁଁ ଜାଣେ ଏ ସବୁ ଠିକ୍ ନୁହେଁ । କିନ୍ତୁ ଏହା ପଛରେ ଯେଉଁ ସତ୍ୟଟି ରହିଛି, ତା' ହେଉଛି ସ୍ୱାଭିମାନ ।

ମଣିଷ ମାତ୍ରେଇ ସ୍ୱାଭିମାନୀ । କିନ୍ତୁ କବିର ସ୍ୱାଭିମାନ ଟିକିଏ ଅଧିକ ସୂକ୍ଷ୍ମ । ଟିକିଏ ଅଧିକ କଠୋର । ସଚ୍ଚା କବିଟିଏ କାହା ଆଗରେ ମୁଣ୍ଡ ନୁଆଁଏନି । ସ୍ୱାର୍ଥ ଓ ପ୍ରଶସ୍ତି ଆଗରେ ତ ଜମ୍ମା ନୁହେଁ । ଦୁଃଖ କି ମୃତ୍ୟୁ ଆଗରେ ବି ନୁହେଁ । ପୃଥିବୀର ବହୁ ବିଶିଷ୍ଟ କବି ଓ ଲେଖକ ଆତ୍ମହତ୍ୟା କରିବାର ଦୃଷ୍ଟାନ୍ତ ଅଛି । ତାକୁ ଆମେ ସହଜ ଭାବରେ କାପୁରୁଷତା ନ କହିବା ଭଲ । ସେଇ ମହାନ୍ ଶିଳ୍ପୀମାନେ ନିଜର ଅସାଧାରଣ ସମ୍ବେଦନା ପାଖରେ ଧରା ପଡ଼ିଯାଇଥିବେ ମୁହୂର୍ତ୍ତକ ପାଇଁ । ହୁଏତ ଦେଖିଥିବେ ତାଙ୍କର ନିଜ ଛାଇଠାରୁ ତାଙ୍କ ସମ୍ବେଦନାର ଛାଇ କେତେ ବିରାଟ, ଅତିକାୟ । ବାରମ୍ବାର, ବାରମ୍ବାର ଏକାଧିକବାର ମୃତ୍ୟୁକୁ ସହ୍ୟ କରିଥିବା ସେଇ ମଣିଷକୁ ସେ ଅତିକାୟ ଛାଇ କବଳିତ କରି ନେଇଥିବ ସେଇ ମୁହୂର୍ତ୍ତରେ । ପରେ ସେମାନଙ୍କର ମହାନ୍ କୃତିମାନଙ୍କୁ ପଢ଼ିବାବେଳେ ଆମେ କାନ୍ଦି ପକାଉଥିବା ଚିନ୍ତା କରି ଯେ, ସତରେ କେଉଁଭଳି ମଣିଷ ଥିଲେ ସେମାନେ । କେତେ ଅତଳ ତଳକୁ ଯାଇପାରୁଥିଲେ ସେମାନେ ମଣିଷର ସୂକ୍ଷ୍ମ ତନ୍ତ୍ରୀକୁ ଛୁଇଁବା ଲାଗି ।

ଏଠି ଆମର ସ୍ୱାଭିମାନ ଅନେକ ସମୟରେ ନତମସ୍ତକ ହୋଇଯାଏ। କେବେ କେବେ ହାଣ ଖାଇଯାଏ। ଏଥର ପୂଜାରେ ଗୋଟିଏ ଅଭୁତପୂର୍ବ କଥା ଆଖିରେ ପଡ଼ିଲା। ଏକ ପୂଜା ପତ୍ରିକା ଉପରେ ଛପା ଯାଇଛି, ପୂଜା ଉପହାର - ରୁଚି ଚାଉଳ ଏହି ପତ୍ରିକା ସହିତ। କେଜାଣି କାହିଁକି କ'ଣ ଗୋଟେ ଫୋଡ଼ି ହେଇଗଲା ଭଳି ଲାଗିଲା ଛାତି ଭିତରେ। ବ୍ୟବସାୟିକ ଯୁଗରେ ଏଭଳି କରିବାରେ ଭୁଲ୍ କେଉଁଠି ବୋଲି ସମ୍ପାଦକ ପଚାରି ପାରନ୍ତି। କିନ୍ତୁ ମୋତେ କୌଣସି ଯୁକ୍ତି ମିଳୁନି। ଜଣେ ଲୋକ ରୁଚି ଚାଉଳ ଲୋଭରେ ବହିଟି କିଣିବ ନା ଏକ ସମୟରେ ଦୁଇଟି ସୁବିଧା ପାଇଯିବ ବୋଲି ପତ୍ରିକାଟି କିଣିବ। ବହିଟି ଏଭଳି ପାଠକ ପାଖରେ ପହଞ୍ଚି କରିବ କ'ଣ, ଯଦି ସେ ଆନ୍ତରିକ ପାଠକଟିଏ ନୁହେଁ। ଧରାଯାଉ ଅତି ସମୃଦ୍ଧ ସୃଜନଶୀଳତାରେ ପରିପୂର୍ଣ୍ଣ ସେ ପତ୍ରିକାଟି। ତେବେ ସେଠି ସଂପୃକ୍ତ କବି, ଲେଖକ (ସେ ପତ୍ରିକାର) ଏବଂ ନିଜକୁ ଓଡ଼ିଆ ବୋଲି କହୁଥିବା ଆମ ପାଠକ ଗୋଷ୍ଠୀଙ୍କର ସ୍ୱାଭିମାନ କାହିଁ (ସଂପୃକ୍ତ ସମ୍ପାଦକଙ୍କୁ ମୋର କିଛି କହିବାର ନାହିଁ)। ତେବେ ବି ନ ଭାବି ରହି ହେଉନି ଲେଖକମାନେ କ'ଣ କମ୍ପ୍ଲିମେଣ୍ଟାରୀ କପି ପାଇଥିବେ (ସେଥି ସହ...)

ହଁ, କଷ୍ଟ ହୁଏ। ଭାରି କଷ୍ଟ ହୁଏ। ଜାଣେ, ମୋ ଭଳି ଆଉ କେତେଜଣଙ୍କୁ କଷ୍ଟ ହେଉଥିବ। କାହାକୁ କହିହେବ। ସମ୍ପୂର୍ଣ୍ଣ ବ୍ୟବସ୍ଥାଟିରେ ବିଣ୍ଡି ପଡ଼ିଗଲାଣି। କିଛିମାସ ତଳେ ଜଣେ ସମ୍ପାଦକ ପୂଜା ପୂର୍ବରୁ ଓଡ଼ିଆ କବିତାର କ୍ୟାସେଟଟିଏ କରିବାକୁ ଚାହିଁଲେ, ଯାହା ସେ ପୂଜା ପତ୍ରିକା ସହ ପାଠକଙ୍କୁ ଉପହାର ଦେବେ ବୋଲି ଜଣେଇଲେ। ଏହା ଏକ ଅଭିନବ ଉପକ୍ରମ ଏବଂ ପ୍ରଶଂସନୀୟ ମନେ କରି ଆମେ ସହଯୋଗ କଲୁ। କେତେମାସ ବିତିଗଲାଣି ନା ପତ୍ରିକା ପହଞ୍ଚିଲା, ନା କ୍ୟାସେଟ। ବହୁ ସମ୍ପାଦକ କଥାଦେଇ ଯାହା କରନ୍ତି, ତାହାହିଁ ହେଲା। ଏବେ ଶୁଣିଲି, ଜଣେ କବି ଭାରି ଦୁଃଖରେ କହୁଥିଲେ- ମୁଁ ବି ପାଇ ନାହିଁ। କିନ୍ତୁ ମାଗିଆଣିଥିଲି ଶୁଣିଲି, ସେଥିରେ ମୋ କବିତାର ମାତ୍ର ପଙ୍କ୍ତିଟିଏ ଅଛି।

ଏ ସବୁ ମୁଁ କହୁଛି କାହାକୁ ଆଘାତ ଦେବା ପାଇଁ ନୁହେଁ (ଯଦି ଦେଇଥାଏ, ମଥା ନୁଆଁଇ କ୍ଷମା ମାଗି ନେଉଛି)। କିନ୍ତୁ ଓଡ଼ିଆ ଓ ଓଡ଼ିଆ ଭାଷାର ସ୍ୱାଭିମାନ ଉପରେ ଭାଷଣ ଆମେ କେତେଦିନ ଦେଉଥିବା ? ଭାଷାର ଉତ୍କର୍ଷ ଚାରି ପାଞ୍ଚଜଣ କି ଦଶ ବାରଜଣ କବି ଲେଖକଙ୍କ ଦ୍ୱାରା ସାଧିତ ହୁଏନି ଏ କଥା ଆମେ କେବେ ବୁଝିବା ? ବୁଝିବା ନା ବୁଝିବାନି ?

ଏଭଳି ପରିବେଶରେ କବିଟିଏ କ'ଣ କରିବ ? କିଛିଦିନ ତଳେ ଜଣେ ଯୁବକବି କହିଲେ- ମୁଁ ଲିରିକ୍ ଲେଖୁଛି। କ୍ୟାସେଟ୍ ବାହାରୁଛି। ମୋତେ ଲୋକ ଜାଣିଲେଣି।

କବିତା ଲେଖି ତାହା କ'ଣ ସମ୍ଭବ? ଗୀତିକାର ହେବା ସମ୍ମାନର କଥା। ସେ କବି ଜଣକ କବିତା ବି ଲେଖୁଛନ୍ତି। କିନ୍ତୁ ଆମ ଭାଷାରେ କବିଟିଏ ହେବାର ବ୍ୟର୍ଥତାକୁ ସୂଚାଉଥିଲା ତାଙ୍କ କଥା, ତାହା ହିଁ କଷ୍ଟ ଦେଲା। ଟିଭିରେ ଦେଖିଲି, ଏକ ଚ୍ୟାନେଲ୍‌ରେ ବଙ୍ଗାଳିମାନେ ଏକ ନିର୍ଦ୍ଦିଷ୍ଟ ଦିନ ତାଙ୍କ ଭାଷାର ଆଧୁନିକ ଓ ପୁରାତନ କବିଙ୍କର କବିତା ଆବୃତ୍ତି ଓ କବିତା ସମ୍ପର୍କରେ ପ୍ରଶ୍ନୋତ୍ତର ସହ ଜଣେ କବିଙ୍କୁ ବିଚାରକ ଭାବରେ ଆମନ୍ତ୍ରଣ କରୁଛନ୍ତି। ଆମର ଭାଷା ମହାନ୍ ବୋଲି ସେମାନେ କହୁଛନ୍ତି ତ ତାଙ୍କୁ ସାଜୁଛି।

ଏସବୁ ବାଦ୍ ବି ମୁଁ କହିବାକୁ ଚାହେଁ, କବିତା- ସ୍ୱାର୍ଥ, ପରଶ୍ରୀକାତରତା ଓ ହିଂସାଠାରୁ ଊର୍ଦ୍ଧ୍ୱରେ। ସବୁ ଦୁଃଖ, ସବୁ ଅପମାନ ଓ ସବୁ ନିଉଛପଣ ଆଗରେ ବି କବିତା ଛିଡ଼ା ହୋଇଛି। ହଁ, ଆମ ଭାଷାରେ ବି ସେଭଳି କବିତା ଲେଖାଯାଇଛି। ମୋ ଭାଷାରେ କବିଟିଏ ଏଇୟା ଭାବି ଲେଖୁଥିବ ଯେ, କବିତା କାଳବଦ୍ଧତା (Temporality) ଠାରୁ ମୁକ୍ତ। କଂସ ନିଜ ସହୋଦରାଙ୍କର ଗୋଟି ଗୋଟି କରି ସମସ୍ତ ପୁତ୍ରଙ୍କୁ ହତ୍ୟା କଲା ପରେ ଶେଷରେ କନ୍ୟା ଶିଶୁଟି ତା' ହାତରୁ ଖସିଯାଏ ଓ କହେ- ତୋ ଶତ୍ରୁ ଜୀବିତ ଅଛି। କବିତା ଠିକ୍ ଏହିଭଳି ସକଳ କାଳବଦ୍ଧତା (ଉପେକ୍ଷା ଓ ହିଂସା) ଛିଟିକି ପଡ଼ିବ ଓ କହିବ, ତମର ସବୁ ପ୍ରଚେଷ୍ଟା ନିରର୍ଥକ, ତମର ଶତ୍ରୁ...। ମୋ ଭାଷାର କିଛି ନିଷ୍ପାପର କବି ଏଇ ସତ୍ୟକୁ ବିଶ୍ୱାସ କରନ୍ତି, ଏହା ହିଁ ଏକମାତ୍ର ଆଶ୍ୱାସନା। ଏ ଲେଖାଟି ପ୍ରକାଶିତ ହେବା ପରେ ଜଣେ ପାଠିକାଙ୍କଠାରୁ ମିଳିଥିଲା ପ୍ରଶ୍ନଟିଏ। ପ୍ରଶ୍ନଟି ହେଉଛି, କବିର ସ୍ୱାଭିମାନ ବସ୍ତୁ ନିହିତ ହେବ କାହିଁକି?

ଆମେ ଭାବୁ, କବି ଭିନ୍ନ ପ୍ରକାର। ସେ ସଂସାରର ଛୋଟ ଛୋଟ କଥା ପ୍ରତି ନିସ୍ପୃହ ଓ ନିର୍ବିକାର। ଯେହେତୁ କବି ଉଚ୍ଚାଙ୍ଗ କଳା କଥା ଚିନ୍ତା କରନ୍ତି ତାଙ୍କର ଏସବୁ ପ୍ରତି ଧ୍ୟାନ ଦେବାର କିଛି ଅଧିକାର ନାହିଁ। କେତେଜଣ ଏମିତି ବି ଭାବନ୍ତି ଯେ, କବି ଅପମାନିତ, ଦୁଃଖୀ ନ ହେଲେ ଲେଖିବେ କ'ଣ? ଏ ଦୁଇଟି ଚିନ୍ତାଧାରା ମିଛ ନୁହେଁ। କିନ୍ତୁ କବି ପ୍ରଥମେ ମଣିଷ ତ? ଆମେ ଜାଣୁ ମଣିଷର କିଛି ପୀଡ଼ା ବସ୍ତୁ ନିହିତ ବି। କଲମ ହଜିଗଲେ କି ଫୁଲଦାନୀ ଭାଙ୍ଗିଗଲେ ମଣିଷକୁ ଯେତିକି କଷ୍ଟ ହୁଏ, କବିଙ୍କୁ ବି ହୁଏ। ହୁଏତ ସେ ପୀଡ଼ା ଆଉ ଟିକିଏ ତୀବ୍ର କବି ପାଇଁ। ସାଧାରଣ ମଣିଷଟି ହୁଏତ ଦୁଃଖ କରିବ ଏଇୟା କହି ଯେ, 'ଛାଡ଼', କେତେ ଟଙ୍କାର ଦାମିକା ଜିନିଷଟି ନଷ୍ଟ ହୋଇଗଲା। କବି କେବଳ ଏତିକି କହି ଦୁଃଖ ପାଇବନି। ବସ୍ତୁ ସହ ସଂଶ୍ଳିଷ୍ଟ ଭାବଗତ ସମ୍ପର୍କ ତାକୁ ଆହୁରି ଅଧିକ କଷ୍ଟ ଦେବ। କାହିଁକି ନା କବି ପାଇଁ ବସ୍ତୁଟିଏ କେବେହେଲେ ବସ୍ତୁ ନୁହେଁ, ନିର୍ଜୀବ ନୁହେଁ।

କିଛିଦିନ ତଳେ ସମ୍ବାଦପତ୍ରରେ ପଢ଼ିଥିଲି, ରାଉରକେଲାରେ କୌଣସି ଏକ ଛକ ସ୍ଥାନରେ ଆମ ଜାତି ଓ ଭାଷାର ଜଣେ ମହାମନିଷୀଙ୍କର ପ୍ରତିକୃତିକୁ କିଏ ରାତାରାତି ଭାଙ୍ଗିଦେଇଗଲା । ଏଥିରେ ମର୍ମାହତ ହୋଇ ଜଣେ ସହୃଦୟ କିଛି ଯୁକ୍ତି ସଂଗତ କଥା ପ୍ରକାଶ କରିଥିଲେ ସମ୍ବାଦପତ୍ରରେ । ଯେଉଁ ଲୋକଟି ରାତାରାତି ମୂର୍ତ୍ତିଟିକୁ ଭାଙ୍ଗିଦେଲା, ତା' ଲାଗି ଏହା ଗୋଟିଏ ବସ୍ତୁ ହୋଇପାରେ କିନ୍ତୁ ଯିଏ ମର୍ମାହତ ହେଲା, ସିଏ ନିଶ୍ଚୟ କବି (ସେ କବିତା ନ ଲେଖୁଥାନ୍ତୁ) କହିବାର କଥାଟି ହେଉଛି, ଆମର ଅଧିକାଂଶ ଛୋଟବଡ଼ ପୀଡ଼ା କେବଳ ବ୍ୟକ୍ତି, ଜାତି ଦେଶ ସହ ନୁହେଁ ଭାରି ଛୋଟ ଛୋଟ ବସ୍ତୁମାନଙ୍କ ସହିତ ବି ସଂଶ୍ଳିଷ୍ଟ । ଠିକ୍ ସେମିତି ଆମର ସ୍ୱାଭିମାନ ବି ।

କବି ଅଧିକ ସ୍ୱାଭିମାନୀ ଯେହେତୁ ସେ ଅଧିକ ସମ୍ବେଦନଶୀଳ । ଯାହା ଠିକ୍ ନୁହେଁ, ତାହା ଗୋଟିଏ ନିର୍ଜୀବ ବସ୍ତୁ ଉପରେ ସଂଘଟିତ ହେଉଥିବା ଦେଖିଲେ ବି ତାଙ୍କୁ କଷ୍ଟ ହୁଏ, ତାଙ୍କର ଅଭିମାନ ଆହତ ହୁଏ । କବି ପାଇଁ ମନ୍ଦିର-ମସ୍‌ଜିଦ୍, ବହି, ପତ୍ର-ପତ୍ରିକା କବିତା ହେଉ କି ଶସ୍ତା ଲିରିକ୍ କିଛି ବି ନିର୍ଜୀବ ନୁହେଁ । ଏ ସବୁ ବା ଆହୁରି ବହୁତ କିଛି ସହ ତାଙ୍କର ଅଭିମାନ ଯୋଡ଼ା । କୋଣାର୍କର କାରୁକାର୍ଯ୍ୟ ଉପରେ ଜଣେ ଛେପ ପକେଇ ଚାଲିଯିବ, ଆମକୁ କାଟିବ । ଆମ ଭାଷାକୁ ଜଣେ କଦର୍ଥ, ନ୍ୟୂନ କରି ଥୋଇବ, ଆମକୁ ବାଧିବ । ଆମ ସାହିତ୍ୟକୁ ସମୃଦ୍ଧ କରିଥିବା/କରୁଥିବା ସ୍ରଷ୍ଟମାନଙ୍କୁ ହତାଦର କରାଗଲେ ଆମର ଅଭିମାନ ଲହୁଲୁହାଣ ହେବ । କବିର ସ୍ୱାଭିମାନ ବସ୍ତୁନିଷ୍ଠ (objective) ନ ହେଇପାରେ, କିନ୍ତୁ ଏହା ଯେତିକି ସଜୀବମାନଙ୍କ ସହିତ ସଂଶ୍ଳିଷ୍ଟ ହୁଏତ ସେତିକି ନିର୍ଜୀବ ବସ୍ତୁମାନଙ୍କ ସହିତ ସଂଯୁକ୍ତ । କବିଙ୍କର ଏହି ଗୁଣ ଯୋଗୁ ହିଁ ସେ ସହଜରେ ବସ୍ତୁମାନଙ୍କୁ ସଜୀବର ପରିଚୟ (Personify) ଦେଇ ପାରନ୍ତି । ଜୋତା, ଛତା, ସାଇକେଲ, ସାର୍ଟ, କୋର୍ଟ ଏମିତି ଏମିତି କେତେ ବସ୍ତୁମାନଙ୍କୁ ନେଇ ଅଜସ୍ର କବିତା ଅଛି ପ୍ରାୟ ସବୁ ଭାଷାରେ । କେମିତି ଏହା ସମ୍ଭବ ହୁଅନ୍ତା ଯଦି ତାଙ୍କ ଅନ୍ତଃକରଣରେ କବି ନିଜର ସ୍ୱାଭିମାନକୁ ଏଇ ବସ୍ତୁମାନଙ୍କ ସହିତ ଏକତ୍ର ଆପଣେଇ ନଥାନ୍ତେ ।

■

ଶବ୍ଦହୀନ ବାକ୍ୟ

'କବିତା ଏକ ଯଜ୍ଞ', ମୋର ସମସାମୟିକ ଜଣେ କବି ଥରେ କହିଥିଲେ। 'କବିତା ପାଖରେ ବହୁତ କିଛି ଆହୂତି ଦେବାକୁ ହୁଏ। ଆମର ଦୁଃଖ ପୀଡ଼ା ସହ ସାଂସାରିକ ସୁଖମାନଙ୍କୁ ବି।' ଯଜ୍ଞ କୁଣ୍ଡରେ ଲେଲିହାନ ଶିଖାମାନେ ଯେମିତି ମାଗୁଥାନ୍ତି, ସେମିତି କ'ଣ ମାଗୁଥାଏ କବିତା ? ହୁଏତ ଠିକ୍ ହୁଏତ ନୁହେଁ।

କବିତା ତା'ର ଭାବାର୍ଥ ସହ ପ୍ରବହମାନ କିନ୍ତୁ କେବେ ବି ତା'ସହ ମିଳିତ ହୁଏନି। ଟିକିଏ ଗହରେଇ ଭାବିଲେ, ବୁଝିହେବ। କବିତାର ଗୋଟିଏ ଅର୍ଥବାନ ବାକ୍ୟ (ଯାହା ଉପରେ କାଳ ତା'ର ଅକ୍ଷୟ ମୋହର ମାରିଥିବ) ସେହି ବାକ୍ୟରେ ଆମେ ଦେଖିବା ଶବ୍ଦମାନେ ଗୋଟିଏ ପରେ ଗୋଟିଏ ଆସୁଛନ୍ତି ଓ ଅର୍ଥ ସୃଷ୍ଟି ସହିତ ନିଜକୁ ସମାପ୍ତ କରି ଯାଉଛନ୍ତି। କବିତା ଯଜ୍ଞ କି ନା ଜଣା ନାହିଁ କିନ୍ତୁ କବିତାର ଅର୍ଥବତ୍ତା (ଭାବାର୍ଥ) ନିଶ୍ଚୟ ଯଜ୍ଞ, ଯେଉଁଠି ଶେଷରେ ଏକ ଶବ୍ଦହୀନ ବାକ୍ୟ ରହିଯାଏ। ସେହି ଅକ୍ଷୟ ବାକ୍ୟ ହିଁ କବିତା।

ସେଥିପାଇଁ ଶବ୍ଦ ଚୟନ କବି ଲାଗି ସତର୍କତାର କାମ (ଆଶ୍ଚର୍ଯ୍ୟର କଥା ଅନେକ ସମୟରେ ଏକଦମ୍ ସଠିକ୍ ଶବ୍ଦଟି ଆପେ ଆପେ ଆସି ପହଞ୍ଚିଯାଏ)। ପୂର୍ବରୁ କହୁଥିଲି କବିର ସ୍ୱାଭିମାନ କଥା। କବି ସ୍ୱାଭିମାନୀ କାହିଁକି ନା ସେ ଜାଣେ, ସେ ଅନ୍ୟ ମଣିଷମାନଙ୍କଠାରୁ ଅଲଗା। ସେ ନର୍କ ଭିତରୁ ଫୁଲ ଫୁଟେଇ ଦେଇପାରେ। ଗୋଟିଏ କିମ୍ବଦନ୍ତୀଟି ହେଲା, ପେରାସେଲସ୍ ନାମକ ଜଣେ ଲୋକ ପାଖରେ ଏମିତି କିଛି ରହସ୍ୟ ଥିଲା, ଯଦ୍ୱାରା ସେ ଗୋଲାପ ଫୁଲର ପାଉଁଶକୁ ପୁଣି ଗୋଲାପ ଫୁଲ କରିଦେଇ ପାରୁଥିଲେ। ବୋର୍ଖେର୍ଜଙ୍କ କାହାଣୀରେ ବୃଦ୍ଧ ପେରାସେଲସ୍ ଈଶ୍ୱରଙ୍କୁ ପ୍ରାର୍ଥନା କରନ୍ତି ଯେ, ସେ ଜଣେ ଶିଷ୍ୟ ତାଙ୍କ ପାଖକୁ ପଠାନ୍ତୁ। ସଂଯୋଗବଶତଃ ସେହି ସମୟରେ ଜଣେ ଯୁବକ ପହଞ୍ଚନ୍ତି ଏବଂ ଶିଷ୍ୟ ହେବା ଲାଗି ଆଗ୍ରହ ପ୍ରକାଶ କରନ୍ତି। କିନ୍ତୁ ତାଙ୍କ ଭିତରେ ଅଛି ସନ୍ଦେହ। ସେ ପଚାରୁଛନ୍ତି, ଆପଣ କ'ଣ ସତରେ

ପାଉଁଶ ହେଇଯାଇଥିବା ଗୋଲାପକୁ ଗୋଲାପ ଫୁଲ କରିଦେଇ ପାରନ୍ତି? ଏହାର ଉତ୍ତରରେ ପେରାସେଲ୍‌ସ ସେହି ସମ୍ଭାବ୍ୟ ଶିଷ୍ୟଙ୍କୁ କହନ୍ତି- ତମେ କ'ଣ ଭାବୁଛ କୌଣସି ପଦାର୍ଥକୁ କେବେ ନଷ୍ଟ କରିଦିଆଯାଇ ପାରିବ? ଶିଷ୍ୟ ଜଣଙ୍କ କହୁଛନ୍ତି- ଆମେ ତ ସ୍ୱର୍ଗରେ ରହୁନେ। ପେରାସେଲ୍‌ସ ଉତ୍ତର ଦେଉଛନ୍ତି, ଈଶ୍ୱର ଏଭଳି ଜାଗା କେବେବି ତିଆରି ନାହାନ୍ତି, ଯେଉଁଠି ସ୍ୱର୍ଗ ନାହିଁ। ଅର୍ଥାତ୍ ଯେଉଁ ମୁହୂର୍ତ୍ତରେ ମଣିଷ ଏ ଜଗତକୁ ସ୍ୱର୍ଗ ବୋଲି ଚିହ୍ନି ପକେଇବ, ସେହି ମୁହୂର୍ତ୍ତରେ ପାଉଁଶ ହେଇ ଯାଇଥିବା ଗୋଲାପ ପୁଣି ବିକଶିତ ହୋଇଯିବ। ଶିଷ୍ୟ ତଥାପି ପଚାରୁଛନ୍ତି, ଠିକ୍ ଯେ, କିନ୍ତୁ ସ୍ୱର୍ଗକୁ ସ୍ୱର୍ଗ ବୋଲି ଆମେ ଚିହ୍ନିବା କେମିତି? ପେରାସେଲ୍‌ସ କହୁଛନ୍ତି, ଶବ୍ଦ ଦ୍ୱାରା। କବିତାରେ ଆମକୁ ଦୁଶେ ଅନନ୍ତ ସୁନ୍ଦର ବ୍ୟୋମ, ବିନା ବାଦ୍ୟରେ ଶୁଭେ ଝଙ୍କାର, ବିନା ସରୋବରରେ ଖେଳିଯାଏ କମଳ, ମିଳେ କିଛି ତୃପ୍ତି, କିଛି ଦୁଃଖ ବାଣ୍ଟି ନେବାର ଉଶ୍ୱାସ। ଏହା କ'ଣ ପେରାସେଲ୍‌ସଙ୍କର ସ୍ୱର୍ଗ? ହୁଏତ ଠିକ୍। କିନ୍ତୁ ମନ ବୁଝେନି। ସୁନ୍ଦର କବିତାଟିଏ ପଢ଼ିବା ପରେ ଲାଗେ ହୁଏତ ଏହା ସ୍ୱର୍ଗଠାରୁ ବ୍ୟାପକ ଓ ସୂକ୍ଷ୍ମ। ସ୍ୱର୍ଗ ଯାଏଁ ଆମର ହାତ ଧରି ନେଇ ଯାଇପାରେ କବିତାର ଅର୍ଥବତ୍ତା- ସେଇ 'ଶବ୍ଦହୀନ ବାକ୍ୟ'- ଯାହା ଦେଖିବା ଯୋଗ୍ୟ କିନ୍ତୁ ଅଦୃଶ୍ୟ-ଅନୁଭବମାନଙ୍କର ସାର।

କବି ଏହା ଜାଣିଥାଏ। ଜାଣିଥାଏ ବୋଲି କବିତାକୁ ଗଢୁଥାଏ, ଭାଙ୍ଗୁଥାଏ, ହାରିଯାଏନି, ଦିନ ଦିନ ଧରି ଅପେକ୍ଷାରେ ରହେ 'ଶବ୍ଦହୀନ ବାକ୍ୟ'ଟି ପାଇବା ପାଇଁ। କବିତା କେବେ ବି ସହଜଲବ୍ଧ ନୁହେଁ। ଅନୁଭବର ଆଞ୍ଚରେ ସିଝି ସିଝି ଆସନ୍ତି ଶବ୍ଦମାନେ। ଥରେ ଥରେ ଭଙ୍ଗାରୁଜା ଶବ୍ଦମାନଙ୍କୁ ଗୋଟେଇ ଆଣି ଏପଟ ସେପଟ କରି ଦେଖୁଥାଏ କବି ପାଗଳଟେ ଭଳି। ହଁ, ନିଶ୍ଚୟ ସେତେବେଳେ ଉପେକ୍ଷିତ ହେଇ ସାରିଥିବେ ତା' ବନ୍ଧୁ ପରିଜନ। 'ଅସାମାଜିକ' ବୋଲି କେହି କେହି କହିସାରିଥିବେ ତାକୁ (ଯେତେବେଳେ କି ସେ ଜୀବନ ଭିତରକୁ ଆସୁଥିବା ଅଗଣିତ ମଣିଷ, ବସ୍ତୁ ଓ ପ୍ରସଙ୍ଗମାନଙ୍କ ସହ ଆତ୍ମୀୟ)। ଅନୁଭବ-ସମୃଦ୍ଧ କବିଟି ଯେବେ କବିତାର ବଳୟ ଭିତରୁ ବାହାରି ସାଧାରଣ ମଣିଷଟି ଭଳି ଛିଡ଼ା ହେଉଥିବ, ବୁଝୁଥିବ ବହୁତ କିଛି ଆହୂତି ଦେଇ ସାରିଛି ସେ। ପାଇବା ନ ପାଇବାର ହିସାବ ସେ କ'ଣ କରୁଥିବ? ସେ ହିସାବ କରିବାର ଅଧିକାର କ'ଣ କେବେ ଥାଏ କବି ପାଖରେ?

ଠିକ୍ କବି ଭଳି ପାଠକ ବି ଚାହିଁ ବସିଥାଏ କବିତାକୁ। ତା'ର ବି ଇଚ୍ଛା ଜଞ୍ଜାଳ ଓ ରୁଟିନ୍ ବନ୍ଧା ଜୀବନ ଭିତରକୁ କ୍ଷଣିକ ପାଇଁ ଓହରି ଯାଇ ସ୍ୱର୍ଗକୁ ଛୁଇଁ ଆସିବାକୁ। କବି, ପାଠକ ପାଇଁ କବିତା ଲେଖେ ନାହିଁ ହୁଏତ। କିନ୍ତୁ କବିତା ଯଦି ସେହି 'ଶବ୍ଦହୀନ ବାକ୍ୟ' ତେବେ ସେହି କବିତାକୁ ପାଠକ ଛାଏଁ ଛାଏଁ ଆପଣେଇ

ନିଏ। କବିତାର ପାଠକ ନାହାନ୍ତି ବୋଲି ଡେଙ୍ଗୁରା ପିଟିବା ଆମେ ବନ୍ଦ କରିଦେବା ହିଁ ଭଲ। କାହିଁକି ନା ପାଠକ ବି ଜଣେ କବି ଏବଂ ସେ ବି କବିତା ଖୋଜୁଥାଏ। ଏ ସଂସାରକୁ ଦଳି ଚକଟି ନିଜର ବିଜୟଧ୍ୱଜା ପୋତି ସାରିଥିଲେ ବି କବିତା ପାଖରେ ସେ ମୁଣ୍ଡ ପୋତିଦିଏ। ପାଠକ ପାଖରେ କବି କବିତାଟିଏ ପହଞ୍ଚେଇ ଦେଇପାରିଲେ ତୃପ୍ତ ହୁଏ। କବି ପାଠକ ଭିତରେ ଏ ସମ୍ପର୍କ ସଦାକାଳେ ସ୍ୱଚ୍ଛ, ଶାଶ୍ୱତ- ଏହା ମୋର ବିଶ୍ୱାସ।

■

ଦର୍ଶନ

କବିଠାରେ ଦାର୍ଶନିକକୁ ଖୋଜିବା ସାଧାରଣ କଥା। ସତ୍ୟକୁ ମାପକାଠି ଧରିଲେ ବୋଧହୁଏ ଦର୍ଶନ ଓ କବିତା ଉଭୟେ ଉଭୟଙ୍କର ନିକଟତର କିନ୍ତୁ ସତ୍ୟର ଉପଲବ୍ଧି ଓ ପ୍ରୟୋଗକୁ ପରଖିଲେ ଦର୍ଶନ ଓ କବିତା ଏକାଠି ହେବା ସମ୍ଭବ ନୁହେଁ। ଦର୍ଶନ ପାଖରୁ କବିତା (ଅନେକ ସମୟରେ ଅଜାଣତରେ) ପୋଷଣ ନେଇପାରେ। ସେ ଦୃଷ୍ଟିରୁ କବି ଅବଶ୍ୟ ଦାର୍ଶନିକ। ଏମିତି କହିହେବ ପୃଥିବୀର ସବୁ ବିଶିଷ୍ଟ ଦାର୍ଶନିକମାନେ କବି। ସେଥିଲାଗି ବୋଧହୁଏ କବି କୋଲରିଜ୍ କହନ୍ତି- No man was ever yet a great poet, without being at the same time a profound philosopher.

କବିତା ଓ ଦର୍ଶନ ଭିତରେ ମୂଳ ଅନ୍ତରଟିକୁ ନ ଜାଣି ଆମେ ଅନେକ ସମୟରେ କବିତାରେ ଦର୍ଶନ ଖୋଜୁ ଏବଂ ତାହାକୁ କବିର ବୌଦ୍ଧିକତାର ଏକ ନୂଆ ରୂପ ବୋଲି ଅଭିହିତ କରିପକାଉ। ଦର୍ଶନର ଭାଷା ସୂତ୍ରାତ୍ମକ ଓ ନିଷ୍କର୍ଷାତ୍ମକ ହେବାବେଳେ କବିତାର ଭାଷା ପ୍ରସାରମୂଳକ ଓ ସର୍ଜନାତ୍ମକ। ଦାର୍ଶନିକଟିଏ ବୁଦ୍ଧିର ନିମ୍ନସ୍ତର ଠାରୁ ଖୋଜିବା ଆରମ୍ଭ କରି କେଉଁ ଏକ ସୂକ୍ଷ୍ମ ବିନ୍ଦୁରେ ପହଞ୍ଚି ସନ୍ତୁଷ୍ଟ ହୋଇଯାଏ। ତା'ର ସଫଳତା କେବଳ ଏତିକି ଯେ, ସୂକ୍ଷ୍ମତା ପର୍ଯ୍ୟନ୍ତ ପହଞ୍ଚିବା ପାଇଁ ବୌଦ୍ଧିକତାର ବହୁ ସୋପାନ ସେ ଅତିକ୍ରମି ଆସିଥାଏ କିନ୍ତୁ ଅନ୍ତର୍ଜଗତର ସାରା ବୈଭବ ପରଖି ସତ୍ୟର ମୂଲ୍ୟାଙ୍କନ କରିବାର ଅବକାଶ ତାକୁ ମିଳି ନ ଥାଏ- ଭାବ ଜଗତର ଗଭୀରତାରେ ବୁଡ଼ ଦେଇ ଜୀବନକୁ ଅଶ୍ଳେଷି ନେବାର ଅଧିକାର ତା'ର ନ ଥାଏ। ସେ ଚିନ୍ତନ ଜଗତର ଅଧିକାରୀ ହୋଇ ବସିଥାଏ। କବିତାରେ କିନ୍ତୁ ବୁଦ୍ଧି, ହୃଦୟର ଅନୁଶାସିତ ହୋଇ ହିଁ ସକ୍ରିୟ ପାଲଟିଥାଏ (ସେ ଦୃଷ୍ଟିରୁ କବିତା ଲାଗି ଭାବର ଗୁରୁତ୍ୱ ଯେତିକି ବୁଦ୍ଧିର ଆବଶ୍ୟକତା ସେତିକି)। ସେଠି ବୌଦ୍ଧିକ ତର୍କ କି କେଉଁ ସୂକ୍ଷ୍ମ ବିନ୍ଦୁରେ ପହଞ୍ଚିବାର ବିଚାର ପଦ୍ଧତି ଅବଶ୍ୟ ନ ଥାଏ। ବରଂ ଚେତନା ଓ ଅନୁଭୂତିର ସମସ୍ତ ବୈଭବ ସହିତ ଜୀବନକୁ ସ୍ୱୀକାରି ନେବାର ଏକ ପ୍ରତିବଦ୍ଧତା ଥାଏ।

ଦର୍ଶନ ଶାସ୍ତ୍ରରେ ଏକ ସୁନିଶ୍ଚିତ ଅର୍ଥ ମିଳିବା କାମ୍ୟ କିନ୍ତୁ କବିତାରେ ଅର୍ଥ-ସଂଶ୍ଲେଷ ହିଁ ବୈଶିଷ୍ଟ୍ୟ। କବିତାରେ ଗୋଟିଏ ଶବ୍ଦର ଏକାଧିକ ଛବି ଫୁଟି ଉଠିପାରେ ଯାହା ପରସ୍ପର ସହ ମିଳିତ ହୋଇ ଏକ ବୃହତ୍ତର ଅର୍ଥରେ ରୂପାନ୍ତରିତ ହେଇପାରନ୍ତି। କବିତାରେ କଦାପି କୌଣସି ଗୋଟିଏ ନିଶ୍ଚିତ ଅର୍ଥ ପୂର୍ବ ନିର୍ଦ୍ଧାରିତ ନୁହେଁ। କବିତା ଅନେକବାର କେତେ କେତେ ଅର୍ଥମାନଙ୍କୁ ସାଉଁଟି ଆଣିପାରେ। କବିତା, ସାହିତ୍ୟର କେନ୍ଦ୍ରୀୟ ଏଇଥି ପାଇଁ କାହିଁକି ନା ଏଠି ଅର୍ଥ-ସମ୍ପନ୍ନତା ସର୍ବାଧିକ। ଏହି କାରଣରୁ ଦର୍ଶନରେ ଭାଷା ଏକ ପକ୍ଷୀୟ କିନ୍ତୁ କବିତାରେ ଦ୍ୱିପକ୍ଷୀୟ ବା କାଳାନ୍ତରରେ ବହୁ ପକ୍ଷୀୟ। ପ୍ରତ୍ୟେକ ପାଠକ କବିତାଟିଏ ପଢ଼ିବା ବେଳେ, ତା' ନିଜର ଦେଶ, କାଳ, ପରିବେଶ ଓ ନିଜ ଅନୁଭୂତ ସତ୍ୟମାନଙ୍କୁ ନେଇ କବିତାରେ ଅର୍ଥ ଭରି ଚାଲିଥାଏ। ତେବେ ଦେଖିବାର କଥାଟି ହେଉଛି, କବିତା ଏ ସମସ୍ତ ସମ୍ଭାବ୍ୟ ଅର୍ଥମାନଙ୍କୁ ଆତ୍ମସାତ୍ କରିପାରୁଛି କି ନା, ଗ୍ରହିତାର ମନୋଭାବକୁ ଗୋଟିଏ ଭଲ କରିବା ସ୍ୱୀକାରି ନେଇପାରେ।

ଜୀବନ ପ୍ରତି ଅସ୍ଥା ହିଁ କବିତାର ଦର୍ଶନ। ଦର୍ଶନ ଶାସ୍ତ୍ରରେ ହୁଏତ ଚେତନା ପ୍ରତି ନାସ୍ତିକତା ସମ୍ଭବ ହେଇପାରେ କିନ୍ତୁ କବିତାରେ ଅନୁଭବ ପ୍ରତି ଅବିଶ୍ୱସନୀୟ ହେବା କଦାପି ସମ୍ଭବ ନୁହେଁ। ଆମେ ଏମିତି କହିପାରିବା - ତମେ ଯାହାକୁ ପାଣି ଭାବିଥିଲ, ସେ ପ୍ରକୃତରେ ବାଲିର ଝିଲ୍‌ମିଲ୍, ଯାହା ତମକୁ କଳା ଦେଖାଯାଉଥିଲା, ତାହା ପ୍ରକୃତରେ ଗାଢ଼ ନୀଳ ବା ତମେ ଯାହାକୁ କୋମଳ ବୋଲି ଜାଣିଥିଲ, ସେ ପ୍ରକୃତରେ ଭାରି କଠୋର। ଏଭଳି କହି ଆମେ ଜଣଙ୍କର ଇନ୍ଦ୍ରିୟଜନ୍ୟ ଜ୍ଞାନ ପ୍ରତି ଅବିଶ୍ୱାସ ଉତ୍ପନ୍ନ କରିଦେଇ ପାରିବା। କିନ୍ତୁ 'କଣ୍ଟାଟିଏ ମାଡ଼ିଦେଇ ତମକୁ ଯେଉଁ କଷ୍ଟ ହେଇଛି, ତାହା ପ୍ରକୃତରେ ତମର ଭ୍ରାନ୍ତି।' ଏଇ କଥାଟିକୁ ଅସଂଖ୍ୟ ବାର କହିଲେ ବି କେହି ନିଜ ପୀଡ଼ାର ଅସ୍ତିତ୍ୱ ପ୍ରତି ସନ୍ଦେହ କରିବେ ନାହିଁ। କବିତା ଅନୁଭବମାନଙ୍କୁ ସାଙ୍ଗରେ ଧରି ଚାଲୁଥାଏ। ତାହାକୁ ସତ୍ୟ ବୋଲି କହୁଥାଏ, ତାହା ପ୍ରମାଣିତ ହେବା ଲାଗି ଦୁଆରମାନଙ୍କୁ ମୁକୁଳା ରଖିଥାଏ ଏବଂ ସେଠି କସ୍ମିନକାଳେ କୌଣସି ଦର୍ଶନକୁ ଘୋଷାରି ଆଣି ବାନ୍ଧେନି। ଅନୁଭୂତିମାନଙ୍କ ଠାରୁ ରୂପ, କଳ୍ପନା ପାଖରୁ ରଙ୍ଗ ଓ ଭାବ ଜଗତର ସୌନ୍ଦର୍ଯ୍ୟ ଆଣି ଯେବେ କବି କବିତାକୁ ସାକାର କରେ, ସେଠି ଜୀବନର ସ୍ପନ୍ଦନ ଶୁଣାଯାଏ, ବୌଦ୍ଧିକ ତର୍କ ନୁହେଁ। ଏହି ସଜୀବ ସାକାରତା ବିନା ଯଦି କବି ନିଜ ଜ୍ଞାନକୁ (ଦର୍ଶନ ହେଉ) କଳାର ସିଂହାସନରେ ଅଭିଷିକ୍ତ କରିପକାଏ, ତେବେ ତାହା ଏକ ବିକଳାଙ୍ଗ ମୂର୍ତ୍ତି ଛଡ଼ା ଆଉ ଅଧିକ କିଛି ଦେଖାଯିବ ନାହିଁ।

ମନେପଡୁଛି, ମୋର ଜଣେ ଆତ୍ମୀୟ ଥରେ ମୋତେ କହିଥିଲେ, କବିତା

ଲେଖିବାରେ ହୁଏତ ତତେ ଆନନ୍ଦ ମିଳୁଥାଇ ପାରେ, କିନ୍ତୁ ପାଠକର ସେମିତି କିଛି ବିଶେଷ କାମରେ କବିତା ଲାଗୁଥିବ ମୋର ମନେ ହୁଏନି। ସେଠି ମୋର କହିବାର ଇଚ୍ଛା ଥିଲା, କବିତା, ସଂଗୀତ, ନୃତ୍ୟ କି ଚିତ୍ରକଳା ନୁହେଁ ସତ କିନ୍ତୁ ଏମାନଙ୍କଠାରୁ ନ୍ୟୂନ ନୁହେଁ। ଜୀବନରେ ଏହାର ବ୍ୟାବହାରିକ ଦିଗଟି ତାଙ୍କୁ କେମିତି ବୁଝେଇଥାନ୍ତି (?) ଡାକ୍ତରଖାନାର ଚାରିକାନ୍ଥ ଭିତରେ ଧଳା ଖଟିଆରେ ପଡ଼ିଥିବା ରୋଗୀଟିର କଥା ମୋର ମନେ ପଡ଼ିଲା। ତା'ର ସୁସ୍ଥତା ଲାଗି ଔଷଧ ଓ ପଥ୍ୟର ଗୁରୁତ୍ୱ ନିଶ୍ଚିତ ଭାବରେ ଥାଇପାରେ। କିନ୍ତୁ ତା' ଶେଜ ପାଖ ଟେବୁଲରେ କେଉଁ ସହୃଦୟ ଦ୍ୱାରା ରଖାଯାଇଥିବା ଅଧାଫୁଟା ଫୁଲଟିର ଉପଯୋଗିତା ବି କିଛି କମ୍ ନୁହେଁ। ଅବସାଦ ଓ ପୀଡ଼ାରେ କଳବଳ ରୋଗୀଟି ଧୀରେ ଧୀରେ ଫିଟି ପଡୁଥିବା ସେ ଫୁଲଟିକୁ ଦେଖି କେମିତି ଆଶ୍ୱସ୍ତିର ପ୍ରଶ୍ୱାସ ନେଉଥିବ, କେମିତି ନିଜର ଏକଲାପଣକୁ ସେ ମହକରେ ଭରି ଦେଉଥିବ, କେମିତି ଆପଣାର ଚିନ୍ତନରେ ନିଜକୁ ସମୃଦ୍ଧ ପାଉଥିବ ଏ ସବୁ ଆମ ପାଇଁ ପ୍ରତ୍ୟକ୍ଷ ନ ହେଇପାରେ କିନ୍ତୁ ରୋଗୀର ଜୀବନରେ ଏହା ଏକ ସତ୍ୟ। ଚିକିତ୍ସା ଦ୍ୱାରା ରୋଗର ନିଦାନ ଆମ ଆଖିରେ ସ୍ପଷ୍ଟ କିନ୍ତୁ ରୋଗୀର ସ୍ୱଚ୍ଛ ଇଚ୍ଛାଶକ୍ତି, ବାତାବରଣରେ ସଜୀବତା ଏବଂ ସେବାକାରୀର ହାର୍ଦ୍ଦିକ ସ୍ନେହ ବି ତ କମ୍ ମହତ୍ତ୍ୱପୂର୍ଣ୍ଣ ନୁହେଁ। କବିତା ଏ କାମଟି କରେ। ମୁଁ ମୋର ଆତ୍ମୀୟଙ୍କୁ କେମିତି ବୁଝେଇଥାନ୍ତି ଯେ, ଏକାଧିକ ଅଲିଖିତ କବିତା କେବଳ ଆମ ସ୍ପର୍ଶରେ ଥାଏ, ଆମ ଦୃଷ୍ଟିରେ ଥାଏ ଆମ ସମ୍ବେଦନାରେ ଥା।

ଏଇଠି ପୁଣି ଥରେ କହିବାକୁ ଇଚ୍ଛା ହୁଏ, ତମେ ଯେଉଁମାନେ 'ଦର୍ଶନ-ଦର୍ଶନ' ପାଟି କରୁଛ ଦୟାକରି କବିତାରେ ଦର୍ଶନ ଖୋଜନି। କବିକୁ ତା' କବିତାର ଦର୍ଶନ କଥା କହିବାକୁ ବାଧ କରନି। କବିତାକୁ ସେଇ ଅଧାଫୁଟା ଫୁଲ ଭଳି ଆମେ କାହିଁକି ଗ୍ରହଣ କରିବାନି। ଯାହା ପ୍ରକୃତି ଓ ସୃଷ୍ଟିର ଏକାଧିକ ରହସ୍ୟମାନଙ୍କୁ ଲୁଚେଇ ରଖିଛି ଏବଂ ଯାହାକୁ ଗଭୀର ଭାବରେ ପରଖିଲେ ଅବଶ୍ୟ ଦର୍ଶନର ସୂକ୍ଷ୍ମତମ ବିନ୍ଦୁରେ ପହଞ୍ଚି ଯାଇ ହେବ। କିନ୍ତୁ ଫୁଲ ତ ଫୁଲଟିଏ - କିଏ ଜଣେ ଆଣି ଦେଇଛି ଆମ ପାଇଁ କେବଳ ଆମ ପାଇଁ ସେ ତିଆରି ହେଇଛି ଏତେ ସୁନ୍ଦର ଆଉ କୋମଳ-ପ୍ରକୃତିର ଶ୍ରେଷ୍ଠତମ ଉପହାର ତାହା ଆମ ପାଇଁ। ତାକୁ ଟୁକୁଡ଼ା ଟୁକୁଡ଼ା କରିବାର କାମ ବୈଜ୍ଞାନିକର, ଦାର୍ଶନିକର, କବିର ନୁହେଁ। ଈଶ୍ୱର-ବ୍ରହ୍ମାଣ୍ଡର ଶ୍ରେଷ୍ଠ ଦାର୍ଶନିକ, ତିଆରିଛନ୍ତି ତାକୁ। ଅଥଚ ଚୁପ୍ ଅଛନ୍ତି କବି ଭଳି।

■

ଅନୁଶାସନ

ପ୍ରାୟ କୋଡ଼ିଏ ବର୍ଷ ତଳେ ଯାହା ସବୁ ଲେଖିଥିଲି କବିତା ଭଳି, ଦିନେ ଦିନେ ସେସବୁ ପଢ଼ିବାକୁ ଇଚ୍ଛା ହୁଏ। କେଜାଣି କାହିଁକି ପିଲାଳିଆ ଲେଖା କହି ସେ ସବୁ ଆଡ଼େଇଯିବାକୁ ଇଚ୍ଛା ହୁଏନି। ପିଲାଦିନେ ପଢ଼ିଥିବା ସେ ଉଦ୍ଧୃତି ମନେପଡ଼େ। A poet is born, not made ସେତେବେଳେ ଲାଗୁଥିଲା ଚାହିଁଲେ କବିଟିଏ ହେଇ ହେବ। ଏବେ ଜାଣୁଛି, କେତେ ଭୁଲ୍ ବୁଝିବା ଥିଲା ମୋର, କବିଟିଏ ତିଆରି ହୁଏନି, କବିଟିଏ ଜନ୍ମ ନିଏ।

ଅନେକବାର ବ୍ୟକ୍ତିର ଜୀବନରେ କୌଣସି ଘଟଣା, ଚିତ୍ର, ଛନ୍ଦ ତା ଜୀବନରେ ଅଭୁତପୂର୍ବ ପରିବର୍ତ୍ତନ ଆଣିଦେଇ ପାରେ। କେଉଁ ଗୋଟିଏ ମୁହୂର୍ତ୍ତର କୋମଳ ମାନସିକ ସ୍ଥିତିରେ ଏକ ମାର୍ମିକ ସତ୍ୟ କବିକୁ ଚିହ୍ନେଇ ଦିଏ ଯେ, ସେ କବି। କବି ଜାଣିପାରେ ଯେ, ଅନନ୍ତ କୋମଳତା ଓ କାରୁଣାର ଏ ସୌନ୍ଦର୍ଯ୍ୟକୁ ପୁଣିଥରେ ଦେଖିହେବ ଯଦି ସେ ସଜାଗ ରହେ। ଏହିଭଳି କିଛି ମୁହୂର୍ତ୍ତ ଗୋଟିଏ ଗୋଟିଏ ଯୁଗଠାରୁ ଯଥେଷ୍ଟ ମୂଲ୍ୟବାନ କାହିଁକି ନା ଏହା ଜଣେ କବିର ଭୂମିଷ୍ଠ ହେବାର ମୁହୂର୍ତ୍ତ। ବାଣବିନ୍ଧ କ୍ରୋଞ୍ଚକୁ ଦେଖି ଋଷି 'ମା ନିଷାଦ ପ୍ରତିଷ୍ଠାତ୍ୱଂ' କହି ଯଦି ଆଦି ଶ୍ଳୋକ ଓ ଆଦି କାବ୍ୟ ରଚନା କରି ପାରିଲେ ତେବେ ସେ କ୍ଷୁଦ୍ର ପକ୍ଷୀଟିର ବ୍ୟଥା ମନୀଷୀଙ୍କର ଜ୍ଞାନ ଗରିମାଠାରୁ ଅଧିକ ବୋଲି କାହିଁକି ଗ୍ରହଣ କରା ନ ଯିବ। ଯଦି ଜଣେ ବୈଜ୍ଞାନିକ ଫଳଟିଏ ଖସି ପଡ଼ିବା ଦେଖି ପୃଥିବୀର ଆକର୍ଷଣ ଶକ୍ତି କଥା ଚିନ୍ତା କରିପାରିଲେ, ତେବେ ସେ ତୁଚ୍ଛ ଫଳଟିର ଖସିପଡ଼ିବା ମହତ୍ତ୍ୱପୂର୍ଣ୍ଣ ବୋଲି ଗ୍ରହଣ କରାନଯିବ କାହିଁକି ? ଯଦିଓ ଏ ସମସ୍ତ ଘଟଣା ଓ ଦୃଶ୍ୟ ନିରନ୍ତର ଘଟି ଚାଲିଥାଏ ସେଇ ଦୈନନ୍ଦିନ ଦୃଶ୍ୟ ଓ ଘଟଣାମାନେ କେଉଁ ଗୋଟିଏ ମୁହୂର୍ତ୍ତ ବାଛି ନିଅନ୍ତି ମଣିଷକୁ କବି କରିଦେବା ପାଇଁ। ସେ ଅଲଗା ବୋଲି ଚିହ୍ନେଇ ଦେବା ପାଇଁ।

ସମସ୍ତେ କାହିଁକି କବିତା ଲେଖି ପାରନ୍ତି ନାହିଁ - ଏ ଅବଶ୍ୟ ଗହୀର କଥା।

ବିଶିଷ୍ଟ ପ୍ରାବନ୍ଧିକ ଓ ଚିନ୍ତାନାୟକ ଶ୍ରୀଯୁକ୍ତ ଚିତ୍ତରଂଜନ ଦାସ ଗୋଟିଏ ସୁନ୍ଦର ପୃଷ୍ଠଭୂମି ଲେଖିଛନ୍ତି କବି ଶ୍ରୀନିବାସ ଉଦ୍‌ଗାତାଙ୍କର 'ଏଥର ଉଡ଼ିବ ନେତ' କବିତା ବହିରେ। ସେଥିରେ ବହୁ ମାର୍ମିକ ଓ ସାରଗର୍ଭକ କଥା ସହ ଶ୍ରୀଯୁକ୍ତ ଦାସ ମନଃଶାସ୍ତ୍ରରେ ଉଲ୍ଲେଖ ଥିବା Deficit motive ଓ Being Motiveର କଥା ମଧ୍ୟ ଉଲ୍ଲେଖ କରିଛନ୍ତି। ଆପଣାର ଜୀବନକୁ ଜିଇଁବା କ୍ଷେତ୍ରରେ ମଣିଷ ଦୁଇଟି ଉତ୍ସରୁ ପ୍ରେରଣା ପାଏ ବୋଲି ମନୋବିଜ୍ଞାନୀମାନେ କହନ୍ତି। ଗୋଟିଏ ହେଉଛି ଅଭାବବୋଧ ଓ ଅନ୍ୟଟି ହେଉଛି ଆତ୍ମ-ସୃଜନର ଆବଶ୍ୟକତା। ମଣିଷକୁ ଭୋକ କଲେ ସେ ଖାଦ୍ୟ ଲୋଡ଼େ, ଶୀତ ହେଲେ ଖରାକୁ ପଳାଏ ଖରା କାଟିଲେ ଛାଇ ଖୋଜେ। ଏକୁଟିଆ ଲାଗିଲେ ମେଳକୁ ପଳାଏ, ମଣିଷ ମେଳ ଭଲ ନ ଲାଗିଲେ ନିକାଞ୍ଚନ ନିର୍ଜନତାକୁ ଆପଣାଏ। ଘର ଭଲ ନ ଲାଗିଲେ ଦାଣ୍ଡକୁ ପଳାଏ, ଦାଣ୍ଡ ଭଲ ନ ଲାଗିଲେ ଘରେ ପଶେ ଅର୍ଥାତ୍ ଏ ସମସ୍ତ କାର୍ଯ୍ୟକାରଣ ପଛରେ ଥାଏ ଅଭାବବୋଧ। ଥରେ ଥରେ ମଣିଷ ଭିତରେ ଏ ଅଭାବବୋଧ ଏତେ ତୀବ୍ର ହୁଏ ଯେ, ସେ କ୍ଷମତାକୁ ଭଲ ପାଏ। ନିଜ ଭିତରେ ନ୍ୟୁନ ଓ ହୀନ ମନେ କରୁଥିବା ବହୁ ଲୋକ ବାହାରକୁ ଉଗ୍ର ବ୍ୟବହାର କରନ୍ତି। ମନଃଶାସ୍ତ୍ରରେ ଏହାକୁ କୁହାଯାଏ Deficit Motive ଜୀବନର ଅନ୍ୟ ଉତ୍ପ୍ରେରକଟି Being Motive ବା ଆତ୍ମସୃଜନର ଉତ୍ପ୍ରେରକ, ଅର୍ଥାତ୍ ନିଜର ସମସ୍ତ ଅଭାବବୋଧକୁ ସାଙ୍ଗରେ ଧରି ନିଜକୁ ସଂପ୍ରସାରିତ କରିଦେବା। ନିଜ ଭିତରେ ଯାହାକିଛି ସର୍ବୋତ୍ତମ, ଭବ୍ୟତମ ଅଛି ତାହାକୁ ଶ୍ରଦ୍ଧାର ସହିତ ଏକ ସାର୍ବଜନଉଦ୍ଦିଷ୍ଟ ସମ୍ପଦ ରୂପେ ଅଭିବ୍ୟକ୍ତ କରିପାରିବା। ଏଠି ଆଉ ମଣିଷ ନିଜର ସୁଖ, ନିଜ କ୍ଷତ, ନିଜ ଘା'ର ପୀଡ଼ା କଥା କୁହେନି ବରଂ କହେ ଯାହା ସର୍ବାନ୍ତକରଣରେ ସତ୍ୟ। ସେଠି ତେଣୁ ଆଉ ମୁଁ ବୋଲି କିଛି ରହେନି - ତାହା 'ଆମେ' ପାଲଟି ଯାଏ। ପାଠକଟିଏ ସେଠି ପାଏ ନିଜ ଜୀବାନୁଭୂତିର ପ୍ରତିଫଳନ। କେଡ଼େ ନର୍ମ, କେଡ଼େ ନମନୀୟ ହୋଇପାରେ କବି। ମହାଦେବୀ ବର୍ମା ତାଙ୍କର ଏକ ନିବନ୍ଧରେ ଉଲ୍ଲେଖ କରିଛନ୍ତି, କବିଟିଏ ତା' କବିତାର ଆଡୁଆଳରେ ପାଠକକୁ? ଥାଏ- ଏ ଯାହା କିଛି ମୁଁ ଦେଲି ତୁମକୁ, ଏସବୁ ତ ତମର, କିନ୍ତୁ ଆଜି ମୁଁ ତାକୁ ଦେଖିପାରିଛି। ଏହିଭଳି ଭାବରେ ଦେଖିଛି।

Perhaps no person can be poet, or can ever enjoy poetry, without a certain unsoundness of mind. ଦାର୍ଶନିକ ମାକ୍‌ଲେଙ୍କର ଏହି କଥାଟିରେ ଯଥାର୍ଥ ନିଶ୍ଚୟ ଅଛି। ଏଠି Unsoundness of mind (ସାକାରାତ୍ମକ ଭାବରେ ଗ୍ରହଣ କରାଯାଉ) ଜଣେଇ ଦିଏ ଯେ, କବି ଭିନ୍ନ-କବିତାକୁ ଭଲ ପାଉଥିବା ପାଠକ ବି ଭିନ୍ନ, ସାଧାରଣ ମଣିଷଠାରୁ। କବିର ଜନ୍ମ ଆକସ୍ମିକ। କବିତାର ସ୍ଫୁରଣ ବି

ସ୍ୱତଃସ୍ଫୂର୍ତ୍ତ। କିନ୍ତୁ ଗୋଟିଏ କଥା ଅବଶ୍ୟ ମନେରଖିବାକୁ ହେବ ଅନ୍ୟ ସମସ୍ତ କଳା ଭଳି କବିତା ବି ଅନୁଶାସନ ମାଗେ। କବି ପାଖରେ ଥାଇପାରେ ସ୍ଥୁଳ ଜଗତର ଅସ୍ତିତ୍ୱ, ଜୀବନର ସ୍ଥିତି, କୌଣସି ଅଭାବ, ପୂର୍ଣ୍ଣତାକୁ ଛୁଇଁବାର ଆଦର୍ଶ ଇତ୍ୟାଦି। କିନ୍ତୁ ଏ ସବୁକୁ ଏକତ୍ରୀକରଣର କୁଶଳତା ବିନା ସୃଷ୍ଟିଟି କୌଣସି ସଂଜ୍ଞା ପାଇ ପାରିବନି ତାହା ଆମକୁ ଜଣା। କୋଇଲିର 'କୁହୁ' କଳା ନୁହେଁ, କଳାର ବିଷୟ (ଉପକରଣ) ଙ କିନ୍ତୁ ମଣିଷର ସଙ୍ଗୀତ କଳା ପଦବାଚ୍ୟ। ପ୍ରଥମଟି ଏକ ସହଜ ପ୍ରବୃତ୍ତି କିନ୍ତୁ ଦ୍ୱିତୀୟ କ୍ଷେତ୍ରରେ ଏହି ପ୍ରବୃତ୍ତିକୁ ଆଧାର କରି ଏକ ବିଶେଷ ସାମଞ୍ଜସ୍ୟପୂର୍ଣ୍ଣ ସ୍ଥିତିରେ ସ୍ୱର ଓ ଲୟକୁ ରଖି ରାଗ ରାଗିଣୀର ସୃଷ୍ଟି। କବିତା ଲେଖିବା, କବିର ପ୍ରବୃତ୍ତି ହୋଇପାରେ କିନ୍ତୁ ଏହି ପ୍ରବୃତ୍ତି ଏକ ନିର୍ଦ୍ଦିଷ୍ଟ ଅନୁଶାସନରେ ବନ୍ଧା।

କବିତା ନିର୍ମାଣ ସମ୍ବନ୍ଧୀୟ ଜ୍ଞାନ ହୁଏ କବି ଆପେ ଆପେ ଆହରଣ କରେ (କରି ଚାଲିଥାଏ) ଯେତେ ଯେତେ ପରଖୁଥାଏ ଜୀବନକୁ, ଜିଇଁବାକୁ ଓ ଆପଣାର ସୃଷ୍ଟିମାନଙ୍କୁ। ବାରମ୍ବାର ପଛକୁ ଲେଉଟି ଚାହୁଁଥାଏ (ହୁଏତ ନିଜର ପୁରୁଣା ଲେଖାମାନଙ୍କୁ ଖୋଜି ଆଣି ପଢୁଥାଏ) ଦିଗନ୍ତ ଯାଏଁ ବି ଦୃଷ୍ଟି ବଢ଼େଇ ଥାଏ। ହିଁ, କେବେ କେବେ କବିତା ପାଖରେ ନିଷ୍ଠାପର ନ ରହି ପାରିଲେ ନିଜକୁ ଦଣ୍ଡ ମଧ୍ୟ ଦେଉଥାଏ। କେହି ବିଶ୍ୱାସ କରନ୍ତୁ ବା ନ କରନ୍ତୁ କବି ହିଁ ଶ୍ରେଷ୍ଠ ସମୀକ୍ଷକ। ସମୀକ୍ଷାର ଏକାଧିକ ପିଚ୍ଛିଳ ସୋପାନମାନଙ୍କୁ ଚଢ଼ି ସେ ପହଞ୍ଚେ ନିଜେ ଲେଖିସାରିଥିବା ନିଜ କବିତା ପାଖରେ। କିଏ କହିପାରିବ ନିର୍ଦ୍ଦୟ ଭାବରେ ତାକୁ ଯେ କାଟି ଦେବାକୁ ନ ପଡ଼ିବ ସେଇ କବିତାର ଧାଡ଼ିମାନଙ୍କୁ। ପୁଣିଥରେ ନୂଆ କରି ଆରମ୍ଭିବାକୁ ଆଉ ଗୋଟିଏ ଯାତନାମୟ ଯାତ୍ରା।

■

ସମ୍ପ୍ରସାରଣ

କଥା ପଡ଼ିଥିଲା, କବିତା କେମିତି ହେବା ଉଚିତ। ଜଣେ କବିବନ୍ଧୁ କହିଲେ, କବିତା ଠିକ୍ ଜହ୍ନରାତି ଭଳି ହେବା କଥା, ଟିକେ ଛାଇ, ଟିକେ ଆଲୁଅ। ଛୁଇଁ ହେଉଥିବ ପୁଣି ଛୁଇଁ ହେଉ ନ ଥିବ। ଅନ୍ୟଜଣେ କହିଲେ- କବିତା, ମୋ ମତରେ ଫଟ୍ରୋଗ୍ରାଫ୍‌ଟିଏ ହେବା କଥା। ଜୀବନର ନିଚ୍ଛକ ସତ୍ୟ ଥୁଆ ହୋଇଥିବ ଛଳନାହୀନ ଭାବରେ। ଆରଜଣଙ୍କ କହିଲେ- ଠିକ୍ ଯେ, କବିତା ଫଟୋଗ୍ରାଫ୍ ହେଇଗଲେ ସେଠି କବିର ଭୂମିକାଟି କି ଗୌଣ ଜାଣିପାରୁଛନ୍ତି ତ। କବିତାକୁ ବରଂ ଗୋଟିଏ ପେଣ୍ଟିଂ ସହିତ ତୁଳନା କରି ହେବ। ଯେଉଁଠି ବାସ୍ତବିକତା ଥିବ ଆଉ କବି ନିଜେ ବି।

ମତେ ହସ ଲାଗିଥିଲା, ସତରେ ଆମେ ଅନ୍ଧମାନଙ୍କ ଭଳି ହାତୀକୁ ଅଣ୍ଡାଳୁଛୁ। କିନ୍ତୁ ପରେ ବୁଝିଲି, ତିନୋଟିଯାକ କଥା ଯୁକ୍ତିଯୁକ୍ତ। କବିତା ବାସ୍ତବିକତାର ଫଟୋଗ୍ରାଫ୍‌ଟିକୁ ସୁନ୍ଦର ପେଟିଙ୍ଗ୍‌ଟିଏ ଭଳି ଥୋଇଦିଏ। ହଁ, କବିତା ବୋଧହୁଏ ବାସ୍ତବିକତାର (ଫଟୋଗ୍ରାଫ୍‌ର) ପେଟିଙ୍ଗ୍। ଆମ ହୃଦୟରୁ ବାସ୍ତବିକତା ଯାଏଁ ଲମ୍ବି ଯାଇଥାଏ ଯେଉଁ ଜହ୍ନରାତିର ସେତୁ ସେ ହିଁ ବୋଧହୁଏ କବିତା, ଏ ସେତୁଟି ଅଦୃଶ୍ୟ କିନ୍ତୁ ପ୍ରହେଳିକା ନୁହେଁ। ଆମ ଅନ୍ତର୍ଜଗତରୁ ବହିର୍ଜଗତର ସବୁ ଘଟଣା-ଦୁର୍ଘଟଣା, ଜୟ-ପରାଜୟ, ଆନନ୍ଦ-ଦୁର୍ଦ୍ଦଶାମାନେ ଯେମିତି ସତ୍ୟ ଆମ ଅନ୍ତର୍ଜଗତର ସ୍ୱପ୍ନ, କଳ୍ପନା, ଅନୁଭବ, ପୀଡ଼ା, ଉଲ୍ଲାସ ସେମିତି ଗୋଟିଏ ଗୋଟିଏ ସତ୍ୟ। ବହିର୍ଜଗତର ସତ୍ୟମାନଙ୍କୁ ଯୋଡ଼ିବାର କାମ ମସ୍ତିଷ୍କ କରିଥାଏ କିନ୍ତୁ ସେ ପରିଧି ଭିତରେ ସଜୀବତାର ରଙ୍ଗ ଭରିବାର କାମ ହୃଦୟର। ୱାର୍ଡ଼ସୱାର୍ଥ ବୋଧହୁଏ ଠିକ୍ ହିଁ କହିଥିଲେ creative art... demands the service of mind and heart. କାରିଗର ଭଳି ବସି ବସି କବି ଅନ୍ତର୍ଜଗତ ଓ ବହିର୍ଜଗତକୁ ଯୋଡ଼ୁ ନ ଥାଏ କିନ୍ତୁ ତା' ସଚେତନତାରେ ହିଁ ଏହା ତିଆରି ହୁଏ। ଏଥିପାଇଁ ଯେଉଁ ସୂତ୍ରଟି ଆବଶ୍ୟକ, ତାହା ହେଉଛି ସଂପ୍ରସାରଣ, କବି ସଂପ୍ରସାରିତ ହୋଇପାରେ। ନିଜର ସବୁ ଦୁଃଖ, ଅଭାବ, ସ୍ୱପ୍ନ ଓ କଳ୍ପନାଦିଙ୍କୁ ସାଙ୍ଗରେ

ଧରି ସେ ସମ୍ପ୍ରସାରିତ ହୋଇଯାଏ ତାକୁ ବେଢ଼ିଥିବା ବାସ୍ତବିକତା ପାଖକୁ। ବା ଏମିତି କହିହେବ ନିହାତି ଗଦ୍ୟମୟ, ନୁଖୁରା ପରିବେଶ (ବାସ୍ତବିକତା)ରୁ ସେ ସଂପ୍ରସାରିତ ଦେଇଆସେ ଅତି ସୂକ୍ଷ୍ମତାର ଅନ୍ତର୍ଜଗତକୁ। ଏ ଦୁଇ ଜଗତ ମଝିରେ ତା' ଅଜାଣତରେ ହୁଏତ ସେ ତିଆରି କରି ଦେଇଥାଏ ସେତୁଟିଏ - ରାସ୍ତାଟିଏ ପାଠକ ପାଇଁ (ପାଠକର ସୁବିଧା ପାଇଁ)।

ସମସ୍ତେ ସହଜରେ ସମ୍ପ୍ରସାରିତ ହେଇ ପାରନ୍ତିନି। କେତେଜଣ ଏମିତି ବି ଥାନ୍ତି, ଅନୁଭବଟିଏ ପାଇଁ ଆଗ ଶବ୍ଦମାନଙ୍କୁ ଖୋଜନ୍ତି। ଶୈଳୀମାନଙ୍କୁ ଖୋଜନ୍ତି। ପୃଷ୍ଠା ପରେ ପୃଷ୍ଠା ଲେଖନ୍ତି, ତଥାପି ପାଠକ-ପ୍ରିୟ ହେଇ ପାରନ୍ତିନି। କେତେ କମନୀୟତା, କେତେ ସମ୍ମତି, କେତେ ପ୍ରୟାସ, କେତେ ତପୋରତି ପରେ ଯାଇ ମଣିଷ ଭିତରେ ବାଡ଼ ସବୁ ଭାଙ୍ଗିଯାଏ। ଏକ ଅନୁରାଗ, ଏକ ଅନ୍ତଃସମ୍ମତି, ଏକ ଅଭିସାରର ସାହସ ଧରି ତା' ଭିତରେ ମୁଣ୍ଡଟେକେ କବିଟିଏ - ଆତ୍ମାର ସବୁ କପଟତାମାନଙ୍କୁ ଓହ୍ଲେଇ ଦେଇ। ସମ୍ମତ ହେଇଗଲେ ସତରେ ଭାବମାନେ ଭାରି ସହଜରେ ଶବ୍ଦ ସମ୍ଭବ ଲାଗି ସମର୍ଥ ହେଇଯାଆନ୍ତି। ସେଇ କବିତାମାନଙ୍କୁ କବି ଯେତେ ମୋର ମୋର କହୁଥିଲେ ବି ତାହା କେତେବେଳେ ଖସିଯାଇ ପାଠକର ଏକାନ୍ତ ପାଲଟି ଯାଇଥାନ୍ତି।

ଆଲୋଚକ ଓ ପ୍ରାବନ୍ଧିକ ଶ୍ରୀ ଚିତ୍ତରଂଜନ ଦାସଙ୍କର ବକ୍ତବ୍ୟଟିଏ ମୁଁ ଅବିକଳ ଏଠି ରଖିବାକୁ ଚାହୁଁଛି। (ନମ୍ରତାର ସହ ତାଙ୍କର ଅନୁମତିକାମୀ) ସେ ଲେଖିଛନ୍ତି- ଅସଲ କବିତା କେବେ ହେଲେ ଏଇଠି ଏତିକି ଭିତରେ ବାନ୍ଧି ହୋଇ ରହିବାର ପରାମର୍ଶ ଦିଏ ନାହିଁ। ଅସଲ କବିତା ଯାବତୀୟ ଚିହ୍ନା ଘର ଓ ଚିହ୍ନା ସନ୍ତୋଷ ଭିତରୁ କେଡ଼େ ସ୍ୱାଭାବିକ ଭାବରେ ଗୋଡ଼ କଢ଼େଇ ନେଇଯାଏ। ଆଦୌ ବାଧ କରେ ନାହିଁ। ଆଦୌ ଭୟ ଦେଖାଏ ନାହିଁ। ମାତ୍ର ସତେ ଅବା ଆମର ହାତ ଧରି ଅବିକଳ ଜଣେ ସାଙ୍ଗ ପରି ଏହି ଏତିକି ମଧ୍ୟରୁ ଆଗାମୀ ଭିତରକୁ ବାଟ ଦେଖାଇ ନେଇଯାଏ। ଆମର ଏହି ଚିହ୍ନା ପରିଧିଗୁଡ଼ିକୁ ଭାଙ୍ଗିଦିଏ। ଅର୍ଥାତ୍ ସେଗୁଡ଼ିକରେ ପ୍ରସାରଣ ଘଟାଏ - କବିତାର ଯଥାର୍ଥ ପବନ ବାଜିଲେ ସେଥିଲାଗି ଆମର ଅଲକ୍ଷ୍ୟରେ ମଧ୍ୟ ଆମ ଭିତରେ ଥିବା ଥୁଣ୍ଟା ଡାଳଗୁଡ଼ିକରେ ହଠାତ୍ ଫୁଲ ଫୁଟି ଉଠିଲା ଭଳି ଅନୁଭବ ହେବାକୁ ଲାଗେ। (ଚିତ୍ତରଂଜନ ଦାସ ଏବଂ ଶ୍ରୀନିବାସ ଉଦ୍‌ଗାତା - ପୃଷ୍ଠା-୪୬)।

ଅନ୍ତର୍ଜଗତର ପ୍ରେରଣା ପାଲଟିବା ଲାଗି କେଉଁଠୁ କେଉଁଠୁ ଗୋଟେଇ ଆଣି କବି ସାଧନମାନଙ୍କୁ ସାଇତିଥାଏ ନିଜ ଭିତରେ, ଯାହା ବୀଜ ଭଳି, ମାଟିକୁ ରଙ୍ଗ, ରସ, ରୂପରେ ବ୍ୟକ୍ତ ହେବାର ସୁଯୋଗ ଦେବେ ବୋଲି ସ୍ୱୟଂ ଅନ୍ଧକାର ଭିତରେ

ପୋତି ହୋଇ ରହିଥାନ୍ତି । ଅନୁଭବର ଗଭୀରତାରେ ଯେଉଁ ଜୀବନ-ସତ୍ୟ ସହ କବିର ସାକ୍ଷାତ ହୋଇଥାଏ ତାହାକୁ ଏକ ଅପୂର୍ବ ସମ୍ବେଦନଶୀଳତାରେ ସେ ପହଞ୍ଚେଇ ଦିଏ ପାଠକ ପାଖରେ । କବିର ଜୀବନରେ ସୂକ୍ଷ୍ମ ଓ ସ୍ଥୂଳମାନଙ୍କର ଏକ ସମନ୍ୱୟାତ୍ମକ ସ୍ଥିତି ସଜାଗ ଥାଏ । ବ୍ୟବହାରିକ ସତ୍ୟ ଓ ସିଦ୍ଧାନ୍ତମାନଙ୍କୁ ନେଇ ହୁଏତ କବିତା ଲେଖିବା ସମ୍ଭବ ନୁହେଁ । ଏହି ସତ୍ୟ ଓ ସିଦ୍ଧାନ୍ତମାନେ ପ୍ରେରଣା ପାଲଟିବାକୁ କବି ଅପେକ୍ଷା କରି ରହେ । 'ଦୁଃଖୀକୁ ଦୟା' କର, ଏହି ସିଦ୍ଧାନ୍ତ ଆମ ବ୍ୟବହାରିକ ଜୀବନରେ ହୁଏତ ସହସ୍ରାଧିକବାର କୁହା ସରିଥିବ । ଏହାର ପ୍ରୟୋଗ ନେଇ ବହୁ ଆଲୋଚନା ହେଇ ସାରିଥିବ ବା ଏହି ସତ୍ୟକୁ ଆଖିଠାର ମାରି ଖସିଯିବାକୁ ଚାହୁଁଥିବା ଲୋକେ ବି ଏହାକୁ କାଟିବା ପାଇଁ ବିବିଧ ତର୍କ ଖୋଜି ସାରିଥିବେ । କିନ୍ତୁ କେବେ କାହାର ଦୁଃଖ ଯଦି ହୃଦୟକୁ ସ୍ପର୍ଶ କରିଯାଏ, ସେଠି ଆଲୋଚନା ବା ତର୍କ ଭାରି ଗୌଣ ମନେ ହୁଅନ୍ତି । ସେଠି ହୃଦୟ ଲୌକିକ ଉପଚାରମାନଙ୍କୁ ଆଡ଼େଇ ଦେଇ ଆପେ ଆପେ ସଂପ୍ରସାରିତ ହେଇଯାଏ । ଆଶ୍ୱାସନାର ସ୍ପର୍ଶଟିଏ ଭଳି, କବିତା ଭଳି ।

ଉପଦେଶମାନଙ୍କୁ ହେୟ କରିଦିଆଯାଇ ପାର । ନୀତିମାନଙ୍କୁ ଭ୍ରାନ୍ତ ବୋଲି ପ୍ରମାଣ କରାଯାଇପାରେ । କିନ୍ତୁ ନିଜଠାରୁ ସମ୍ପ୍ରସାରିତ ହେଇ ପାଠକଯାଏଁ ଆସିଥିବା କବିର ପ୍ରୟାସକୁ ଅଦେଖା କରିଦେବା କେବେବି ସମ୍ଭବ ନୁହେଁ । ମନୁଙ୍କର ଜୀବନ ତଥ୍ୟକୁ ନେଇ ତର୍କ କରାଯାଇପାରେ କିନ୍ତୁ ବାଲ୍ମୀକିଙ୍କର ସୃଷ୍ଟିରେ ଜୀବନ-ଦର୍ଶନକୁ ଆମେ ଶ୍ଳେଷହୀନ ଭାବରେ ଗ୍ରହଣ କରିନେଉ - ବୋଧହୁଏ ଏଇଥିପାଇଁ ।

■

ଐଶ୍ୱରୀୟ ଭାଷା

ଭାବ ଏବଂ ବିଚାର କବିତାର ସାମଗ୍ରୀ ହୋଇପାରନ୍ତି କିନ୍ତୁ ତାହା କବିତା ନୁହେଁ। ଶବ୍ଦମାନଙ୍କର ଏକ ନିଜସ୍ୱ ଅର୍ଥବତ୍ତା ପାଖରେ ଉନ୍ମୁକ୍ତ ଓ ସମ୍ବେଦନଶୀଳ ରହିପାରିଲେ ହିଁ କବିତା ଜନ୍ମ ନିଏ। ଦେଖିବାକୁ ଗଲେ ସାହିତ୍ୟର ଅନ୍ୟାନ୍ୟ ବିଭାଗ ବି ଶବ୍ଦକୁ ମାଧ୍ୟମ କରନ୍ତି ଏବଂ ସେମାନଙ୍କୁ ନୂଆ ଅର୍ଥ ଦିଅନ୍ତି। କିନ୍ତୁ ଅନ୍ୟାନ୍ୟ ଲେଖା ତୁଳନାରେ କବିତା ବାସ୍ତବିକତା, ଯଥାର୍ଥ ଓ ଇତିହାସର ଚରିତ୍ରକୁ ଚିତ୍ରଣ କରି ବି ତାହାକୁ ଅତିକ୍ରମଣ କରିପାରେ। କବିତାର ମହତ୍ତ୍ୱାକାଂକ୍ଷା ସମୟକୁ ପରାସ୍ତ କରିବାରେ ନିହିତ। ସେ ଲାଗି କବିତାର ଭାଷା ସାହିତ୍ୟର ଅନ୍ୟ ଲେଖାର ଭାଷାଠାରୁ ଭିନ୍ନ ଓ ସ୍ୱତନ୍ତ୍ର।

କବିତାରେ, ଭାଷା କେବଳ ନିରୀହ ମାଧ୍ୟମ ବୋଲି ଆମେ ଗ୍ରହଣ ନ କଲେ ଭଲ। ଗୋଟିଏ ଛୋଟିଆ କଥାକୁ (ସୂକ୍ଷ୍ମ ଭାବକୁ) ରଙ୍ଗେଇ, ଛନ୍ଦେଇ କହିବାର ଉପକରଣ ବି କବିତାରେ ବ୍ୟବହୃତ ଭାଷା ନୁହେଁ। ଭାବାବେଗର ସିଧା ପ୍ରକ୍ଷେପଣ ଅନେକ ସମୟରେ କବିତା ହୋଇପାରେନି, ଆମେ ଜାଣୁ। ଅପ୍ରତ୍ୟାଶିତ ଅର୍ଥୋତ୍ତେଜନ ଲାଗି ଆମେ କବିତା ପାଖରେ ପହଞ୍ଚୁ। ଏ ସତେଜତା କବି ଯେମିତି ଅନୁଭବ କରେ ସେଭଳି ପାଠକ ବି ଅନୁଭବ କରେ। ସତ କଥା କହିବାକୁ ଗଲେ, ଅଧିକାଂଶ ସମୟରେ ଆମ ଲେଖାରେ, ଆମ କଥୋପକଥନରେ ଆମେ ଭାଷାକୁ, ଅନୁଭବ କରୁନି- ଭାଷାର ଏକ ଅଭ୍ୟସ୍ତ ଓ ରଢ଼ିବାଦୀ ପ୍ରୟୋଗ ହିଁ କରିଥାଉ। ଏହା ସାହିତ୍ୟର ଅନ୍ୟ ଯେକୌଣସି ବିଭାଗ ପାଇଁ ହୁଏତ ଚଳନୀୟ କିନ୍ତୁ କବିତା ଲାଗି ଆଦୌ ନୁହେଁ। ଯଦି କବିକୁ ଆଗକୁ ଜଣାଥିବ ଯେ, ସେ କ'ଣ କ'ଣ ସବୁ କହିବାକୁ ଚାହୁଁଛି, ତେବେ ସେ ତାହାର ଏକ ପଦ୍ୟ - ଲେଖ ହିଁ ପ୍ରସ୍ତୁତ କରିବ। ଏହାକୁ ଆମେ କବିତା କହିବା ନା ଏକ ଉଦ୍‌ଗାର କହିବା (?) କବିତାରେ ଆମେ ଆମର ଜଣାଶୁଣା ଶବ୍ଦମାନଙ୍କଠି ଏକ ତାଜା ସ୍ପନ୍ଦନ ଓ ଭିନ୍ନ ସ୍ୱାଦ ପାଉ, ସତେ ଯେମିତି ସେମାନେ ଏବେ ଏବେ ତିଆରି ହେଇଛନ୍ତି। ଏଇ ଶବ୍ଦମାନେ ମିଶି ଗୋଟିଏ

ଭାଷା ତିଆରନ୍ତି ଏବଂ ସେହି ରହସ୍ୟମୟ ଭାଷାର ସୁଦୀର୍ଘ ଜୀବନକୁ ଝଙ୍କୃତ କରୁଥାନ୍ତି ଉଭୟ କବି ଓ ପାଠକ ହୃଦୟରେ।

କବିତାର ଭାଷା ବିଷୟରେ କହିବା ସହଜ ନୁହେଁ। ଏହା ଏକ ରହସ୍ୟ, ଯେମିତି ଈଶ୍ୱର। ଈଶ୍ୱରଙ୍କୁ ଆମେ ଜାଣୁ, ଭଲ କରି ଜାଣୁ, ଅଥଚ ତାଙ୍କୁ ବଖାଣି ପାରୁନି। ବିଶିଷ୍ଟ କବି କୈଳାସ ବାଜପେୟୀଙ୍କର ଗୋଟିଏ କବିତା ପଢ଼ିଥିଲି। ସେଠି ସେ କହିଛନ୍ତି କବିତା ହର ଆଦ୍‌ମୀ/ଆପ୍‌ନୀ ସମଝଭର ସମଝତା ହୈ/ଈଶ୍ୱର ଏକ/ କବିତା/ ହୈ (ସ୍ପନ୍ଦନ - ସୁଫୀନାମା)

ଏହି ଛୋଟ କବିତାଟି ମତେ ତଟସ୍ଥ କରିଦେଇଥିଲା ଓ ଆଶ୍ୱାସନା ବି ଦେଇଥିଲା ଯେ, କବିତାକୁ ନେଇ ଅନ୍ତତଃ ଯୁକ୍ତି ନ କରିବା ଭଲ। କବିତାରେ ଭାଷା ଏକ ଅଦ୍ୱିତୀୟ ରହସ୍ୟ ଧରି ଓହ୍ଲାଏ। କବି ଜାଣେ, କବିତା ଲେଖିବା ବେଳେ ତାକୁ ବହୁ ଅପ୍ରତ୍ୟାଶିତ ମୋଡ଼ ଦେଇ ଗତି କରିବାକୁ ହୋଇଥାଏ ଏବଂ ଶବ୍ଦମାନଙ୍କର ଅପୂର୍ବାନୁମେୟ ଗତି ପାଖରେ ଚକିତ ହେବାକୁ ପଡ଼ିଥାଏ, ଶବ୍ଦମାନଙ୍କର ନୂଆ ନୂଆ ଅର୍ଥ ଲାଭର ପ୍ରକ୍ରିୟା ତାକୁ ଶିହରିତ ଓ ବିସ୍ମିତ କରିଦେଉଥାଏ। ଅନେକ ସମୟରେ ସେ କ'ଣ ଲେଖିବ ବୋଲି କଲମ ଧରିଥାଏ। ଧାଡ଼ିକୁ ଧାଡ଼ି ଯୋଡ଼ି ହୋଇ କବିତା ତା ଆପଣାର ଗତି ଓ ସ୍ଥିତି ଆପେ ନିର୍ଦ୍ଧାରଣ କରିନେଉଥାଏ। ନିଜ ଲେଖା କବିତାଟି ଯଦି ନିଜ ଲାଗି ବିସ୍ମୟକାରୀ ନୁହେଁ, ତେବେ ଏହା ପାଠକକୁ କିପରି ରୋମାଞ୍ଚିତ କରିବ? ତେବେ ଏଭଳି ଭାବିବା ନିହାତି ଅଯୌକ୍ତିକ ଯେ, କବିତା ଗଢ଼ା ହେବାରେ କବିର ଭୂମିକା ଗୌଣ। ନମ୍ରତାର ସହ କେବଳ ଏତିକି କହିବାକୁ ଚାହେଁ ଯେ, କବିତା ଗଢ଼ା ହେବାରେ କବି ନିଜେ ଯେମିତି କର୍ତ୍ତା ଠିକ୍ ସେମିତି ସେ ନିମିତ୍ତ ମାତ୍ର।

ମାର୍କ୍ସ ଓ ଫ୍ରଏଡ୍ ଆପଣା-ଆପଣାର କ୍ଷେତ୍ରରେ ଗୋଟିଏ ଗହନ ସତ୍ୟର ପ୍ରତିପାଦନ କରିଛନ୍ତି। ମାର୍କ୍ସ-ସାମାଜିକ ଆଚରଣରେ ଏବଂ ଫ୍ରଏଡ୍ ମନସ୍ତାତ୍ତ୍ୱିକ ମାନ୍ୟତାର କ୍ଷେତ୍ରରେ। ଉଭୟଙ୍କର ମତ ଯେ, କୌଣସି ଆଚରଣ ବା ନିୟମକୁ ଯଦି ସମୟ ଆଗରୁ ଜବରଦସ୍ତି ଉପାଡ଼ି ଫିଙ୍ଗି ଦେବାର ଚେଷ୍ଟା କରାଯାଏ ତେବେ ତାହା ଏକ ବିକୃତିକୁ ଜନ୍ମ ଦେବ। ବରଂ ସମସ୍ୟା ଲାଗି ଯୁକ୍ତିଯୁକ୍ତ ପରିଣତିଟି ଖୋଜି ବାହାର କଲେ ପରିବର୍ତ୍ତନ ଆପେ ଆପେ ଆସିବ ଓ ତାହା ହିତକାରୀ ବି ହେବ। କବିତା ବି ଅନ୍ଧେ ବହୁତେ ଏହି ସତ୍ୟକୁ ମାନି ନିଏ। କବିତା, ସ୍ଥୂଳ ଅନାଗ୍ରହୀ ଶବ୍ଦମାନଙ୍କ ଭିତରେ ଏକ ଆନ୍ତରିକ ଖୋଜିବା ଜାରି ରଖିଥାଏ ଓ କବିର ଅଜାଣତରେ, କବିତାର ଭାଷା ବି ଏକ ନୂଆ କଳେବର ନେଉଥାଏ। ଶବ୍ଦମାନଙ୍କୁ ବହୁ ରଢ଼ ଅର୍ଥରୁ ମୁକ୍ତ କରି, ଅପ୍ରଚଳିତ ଶବ୍ଦମାନଙ୍କୁ ପ୍ରଚଳନକୁ ଆଣି, କିଛି ନୂଆ ଶବ୍ଦ ଗଠନ କରି କବିତା

ଯେମିତି ତା'ର ଆଙ୍ଗିକ ଗଠନରେ ପରିବର୍ତ୍ତନ ଆଣେ, ସେହିଭଳି ବଦଳୁଥିବା ପରିବେଶରେ ଜିଉଁଥିବା କବିର ଅନ୍ତର୍ଜଗତରୁ ଭାବାବେଗକୁ କବିତା ତା'ର ଅନ୍ତର୍ଚ୍ଛନ୍ଦରେ (ଭାଷାରେ) ସଜଉଥାଏ।

କବିଙ୍କର ଗୋଟିଏ ଶୈଳୀ ଥାଏ। ଏହା ତାଙ୍କର ଦୀର୍ଘ ସମୟର ସାଧନାପ୍ରସୂତ। ଏ ଶୈଳୀଟି କ'ଣ ? ଆଙ୍ଗୀକ ଗଠନରେ ଆମେ କହିବା ଏହା କବିଙ୍କର ପ୍ରକାଶ କରିବାର ଢଙ୍ଗ। ଏ ଢଙ୍ଗଟି କିନ୍ତୁ କବି ପାଇଲେ କୋଉଁଠୁ ? ତାଙ୍କୁ ଶିଖେଇଲା କିଏ ? ଯଦି ଶୈଳୀ ହିଁ ସର୍ବସ୍ୱ (Style is the man) ତେବେ ଏତେବର୍ଷ ଧରି ସେ କବିତା ଲେଖୁଥିଲେ ନା ଢଙ୍ଗଟିକୁ ଅଭ୍ୟାସ କରୁଥିଲେ ? ଅନେକ ସମୟରେ ଶୈଳୀକୁ ପ୍ରାଧାନ୍ୟ ଦେଇ କବିତାର ମର୍ମାନ୍ତିକ ବିପର୍ଯ୍ୟୟ ଘଟିବାର ନଜିର୍ ଅଛି। ଢଙ୍ଗ ବା ଶୈଳୀ ତେଣୁ ଶିଖାଯାଏନି, କେଉଁଠାରୁ ଆହରଣ କରାଯାଏନି, ଏହା କବିଙ୍କର ନିଜସ୍ୱ। ସମ୍ଭବତଃ କବିଙ୍କର ନୁହେଁ, କବିଙ୍କର କବିତାର। ଏହାକୁ ଆମେ ସମ୍ପୃକ୍ତ କବିଙ୍କର କାବ୍ୟ-ଭାଷା ବୋଲି ନ କହିବା କାହିଁକି ? କେତେ ଦିନର ତପସ୍ୟା, କେତେ ଜନ୍ମର ପ୍ରାରବ୍ଧରୁ ତାଙ୍କୁ ମିଳିଥିବ ଏହି ଐଶ୍ୱରୀୟ ଭାଷା। ତାହାକୁ ଧାରଣ କରିବା ଓ ତାହାର ଉତ୍ତୋରଣ ଲାଗି କବିଙ୍କୁ କମ୍ କଷ୍ଟ ସହିବାକୁ ପଡ଼ି ନଥିବ। ସେମିତି ନ ହେଇଥିଲେ ଗୋଟିଏ କବିତା (କବିଙ୍କର ନାଁ ନଥିବା) ପଢ଼ିଦେଇ ଆମେ ଚଟ୍ କରି କହି ଦିଅନ୍ତେନି ଏହା ଅମୁକ କବିଙ୍କର କବିତା।

ଆପଣାର ରାଗ-ଦ୍ୱେଷ-ପୀଡ଼ାଦିକୁ ବଖାଣିବା ଲାଗି ଯେଉଁ ଭାଷାକୁ ଆମେ ବ୍ୟବହାର କରୁଛୁ ଆମର ଦୈନନ୍ଦିନ ଜୀବନରେ, ସେହି ଭାଷାର ଦୁଷ୍ଟକ୍ରରେ ପୁଣି ପଡ଼ିବାର ଥାନ୍ତା ଯଦି କବିତା ପାଇଁ ଏତେ ଏକାଗ୍ରତାର ଆବଶ୍ୟକତା କୋଉଠୁ ଥାନ୍ତା। ଆମର ଦୈନନ୍ଦିନ ଭାଷାକୁ କବିତାର ଭାଷା କରିବା ପାଇଁ, ତା' ଭିତରେ ନିଜ ଅନୁଭବର ଅନୁରଣନ ଶୁଣେଇବା ଲାଗି ଓ ସେ ଭିତରେ ଉଷ୍ମତା ଭରିଦେବା ଲାଗି ହିଁ ତ କବିର ସାଧନା। ଯଥାର୍ଥବୋଧ ଓ ଆତ୍ମଜ୍ଞାନ କବିତାର ରହସ୍ୟମୟ ଭାଷାର ଆଶ୍ରିତ - ଏହି ସତ୍ୟକୁ କବି ତା'ର ପ୍ରତିଟି କବିତାରେ ନୂଆ ଭାବରେ ଉପଲବ୍ଧି କରୁଥାଏ।

■

ଆତ୍ମ-ମନ୍ଥନ

ଘରକୁ ଆସିଥାନ୍ତି ଜଣେ ବୟସ୍କ ଲୋକ। କହିଲେ, 'ଓ... ତମେ କବିତା ଲେଖୁଛ ? ଆଜିକାଲି କିଏ କବିତା ନ ଲେଖୁଛି। ଏଇସବୁ ତମର ଗଦ୍ୟ-କବିତା, ଗୁଡ଼ାଏ ଏଣୁତେଣୁ କଥା କହି ପାଠକକୁ ବିରକ୍ତ କରେଇବା ଛଡ଼ା ତା'ର କ'ଣ ଅର୍ଥ ଅଛି ? କାହିଁ ସେ ସବୁଜ ଯୁଗର କବିତା ! କବିତା ଥିଲା, ଏବେ ଆଉ କବିତା ନାହିଁ।'

ସାରା ରାତି ଶୋଇ ପାରିଲିନି। ମୈଥ୍ୟୁ ଆର୍‌ନଲଡ଼ଙ୍କର ସେଇ ଧାଡ଼ି ମନେ ପଡ଼ିଲା The one dying, the other powerless to be born. ଏହାର ଅର୍ଥ କ'ଣ ହୋଇପାରେ- ଗୋଟିଏ ଯୁଗ ମରିଯାଇଛି କିନ୍ତୁ ଆଉ ଗୋଟିଏ ଯୁଗ ଜନ୍ମ ନେବାକୁ ଅସମର୍ଥ। ସ୍ଥାଣୁତା ସବୁଠି ଆସିପାରେ। ସାହିତ୍ୟରେ ବି। କିନ୍ତୁ ଏମିତି କ'ଣ ହୋଇପାର ଯେ, କବିତା ଆଉ ନାହିଁ। ମୁଁ ସେ ବୟସ୍କ ବ୍ୟକ୍ତିଙ୍କ ସହ ଯୁକ୍ତି କରିପାରିଲିନି। (କାହିଁକି କରିଥାନ୍ତି) କିନ୍ତୁ ଗଲା ବେଳକୁ ସେ କହିଗଲେ- ହୃଦୟ-ମନ୍ଥନ ଦର୍କାର।

ପୁଞ୍ଜି ଓ ଫାଇଲ ଦଶ ଦିଗକୁ ଆବୋରି ବସିଛନ୍ତି। ଆମ ଭିତରୁ ପ୍ରାୟ ସଭିଙ୍କୁ କବଳିତ କରିଛନ୍ତି। ଏଠି ତପସ୍ୱୀ ଶ୍ୱାସ ନେବା ଲାଗି ଜାଗା ନାହିଁ। ଆମ ଭିତରୁ ସ୍ନେହ ସବୁ ଶୋଷି ନେଇଯାଉଛି ପଇସା। ଫାଇଲମାନେ ମାଡ଼ି ବସିଛନ୍ତି ଆମ ଭାଗ୍ୟକୁ। ଆମ ମୁହଁରୁ ଦେହରୁ ଲିଭି ଯାଉଛି ତେଜ। ଆଉ ବିଶ୍ୱାସ କଥା କ'ଣ କହିବା। ଦିନ ଦି'ପହରରେ ଗେଟ୍‌ରେ ତାଲା ଦେଇ ରହିବାକୁ ହେଉଛି। ଏତେ ନିଃସହାୟ କବିତା କେବେ ହେଇ ନ ଥିବ। କେବେ ବି କେଉଁ ଯୁଗରେ ନୁହେଁ। କୋଇଲିର 'କୁହୁ'କୁ କାନେଇଲା ବେଳକୁ କାରଖାନାର ପୁଙ୍ଗା ବାଜି ଉଠୁଛି। କ୍ୟାରିୟର ବନେଇବ ନା କବିତା ଲେଖିବ (କବିତା ବି ସମୟ ଓ ଶ୍ରମ ମାଗେ)। କବି - ଦେହଟିକୁ ଧାରଣ କରିବାର ବ୍ୟାକୁଳତା ଭିତରେ କେତେ ଆକର୍ଷଣ ଓ ବିକର୍ଷଣ। କେତେଜଣ ଭାଙ୍ଗି ଟୁକୁଡ଼ା ଟୁକୁଡ଼ା ବିଞ୍ଛି ହେଇଯାଏ। ସମୟ ମିଳିଲେ ଫେରୁଥିବ ମଣିଷ ସେ ସବୁକୁ ଗୋଟଉ ଥିବ। କବିତା ହେଇପାରିବ କି ନା ଭାବୁଥିବ। ସେଠି ବୋଧହୁଏ ସେ

କରୁଥିବା ଆତ୍ମ-ମନ୍ଥନ। ହୃଦୟର କଥା ପରେ ଆସୁଥିବ (ଆସୁଥିବ ନିଶ୍ଚୟ - ହୃଦୟ ବିନା କ'ଣ ବ୍ୟକ୍ତି ଜିଇଁପାରେ)।

ଜୀବନର ସ୍ଥାଣୁତାକୁ ଯେଉଁମାନେ ଆଦରି ନେଇଥାନ୍ତି, ବଦଳୁଥିବା ସମୟ ସହିତ ଏହାକୁ ଆଶୀର୍ବାଦ କି ଅଭିଶାପ ଭଳି ବୋହି ନେଇଥାନ୍ତି ସେମାନେ ନିଜକୁ ହାଲୁକା କରିବା ପାଇଁ ଗୀତଟିଏ ଶୁଣି ଦିଅନ୍ତି, କେଉଁଠି ଯାଇ ଟିକେ ଖଟି କରି ପକାନ୍ତି, ନ ହେଲେ ଟି.ଭି. ଆଗରେ ବସି ଯାଆନ୍ତି। ଜୀବନର ବୋଝକୁ ହାଲୁକା କରିବା ପାଇଁ ତାଙ୍କ ପାଇଁ ଏହାଠାରୁ ସହଜ ଉପାୟ କିଛି ନାହିଁ। ହଁ, କିଛି ନ ହେଲେ (ସାହିତ୍ୟରେ ରୁଚି ଅଛି ବୋଲି ଜଣଉଥିଲେ) ସଭାଟିଏ କରି ଏବର କବିତା ସବୁ ଦୁର୍ବୋଧ୍ୟ, ବକୱାସ୍ ବୋଲି ପାଟି କରନ୍ତି।

ଆମ ଭାଷାରେ ଏବେ ଏମିତି କ୍ୱଚିତ୍ କବିତା ଲେଖାଯାଉଛି, ଯେଉଁଥିରେ କଥାଟିଏ ନାହିଁ। ହଁ, ସବୁ କବିତା ଆତ୍ମୀକ ଓ ଆଙ୍ଗିକ ଗଠନ ଦୃଷ୍ଟିରୁ କବିତା ନ ହେଇ ପାରନ୍ତି। କିନ୍ତୁ ଏଇ ବିପତ୍ତିଟି ତ ସବୁକାଳେ, ସବୁ ଯୁଗରେ ଥିବ। କବି କହିଲେ, ଆମେ ତାକୁ ଅଲଗା ଗୋଟିଏ ପ୍ରାଣୀ ବୋଲି କାହିଁକି ବୁଝୁ। ସେ କେବଳ ମାତ୍ର କଳ୍ପନାବିଳାସୀ ନୁହେଁ କି ମାନବୋତ୍ତର ମାନବ ନୁହେଁ। ସେ ଜୀବିତ, ଜାଗ୍ରତ, ରାଗ-ବିରାଗଯୁକ୍ତ- ଯିଏ ସାମ୍ପ୍ରତିକ ସମସ୍ୟା, ଚିନ୍ତା, ଦ୍ୱନ୍ଦ୍ୱ ଓ ଜୀବନର ବିକଟାଳ ପରିଣତି ଭିତରେ ବଞ୍ଚେ। ଜୀବନର ଏହିସବୁ ଯଥାର୍ଥ ଅଭିବ୍ୟକ୍ତିମାନଙ୍କର ମାନବୀୟ ଉପସ୍ଥାପନ ପାଇଁ ସେ ନିରନ୍ତର ସଚେଷ୍ଟ। କବି ବି ଭୁଲ୍ କରେ, ପ୍ରୟୋଗ କରେ, ଅନ୍ୱେଷା କରେ। ହୁଏତ ନିଜ ଜୀବଦ୍ଦଶାରେ ଲେଖିଥିବା ସହସ୍ରାଧିକ କବିତା ମଧ୍ୟରୁ ତା'ର କିଛି କବିତା ନ ହେଇପାରେ। କିନ୍ତୁ ତା'ର ସମ୍ବେଦନା ଯେ ଦେଶ-କାଳାତୀତ, ତାହାକୁ ଆମେ ଉପେକ୍ଷା କରିବା କାହିଁକି ? ତା'ର ଅଭିବ୍ୟକ୍ତି ବ୍ୟକ୍ତିଗତ ହୋଇ ମଧ୍ୟ ସମଷ୍ଟି ସହିତ ସଂଶ୍ଳିଷ୍ଟ। ସମଷ୍ଟିଗତ କେଉଁ ଅଭିବ୍ୟକ୍ତିକୁ ବି ସେ ବ୍ୟକ୍ତିଗତ ଅଭିବ୍ୟକ୍ତି ଭଳି ଧାରଣ କରିବାକୁ ସଚେଷ୍ଟ। ମନୋରଞ୍ଜନର ଏତେସବୁ ମାଧ୍ୟମ ଏବେ ଖୋଲି ଗଲାଣି ଅନ୍ତତଃ କବିତାକୁ ଆମେ ଆଉ କେବଳ ମାତ୍ର ମନୋରଞ୍ଜନ ବୋଲି ନ କହିବା ଭଲ।

କବିତା ଦର୍ଶନ ନୁହେଁ। ମତବାଦ ନୁହେଁ, ଅଧ୍ୟାତ୍ମ ନୁହେଁ। ଏହା ଅଭିବ୍ୟକ୍ତିଟିଏ - ଯାହା ପାଠକକୁ ଉଦ୍‌ବେଳିତ କରାଏ। ପାଠକ ଆନନ୍ଦିତ ହୋଇପାରେ, କ୍ଷୁବ୍ଧ ବି। ପାଠକ ଭିତରେ ପ୍ରେମ ବି ଜାଗ୍ରତ ହୋଇପାରେ ଘୃଣା ବି। ତା' ଭିତରେ କ୍ରାନ୍ତି ଭଳି କିଛି ଗୋଟେ ଆସିପାରେ - ସମାଧି ବି - ବାସ୍, ଏତିକି ହିଁ କାମ କବିତାର। ଏହାଠାରୁ ଅଧିକ, ଅତିକାୟ, ଆଖିଦୃଶିଆ କ'ଣ ଗୋଟେ କବିତା କରି ପକାନ୍ତା

ବୋଲି ଯେଉଁମାନେ ଭାବନ୍ତି, ସେମାନେ ବଦଳୁଥିବା ସମୟ ସହ ଲେଖାଯାଉଥିବା କବିତାମାନଙ୍କୁ ଏକାଙ୍ଗୀ କରି ଦେଖିବାର ସାହସ କରନ୍ତିନି। ଦୈନନ୍ଦିନ ଜୀବନର ବିଫଳତା ଓ ଅପମାନମାନଙ୍କୁ ପୁଣି ଥରେ କବିତାରେ ଦେଖି ବୋଧହୁଏ ସହ୍ୟ କରିପାରନ୍ତିନି। ସେମାନେ କବିତାର ଅନ୍ତର୍ଚ୍ଛନ୍ଦକୁ ଦେଖି, ଅଦେଖା କରି ଦିଅନ୍ତି। ସେମାନେ କବିତାର ମାଧୁର୍ଯ୍ୟ କଥା ଉଠାନ୍ତି କିନ୍ତୁ ଜୀବନର ଭଙ୍ଗୁର ବିକଳାଙ୍ଗ ଚିତ୍ରଟିଏ ଧାରଣ କରିଥିବା କବିତା ଭିତରେ ଗୁପ୍ତ କାରୁଣ୍ୟର ସୌନ୍ଦର୍ଯ୍ୟକୁ ଆଦୌ ଛୁଇଁବାକୁ ଚାହାନ୍ତିନି। ନକଲି ଜିଇଁବା ଭିତରୁ ବାହାରି ଅନୁଭବପ୍ରବଣ, ଲୋକଜନୀନ, ବାସ୍ତବିକ ଜୀବନକୁ ଆପଣେଇ ନ ନେଲେ କବିତା ଲେଖିବା ଯେତିକି କଷ୍ଟ କବିତାକୁ ସଦ୍‌ଭାବର ସହିତ ଆପଣେଇ ନେବା ତତୋଧିକ କଷ୍ଟ।

କିଛି ବି ପ୍ରଚାର କରିପାରେନି କବିତା। କିନ୍ତୁ ଏ ଅକ୍ଷମତାକୁ ଗର୍ବର ସହିତ ସେ ପିନ୍ଧିଥାଏ। ଯାହାକିଛି ଆବିର୍ଭୁତ କରେଇ ଦେବ ବୋଲି କବିତା ପଣ କରିଥାଏ, କବିତାର ଆବିର୍ଭାବରେ ତାହା ବି ଗୁପ୍ତ ରହିଯାଏ। କିନ୍ତୁ ଏ କରୁଣ ଉଦ୍ୟମ କବିତା ବାରମ୍ବାର କରୁଥାଏ। କବିତା ସତେ ଯେମିତି କହୁଥାଏ, ମୁଁ ପ୍ରତିନିଧିତ୍ୱ କରବାକୁ ଚାହେଁନି... ମୁଁ ରହିବାକୁ ଚାହେଁ। ମୁଁ କିଛି ଗୋଟେ ଦେଖେଇ ପକେଇବାକୁ ଚାହେଁନି, ମୁଁ ବି ତମ ସହ ଦର୍ଶକ ସାଜିବାକୁ ଚାହେଁ।

ଆତ୍ମ-ବିସର୍ଜନ

କବି ଶ୍ରୀକାନ୍ତ ବର୍ମା ଧାଡ଼ିଏ ଲେଖିଛନ୍ତି- ଜୋ ବଚେଗା, କୈସେ ରଚେଗା। ଏ ଧାଡ଼ିର ଅର୍ଥ ଅଛି ନିଶ୍ଚୟ। କେବେ କେବେ ବଞ୍ଚିଯିବା ପାଇଁ ଆମେ ଲେଖୁ, କେବେ କେବେ ମରିବା ପାଇଁ ବି। ଯେବେ ଲାଗେ ଆମେ ଆବଶ୍ୟକତାଠାରୁ ଅଧିକ ଜିଇଁ ଗଲେଣି, ଚାରି ପାଖରେ ନିତି ପ୍ରତିଦିନିର ଏତେ ଏତେ ମୃତ୍ୟୁ ଭିତରେ, ମୃତ୍ୟୁର ଭୟ ବି ନିରର୍ଥକ ମନେ ହେଲାଣି ଏବଂ ଆମର ଜିଇଁବାରେ ବି କିଛି ନୂଆପଣ ନାହିଁ ସେତେବେଳେ ମରି ଯାଉଥିବା ଲୋକମାନଙ୍କୁ (ବିଶେଷ କରି ଆମର ପ୍ରିୟଜନଙ୍କର ମୃତ୍ୟୁକୁ) ଦେଖି ଆମ ଭିତରେ, ଆମେ ଜିଇଁ ରହିଥିବାର ଏକ ଅପରାଧବୋଧ ଜାଗେ। ଲାଗେ, ମରିବାର କଷ୍ଟକୁ ବି ଆମେ ଏବେ ଧାରଣ କରିବା ଉଚିତ। କିଛି (ସାହିତ୍ୟ) କବିତା ଏଇ ଭାବରୁ ହିଁ ଜନ୍ମ ଏବଂ ପାଠକର ହୃଦୟରେ ବି ଏହି ଭାବଟିକୁ ଜାଗ୍ରତ କରେଇବା ଲାଗି କ୍ଷମ।

କେତେ ଏକାକୀ ମୁହୂର୍ତ୍ତମାନେ ଅଛନ୍ତି, ଯାହା ମୃତ୍ୟୁର ପୀଡ଼ାଠାରୁ ବି ପୀଡ଼ାଦାୟକ। ଜିଇଁ ରହିବାର ଆକାଂକ୍ଷାମାନଙ୍କର କ୍ଷୀଣ ପ୍ରକାଶରେ ଆମେ ନିଜେ ସରି ଯାଉଥିବାର ଭୟ ଭିତରୁ କୌଣସି ପ୍ରକାରେ ମୁକୁଳି ଆସିବାକୁ ଚାହୁଁ। (ସାହିତ୍ୟ) କବିତାର ଜନ୍ମ ଏହିଠାରୁ ବି ହୋଇପାରେ। ସେତେବେଳେ ଲାଗେ ଆମର ବନ୍ଧୁ ପରିଜନ ଆତ୍ମୀୟଙ୍କ ପରି କବିତା କୋଉଠି ନା କୋଉଠି ଅଛି, ଯାହା ଝାଉଁଳି ପଡୁଥିବା ଆମ ଅସ୍ତିତ୍ୱ ଉପରେ କେଇ ବୁନ୍ଦା ଜୀବନରସ ଭଳି ଝରିଯାଇ ପାରେ, ଆମକୁ ଆଗାମୀ କିଛିଦିନ ପାଇଁ ସତେଜତା ଦେଇପାରେ।

ଏଇ ଦୁଇ ବିରୋଧାଭାସ ମଝିରେ ଥାଏ କବି। ଏହି ଦୁଇଟି ଚେହେରାକୁ ଅଦଳ-ବଦଳ କରି ପିନ୍ଧୁଥାଏ ଏବଂ କେବେ ଏଇଟି ପାଇଁ ତ କେବେ ସେଇଟି ଲାଗି ଆକର୍ଷିତ ହୋଇ ଏକ ଅଶାନ୍ତ ଜୀବନ ବିତଉଥାଏ। ଦୁଃଖପୂର୍ଣ୍ଣ ମୁହୂର୍ତ୍ତରେ ଶାଶ୍ୱତ ଆନନ୍ଦ ଏବଂ ଖୁସିର ମୁହୂର୍ତ୍ତରେ ହୃଦୟଗତ ପୀଡ଼ା ତାକୁ ଉଦ୍ଦୀପ୍ତ କରୁଥାଏ (ଯଦିଓ ଏ

ଉଦ୍ଦୀପନା ସର୍ବଦା ତା'ର ଲେଖିବା କାମରେ ଲାଗି ପାରେନି)। ଗୋଟିଏ ବିଚିତ୍ର ଅନିଶ୍ଚିତତାର ଚକିରେ ସେ ପେଷି ହୋଇଯାଉଥାଏ - ଯାହା ସମାଜକୁ ମୋଟେ ଜଣା ନ ଥାଏ। ସମାଜ ଥାଏ ସେମିତି - ପ୍ରଗତି ଓ ଦୁର୍ଗତିମାନଙ୍କୁ ନେଇ, ଉତ୍ପାଦନ ଓ ବିପର୍ଯ୍ୟୟମାନଙ୍କୁ ନେଇ, ରୋଜଗାର ଓ ଖର୍ଚ୍ଚମାନଙ୍କୁ ନେଇ ନିଶ୍ଚିତ।

ଏକାଧିକ ଅତୃପ୍ତିମାନଙ୍କର ଜ୍ୱଳନ୍ତ ତ୍ରାସ ଭିତରେ କବି କଲବଲ ହେଉଥାଏ। ଏ ନିର୍ବେଦ ସମାଜ ଭିତରେ ଘଟି ଯାଉଥିବା ହଜାର ହଜାର ହିଂସାମାନଙ୍କୁ ପୋଛି ଦେବାକୁ ଇଚ୍ଛା କରୁଥାଏ, ଶହ ଶହ ମାନଙ୍କୁ ଅଣ୍ଡାଳି ଅଣ୍ଡାଳି ଅପରାଧର ପ୍ରମାଣମାନଙ୍କୁ ଖୋଜି ଆଣିବାକୁ ଚାହୁଁଥାଏ। କିନ୍ତୁ ସେ ଏ ସବୁ କିଛି କରିପାରେନି। ଅନ୍ତତଃ କବି ଭାବରେ ନୁହେଁ କି କବିତାରେ ନୁହେଁ। ଏ ନେଇ ସେ ସତରେ ଅଭିଶପ୍ତ। ଜଣେ ଭଲ ଡାକ୍ତର ଭଳି ସେ ରୋଗୀକୁ ପାଖରେ ବସେଇ ବୁଝେଇ ପାରେନି - ତମେ ଏ ସବୁ ଯେଉଁ ଖରାପ ଅଭ୍ୟାସ ସବୁ ପାଳିଛ ତାହା ହିଁ ତମ ରୋଗର କାରଣ। କବିତା କୋଉଠୁ କହିପାରେ କାରଣ। କୋଉଠୁ ଦେଇପାରେ ପ୍ରେସ୍କ୍ରିପ୍ସନ୍ ଯେ ଏତିକି ନେଇଗଲେ ତମେ ସୁସ୍ଥ ହୋଇଯିବ, ଭଲ ହେଇଯିବ। ସବୁ ସଜାଡ଼ି ହେଇଯିବ। କବି ଉପଦେଶ ଦିଏନି। ବୋଧହୁଏ ଏଇଥିପାଇଁ ଯେ ସେ ଜାଣେ ସମାଜରେ ସଂଘଟିତ ପ୍ରତିଟି ଭୟଙ୍କର ଦୁର୍ଘଟଣା ସହ ସେ ନିଜେ ସଂଶ୍ଳିଷ୍ଟ, ସବୁ ମୃତ୍ୟୁ ପାଇଁ ସେ ନିଜେ ବି ଦାୟୀ। କବିଟିଏ ତା' ଭିତରେ ଲାଳିତ ଓ ଏ ସତ୍ୟଟିକୁ (ବ୍ୟଥାଟିକୁ) ଆଜିଯାଏଁ କାହାରିକୁ କହିନି।

ହଁ, ଆଶ୍ୱାସନା ଦେବା କବିର ଧର୍ମ। କବିତାରେ ସେ ଲୁଚେଇ ରଖିଥାଏ ଯେଉଁ ନୀରବତା ତାହା ହିଁ ଗୋଟିଏ ଜୀବନଦାୟୀ ସ୍ପର୍ଶ ପାଲଟି ଯାଇପାରେ। ସେ ସ୍ପର୍ଶ ପାଖରେ କବିତା ନୀରବ ହୋଇଯାଏ - ବିଲକୁଲ୍ ନୀରବ। ମରି ଯାଉଥିବା ସମାଜକୁ ବି କବି ଆଶ୍ୱାସନା ଦେବାକୁ ବାହାରେ। କାଳେ ଟିକିଏ ସ୍ପର୍ଶ, ଟିକିଏ ଆନ୍ତରିକତା ପାଇଲେ ମଣିଷମାନେ ଏ ସମାଜକୁ ବଞ୍ଚେଇବାକୁ ବାହାରି ପଡ଼ିବେ।

ଏଇଠି କେହି କହିପାରନ୍ତି, ଯିଏ ନିଜେ ବଞ୍ଚିବାକୁ ଚାହୁଁନି, ସେ କଣ' ସମାଜକୁ ବଞ୍ଚେଇବ? ଅନୁଭବୀ ଓ ବୁଦ୍ଧିମାନ ପାଠକଗଣ ଏଭଳି ନିରର୍ଥକ ପ୍ରଶ୍ନ ଉଠେଇବେନି ବୋଲି ମୋର ବିଶ୍ୱାସ। ଜୋ ବଚେଗା, ୱୈସେ ରଚେଗା ପଛରେ ଆଉ ଏକ ବଳିଷ୍ଠ ଅର୍ଥ ବି ଥାଇପାରେ, ଯାହା କବିତାର ଆଙ୍ଗିକ ଗଠନ ସହିତ କିଛି ପରିମାଣରେ ସମ୍ପର୍କୀତ। କବିତାର ପ୍ରବାହରେ ଆମେ ଦେଖୁ କବି ନିଜକୁ ପ୍ରାୟ ଗୋପନ ରଖନ୍ତି। ହଁ, ଜଳ ଭିତରେ ସ୍ରୋତ ଭଳି। ଅଧିକାଂଶ ସମୟରେ, କବିତାଟିଏ ପଢୁଥିବା ବେଳେ ଅମେ ଅନୁଭବ କରୁଥାଉ ସ୍ରେତାକୁ, ଗୋଟିଏ ରୋମାଞ୍ଚକୁ, ଏକ ଅପ୍ରକାଶିତ ଆନନ୍ଦ

ବା ପୀଡ଼ାକୁ। କିନ୍ତୁ ଆମ ପାଦ ଭୂଇଁକୁ ଛୁଇଁବା କ୍ଷଣି ଲାଗେ ଏ ସମ୍ପୂର୍ଣ୍ଣ ଅନୁଭୂତିଟି କେବଳ ଆମର। ଅର୍ଥାତ୍ କବିତାଟି ପାଖରେ କେବଳ ଆମେ ହିଁ ଥିଲେ। କବି ବୋଲି ଆଉ କେହି ଜଣେ ମୋଟେ ନ ଥିଲେ- ମଝିରେ ମଝିରେ ଆମକୁ ଅଟକେଇ ଉପଦେଶ ଦେବାକୁ, ଆମର ଭଲମନ୍ଦ ପଚାରିବାକୁ ବା ଆମର ଆନନ୍ଦ, ପୀଡ଼ା, ରୋମାଞ୍ଚକୁ ଭାଗ ବାଣ୍ଟି ନେବାକୁ। କବିତାରେ ଶବ୍ଦମାନେ ଯେମିତି ଦେଇଯାଆନ୍ତି ଗୋଟିଏ ଶବ୍ଦ-ହୀନ ବାକ୍ୟ ଠିକ୍ ସେମିତି କବି ବି ଆପଣେଇ ନିଅନ୍ତି ଆତ୍ମବିସର୍ଜନ। ଗୋଟିଏ ଭଲ କବିତାରେ କବିଙ୍କର ବଖାଣୁଥିବାର ସ୍ୱର ଆମକୁ ମୋଟେ ଶୁଣାଯାଏନି। ଯାହା ଶୁଭେ ତାହା କବିତାର ସ୍ୱର। ସେଠି ଚମକପ୍ରଦ ଭାବରେ କେବଳ ଆମେ ନିଜକୁ ପାଉ। ଭୁଲିଯାଉ ଯେ, ତାହାକୁ ଅନ୍ୟ କିଏ ଜଣେ ଲେଖିଛି। ସେ ନିଶ୍ଚୟ ଠିକ୍ ଆମ ଭଳି ହୋଇଥିବ (ହୁଏତ ଆମଠାରୁ ଅଧିକ ସମ୍ବେଦନଶୀଳ) ଆମଭଳି ପୀଡ଼ା ଓ ଆନନ୍ଦ ସହିଥିବ, ଆମେ ଭୋଗିଥିବା ଦୁର୍ବିପାକ ଓ ଦୁର୍ଘଟଣାମାନଙ୍କୁ ନିଶ୍ଚୟ ସେ ବି ସହିଥିବ। ନ ହେଲେ କେମିତି ସେ କହିଲା ଆମ କଥା। ଆମକୁ ମୁହୂର୍ତ୍ତକ ଲାଗି ଆଶ୍ଚର୍ଯ୍ୟ ଲାଗେ ଯେ, ଠିକ୍ ଆମ ଭଳି ଲୋକଟିଏ ସତରେ କେମିତି ଅଛି ଏ ଦୁନିଆରେ। କବିତାରେ ନିଜକୁ ବିଜ୍ଞାପିତ କରିବାକୁ ଚାହୁଁ ନ ଥିବା କବି ଜଣଙ୍କ ସେଠି ସତରେ ଅମର ହେଇଯାଆନ୍ତି ପାଠକ ପାଖରେ। କବି ଶ୍ରୀକାନ୍ତ ବର୍ମାଙ୍କର ଜୋ ବଚେଗା, କୈସେ ବଚେଗା ପଛରେ କବିଙ୍କର ଆତ୍ମ ବିସର୍ଜନ (ଆତ୍ମହତ୍ୟା ନୁହେଁ) ପ୍ରତି ମଧ୍ୟ ଇଙ୍ଗିତ ଅଛି।

■

ସମ୍ବେଦିତ ବ୍ୟକ୍ତିତ୍ୱ

ଖଣ୍ଡିଏ ବଙ୍ଗଳା ପତ୍ରିକା ଓଲଟାଉଥିଲି । ଦେଖିଲି, ଦୀପଙ୍କର ବାଗ୍‌ଚୀ ଲେଖିଛନ୍ତି ଗୋଟିଏ କବିତା ବହିର ସମୀକ୍ଷା । ସେଠି ସେ ଉଲ୍ଲେଖ କରିଛନ୍ତି ଗୋଟିଏ ଉଦ୍ଧୃତି... 'A poet is the most unpoetical of anything in existence because he has no Identity : he is continually in for [ming] and filling some other body. ଦୁଃଖର ବିଷୟ ଏ ଉଦ୍ଧୃତଟି କେଉଁଠାରୁ ବା କାହାର ସେ ଉଲ୍ଲେଖ କରି ନାହାନ୍ତି । କିନ୍ତୁ ଏ ଧାଡ଼ିଟି ମତେ ପୁଣି ଘାଣ୍ଟିଚକଟି ପକେଇଲା । ଛାତି ଭିତରୁ କିଏ ଜଣେ ପାଟିକଲା, ଆହା, କେତେ ସମ୍ବେଦନା, କେତେ ପୀଡ଼ା, କେତେ ପ୍ରେମ ଧାରଣ କରି ବି କବି unpoetical ନିର୍ବେଦ । ତେବେ କଥାଟି ମିଛ ବି ତ ନୁହେଁ । ଭୂମିରୁ ଭୂମା ଯାଏଁ ସବୁଠି, ସବୁ ଜାଗାରେ ନିଜକୁ ଥୋଇ ପାରୁଥିବା ଏବଂ ସବୁ ସୁନ୍ଦର ଓ କୁତ୍ସିତକୁ ନିଜର ପରିଚୟ ଭଳି ଗ୍ରହଣ କରିନେଉଥିବା କବିର ପରିଚୟ ବୋଲି ଆଉ ରହିଲା କ'ଣ ? ସାରା ଦିନ ବୁନ୍ଦା ବୁନ୍ଦା ମହୁ ଭଳି ସଞ୍ଚୁଥିବା ଶବ୍ଦ ଓ ସାରା ରାତି ଅନିଦ୍ରା ରହି ଲେଖିଥିବା କବିତାମାନେ ବି ତ ତାଙ୍କଠାରୁ ବିଚ୍ଛିନ୍ନ ହେଇ ଛିଡ଼ା ହୁଅନ୍ତି - ନିଜ ନିଜର ପରିଚୟ ନେଇ, ଅନ୍ୟର ପୀଡ଼ା, ଅନ୍ୟ କାହାର ଆନନ୍ଦର ଭାଗିଦାର ହେଇ । ସେତେବେଳେ ତ କବିଙ୍କର ମନ କୁଳାଏନି କହିବାକୁ ଯେ, ଏ କବିତା ମୋର, ମୁଁ ଲେଖିଛି, କେତେ କଷ୍ଟ ପାଇଛି ଏହାକୁ ଗଢ଼ିବା ବେଳେ । ନିର୍ବିକାର, ନିର୍ବେଦ ମଣିଷଟି ଭଳି କବିତାକୁ ପଛରେ ଛାଡ଼ିଦେଇ ସେ ପୁଣିଥରେ ବାହାରି ଯାଆନ୍ତି ତାଙ୍କ ଖୋଜିବା ବାଟରେ । ଏଇ ଅନୁଭବକୁ ଯିଏ ସହିଛି, ବୁଝିଛି ଓ ଧାରଣ କରିଛି ସେ ହିଁ କେବଳ ଜାଣିପାରିବ କବିଟିଏ ହେବା କେତେ କେତେ ଜନ୍ମର ତପସ୍ୟା । କବିଙ୍କୁ ଈଶ୍ୱର ବୋଲି ଯିଏ କହିଛି ସେ ମିଛ କହି ନାହିଁ । ମଣିଷ ହେଇ ପାରିଲେ ଯାଇ ହିଁ ଈଶ୍ୱର ହେବାର ସ୍ପର୍ଦ୍ଧା ଆସିପାରେ (ଗୋପନରେ) ଆଉ ମଣିଷ ହେବା ସହଜ ନୁହେଁ ।

ସେଇଥିଲାଗି ବୋଧହୁଏ ଭାରି ଆକୁଳ ଲାଗେ କେବେ କେଉଁଠି ଯଦି କବି

ଜଣେ ଭାଷଣ ଦେଉଥାନ୍ତି ମୁଁ ଏମିତି ଲେଖିଛି, ମୁଁ ସେମିତି ଲେଖିଛି, ମୁଁ ଏଇ ଏଇ ପୁରସ୍କାର ସମ୍ମାନ ପାଇଛି ବା ମୋର ଏସବୁ ସ୍ୱୀକୃତି ପାଇବା ହକ୍ ଅଛି। ଭାରି ଆକୁଳ ଲାଗେ ସତରେ କାହିଁକି ନା ଏ ରୂପଟି ମୋତେ ସାଜେନା କବିଙ୍କୁ। କେଜାଣି କାହିଁକି ଲାଗେ, ଦେଉଥିବା ଲୋକ ମାଗିବ କ'ଣ ? ଦେବା ପାଇଁ ଯାହାର ଜନ୍ମ ସେ ଛଡ଼େଇ ନେଇ ଘରେ ଠୁଳେଇବ କ'ଣ ? ସାରା ଜୀବନ ଅପୂର୍ଣ୍ଣତାର ବିକଟାଳ ଖାଇଟିକୁ ଛାତି ଭିତରେ ଜାକି ଧରିଥିବା ମଣିଷକୁ କି କି ଉପଢ଼ୌକନ ଦେଇ ବୁଝେଇ ହେବ, ଭୁଲେଇ ହେବ ?

କବି ଏମିତି କ'ଣ ସହ ପକାନ୍ତି କି ଯାହା ଆମେ ସହୁ ନାହୁଁ - କବିତାର ଧାର୍ ଧରୁ ନ ଥିବା ଜଣେ, ଥରେ ମୋତେ ଏଇ ପ୍ରଶ୍ନ କରିଥିଲେ। କବି ଓ ଅକବି ଭିତରେ ପ୍ରଭେଦ ଗାରକାଟି ବୁଝେଇବା ମୋ ଲାଗି ସମ୍ଭବ ନ ଥିଲା। କିନ୍ତୁ ଗୋଟିଏ କଥା ମନକୁ ଆସିଲା ଯାହା ବିଶିଷ୍ଟ ହେଇପାରେ କବିଙ୍କ ପାଇଁ, ତାହା ହେଲା କବି ସବୁ ଭୋଗ କରିପାରନ୍ତି - ସବୁମାନେ ସବୁକିଛି। କିଛି ଭୋଗ କରନ୍ତି ନିଜ ଶରୀର ଦ୍ୱାରା ଓ କିଛି ନିଜର ସମ୍ବେଦିତ ବ୍ୟକ୍ତିତ୍ୱ ଦ୍ୱାରା। ହୁଏତ ମାତ୍ର ଗୋଟିଏ ଭାଗ ସେ ଭୋଗୁଥିବେ ନିଜ ଶରୀର ଦ୍ୱାରା ଆଉ ଅନେଶତ ଭାଗ ଭୋଗୁଥିବ ତାଙ୍କର ସମ୍ବେଦିତ ବ୍ୟକ୍ତିତ୍ୱ। ଏ ସମ୍ବେଦିତ ବ୍ୟକ୍ତିତ୍ୱଟି କ'ଣ ?

ଅନୁଭବ ହିଁ ଯଦି କବିତାର ବୀଜ ତେବେ, ଏମିତି କହିହେବ ଅଳ୍ପେ ବହୁତେ ସମସ୍ତେ କବି। କବିତା ଲେଖି ପକେଇବାର ଅନୁଭବ ସମସ୍ତଙ୍କ ଭିତରେ ଥରେ ଥରେ ଆସେ। ଯେଉଁଥିପାଇଁ ହଳୁଆ ଗୁଣୁଗୁଣୁ ହେଇ ଗୀତ ଗାଉଥାଏ କି ଗାଈଆଳ ପିଲାକୁ ଲାଗୁଥାଏ ଘାସପତ୍ର ଭିତରେ ଅପ୍ରକାଶ୍ୟ କ'ଣ ଗୋଟେ ଚିକ୍‌ମିକ୍ କରୁଛି। କିନ୍ତୁ ସେଇ ମୁହୂର୍ତ୍ତର ବାଃ, ବାଃ ବା ଦୁଇଠୋପା ଲୁହ ସହିତ ଆନନ୍ଦ ବା ଦୁଃଖର ଇତି ହୋଇଯାଏ। ପର ମୁହୂର୍ତ୍ତରେ ହଳୁଆ ହଳୁଆ, ଗାଈଆଳ ପିଲା ଖାଲି ଗାଈଆଳ ପିଲା। କିନ୍ତୁ କବିଙ୍କୁ ମିଳିଥାଏ ଆଉ ଟିକିଏ ଅଧିକ ଭାଗ୍ୟ (ଆଉ ଟିକିଏ ଅଧିକ ଭୋଗିବାର ଭାଗ୍ୟ)। ମୁହୂର୍ତ୍ତକର ପୀଡ଼ା-ଆନନ୍ଦ, ମିଳନ-ବିଚ୍ଛେଦ, ପ୍ରାପ୍ତି-ଅପ୍ରାପ୍ତିକୁ ସଂଚୟ କରିନିଏ ତାଙ୍କର ସମ୍ବେଦିତ ବ୍ୟକ୍ତିତ୍ୱ - ଅନେକ ଦିନ, ଅନେକ ବର୍ଷ ପରେ ବି ଯାହା ତାଙ୍କ ପାଖକୁ ଲେଉଟି ଆସିପାରେ ସେମିତି ସେଇ ତାଜା ଅନୁଭୂତି ଭଳି, ସେଇ ଏକାଭଳି ତୀବ୍ର ଆନନ୍ଦ ବା ପୀଡ଼ାକୁ ଧାରଣ କରି। ଦଶବର୍ଷ ବୟସରେ ସାମ୍ନା କରିଥିବା ଦୁର୍ଘଟଣାର ରକ୍ତକ୍ଷରଣ ଆରମ୍ଭ ହୋଇଯାଏ ପଚାଶ ବର୍ଷ ବୟସରେ ବି। ଅନୁଭବର ତୀବ୍ରତା ସଜାଡ଼ି ଦିଏ ଭାବ ଓ ଭାବମାନେ ହେଇଯାଆନ୍ତି ଶବ୍ଦ-ସମ୍ଭବ। ତା'ହେଲେ ତିରିଶ ବର୍ଷ, ପଚାଶ ବର୍ଷ, ଷାଠିଏ ବର୍ଷର ଜୀବନ ଓ ପ୍ରତିଟି ଛୋଟବଡ଼

ଅନୁଭୂତିର ସତେଜତାକୁ ଧାରଣ କରି ଚାଲୁଥାନ୍ତି କବି (ହୁଏତ ମୃତ୍ୟୁଯାଏଁ)। କବିଙ୍କର କୌଣସି ପ୍ରାପ୍ତି, କୌଣସି ପୀଡ଼ା, କୌଣସି ଦୁର୍ଘଟଣା ବା ଦୁର୍ଦ୍ଦଶାକୁ ସମୟ ପୋଛିଦେଇ ପାରେନି। ଆନନ୍ଦ, ଦୁଃଖକୁ ଲିଭେଇଦେଇପାରେନି କି ଦୁଃଖ, ଆନନ୍ଦର ମହାନତାକୁ ଛୋଟ କରିଦେଇ ପାରେନି। ସବୁ ସେମିତି, ଠିକ୍ ପୂର୍ବଭଳି ସଞ୍ଚି ରଖିଥାଏ ସମ୍ବେଦିତ ବ୍ୟକ୍ତିତ୍ୱ।

ସମ୍ବେଦିତ ବ୍ୟକ୍ତିତ୍ୱଟି ପାଇଥିବାରୁ କବିଙ୍କର ଆଉ ଗୋଟିଏ ସୁବିଧା ବି ହୁଏ। ସେ ସହଜରେ ପହଞ୍ଚିଯାଇ ପାରନ୍ତି ସବୁ ସଜୀବ ଓ ଜଡ଼ମାନଙ୍କ ପାଖରେ, ପୁଣି ଏକତ୍ମ ବି ହେଇପାରନ୍ତି ସେମାନଙ୍କ ସହ। ଇନ୍ଦ୍ରିୟାଗତ ଜ୍ଞାନ ବି ଯଥେଷ୍ଟ ହେଇଯାଏ ତାଙ୍କ ପାଇଁ କଳ୍ପନାରେ କେଉଁ ସୁଦୂର ଆଫ୍ରିକା ହେଉ କି ସୁମାଲିଆ ହେଉ। ଜଗତ୍‌ସିଂହପୁର ହେଉ କି ଗୁଜୁରାଟ ହେଉ ବୁଲି ଆସିବା ପାଇଁ। କେଉଁଠି କେତେ ଲୋକ ଭାସିଗଲେ, କେଉଁଠି କେତେ ଲୋକ ପୋତିହୋଇଗଲେ ତା'ର ପ୍ରାମାଣିକତା କି ପରିସଂଖ୍ୟାନ ଦେବାର ଆବଶ୍ୟକତା ପଡ଼େନି। କବି ଯେଉଁ ଚିତ୍ରଟି ଦିଅନ୍ତି ସେତିକିରୁ ବୁଝିହୁଏ ଭୟାବହତା, ପୀଡ଼ା ଓ ହରେଇବାର ଗ୍ଲାନି। ନଈକୂଳରେ ନ ବସି ବି ପାଠକ ଅସଂଖ୍ୟ ନୂଆ ତରଙ୍ଗ ଓ ମିଳେଇ ଯାଉଥିବା ଏକାଧିକ ପୁରୁଣା ତରଙ୍ଗର କଥା ଅନୁଭବୀ ପାରେ। ନଈ କୋଉ ପାର୍ବତୀୟ ଉଦ୍‌ଗମରୁ ବାହାରିଛି, କେଉଁ କେଉଁ ବାଟ ଦେଇ ବୋହିଛି ଓ କେଉଁଠି ସମୁଦ୍ରର ଅଗାଧ ନୀଳିମା ସହ ଲୀନ ହେଇଛି ଏସବୁ ପ୍ରତ୍ୟକ୍ଷ ନ ହେଲେ ବି ପାଠକର ଅନୁଭବରେ ନଈର ପୂର୍ଣ୍ଣ ଚିତ୍ରଟି ଦିଆଯାଇ ପାରେ ଯେତେବେଳେ କବି କହନ୍ତି- ଏକ ପାର୍ଶ୍ୱରେ ସୂର୍ଯ୍ୟାଲୋକସ୍ନାତ ଝିଲ୍‌ମିଲ୍ ବାଲୁକାରାଶି ଓ ଅପରପାର୍ଶ୍ୱରେ ସୁଦୂର ହରିତିମାର ତଟରେଖାକୁ ଧାରଣ କରିଥିବା ଅଥଳ ନୀଳ, ତରଙ୍ଗାୟିତ ଜଳରାଶି ଦେଖିଲି - ସେତେବେଳେ ଶ୍ରୋତା (ପାଠକ) କଦାପି ନଈର ଲମ୍ବା-ଚୌଡ଼ା କଥା ପଚାରେନି ନଈ କେତେଫୁଟ୍ ଗହୀର କି ସେଥିରେ କେତେଶହ ତରଙ୍ଗ ଥିଲା, ପଚାରେନି, ଏ ସବୁର ପରିସଂଖ୍ୟାନ ନ ଥାଇ ବି ନଈର ସଠିକ୍ ଛବିଟି ଶ୍ରୋତା/ପାଠକର ହୃଦୟ ଯାଏ ପହଞ୍ଚେଇ ଦେଇ ହୁଏ।

ଏଇଠି ଆମେ କହିଦେଉ, କବିଙ୍କର ଅନ୍ତର୍ଦୃଷ୍ଟି ଅଛି, ଯାହା ସମସ୍ତେ ଦେଖି, ଦେଖିପାରନ୍ତିନି କବି ଦୃଷ୍ଟିରେ ତାହା ଧରା ପଡ଼ିଯାଏ। ଏଥିଲାଗି ତାଙ୍କୁ ତାଙ୍କର ସମ୍ବେଦିତ ବ୍ୟକ୍ତିତ୍ୱ ହିଁ ସାହାଯ୍ୟ କରିଥାଏ। ଶ୍ରୀଯୁକ୍ତ ଗୋପୀନାଥ ମହାନ୍ତି ତାଙ୍କର 'କଳାଶକ୍ତି'ରେ ଅନ୍ତର୍ଦୃଷ୍ଟି କଥାଟି କହିବା ବେଳେ ଏହି ସମ୍ବେଦିତ ବ୍ୟକ୍ତିତ୍ୱ ପ୍ରତି ଇଙ୍ଗିତ କରିଛନ୍ତି। କବିର ତ ଗାଈଆଳ, କାଠ କଟାଳି, ଲୋକନାଥ ବୁଢ଼ା ହେବା ଆବଶ୍ୟକ ନୁହେଁ। ଏମାନଙ୍କର ଅଭିଜ୍ଞତା ଆଗରେ ତା ଅଭିଜ୍ଞତା କେଡ଼େ ଛୋଟ ବୋଲି ଜଣାପଡ଼େ,

କିନ୍ତୁ ଏମାନେ ଦେଖି ଦେଖନ୍ତି ନାହିଁ। ନଈ ତ ନଈ, ଆକାଶ ତ ଆକାଶ ଯେପରି କାଠ ତ କାଠ। ଏମାନେ ବାହାରଟି ଭଲ ଚିହ୍ନନ୍ତି କିନ୍ତୁ ଏମାନେଙ୍କ ଆଖିରେ ସବୁ ଜଡ଼, ନିର୍ବାକ୍। କବିର ବେଶି ଅଙ୍ଗେ ନିଭେଇବା ପ୍ରୟୋଜନ ହୁଏ ନାହିଁ, ଶିଳ୍ପୀ ଶକ୍ତିରେ ତାଙ୍କର ଅନ୍ତର୍ଦୃଷ୍ଟି ଆସେ (କଳାଶକ୍ତି-ଗୋପୀନାଥ ମହାନ୍ତି)।

ଏମିତି ବିତୁଥାଏ କବିର ଜୀବନ। କୌଣସି ପରିଣତି ପର୍ଯ୍ୟନ୍ତ ତା'ର ଯାତ୍ରା ନୁହେଁ। ସେ ଚାଲୁଥାଏ ପରିଣାମନିସକ୍ତ ଏକ ଦିଗ୍‌ବଳୟ ଆଡ଼କୁ। ଆମର ଏଇ ଇନ୍ଦ୍ରିୟଗ୍ରାହ୍ୟ ଜଗତ ଓ ଜୀବନ ଏଇ ଉନ୍ମୁକ୍ତ ଝରକାର ପରିଧି ଯାହାକୁ ଆମେ କହୁ ଜ୍ଞାନ-ବିଜ୍ଞାନ ଏ ସବୁକୁ ଧାରଣ କରି ଚାଲିବାର ଏକ ଇଙ୍ଗିତ ସଞ୍ଚାରିତ କରିଦେଇ ପାରେ କବି। ଆମେ ଜାଣୁ, ସବୁ କିଛି ମୁହୂର୍ତ୍ତକରେ ତ୍ୟାଗ କରି ଚାଲିଯିବାକୁ ପ୍ରସ୍ତୁତ କବି ଜଗତ ଓ ଜୀବନକୁ ଏକ ନିବିଡ଼ ଆନ୍ତରିକତାରେ ଚାହିଁ ରହିଥାଏ ଦୁଇଟି ନମ୍ର ଆଖିରେ କିନ୍ତୁ ଏକ ଅନ୍ତର୍ଭେଦୀ ଦୃଷ୍ଟିରେ।

■

ପ୍ରୟୋଗ

କବି ପ୍ରୟୋଗ କରେ। କବିତା (ସାହିତ୍ୟ)ରେ ପ୍ରୟୋଗ ନିରନ୍ତର ଚାଲିଥାଏ। ଏମିତି କୁହାଯାଇପାରେ ପ୍ରୟୋଗ ଦ୍ୱାରା ହିଁ କବିତା, କଳା ବା ଯେକୌଣସି ରଚନାତ୍ମକ କାର୍ଯ୍ୟ ନିରନ୍ତର ଅଗ୍ରସର ହେଉଥାଏ। କିନ୍ତୁ ଆଉ ଗୋଟିଏ କଥା ବି ମହତ୍ତ୍ୱପୂର୍ଣ୍ଣ, ତାହା ହେଲା କେବଳ ପ୍ରୟୋଗଶୀଳତା କୌଣସି ରଚନାକୁ କବିତା କରିଦେଇ ପାରେନି। ପାଠକ ବା ସହୃଦୟ ପାଖରେ ଆମର ପ୍ରୟୋଗର ମହତ୍ତ୍ୱ କିଛି ହେଲେ ନାହିଁ ଯଦି ସେ ପ୍ରୟୋଗର ପରିଣତି ନାହିଁ। କବି ଜାଣେ କବିତାରେ ପ୍ରୟୋଗ ଯାହା ତା' ଲାଗି ଜୀବନ-ମରଣ ସମସ୍ୟା, ତାହାର ମହତ୍ତ୍ୱ ପାଠକ ପାଖରେ କିଛି ବି ନାହିଁ। ପ୍ରୟୋଗର ପରିଣତି ଯଦି ପାଠକ ଦ୍ୱାରା ଗ୍ରାହ୍ୟ ନ ହେଲା, ଯଦି ତାହା ନିଜକୁ ଓ ତା' ସହିତ ପାଠକକୁ ନିଜ ନିଜର ସ୍ଥିତିଠାରୁ ଏକ ଉତ୍ତୀର୍ଣ୍ଣ ସ୍ଥିତିକୁ ଆଣିଦେଇ ନ ପାରିଲା ତେବେ ସେ ପ୍ରୟୋଗର ମୂଲ୍ୟ ନାହିଁ। ତେବେ ବି କବି ପ୍ରୟୋଗ କରି ଚାଲିଥାଏ। ଯଦି କେଉଁଠି କେଉଁ କବି କହନ୍ତି ଯେ, ମୁଁ ମୋ ରଚନାରେ ପ୍ରୟୋଗ କରିବାର ଆବଶ୍ୟକତା ଅନୁଭବୀ ନାହିଁ (ଏବଂ ସେ ଯଦି ସତ କହୁଥାନ୍ତି) ତେବେ ମାନି ନେବାକୁ ହେବ ଯେ ତାଙ୍କ ପାଇଁ କବିତା ରଚନାତ୍ମକ କାର୍ଯ୍ୟ ନୁହେଁ - କଳା ନୁହେଁ କେବଳ ଶିଳ୍ପ ଯାହା ଦୀର୍ଘକାଳ ଧରି ଚଳି ଆସିଥିବା କିଛି କଥା, ମିଥ୍, କିଛି ସୃଷ୍ଟିର ଅନୁକରଣ ବା ଅନୁସୃଜନ ମାତ୍ର।

ମୁଁ ଜାଣେ, ଏ ନେଇ କିଛି ସାହିତ୍ୟିକ (ଓ ଅସାହିତ୍ୟିକ) ବିବାଦ ଉଠିପାରେ। କିନ୍ତୁ ଟିକିଏ ଆନ୍ତରିକତା, ଟିକିଏ ଅଧିକ ମନନଶୀଳତା ଓ ଅର୍ନ୍ତଦୃଷ୍ଟି ଦେଇ ପରଖିଲେ ଆମେ ଜାଣିପାରିବା କବିତା ବା ଯେକୌଣସି କଳା କ୍ଷେତ୍ରରେ ପ୍ରୟୋଗ ବାରମ୍ବାର ହେଉଥାଏ ସବୁ ଯୁଗରେ, ସବୁ କାଳରେ। ହଁ, କେତେବେଳେ ଏହା ଅଧିକ ସ୍ପଷ୍ଟ କେତେବେଳେ ଏହା ଉହ୍ୟ କିଛି ସମୟ ଲାଗି।

ଗୋଟିଏ ପିଢ଼ି ହାତରେ ଯାହା ସବୁ (ଶବ୍ଦ, ପ୍ରତୀକ, ବିମ୍ବ, ବିଚାର) ରଢ଼ି

ପାଲଟି ଯାଏ, ଆଗାମୀ ପିଢ଼ି ସେ ସବୁକୁ ନେପଥ୍ୟକୁ ନେଇ ଯାଆନ୍ତି ଓ ପୁଣି ତାକୁ ଏକ ନୂଆ ରୂପରେ ଦୃଶ୍ୟପଟକୁ ଆଣନ୍ତି। କେବଳ ଯେ ପୁରୁଣାମାନେ ନୂଆ ରୂପରେ ଆସନ୍ତି ତା' ନୁହେଁ, ତା' ସହିତ ଆସନ୍ତି ନୂଆ ରୂପ ଓ ଶୈଳୀମାନଙ୍କର ସଙ୍କେତ। ଋଷୀୟ କବି Visctor Schklovsky ଏହି କଥା ଉଲ୍ଲେଖ କରିଛନ୍ତି ଯେ, ଅଭ୍ୟସ୍ତତା ଓ ଅତି ପରିଚୟ କାରଣରୁ ଶବ୍ଦ, ବସ୍ତୁ ଓ ବିମ୍ବମାନଙ୍କରୁ ସ୍ପନ୍ଦନ ଆମ ନିଜ ନିଜର ଇନ୍ଦ୍ରିୟବୋଧର ଜଗତରୁ ଧୀରେ ଧୀରେ ଲିଭି ଯାଉଥାଏ। ସେମାନଙ୍କୁ ନୂଆ ଜୀବନ ଦେବା ଲାଗି କବିଙ୍କ ପାଇଁ ଜରୁରୀ ହେଇଯାଏ ଯେ ସେମାନେ ସେ ସବୁଥିରେ ପୁଣି ଏକ ଅପରିଚୟ (ନୂଆ ଅର୍ଥ) ସଂଶ୍ଳିଷ୍ଟ କରିବେ। 'Habitualisation devours objects, cloths, furniture, one's wife and the fear of war... Art exists to help us recover the sesation of life. It exists to make us feel things to make the stone 'stony'. The end of art is to give a sensation of the object as seen, not as recognized. The tecnique of art is to make things 'Unfamiliar'. To make forms obscure. So as to increase the difficulty and duration of perception-Victor Schklovsky (1920) ମଦନ ସୋନୀଙ୍କର କବିତା କା ବ୍ୟୋମ ଔର ବ୍ୟୋମ୍ କୀ କବିତା ପୁସ୍ତକରୁ ଉଦ୍ଧୃତ)।

ଆଉ ଟିକିଏ ପ୍ରାଞ୍ଜଳ କରିହେବ କଥାଟିକୁ, ଗୋଟିଏ ଛୋଟିଆ ଉଦାହରଣରୁ। କବିତାକୁ ଯିବା ପୂର୍ବରୁ କବିତାର ଶବ୍ଦ ଓ ତାହାର ଅର୍ଥ ପ୍ରତି ଧ୍ୟାନ ଦିଆଯାଉ। ଶବ୍ଦରେ ଅର୍ଥ କେମିତି ଆସେ, କିଏ ଦିଏ ସେ ଅର୍ଥ, କେମିତି ତାହା ସଂକୁଚନ ଓ ବ୍ୟାପକତା ପାଏ – ସତରେ ତାହା ଗୋଟିଏ ରହସ୍ୟ। ଆମେ କହୁ ଗୋଲାପୀ ଏହା ଆମ ମନରେ ଗୋଟିଏ ବିଶେଷ ରଙ୍ଗର ଚିତ୍ରଣ କରେ ଓ ସେ ରଙ୍ଗ ସହ ସଂଶ୍ଳିଷ୍ଟ କିଛି ମଧୁର ଅନୁଭବ ବି। କିନ୍ତୁ ଏହା ନିଃସନ୍ଦେହରେ କହିହେବ ଯେ, ଗୋଲାପୀମାନେ ଗୋଲାପ (ଫୁଲ)ର ରଙ୍ଗ ପରି ରଙ୍ଗ। ଆରମ୍ଭରେ ଯେତେବେଳେ ଏ ଶବ୍ଦଟି ଗଢ଼ା ହେଇଥିବ ସେତେବେଳେ ଗୋଲାପ ଫୁଲଟି ନିଶ୍ଚୟ ମାଧ୍ୟମ (ମଧ୍ୟସ୍ତି) ହେଇଥିବ। ସେତେବେଳେ ଏ ଶବ୍ଦଟିରେ କେତେ ବେଶୀ ଚମତ୍କାରିତା ଥିବ ସତରେ! କିନ୍ତୁ ଏବେ ନାହିଁ। ଏବେ ଏ ଶବ୍ଦ ସିଧା ରଙ୍ଗ ପାଖରେ ପହଞ୍ଚି ଯାଉଛି। ଗୋଲାପ ଫୁଲର ଉପସ୍ଥିତି (ମଧ୍ୟସ୍ତତା) ଅନାବଶ୍ୟକ ପାଲଟି ଯାଇଛି। ଏବେ ଏ ଶବ୍ଦଟିର ଚମତ୍କାରିତା ବି ହ୍ରାସ ପାଇଛି (ଯେଉଁ ପର୍ଯ୍ୟନ୍ତ ଏହାକୁ ପୁଣି ନିହାତି ନୂଆ ଓ ଅଭାବନୀୟ ଭାବରେ ପ୍ରୟୋଗ କରା ନ ଯାଇଛି) ମଜା କଥାଟି ହେଉଛି କିଛି ବର୍ଷ ତଳେ ଭାଷା (କଥିତ ଓ ଲିଖିତ) ଓ ଜ୍ଞାନ ଯେଉଁଭଳି ସୀମିତ ଥିଲା, ତାହା ଏବେ ଆଉ ନାହିଁ। ଗଣିତଜ୍ଞର ଭାଷା, ଅର୍ଥ ଶାସ୍ତ୍ରୀୟ ଭାଷା, ଉପନ୍ୟାସକାରଙ୍କର ଭାଷା ବି ଧୀରେ ଧୀରେ ସାର୍ବଜନୀନ ହେବାକୁ

ବସିଲାଣି। କବି ତା' ନିଜର କ୍ଷେତ୍ର, ନିଜର ସୀମିତ ତଥ୍ୟ (ସତ୍ୟ)କୁ ନେଇ ଏବେ ଆଉ ବସି ରହି ପାରିବନି। ତାକୁ ଅଧିକ ଉଦାର ଓ ଅଧିକ ବ୍ୟାପକ ଦୃଷ୍ଟି ଦେଇ ଦେଖିବାକୁ ହେବ। ତା'ର ଏ ସାହସକୁ କିଏ ସାହସିକତା କହୁ ବା ଆକ୍ଷେପ କହୁ ସେ କ'ଣ କରିବ ? ସେ ଜାଣେ ଶବ୍ଦମାନଙ୍କ ପାଖରୁ ଚମତ୍କାରିତା ଧୀରେ ଧୀରେ ମରି ମରି ଚାଲିଛି ଓ ସାମ୍ପ୍ରତିକ ପରିସ୍ଥିତିରେ ତାକୁ ସେ ସବୁ ଅବିଧେୟ ମନେ ହେଉଛି। ସେ ନିରନ୍ତର (ପିଢ଼ି ପରେ ପିଢ଼ି) ଶବ୍ଦମାନଙ୍କଠି ନୂଆ ଅର୍ଥ ଯୋଡ଼ୁଛି ଓ ତାହା ପୁଣି ସାର୍ବଜନୀନ ମାନସରେ ଜାଗା ପାଇବା ପରେ ଅଚଳି ପଇସା ପାଲଟି ଯାଉଛି। ବାସନକୁ ଘସି ଘସି ସେଥିରେ ଲେପ ଛାଡ଼ି ଯାଉଛି। କବିତାର ଭାଷା ଦ୍ରୁତ ବେଗରେ ଗଦ୍ୟର ଭାଷା ପାଲଟି ଯାଉଥିବା ବେଳେ ତାହା କବି ପାଇଁ ସତରେ କେତେ ବଡ଼ ସମସ୍ୟା ! ଏବେ ସେ ଏହା ବି ତ କହିପାରିବନି ଯେ ଗୋଲାପୀ ଶବ୍ଦ ଗୋଲାପ ଫୁଲରୁ ଆସିଛି, କାହିଁକିନା ଆମେ ଯୁକ୍ତି କରିବାକୁ ତିଆର ହୋଇଯିବା ଯେ, ଗୋଲାପ ଫୁଲ ଏବେ ବହୁ ରଙ୍ଗରେ ମିଳିବ - ଧଳା, ହଳଦିଆ, ଲାଲ, ଛିଟ ଏମିତିକି କଳା ରଙ୍ଗରେ ବି।

ବହୁ-ସଂଯୋଜକତା

ବିଶିଷ୍ଟ ପ୍ରାବନ୍ଧିକ ଓ ସମୀକ୍ଷକ ମଦନ ସୋନୀଙ୍କ ସହିତ ମୋର ଭେଟ ହୋଇଥିଲା ୧୯୯୮ ମସିହାରେ। କଥା ଛଳରେ ସେ କହିଥିଲେ, 'କାବ୍ୟ ଭାଷାର ବହୁ-ସଂଯୋଜକତା'ର କଥା। ସେ ଗୋଟିଏ ବେଶ୍ ମଜାଦାର୍ ଉଦାହରଣ ଦେଇଥିଲେ। ପରେ ମୁଁ ତାହା ତାଙ୍କର ବହି 'କବିତା କୀ ବ୍ୟୋମ ଔର୍ ବ୍ୟୋମ୍ କୀ କବିତା'ରେ ପାଇଥିଲି। କଥାଟି ହେଲା, ଗୋଟିଏ ରେଳ ଡବାର ଦରଜା ଭିତର ପଟରୁ ବନ୍ଦ କରି କିଛି ଲୋକ ଯାତ୍ରା କରୁଛନ୍ତି। ଟ୍ରେନ୍ ଯେତେବେଳେ ଷ୍ଟେସନରେ ପହଞ୍ଚୁଛି ବହୁ ଯାତ୍ରୀ ସେଇ ଡବାରେ ଚଢ଼ିବା ଲାଗି ଦୁଆର ବାଡ଼ଉଛନ୍ତି। ଡବା ଭିତରେ ବସିଥିବା ଲୋକେ ନିଜ ଭିତରେ ଏକ ପ୍ରକାର ବୁଝାମଣା କରି ଦେଇଛନ୍ତି ଯେ, କାହାରିକୁ ଉଠିବାକୁ ଦେବେନି, ଡବାରେ ଜାଗା ନାହିଁ। ସେମାନେ ଦୁଆର ଖୋଲନ୍ତିନି। ବାହାରେ ଯାତ୍ରୀମାନେ ପାଟିତୁଣ୍ଡ କରନ୍ତି, ଦୁଆର ବାଡ଼ାନ୍ତି। ବ୍ୟସ୍ତତା ଓ ସଂଘର୍ଷ ଭିତରେ ପରସ୍ପର ଲାଗି ସହାନୁଭୂତିଶୀଳ ଓ ସଂଗଠିତ ହୋଇଯାଆନ୍ତି। ବହୁତ ପାଟିତୁଣ୍ଡ ପରେ ଡବା ଭିତରେ ଜଣେ ଯାତ୍ରୀ ବିରକ୍ତି ହେଉ ବା ଦୟାପରବଶ ହେଇ ଦୁଆର ଖୋଲିଦିଏ ଏବଂ ପରେ ପରେ ଦୃଶ୍ୟ ଏକଦମ୍ ବଦଳିଯାଏ। ବାହାରେ ସଂଗଠିତ ସବୁ ଯାତ୍ରୀ ପୁଣି ଅସଂଗଠିତ ହୋଇଯାଆନ୍ତି, ସହାନୁଭୂତି କଥା ଭୁଲି ଯାଆନ୍ତି। କିଛି ଯାତ୍ରୀ ଠେଲିପେଲି କୌଣସି ପ୍ରକାରେ ନିଜ ପାଇଁ ଜାଗା କରି ନିଅନ୍ତି। ମଜା କଥାଟି ହେଉଛି, ସେହି ନୂଆକରି ଉଠିଥିବା ଯାତ୍ରୀମାନେ ପୁରୁଣା ଯାତ୍ରୀମାନଙ୍କ ସହତ ସ୍ୱର ମିଳେଇ ଦୁଆର ବନ୍ଦ କରିଦେବାକୁ କହନ୍ତି। ଦୁଆର ବନ୍ଦ ହୋଇଯାଏ।

କବିତାର ରଚନା ପ୍ରକ୍ରିୟାରେ ଅର୍ଥମାନଙ୍କର ଏହିଭଳି ଏକ ସଂଘର୍ଷ ଲାଗିଥାଏ, ଯେଉଁ ଅର୍ଥଟି କବିତାରେ ସ୍ଥାନ ପାଇଯାଏ ସେ ହିଁ ଆଉ ଗୋଟିଏ ଅର୍ଥକୁ ପ୍ରବେଶ କରିବା ପାଇଁ ନିଷେଧ କରେ। ଏ ନୂଆ ଅର୍ଥଟିର ପ୍ରବେଶ ସେ ଯାଏଁ ସ୍ଥଗିତ ରହେ ଯେ ପର୍ଯ୍ୟନ୍ତ ସେ ତା'ର ସମସ୍ତ ସାମର୍ଥ୍ୟ ଖଟେଇ ନିଜ ପାଇଁ ଜାଗାଟିଏ ଠିକ୍ ନ

କରିଛି । କିଛି ଅର୍ଥ କବିତାର ଅନ୍ତ ପର୍ଯ୍ୟନ୍ତ ଯାତ୍ରା କରନ୍ତି (କିଛି ଅନ୍ତଠାରୁ ଆଗକୁ ବି ଯାତ୍ରା କରିପାରନ୍ତି) କିଛି ଏମିତି ବି ଅର୍ଥ ଅଛନ୍ତି, ଯେଉଁମାନେ ଗୋଟିଏ ଅବଧିରେ ସାମିଲ୍ ହୋଇ ଅନ୍ୟ ଗୋଟିଏ ଅବଧିରେ ଅବତରି ଯାଆନ୍ତି । କବିତା କେବଳ ଅନ୍ତ ଯାଏଁ ଯାତ୍ରା କରୁଥିବା ଅର୍ଥମାନଙ୍କୁ ନେଇ ତିଆରି ହୁଏନି । କବିତା ସେଇ ଶବ୍ଦମାନଙ୍କର ଅର୍ଥକୁ ବି ସାମିଲ୍ କରେ ଯାହା ମଝିରେ ମଝିରେ ଷ୍ଟେସନ୍‌ରୁ ଉଠୁଥାନ୍ତି ଓହ୍ଲଉଥାନ୍ତି ଏବଂ ସେହି ଶବ୍ଦର ଅର୍ଥମାନଙ୍କ ଦ୍ୱାରା ବି ଯେଉଁମାନେ ସ୍ଥାନାଭାବରୁ ଯାତ୍ରା ସ୍ଥଗିତ ରଖିଥାନ୍ତି (ସେମାନେ କବିତା ଭିତରେ ଆମ ଅଲକ୍ଷ୍ୟରେ ଯାତ୍ରାରେ ସାମିଲ ହୋଇପାରି ନ ଥିବାରୁ ପୀଡ଼ାଟିକୁ ଚୁପ୍‌ଚାପ୍ କେଉଁଠି ରଖି ଦେଇଥାନ୍ତି ।) ତାହା ବି କବିତାକୁ ସୁନ୍ଦର କରି ଦେଇ ପାରେ ।

ଗୋଟିଏ ପ୍ରହେଳିକା ଭଳି ଲାଗିଥିବା ଏ କଥାର ଯଥାର୍ଥତା ମୁଁ ବୁଝି ପାରିଥିଲି, ଯେତେବେଳେ ଜାଣିଲି ଯେ, କବିତା ଶବ୍ଦ, ରୂପକ, ବିମ୍ବ ପଛରେ ଲୁଚି ରହିଥିବା ପ୍ରତିଧ୍ୱନି । ଅସରନ୍ତି ଶବ୍ଦ, ବିମ୍ବ ଇତ୍ୟାଦି ଷ୍ଟେସନ୍‌ରୁ ଉଠୁଥିବା ଯାତ୍ରୀମାନଙ୍କ ଭଳି ସାମିଲ ହେଇ ପାରନ୍ତି କିନ୍ତୁ କବିତା ତା'ର ଆକ୍ଷରିକ ଅର୍ଥଠାରୁ ବହୁତ ବଡ଼, ବହୁତ ବ୍ୟାପକ । କେବଳ ଉଦାହରଣ ପାଇଁ ଗୋଟିଏ ପଙ୍‌କ୍ତି ଏଠାରେ ଉଲ୍ଲେଖ କରାଯାଇପାରେ (ଏହିଭଳି ଓ ଏହାଠାରୁ ଉଚ୍ଚକୋଟୀର ଆହୁରି ବହୁ କବିଙ୍କର ବହୁ କବିତା ଅଛି) । ପ୍ରଥମ ପଙ୍‌କ୍ତିଟି ପୂର୍ବାପର ସଂଗତି ପାଇଁ ନିଆଯାଉ, ଦ୍ୱିତୀୟ ପଙ୍‌କ୍ତି ହିଁ ମୁଖ୍ୟ ।

ପ୍ରଥମ ପଙ୍‌କ୍ତି- ଗୋଟିଏ ମାଟିଆ କାଗଜର ରେଜିଷ୍ଟର୍‌ରେ କ'ଣ ଲେଖୁ ଲେଖୁ/ଲେଡ଼ି ଡକ୍ଟର ଧୈର୍ଯ୍ୟ ସହିତ ଶୁଣିଲେ / ଦୁଇ ପିଲାଙ୍କ ବୟସ ପଚାରିଲେ / ବହୁ ବାପମା'ଙ୍କୁ ଦେଇଥିବା ପରାମର୍ଶ ଦୋହରାଇଲେ / ଦିନ ସମୟ ଠିକ୍ କରିଦେଲେ । ଦ୍ୱିତୀୟ ପଙ୍‌କ୍ତି- କୌଣସି କବି, କୁମ୍ଭାର, ଉଈ କି ବାୟା ଚଢ଼େଇ / ଏତେ ଦୋଷୀ ଏତେ ଆକ୍ରାନ୍ତ ଦିଶି ନ ଥିବ ସେଦିନ / 'ଆପଣ ଶିକ୍ଷିତ ଲୋକ' ଶୁଣୁଥିବା / ବାପଟି ଯାହା ଦିଶିଲା / ଅଣ୍ଟା ପଛରେ ହାତ ଯୋଡ଼ି ଠିଆ ହେଲା / ନଈବଢ଼ି ଆସୁଥିବା ଆତଙ୍କରେ / ଖାଲି ହେବାକୁ ଯାଉଥିବା ଗାଁ ପରି ପଡ଼ି ରହିଲା / ସ୍ତ୍ରୀଲୋକଟି । (ଏମ୍.ଟି.ପି. ଦ୍ୱାସୁପର୍ଣ୍ଣା ସୌଭାଗ୍ୟ କୁମାର ମିଶ୍ର)

ଏଠି କବି, କୁମ୍ଭାର, ଉଈ, ବାୟା ଚଢ଼େଇ... ଦୋଷୀ / ଆକ୍ରାନ୍ତ ଦିଶିବା, ଲୋକଟି ଅଣ୍ଟା ପଛରେ ହାତ ଯୋଡ଼ି ଛିଡ଼ା ହେବା, ନଈ-ବଢ଼ି ଆସୁଥିବା ଆତଙ୍କରେ ଖାଲି ହେବାକୁ ଯାଉଥିବା ଗାଁ - ଏ ସମସ୍ତେ ନିଜେ ନିଜେ ଏତେ ବଳିଷ୍ଠ ଅର୍ଥସମ୍ଭବ ଯେ, ଗୋଟିଏ ଆରେକକୁ ବଳି ! କିନ୍ତୁ ଏମାନଙ୍କର ସୁନ୍ଦର ସହାବସ୍ଥାନ ଯେଉଁ ପ୍ରତିଧ୍ୱନିଟିକୁ ଜନ୍ମ ଦେଉଛି, ତାହା ପାଠକର ଛାତି ଭିତରେ ଅଟକି ରହିବ ଗୋଟିଏ ଦୀର୍ଘଶ୍ୱାସ କି କାନ୍ଦ ଭଳି ।

ବିଭିନ୍ନ ସମୟରେ ଯାତ୍ରାର (କବିତାର) ଅନ୍ତଯାଏଁ ସାମିଲ୍ ହେଉଥିବା ବହୁବିଧ ଅର୍ଥମାନଙ୍କର ସମାଗମକୁ ହିଁ ଶ୍ରୀଯୁକ୍ତ ମଦନ ସୋନୀ 'କାବ୍ୟ ଭାଷାର ବହୁ ସଂଯୋଜକତା' ବୋଲି କହିଥିଲେ। କିନ୍ତୁ ମୂଳ କଥାଟି ହେଲା, ଏ ଲାଗି କବିଙ୍କୁ ଗୋଟିଏ ଗୁରୁତ୍ୱପୂର୍ଣ୍ଣ ଦାୟିତ୍ୱ ତୁଲେଇବାକୁ ହୁଏ। ଶବ୍ଦମାନଙ୍କର ଅଭୀଷ୍ଟ ଅର୍ଥମାନଙ୍କ ଆଗରେ ତାଙ୍କୁ ଏକ ଅଭେଦ୍ୟ ପ୍ରାଚୀର ଭଳି ଛିଡ଼ା ହେବାକୁ ହୁଏ। ଶବ୍ଦମାନଙ୍କର ଅର୍ଥ ପ୍ରକ୍ଷେପଣ କ୍ଷମତାକୁ ସହ୍ୟ କରିବାକୁ ହୁଏ। କବିତାର ଚାହିଁବାନୁଯାୟୀ କେଉଁ ଅର୍ଥ ଯାତ୍ରାରେ ସାମିଲ୍ ହେବେ ଏବଂ କେଉଁ ପର୍ଯ୍ୟନ୍ତ ସାମିଲ୍ ହେବେ, ତାହା ପ୍ରତି ବି ସଚେତନ ହେବାକୁ ହୁଏ। ପ୍ରତିଟି ଶବ୍ଦ ତା' ନିଜ ଜାଗାରେ ବିଶିଷ୍ଟ ଓ ଗୁରୁତ୍ୱପୂର୍ଣ୍ଣ। ପୁଣି ସେମାନେ ଏକାଧିକ ଅର୍ଥ ବି ଧାରଣ କରିପାରନ୍ତି (ପ୍ରୟୋଗ ଦୃଷ୍ଟିରୁ) କବି ଯେମିତି ନିଜ ସୃଷ୍ଟି (କବିତା)ର ସାକ୍ଷୀ, ପ୍ରତିଟି ଶବ୍ଦାର୍ଥ ତା' ନିଜ ଶବ୍ଦ ସାକ୍ଷୀ। ଶବ୍ଦାର୍ଥମାନଙ୍କର ସାକ୍ଷ୍ୟ ପାଖରେ କବିଙ୍କର ସାକ୍ଷ୍ୟ ଊଣା ହେବା କଥା ନୁହେଁ। ଥରେ ଥରେ ଏମିତି ବି ହୁଏ କବିତା କୁହାଯିବାକୁ ଥିବା କଥାର ଏକ ପଦ୍ୟଲେଖ ଭଳି ଜଣାପଡ଼େ, ପ୍ରତିଧ୍ୱନିଟି ଥାଏ ଅନୁପସ୍ଥିତ ଏଇଥିପାଇଁ ଯେ, ସେଠି କବି ନୁହନ୍ତି ଶବ୍ଦମାନେ ନିଜେ ନିଜେ ବାଛି ନେଇଥିବା ଅର୍ଥମାନଙ୍କୁ ଧରି ଆପଣାଛାଏଁ ଚକାମାରି ବସିଥାନ୍ତି। ହୁଏତ କିଛି ବିଶିଷ୍ଟ ଓ ସମ୍ବେଦନଶୀଳ ଅର୍ଥମାନଙ୍କର ଆସିବାକୁ ସ୍ଥଗିତ କରି ଦେଇଥାନ୍ତି। କବିତା ଗଢ଼ିବାର ଉପକରଣ ହିଁ କବି ହଜେଇ ସାରିଥା'ନ୍ତି। କବି, କବିତାଟିଏ ଲେଖିଛନ୍ତି କହୁଥିଲେ ବି ତାହା ଜମ୍ମା କବିତା ହେଇ ନ ଥାଏ।

■

ସାମାଜିକ ବ୍ୟକ୍ତିତ୍ୱ

ଜଣେ କବି ଥରେ କହିଲେ- ଏବେ କବିତାରେ ସୋସିଆଲ୍ କମିଟ୍‌ମେଣ୍ଟ (ସାମାଜିକ ପ୍ରତିବଦ୍ଧତା) କ'ଣ ଗୋଟେ ବାହାରିଛି। କବିତା ତ କବିତା- ହୃଦୟର କଥା ଅନୁଭବର କଥା। ସବୁ ଶ୍ରେଷ୍ଠ କବିତା ପ୍ରେମ ଓ ବିରହର କବିତା (ସେ ଉଦାହରଣ ବି ଦେଲେ)। ସମାଜରେ ଯାହା ଯାହା ସବୁ ଘଟୁଛି ଆମେ ଖବରକାଜରେ ପଢୁଛୁ, ଟିଭିରେ ଦେଖୁଛୁ। ତାକୁ ପୁଣି ଧାଡ଼ି ଧାଡ଼ି କରି କବିତା ଭଳି ସଜେଇବାରେ କିଛି ମାନେ ଅଛି ?

ତାଙ୍କ ବିରକ୍ତି ବୁଝି ପାରିଲି। ସେ କିଛି ମିଛ କହୁ ନାହାନ୍ତି। ଅସଲରେ ସାମାଜିକ ପ୍ରତିବଦ୍ଧତାର ଅର୍ଥ ବି ସମ୍ବାଦପତ୍ରର ଖବର ନୁହେଁ, ତାହା ଆମେ ବୁଝିବା ଉଚିତ। କବିତା ଲେଖିବାର କିଛି ନିର୍ଦ୍ଦିଷ୍ଟ ବିଷୟ ନାହିଁ ଏହା ବି ସତ। ସେଠି ପ୍ରକୃତି ଓ ବିଭୁ ପ୍ରେମ, ବିରହ-ମିଳନ, ଅତ୍ୟାଚାର-ଶୋଷଣର କଥା ରହିପାରେ ବା ଅନ୍ତର୍ନିହିତ ଶାଶ୍ୱତ ଚେତନା ବି ରହିପାରେ। ଏ ସବୁକିଛି ବା ଏହାଠାରୁ ଆହୁରି କିଛି କବିତା ହେଇଯାଇ ପାରେ। କିନ୍ତୁ କେବଳ ଆମ ଭାଷା ନୁହେଁ, ଅଧିକାଂଶ ପ୍ରାନ୍ତୀୟ ଭାଷାରେ ଲେଖାଯାଉଥିବା ସମସାମୟିକ କବିତାରେ ଏବେ ଆମେ ଦେଖୁ ସାମାଜିକ ପ୍ରତିବଦ୍ଧତାର ସ୍ପର୍ଶ। ଏହା କାହିଁକି ?

ବୋଧହୁଏ ଏଇଥି ପାଇଁ ଯେ, ଅଧିକାଂଶ କବିତା 'ସାମାଜିକ ବ୍ୟକ୍ତିତ୍ୱ'ଠାରୁ ଜନ୍ମ। ଅନେକ ବର୍ଷ ଯାଏଁ ବ୍ୟକ୍ତିକତା ହିଁ କବିତାର ସ୍ୱରୂପ ଥିଲା। କବି ତାଙ୍କର ବିଚାରସରଣୀ ଦ୍ୱାରା ଜୀବନ ଓ ଯଥାର୍ଥମାନଙ୍କୁ ଯେଉଁଭଳି ଅନୁଭବ କରୁଥିଲେ ତାହା ହିଁ କବିତାର ରୂପ ନେଉଥିଲା। ଭାବ, ଭାଷା, ଛନ୍ଦ ଦ୍ୱାରା କବି ନିଜେ ନିଜ ବ୍ୟକ୍ତିତ୍ୱର ଦର୍ଶନ କରୁଥିଲେ, ଆତ୍ମବିସ୍ମୃତ ହେଉଥିଲେ। କଦାଚିତ୍ ପାଠକ ବି ତାହାକୁ ପାଠକରି କବିଙ୍କ ପ୍ରତି ସହାନୁଭୂତି ଓ ସହୃଦୟତାରେ ଗଦ୍‌ଗଦ୍ ହୋଇଯାଉଥିଲେ। ସଭ୍ୟତାର ବିକାଶ (ସମୟର ପରିବର୍ତ୍ତନ) ସହିତ ଆମର ଅନୁଭୂତିର କ୍ଷେତ୍ର ବି ବିକଶିତ ହେଇଛି ଓ ଅନୁଭୂତିକୁ ପ୍ରକାଶ କରିବାର ଉପକରଣ ବି ବଢ଼ିଛି ଏଥିରେ ଦ୍ୱିମତ ନାହିଁ। ଆମର

ମୂଳ ଅନୁରାଗ-ବିରାଗମାନେ ବଦଳି ନାହାନ୍ତି ସତ (ପ୍ରେମ ଏବେ ବି ପ୍ରେମ, ଘୃଣା ଏବେ ବି ଘୃଣା) କିନ୍ତୁ ଅନୁରାଗ ସମ୍ବନ୍ଧୀୟ ପ୍ରଣାଳୀମାନେ ବଦଳି ଯାଇଛନ୍ତି। କବିତା ଯେହେତୁ ଅନୁରାଗ ସହିତ ଅଧିକ ସମ୍ପର୍କିତ ଏ ପରିବର୍ତ୍ତନର ପ୍ରଭାବ ଓ ଫଳ ଅଧିକେ ତା' ଉପରେ ପଡ଼ିଛି।

ତେବେ ଏଠି ଗୋଟିଏ କଥା ସ୍ପଷ୍ଟ କରିଦେବା ନିହାତି ଜରୁରୀ। ତାହା ହେଉଛି ତଥ୍ୟ ଓ ସତ୍ୟ ମଧ୍ୟରେ ପ୍ରଭେଦ। କବିତାରେ ସତ୍ୟ ରହିପାରେ କିନ୍ତୁ ତଥ୍ୟ ନୁହେଁ (ତଥ୍ୟ ସମ୍ବାଦପତ୍ରରେ ରହିବା କଥା)। ଆମେ ବରଂ ଏମିତି କହିପାରିବା ସତ୍ୟ (କବିତାର) ସେହି ତଥ୍ୟ ଯାହା ସହିତ କବି ଏକ ନିବିଡ଼ ଅନୁରାଗ ଦ୍ୱାରା ବାନ୍ଧି ହୋଇଥାନ୍ତି। ଏହି ସମ୍ପର୍କ ବିନା ତଥ୍ୟଟି କେବଳ ବାହ୍ୟ ବାସ୍ତବିକତା। ଯେଉଁଭଳି ଭାବରେ ଆମର ବାହ୍ୟ ବାସ୍ତବିକତାମାନେ ବଦଳୁଥାନ୍ତି, ଆମର ସେମାନଙ୍କ ସହିତ ସମ୍ପର୍କୀତ ହେବାର ପ୍ରଣାଳୀ ବି ବଦଳୁଥାଏ (ଆମେ ସେ ସବୁ ଦ୍ୱାରା ପ୍ରଭାବିତ ହେଉଥାଉ)। ଯଦି ବଦଳୁଥିବା ବାହ୍ୟ ବାସ୍ତବିକତା ସହିତ ଆମେ ସେତିକି ଅନୁରାଗ ଓ ଆନ୍ତରିକତାର ସହିତ ସମ୍ପର୍କୀତ ହୋଇ ନ ପାରିଲେ, ତେବେ ତାହା କବିତାରେ କେବଳ ତଥ୍ୟ ଭଳି ଦୁଶିବ। କବି ପ୍ରଥମେ ବାହ୍ୟ ବାସ୍ତବିକତାମାନଙ୍କ ସହିତ ଏକ ଆନ୍ତରିକ ସମ୍ପର୍କ ସ୍ଥାପନ କରନ୍ତି ଓ ତାହାକୁ ଆନ୍ତରିକ ସତ୍ୟରେ ବଦଳେଇ ଦିଅନ୍ତି। ପରେ ତାହା କବିତାରେ ଅତି ସମ୍ବେଦନଶୀଳ ଓ ବଳିଷ୍ଠ ଭାବରେ ଆତ୍ମପ୍ରକାଶ କରେ।

କିନ୍ତୁ ଦ୍ରୁତ ବଦଳୁଥିବା ବାହ୍ୟ ବାସ୍ତବିକତାମାନଙ୍କ ସହିତ କବି ସେତେବେଳେ ପରିଚିତ ହୋଇପାରିବେ ଯେତେବେଳେ ସେ ବ୍ୟକ୍ତି ବିନ୍ଦୁଠାରୁ ସମ୍ପ୍ରସାରିତ ହୋଇ ତାଙ୍କ ନିଜ ବ୍ୟକ୍ତିତ୍ୱକୁ 'ସାମାଜିକ ବ୍ୟକ୍ତିତ୍ୱ' କରିଦେଇ ପାରିବେ। ସାମାଜିକ ବ୍ୟକ୍ତିତ୍ୱ କେବଳ ଆତ୍ମ-ସଂଘର୍ଷ ବା ଆତ୍ମପୀଡ଼ନରେ ଆକ୍ରାନ୍ତ ହୁଏନି ବରଂ ସାମାଜିକ ଚେତନା ଦ୍ୱାରା ଜାଗ୍ରତ, ସମାଜର ପ୍ରଗତିଶୀଳ ଶକ୍ତି ପ୍ରତି ସଚେତନ, ସମାଜର ସଂଗତି ଓ ବିସଂଗତିମାନଙ୍କ ସହ ଯୁଝିବା ପାଇଁ ଆତ୍ମୀୟତାର ରକ୍ତ ଦେଇ ସେ ସବୁକୁ ଅଧିକ ଜୀବନ୍ତ ଓ ବଳିଷ୍ଠ ଭାବରେ କବିତାରେ ସଜେଇବାକୁ ବାହାରି ପଡ଼େ। ସେ ନିଜର ବ୍ୟକ୍ତିକତାକୁ ଏତେ ବିଶାଳ କରିଦିଏ ଯେ, ସମାଜର ସବୁ ଆବଶ୍ୟକତା ଓ ଦୁର୍ବିପାକ ସେଠି ସମାହିତ ହେଇଯାଆନ୍ତି। ଏହାପରେ ଯେଉଁ ସାହିତ୍ୟ (କବିତା) ତା' କଲମରୁ ଜନ୍ମ ନିଏ, ସେଠି ସାମାଜିକ ପ୍ରତିବଦ୍ଧତା ମୋଟେ ସ୍ଲୋଗାନ ଭଳି ଶୁଣାଯାଉ ନ ଥାଏ, ତାହା ଥାଏ କବିତାର ପ୍ରତିଟି ଶବ୍ଦରେ, କବିତାର ଅନ୍ତର୍ଗତ ଭାବ ଓ ଆତ୍ମାରେ।

କବିତା ତା' ନିଜର ବିଶାଳ ଅମୂର୍ତ୍ତତା ଯୋଗୁଁ ସମାଜର ବ୍ୟାପକ ଅନୁଭୂତିମାନଙ୍କୁ ସ୍ପର୍ଶ କରିପାରେ। ତାହା ଦ୍ୱାରା କବିତାର ସେମିତି ବିଶେଷ କ୍ଷତି

ହେଲାଭଳି କଥା ବି ତ ନାହିଁ। ବରଂ କବିତାରେ ଆସିପାରେ ଚିରସ୍ଥାୟିତ୍ୱ, ସର୍ବଦେଶୀୟତା ଏବଂ ସର୍ବ ଲୋକପ୍ରିୟତା। ଏକ ସଚେତନ 'ସାମାଜିକ ବ୍ୟକ୍ତିତ୍ୱ' କବିତାକୁ ଦେଇପାରେ ନବୀନତା - ନୂଆ ଶବ୍ଦ, ନୂଆଭାବ ଆତ୍ମଭିବ୍ୟକ୍ତିର ଆଭୂଷଣ ପାଲଟି ଯାଇ ପାରେ। କବିଠାରୁ ବଳି ଅଧିକ ସଚେତନ ଓ ଜାଗ୍ରତ ଆଉ କିଏ ଅଛି। ତା' ଦୃଷ୍ଟିରୁ ଅତି ସୂକ୍ଷ୍ମତର ପରିବର୍ତ୍ତନଟି ଖସି ଯିବାର କଥା ନୁହେଁ। ତା'ର ସମ୍ବେଦିତ ବ୍ୟକ୍ତିତ୍ୱ ତା' ପରିପାର୍ଶ୍ୱର ବିସଙ୍ଗତିମାନଙ୍କ ଦ୍ୱାରା ପ୍ରଭାବିତ ହେବନି କେମିତି ? ସମୟ, ପରିବେଶ, ସମାଜ, ଅନୁଭୂତିର ପରିବର୍ତ୍ତନ ତା'ର ଅଭିବ୍ୟକ୍ତିର ଶୈଳୀରେ ପରିବର୍ତ୍ତନ ନ ଆଣିବ କେମିତି ? ନୂଆ ଶବ୍ଦ, ନୂଆ ଶୈଳୀ, ନୂଆ ଛନ୍ଦର ପ୍ରୟୋଗ ପାଇଁ ଏ ପରିବର୍ତ୍ତନମାନେ ବି କିଛି ପରିମାଣରେ ଦାୟୀ।

ତେବେ କବିତାରେ ସାମାଜିକ ପ୍ରତିବଦ୍ଧତାକୁ ସ୍ଥାନ ଦେଇ କବି ଯେ ତାଙ୍କର ସାମାଜିକ ଦାୟିତ୍ୱ ତୁଲାଉଛନ୍ତି ସେଭଳି ବିଚାର କରିବାର କିଛି ମାନେ ନାହିଁ। ସମାଜ ଥିବ, ଦୁର୍ଗତିମାନେ ବି ସେମିତି ଥିବେ। କବିତା ଦ୍ୱାରା ଯେ ଘୋର ପରିବର୍ତ୍ତନ ଆସିଯିବ ତାହା ବି ନୁହେଁ। ତେବେ ଆମେ ଯେଣୁ କହୁ କବିତାରେ ଜୀବନର ସାନ୍ନିଧ ରହିବା କଥା - ଜୀବନ କ'ଣ ସମାଜଠାରୁ ଭିନ୍ନ। ମନ୍ଦା ମନ୍ଦା ହେଇ ବୁଲୁଥିବା ମଣିଷମାନଙ୍କ ଭିତରେ ମଣିଷ (କବି) ଭାରି ଏକଲା ବୋଲି ଜାଣେ, କିନ୍ତୁ ସମାଜରେ ହାଉଯାଉ ହେଉଥିବା ସେଇ ଅଣନିଃଶ୍ୱାସୀ ମଣିଷମାନେ ଯେଉଁସବୁ ସାମାଜିକ ବିଡ଼ମ୍ବନାମାନଙ୍କର ଶିକାର ହେଉଛନ୍ତି ପ୍ରତି ମୁହୂର୍ତ୍ତରେ ସେ ସବୁ ଯେ ତା' ନିଜ ପାଇଁ ବି ସଜାହେଇ ରହିଛି, ସେ ଅସ୍ୱୀକାର କରିବ କେମିତି ? ଏ ବିକଳାଙ୍ଗ, ବିଡ଼ମ୍ବିତ ସମାଜ ଆପଣାଛାଏଁ ପଶି ଆସୁଛି କବିତା ଭିତରକୁ ବୋଧହୁଏ ଟିକିଏ ଶୁଶ୍ରୁଷା, ଟିକିଏ ଆଶ୍ୱାସନା ଆଶାରେ। ସବୁଠାରୁ ନିକୃଷ୍ଟ ପ୍ରାଣୀ-ବରାହ ବୋଲି ତାସଲ୍ୟକୁ କବି ଖାତିର୍ କରେନି- ବୁଡ଼ି ଯାଉଥିବା ପୃଥିବୀକୁ ସେ ଟେକି ଧରିବାକୁ ଚାହେଁ। ଏ ସାହସିକତା ସତ୍ତ୍ୱେ ଯଦି ସେ ବିଫଳ ବୋଲି ଘୋଷିତ ହୁଏ, ସେ ଲାଗି ଲଜ୍ଜିତ ହେବାର କିଛି ନାହିଁ।

■

ପ୍ରଶ୍ନାକୁଳତା

ସୁସାହିତ୍ୟିକ ଗୋପୀନାଥ ମହାନ୍ତିଙ୍କ ଭାଷାରେ ମିଡ଼ିୟମ୍ ଉପରେ ପ୍ରେତାତ୍ମା ପରି ସାଧାରଣ ମାନବ ଉପରେ ଅବତରି ଯାଏ କବିତାର ଆତ୍ମା-ଗୋଟିଏ ମୂର୍ଚ୍ଛନା, ଗୋଟିଏ ସ୍ପନ୍ଦନ, ଗୋଟିଏ ଅତିନ୍ଦ୍ରୀୟ ବିକାଶ ଭଳି। କବି ଜାଣେ, କେଡ଼େ କଲବଲ ହୁଏ ସେ। ଦାଣ୍ଡରୁ ଆସି ପଶେ, ଘରୁ ପୁଣି ବାହାରିଯାଏ ପଦାକୁ - ପ୍ରେତାତ୍ମା ପରି କିଏ ଗୋଡ଼େଇ ଥାଏ ତାକୁ। କଡ଼େଇରେ ଭଜା ଲାଗିଯାଏ, ଧୋବା ଦାଣ୍ଡରୁ ଡାକି ଫେରିଯାଏ, ଅଫିସ୍‌ରେ କାମ ମନଦେଇ କରି ହୁଏନି, ବଜାର କରିବାକୁ ଯାଇ ଦରକାରୀ ଜିନିଷ କିଣିବାକୁ ଭୁଲି ହୋଇଯାଏ। କବି ଭାବୁଥାଏ, ଏଥିରୁ ନିଷ୍କୃତି ମିଳିଗଲେ କେତେ କ'ଣ କରି ହୁଅନ୍ତା। କେତେ କାମ ବାକି ପଡ଼ିଛି ସତରେ। ଚିଠିଟିଏ ଲେଖି ହୁଅନ୍ତା, ବଖରାଟିକୁ ସଜାଡ଼ି ହୁଅନ୍ତା, ପରିବାର ବନ୍ଧୁ ଆତ୍ମୀୟଙ୍କୁ ସମୟ ଦେଇ ହୁଅନ୍ତା। କିଛି ଦେଇ ପାରେନି। କେଉଁଥିରେ ବି ସନ୍ତୋଷ ଆସେନି। କବିତା ମାଡ଼ି ବସିଥାଏ ସମ୍ପୂର୍ଣ୍ଣ ସତ୍ତାକୁ। କାହାକୁ କହିବାକୁ ସଂକୋଚ ଲାଗେ। ଲେଖାଯାଏ- ଚିରାଯାଏ। ଅଧା ଖଣ୍ଡିଆ ରହିଯାଏ କୋଉ ଲେଖା ତ ହଠାତ୍ କ'ଣ ଗୋଟେ ବିସ୍ମିତ କରିଦେଇ ଜନ୍ମ ନେଇଯାଏ କାଗଜ ଉପରେ, କବିତା ଭଳି।

କାହିଁକି ଭୋଗେ କବି ଏ ପୀଡ଼ା, ଏ ଅସନ୍ତୋଷ। ସତରେ ଯଦି କେଉଁଠି ଅଛି ସେ ପ୍ରେତାତ୍ମା ସେ କବିଙ୍କୁ କାହିଁକି ବାଛେ ? ସେ କ'ଣ ଆସୁ ନ ଥିବ ଆଉ ପାଞ୍ଚଜଣଙ୍କ ପାଖକୁ ? ହୁଏତ ଆସୁଥିବ। ଚମକେଇ ଦେଉଥିବ, ଟିକିଏ ଇତଃସ୍ତତଃ କରି ଦେଉଥିବ ସାଧାରଣ ମଣିଷକୁ ବି। ହୁଏତ ମୁହୂର୍ତ୍ତକ ଲାଗି। କିନ୍ତୁ ସାଧାରଣ ଲୋକଟି ବୋଧହୁଏ ସହଜରେ ସାଲିସ୍ କରି ନେଉଥିବ। ଯାହା କବି କେବେ ବି କରିପାରେନି। କବି ଭିତରେ ଥାଏ ଏକ ଅସମ୍ଭବ ପ୍ରଶ୍ନାକୁଳତା। ପ୍ରଶ୍ନଟିର ସନ୍ତୋଷଜନକ ଓ ଗ୍ରହଣଯୋଗ୍ୟ ଉତ୍ତର ନ ପାଇବା ଯାଏଁ - ସେଇ ଜିଦ୍ ଯୋଗୁଁ ସେ ପ୍ରେତାତ୍ମାର ତାଡ଼ନା ସହୁଥାଏ। ପ୍ରଶ୍ନର ସମାପ୍ତି ନାହିଁ କେବେ ବି ତା' ପାଇଁ। ଯେଉଁଦିନ ସାଲିସ୍ କରିନେବ ପ୍ରଶ୍ନମାନଙ୍କ

ପାଖରେ, ଆଉ କବିତା ଲେଖି ପାରିବନି, ସେ ଜାଣେ। ଝରି ପଡୁଥିବା ଫୁଲଟିକୁ ଦେଖି କୌଣସି ବୈଜ୍ଞାନିକ ଓ ଦାର୍ଶନିକ ତତ୍ତ୍ୱ ଖୋଜିବା ପୂର୍ବରୁ ତା'ଭିତରେ ଜନ୍ମ ନେଇ ସାରିଥାଏ- ଆହା ! କାହିଁକି ନଷ୍ଟ ହେଇଯାଏ ଏତେ ସୁକୁମାର ଏତେ ସୁନ୍ଦର ସୃଷ୍ଟି, ଭଳି ଏକ ସମ୍ବେଦିତ ପ୍ରଶ୍ନ। ସେଇଥିରୁ ବୋଧହୁଏ ଜନ୍ମ ନିଏ 'ଶୋଫାଳୀ ପ୍ରତି' କି ଡାଫୋଡ଼ିଲ୍ସ ଭଳି କବିତା। ଏକ ବିଶାଳ ପ୍ରଶ୍ନଚିହ୍ନ ସହିତ ଚାଲୁଥାଏ କବି। ଯାହା କେତେବେଳେ କେଉଁଠି, କାହା ପାଖରେ ଯାଇ ଛିଡ଼ା ହୋଇଯିବ କହି ହେବନି - ସମାଜ ବ୍ୟବସ୍ଥା, ମୂଲ୍ୟ ପଦ୍ଧତି, ସୌନ୍ଦର୍ଯ୍ୟ-ଅନୁଭୂତି, ଜୀବନ-ଦର୍ଶନ, ଇତିହାସ-ଦୃଷ୍ଟି, ମାନବୀୟ-ଅନ୍ତର୍ସମ୍ବନ୍ଧ କାହା ପାଖରେ ବି। କବି ବିକଳ୍ପ ଖୋଜୁଥାଏ। ପ୍ରଶ୍ନ ପାଇଁ ଉତ୍ତର ମିଳିଗଲେ ପୁଣି ବାନ୍ଧି ପକାଏ ତାକୁ ଆଉ ଏକ ପ୍ରଶ୍ନ। ଏହା ଅବଶ୍ୟ ସ୍ୱୀକାର୍ଯ୍ୟ ଯେ, ପ୍ରଶ୍ନ ଉଠେଇବାର ସାହସ କେବଳ ସେ ହିଁ କରିପାରିବ ଯିଏ ସେଇ ପ୍ରଶ୍ନ ସହ ସଂଶ୍ଲିଷ୍ଟ ମାନବୀୟ ପୀଡ଼ା ଦ୍ୱାରା ଗଭୀର ଓ ଉତ୍କଟ ଭାବରେ ଉଦ୍‌ବେଳିତ ହେଇପାରିବ।

ବୋଧହୁଏ ସେଇଥି ଲାଗି ସାହିତ୍ୟର ଅନ୍ୟସବୁ ବିଭାଗ ଭଳି କବିତା, ଫାଙ୍କା, ଚଉଡ଼ା ରାସ୍ତାରେ ଛାତି ଫୁଲେଇ ଚାଲେନି। ନିଜେ ନିଜର ବିଜ୍ଞାପନ କରିପାରେନି। ସେ ସେଇ ଅବାର୍ଜନାମୟ ଅନ୍ଧ ଗଳି ଭିତରେ ବି ପ୍ରବେଶ କରେ ଅରମାମାନଙ୍କୁ ସଫା କରି ଆଲୋକର କ୍ଷୀଣ ରେଖାଟିକୁ ଖୋଜି ଖୋଜି।

କୌଣସି କବି (ପ୍ରାଚୀନ ବା ଆଧୁନିକ) ସୌନ୍ଦର୍ଯ୍ୟଶାସ୍ତ୍ର, ନିୟମ, ସଂସ୍କୃତି କି ଆଧୁନିକତାର ପରିଭାଷାମାନଙ୍କୁ ଠୁଳ କରି କବିତା ଲେଖିବାକୁ ବସନ୍ତିନି। କବିଙ୍କର ଭାବବୋଧକୁ ଗଢ଼ିବାରେ ଯଦିଓ ଏମାନଙ୍କର ହାତ ନିଶ୍ଚୟ ଥାଏ। ରଚନା କରିବା ବେଳେ କବି ନିଶ୍ଚିତ ଭାବରେ ସ୍ୱତନ୍ତ୍ର ଓ ମୌଳିକ। କୃତିଟି ପୂର୍ଣ୍ଣ ହେବା ପରେ ତାହା କେତେ ମୌଳିକ ବା ସ୍ୱତନ୍ତ୍ର ତାହା ତାଙ୍କର ସାହିତ୍ୟିକ ସ୍ତର ନିର୍ଦ୍ଧାରଣ କରେ - ନିର୍ଦ୍ଧାରଣ କରନ୍ତି ପାଠକ, ଆଲୋଚକ, ସମୀକ୍ଷକ। କିନ୍ତୁ ଆଲୋଚନାତ୍ମକ ସିଦ୍ଧାନ୍ତ, ପାଠକର ଆବଶ୍ୟକତା ଓ ନିୟମମାନଙ୍କ ଦ୍ୱାରା ବାନ୍ଧିହୋଇ କବି କବିତା ଲେଖେନି। ତାହା ନିଶ୍ଚୟ କବିତାର ସହଜାତ ପ୍ରବୃତ୍ତିର ବିରୁଦ୍ଧ। ଯଦି ବା ଏଭଳି ଲେଖାଯାଏ, ତାହା ବିବରଣୀ, ଘଟଣା, ଟିପ୍ପଣୀ ଭାବରେ ପ୍ରକଟିତ ହେବାର ଆଶଙ୍କା ଥାଏ ଅଧିକ।

କବିତା ରଚନା, ବୈଜ୍ଞାନିକ ଆବିଷ୍କାରଠାରୁ କୌଣସି ଗୁଣରେ କମ୍ ନୁହେଁ। ବୈଜ୍ଞାନିକ, ସିଦ୍ଧାନ୍ତକୁ ଜନ୍ମ ଦିଏ, କବି ଜନ୍ମ ଦିଏ ସଂସ୍କାର। ଏଠି ସଂସ୍କାର ଜୀବନାନୁଭୂତିରୁ ଜନ୍ମ ମଣିଷର ଆପଣାର ଅର୍ଜିତ ସତ୍ୟ। ସମାଜ ଶାସ୍ତ୍ରୀ କି ବୈଜ୍ଞାନିକମାନେ ଯେତେ ସିଦ୍ଧାନ୍ତ ଥୁଅନ୍ତୁ ନା କାହିଁକି କବି ପାଖରୁ ତା'ର ଅର୍ଜିତ ସତ୍ୟ କେବେ ଛଡ଼େଇ ନେଇ ପାରିବେନି କି ତାହା ଭୁଲ୍ ବୋଲି ପ୍ରମାଣିତ କରି ପାରିବେନି। କାହିଁକି ନା ଏ

ସତ୍ୟ କବିର ଅନୁଭବ ସହିତ ସଂଶ୍ଳିଷ୍ଟ। ଏଇସବୁ ଛୋଟବଡ଼ ସତ୍ୟ କବିର ନିଜର। ସେ କିନ୍ତୁ ବିନମ୍ରତାରେ (ନିରୀହତାରେ) କହୁଥାଏ ଏହା କବିତାର ସ୍ୱୟଂ ସର୍ଜିତ। କାରଣ ନିଜ ସୃଷ୍ଟିର ଆଭାରେ ମୋହିତ ସେ ସେତେବେଳେ ବିଲ୍‌କୁଲ୍ ପାଶୋରି ପକେଇବାକୁ ତିଆରି ହୋଇଯାଇଥାଏ କବିତାର ଜନ୍ମଲାଭ କରିବାରେ ସେ ଉତ୍ସ - ସେଇ ଅଶାନ୍ତ ପ୍ରଶ୍ନାକୁଳତା, ସେଇ କଲବଲ, ସେଇ ପୀଡ଼ା ଯାହା ବ୍ୟାଖ୍ୟା କରିବା ଦୁରୂହ।

ପ୍ରଶ୍ନ ଉଠାଇବାର ସାହସ କରିବା ପାଇଁ, ସଜୀବ ଓ ନିର୍ଜୀବଙ୍କର (କବି ପାଇଁ କିଛି ବି ନିର୍ଜୀବ ନୁହେଁ) ପୀଡ଼ାକୁ ନିଜ ଭିତରେ ଧରି ରଖିବା ପାଇଁ ନିଜର ବିଚାର ଓ ସିଦ୍ଧାନ୍ତମାନଙ୍କ ସହିତ ତର୍କ କରିବା ପାଇଁ ଗଭୀର ସଂପୃକ୍ତିର ଆବଶ୍ୟକତା ରହିଛି। ବିରୋଧ କରିବ ପାଇଁ ବି ଠିକ୍ ସେତିକି ବ୍ୟାପକ ମାନବିକ ସଂପୃକ୍ତିର ଆବଶ୍ୟକତା ପଡ଼େ, ଯେତିକି ଆବଶ୍ୟକ ସମର୍ଥନ ପାଇଁ।

ଯୁଗେ ଯୁଗେ ଗୋଟିଏ ଧାରାର ଅତି ପରେ ତାହାର ଉତ୍ତରଯୁଗ ନିଶ୍ଚୟ ଆସେ। ସେହି ସବୁ ତତ୍ତ୍ୱ ଓ ଶୈଳୀର ବିଖଣ୍ଡନ ହୁଏ ଯାହା ସେହି ଯୁଗ ଲାଗି ଅନିର୍ବାର୍ଯ୍ୟ ଲାଗୁଥିଲା ବୋଧହୁଏ ସେଇଥିଲାଗି ଭିନ୍ନ ଭିନ୍ନ ସମୟରେ କବିତାର ବାହ୍ୟ ରୂପ ଓ ଅବଧାରଣାରେ ଫରକ୍ ଆମର ଦୃଷ୍ଟିଗୋଚର ହୁଏ। କିନ୍ତୁ କବିତାର ମୂଳ ଭାବ - ତାହାର ସହଜାତ ସେହି ସତ୍ତ୍ୱ, ସେହି ଆନ୍ତରିକ ପ୍ରଶ୍ନାକୁଳ-ଜିଜ୍ଞାସୁ ସ୍ୱରୂପ ଠିକ୍ ସେହିଭଳି ରହିଥାଏ।

ସମୟ ସହିତ ଆମର ସାମାଜିକ, ରାଜନୈତିକ, ବୈଜ୍ଞାନିକ ଓ ଦାର୍ଶନିକ ଦୃଷ୍ଟିରେ ଫରକ୍ ଆସେ। ସେଥିଲାଗି ଆମକୁ ସାହିତ୍ୟ (କବିତା) ଓ ଇତିହାସକୁ ନୂଆ ଦୃଷ୍ଟିରେ ଦେଖିବାର ଆବଶ୍ୟକତା ବି ପଡ଼ିପାରେ। କିନ୍ତୁ କବିତାର ପୁନର୍ଗଠନ ଓ ଇତିହାସର ପୁନର୍ଲିଖନରେ ତଫାତ୍ ନିଶ୍ଚୟ ଅଛି। ଆମେ ଜାଣୁ, କବିତା ତିଆରି ହେଉଥିବା ବା ତିଆରି ହେଇ ସାରିଥିବା ଇତିହାସର ରୂପକଳ୍ପ ନୁହେଁ କି ଏହା କୌଣସି ଦର୍ଶନ ବା ବିଚାରଧାରାରୁ ପ୍ରସ୍ଫୁଟିତ ଚିନ୍ତନ ନୁହେଁ। କବିତା ଯେବେ ପ୍ରଶ୍ନ କରୁଥାଏ, ତାହାର ବୈକଳ୍ପିକ ଉତ୍ତରମାନଙ୍କ ସହିତ ପ୍ରୟୋଗ ବି କରୁଥାଏ। ପ୍ରଶ୍ନ ଓ ଉତ୍ତରମାନଙ୍କ ସହିତ ଏକ ରଚନାତ୍ମକ ଖେଳ ଖେଳୁଥାଏ କବିତା। ଜୀବନ ଓ ଯଥାର୍ଥମାନଙ୍କୁ ଏକ ଭିନ୍ନ ଦୃଷ୍ଟିରେ ଅବଲୋକନ କରି କବି ସୃଜନ ଓ ପୁନର୍ସୃଜନ କରୁଥାନ୍ତି। କବିତା ଲେଖାଯିବାର ପ୍ରକ୍ରିୟାଟି ଆରମ୍ଭ ହୋଇଯିବାର ମୁହୂର୍ତ୍ତରୁ ହିଁ କବିଙ୍କୁ ଲାଗେ ତାଙ୍କୁ ବାନ୍ଧି ରଖିଥିବା ସବୁ ଡୋର ଫିଟି ଯାଉଛନ୍ତି, ତାଙ୍କୁ ଡାକି ପକାଉଛି ଏକ ମଧୁର ଆବେଶ। କବି ମିଡ଼ିୟମ୍ ପାଲଟି ଯାଉଛନ୍ତି... ପ୍ରେତାତ୍ମାର କବଳରୁ ମୁକ୍ତି ବି ପାଉଛନ୍ତି... ତାଙ୍କୁ ଉଶ୍ୱାସ ଲାଗୁଛି, ଆପାତତଃ କେଇ ମୁହୂର୍ତ୍ତ, କେତେ ଘଣ୍ଟା, କିଛି ଦିନ ଲାଗି।

■

ସଂସ୍କୃତି

କିଛିଦିନ ତଳେ ପହଞ୍ଚିଥିଲା ଖଣ୍ଡେ ପୋଷ୍ଟକାର୍ଡ଼। ଅଙ୍କାବଙ୍କା ଅକ୍ଷରରେ କେତେ କ'ଣ ଲେଖାଥିଲା। ତେବେ ମୂଳ କଥାଟି ଥିଲା ଗୋଟେ ପ୍ରଶ୍ନ - ଓଡ଼ିଆ କବିତାରେ ଓଡ଼ିଆମୀ କାହିଁ? କବିତା ଯଦି କଳା, ଜାତିର ସଂସ୍କୃତିକୁ ପ୍ରତିବିମ୍ବିତ କରିବା କ'ଣ ଏହାର କାମ ନୁହେଁ? ଆପଣ ଯେହେତୁ କବିତା ସହିତ ସଂଶ୍ଲିଷ୍ଟ, ଉତ୍ତର ଦେବେ। ମୁଁ ସେ ମହାଶୟଙ୍କୁ ଏଯାଏଁ ଉତ୍ତର ଫେରେଇ ନାହିଁ (ତାଙ୍କ ପାଖରେ ସେ ଲାଗି କ୍ଷମାପ୍ରାର୍ଥିନୀ) ବୁଝିପାରିନି ସଂସ୍କୃତି କହିଲେ ପ୍ରକୃତରେ ସେ କ'ଣ ବୁଝୁଛନ୍ତି। ଓଡ଼ିଆର ସଂସ୍କୃତି ଯଦି ପଖାଳ କଂସା, ପୁଚିଖେଳ, ମାଣବସା ଓ ଜଗନ୍ନାଥ - ତେବେ ତାହା ଆମ କବିତାରେ କେଉଁଠି କେମିତି ଯେ ନ ଆସୁଛି ସେମିତି ବି ତ ନୁହେଁ। ମୋ ଭାଷାର ଏତେ ଏତେ କବି ଯେତେବେଳେ ନିଜ କବିତାକୁ ଅନ୍ତରଙ୍ଗ କରେଇବା ପାଇଁ ବିଦ୍ଧିବଦ୍ଧ ଭାବରେ ଲାଗିଛନ୍ତି, ସେ ଏଭଳି ପ୍ରଶ୍ନ ଉଠେଇଲେ କାହିଁକି (?)

କିଛିଦିନ ତଳେ ଜଣେ କବି କହୁଥିଲେ 'ଆମ ଭାଷାର ବିଲୁପ୍ତ ଓ ଅବ୍ୟବହୃତ ଶବ୍ଦମାନଙ୍କର ପ୍ରୟୋଗ କବିତାରେ ହେବା ଉଚିତ।' ଏହା ସ୍ୱାଗତଯୋଗ୍ୟ। ପ୍ରୟୋଗ କରିବା ତ କବିର ଧର୍ମ ଶବ୍ଦମାନଙ୍କୁ ନୂଆ ଅର୍ଥ ଦେବା ଓ ହଜି ଯାଇଥିବା ଶବ୍ଦମାନଙ୍କୁ ଖୋଜିଆଣିବା ବି କବିର ଦାୟିତ୍ୱ। କିନ୍ତୁ ଏ କାମଟି ସେତେ ସହଜ ନୁହେଁ। ଗ୍ରାମିଣ, ଆଞ୍ଚଳିକ ବହୁ ସୁନ୍ଦର ଶବ୍ଦ ନିଶ୍ଚୟ ଅଛି ଆମ ରାଜ୍ୟରେ। କିନ୍ତୁ ତାହାର ବିନମ୍ର, ପ୍ରତିକ୍ରିୟାତ୍ମକ ଓ ସଶକ୍ତ ପ୍ରୟୋଗ ସେତେ ସହଜ ନୁହେଁ। ଏକ ଅପରିଚିତ ଶବ୍ଦକୁ ସାର୍ବଜନୀନ କରେଇବା ବିଲ୍‌କୁଲ୍ ଗୋଟିଏ ନୂଆ ଶବ୍ଦକୁ ଜନ୍ମ ଦେବା କଥା ଯେମିତି ତାହା ପାଠକର ଅକ୍ଳେଶରେ ପ୍ରିୟ ହୋଇପାରିବ (ତାହାର ଅର୍ଥ ପାଇଁ ପାଦଟୀକା ଦେବାକୁ ପଡ଼ିବନି କବିତା ତଳେ)। ନ ହେଲେ ଆମକୁ ଏତେଗୁଡ଼ାଏ ଶବ୍ଦ ଜଣା ବୋଲି ଯଦି କବିତାଟିଏ ଲେଖାହୁଏ, ତେବେ ସେଠି କବିତାର ଆତ୍ମାଟି କେତେବେଳେ

କାୟାତ୍ୟାଗ କରି ପକେଇଥିବ, ଆମେ ଜାଣି ମଧ୍ୟ ପାରିବାନି। ବାଲିଘରଟିରେ ଶିପ ଖଞ୍ଜୁ ଖଞ୍ଜୁ ତାହା ଭୁଶୁଡ଼ି ପଡ଼ିବ।

ସଂସ୍କୃତିର କଥାଟି ବୋଧହୁଏ ସେହିପରି। କବିତା କ'ଣ କହେ- ଏଇଟା ନେବିନି, ସେଇଟା ନେବି। କବିତା ପାଖରେ ତ ସବୁ ସୁନ୍ଦର। ଯାହା ଯେତେବେଳେ ତାକୁ ମିଳିଲା, ତାହା ନୂଆ ଓ ବିଶିଷ୍ଟ ତା' ପାଇଁ (ଯେହେତୁ ତାହାର ପ୍ରୟୋଗ ନୂଆ ଭାବରେ ହୁଏ କବିତାରେ)। ଚନ୍ଦ୍ରାଲୋକ ଝିଲ୍‌ମିଲ୍ କଇଁଫୁଲ ଯେମିତି ସୁନ୍ଦର, ସ୍ତର ସ୍ତର ଅନ୍ଧକାରକୁ ଘୋଡ଼େଇ ହେଇ ବସିଥିବା ଅମାବାସ୍ୟା ବି ସେତିକି ସୁନ୍ଦର କବିତା ପାଇଁ। ଫୁଲ ଭାରରେ ନଇଁ ଯାଇଥିବା ଡାଳଟି ଯେତିକି କୋମଳ, ଶୂନ୍ୟ ନୀଳିମାକୁ ବିସ୍ମିତ କରି ମୁଣ୍ଡଟେକି ରହିଥିବା ଥୁଣ୍ଟା ଗଛଟି ସେତିକି ସୁକୁମାର। ଅବିରାମ ଜଳଦାନ ଦେଉଥିବା ବାଦଲ, ପୃଥିବୀକୁ ଥରେଇ ଦିଏ। କିନ୍ତୁ ବୁନ୍ଦାଏ କାକର ଭାରରେ ଥରିଯାଉଥିବା ତୃଣଟିଏ ବି କମ୍ ଆକର୍ଷଣୀୟ ନୁହେଁ। ପାରିପାର୍ଶ୍ୱରୁ ଯାହା ଯାହା ଆହରଣ କରି ଜୀବନ ଜିଉଁଥାଏ ଓ ମରୁଥାଏ ସେ ସବୁ ତ କବିତା ଭିତରକୁ ଆସିବ। କିନ୍ତୁ ଆମର ରହଣି, ଚଳଣି ଯେତେବେଳେ ଦ୍ରୁତ ଗତିରେ ବଦଳିବାରେ ଲାଗିଛି ସେତେବେଳେ ଆମେ କେବଳ କବିତାକୁ କେମିତି ଦାୟୀ କରିବା ସଂସ୍କୃତିର ପୋଷଣ କରୁନି ବୋଲି। ସଂସ୍କୃତି ବୋଲି କହି ଜଣେ ଭାବାବେଗରେ ଗଦ୍‌ଗଦ୍ କିଛି ଜଗନ୍ନାଥ ଭଜନ ଲେଖିଦେଇ ପାରନ୍ତି। କିନ୍ତୁ କବିତା ତ ଗୀତ କି ଭଜନ/ଜଣାଣ ନୁହେଁ (ଏହାଠାରୁ ଆଉ ଟିକେ ଅଧିକ)। ତା ବୋଲି ଜଣେ ମହାନଦୀ କୂଳରେ ବସି ଟେମ୍‌ସ୍ ନଦୀର କଥା କହିବ କାହିଁକି (ଯଦି ତାହା ତାଙ୍କର ପ୍ରତ୍ୟକ୍ଷ ଅନୁଭୂତିରେ ନାହିଁ।।

ଏଠି ପୁଣି ଥରେ କାବ୍ୟଶାସ୍ତ୍ରୀ ମମ୍ମଟ ତାଙ୍କର 'କାବ୍ୟ ପ୍ରକାଶ'ରେ କହିଥିବା କଥା ମନେପଡ଼େ। ମମ୍ମଟ କବିଙ୍କର ବାଣୀକୁ ନିୟତି-କୃତ, ନିୟମ-ରହିତ ଓ ଅନନ୍ୟ-ପରତନ୍ତ୍ର ବୋଲି କହିଛନ୍ତି। ଏ ସବୁର ଏକମାତ୍ର ନିର୍ଯ୍ୟାସ ହେଲା କବି ସ୍ୱତନ୍ତ୍ର ଓ ସ୍ୱାଧୀନ। ତେବେ ସେ କେତେଦୂର ସ୍ୱାଧୀନ ତାହା ତାଙ୍କର ଅଙ୍ଗୀକାରବଦ୍ଧତା (ଜୀବନ, ପରିବେଶ ଓ ସର୍ବୋପରି ସତ୍ୟ ପ୍ରତି) ଉପରେ ନିର୍ଭର କରେ।

ଏଠି କେହି ପ୍ରଶ୍ନ ଉଠେଇ ପାରନ୍ତି- କବିତା ଯଦି ମୁକ୍ତ, ତେବେ ତାହା ସଂସ୍କୃତିର ଅଧୀନ ବି ତ ନୁହେଁ। ହୁଏତ ଠିକ୍। ଈଶ୍ୱର ଯେମିତି ଭକ୍ତର ଅଧୀନ, କବିତା ବୋଧ ହୁଏ କେବଳ ହୃଦୟର ଅଧୀନ (ଯେକୌଣସି କଠୋର ହୃଦୟଧାରୀକୁ ବି କବିତା କନ୍ଦେଇ ଦେଇ ପାରେ ଏବଂ ସମ୍ବେଦନଶୀଳ ହୃଦୟ ପାଖରେ ଆଜୀବନ ବଶତା ସ୍ୱୀକାର କରେ) କବିତା ନିର୍ମାଣ ନୁହେଁ - କୋଣାର୍କ (ଶିଳ୍ପ) ନୁହେଁ। କବିତା ନିର୍ମିତ (ଭଙ୍ଗା ପଥର ସନ୍ଧିରୁ ଉଙ୍କି ମାରୁଥିବା ଭାସ୍କର୍ଯ୍ୟ, ହୁଏତ କବିତା)। କବିତା ସଂସ୍କୃତିର

ବିଜ୍ଞାପନ ପିନ୍ଧି ଛିଡ଼ା ହୁଏନି। ସଂସ୍କୃତିର ଅନ୍ତର୍ବିଷୟୀ ଅନୁଭବମାନଙ୍କୁ କେଉଁଠି କେମିତି ଲୁଚେଇ ରଖେ ଭାରି ଚାଲାକିରେ ଭାରି ସୁନ୍ଦର ଭାବରେ। ତେବେ ଗୋଟିଏ ଜାତିର ସଂସ୍କୃତି ରାଜନୈତିକ, ଆଚାରଗତ, ସାମାଜିକ, ଆଧ୍ୟାତ୍ମିକ, ନୈତିକ ଆଦି ତମାମ ବ୍ୟବସ୍ଥାମାନଙ୍କ ଦ୍ୱାରା ପ୍ରଭାବିତ ହୁଏ କି ନାହିଁ ମୋତେ ଜଣାନାହିଁ। ତାହା କେବଳ ବିଜ୍ଞଜନ ହିଁ କହିପାରିବେ। ଯେମିତି ସମୟର ପରିବର୍ତ୍ତନ ସହିତ ସମ୍ବିଧାନର ପରିବର୍ତ୍ତନ ଆବଶ୍ୟକ ହୁଏ, ସଂସ୍କୃତି ବି ବଦଳୁଥିବା ପରମ୍ପରାକୁ ଗ୍ରହଣ କରିବ କି ନହିଁ ତାହାର ଉତ୍ତର ବି ସେହିମାନେ କହିପାରିବେ। କିନ୍ତୁ ମୋତେ ଲାଗେ ସଂସ୍କୃତି ପଥର ନୁହେଁ, ପ୍ରବାହ- ଠିକ୍ କବିତା ଭଳି। କବିତା ଓ ସଂସ୍କୃତି କେଉଁଠି କେତେବେଳେ ଛୁଇଁ ଯାଆନ୍ତି ପରସ୍ପରକୁ ତାହା ଥରେ ଥରେ କବିଙ୍କୁ ବି ଅଜଣା। କବି ଭାବୁଥିବେ ଯେ, ସେ ଦୁଃଖ କଥା, ଶୋଷଣ କଥା, ଅତ୍ୟାଚାର କଥା କହୁଛନ୍ତି। କିନ୍ତୁ ତାହାର ଆଢୁଆଳରେ କେତେବେଳେ ସଂସ୍କୃତିର ଚୋରା ମୁହଁଟି ତ କେତେବେଳେ ତାହାର ଭଗ୍ନ ଛାଇଟି ଉଙ୍କି ମାରୁଥିବ ତାହା ସେ ନିଜେ ବି ଜାଣି ନ ଥିବେ।

ଆରମ୍ଭ ଓ ଅନ୍ତ ପାଖରେ ବଶତା ସ୍ୱୀକାର କରନ୍ତିନି କବି। ତାଙ୍କ ପାଇଁ ନିର୍ବାଣ ବୋଲି କିଛି ଗୋଟେ ନାହିଁ। କୌଣସି ରଢ଼ିବାଦ ପାଖରେ ମୁଣ୍ଡ ନୁଆଁନ୍ତିନି ସେ। ଏହା ଏକ ଭ୍ରମ ବୋଲି କେହି କେହି କହିପାରନ୍ତି, କିନ୍ତୁ ହୃଦୟାଗତ ଜ୍ଞାନ ଓ ପ୍ରଜ୍ଞାକୁ ସାଥିରେ ନେଇ ତାଙ୍କର ସମସ୍ତ ପ୍ରୟୋଗାତ୍ମକ ପରୀକ୍ଷଣ ଓ ଉପଲବ୍ଧି ସୁଡ଼ଙ୍ଗ ଭଳି ଲାଗୁଥିବା ଏହି ଭ୍ରମ ଭିତରେ ଦେଇ ହିଁ ଗତି କରିଥାଏ। କେହି କେହି ଚିନ୍ତାଶୀଳ କହିବାର ଶୁଣିଛି ଯେ, ଶବ୍ଦମାନେ ଶୂନ୍ୟରେ ବାସ କରନ୍ତି। ଥରେ ଥରେ ଏମିତି ବି ଲାଗେ କବିଙ୍କୁ ଯେ, ଶୂନ୍ୟରେ କେଉଁଠି କବିତାଟିଏ ଥିଲା ତିଆରି ହୋଇ ତାଙ୍କ ପାଇଁ - ଅବିକଳ ଅନୁପସ୍ଥିତ କାନ୍‌ଭାସ ଉପରେ ଚିତ୍ରଟିଏ ଭଳି ଯାହା ତାଙ୍କୁ ହଠାତ୍ ମିଳିଗଲା। କିନ୍ତୁ ହଁ, ସଂସ୍କୃତିର କଥା କହିବା ପାଇଁ କବିଙ୍କୁ ଥରେ ଅଧେ ଯଦି ଗୋଟେ ଦୁଇଟି ପ୍ରବନ୍ଧ ଲେଖିବାକୁ ପଡ଼େ, ତେବେ ତାହା ସେ ନ ଲେଖିବେ କାହିଁକି ?

■

ଅନୁଭବ

କବିତା ବା ଯେକୌଣସି କଳା ତାହାର ନିର୍ମାଣର ଅନ୍ତିମ ପର୍ଯ୍ୟାୟରେ ଯେଉଁଭଳି ପୂର୍ଣ୍ଣ ଜଣା ପଡ଼ନ୍ତି ପ୍ରାରମ୍ଭରେ ସେଭଳି ମୋଟେ ଲାଗନ୍ତି ନାହିଁ। ନିର୍ମାଣର ପ୍ରଥମ ପର୍ଯ୍ୟାୟରେ କବିତା ଲାଗୁଥାଏ ବିସ୍ତୃତ-ସୀମାରେଖା ରହିତ। ଏ ବିସ୍ତୃତିକୁ ସିନା କବି ଧାରଣ କର ନିଅନ୍ତି ନିଜ ଭିତରେ କିନ୍ତୁ ପାଆନ୍ତି ସଂଶୟକୁ। ଏହା ତୁଚ୍ଛ ଡର ନୁହେଁ। ଏ ସଂଶୟଟିର ସଂଜ୍ଞା ଖୋଜି ପାଇବା ବି କାଠିକର। କେମିତି ଗୋଟେ ଭୟାତୁର ଭାବ ଲୁଚିଥାଏ ତାଙ୍କ ଭିତରେ - ସେ ଯେ ସୁନ୍ଦର କବିତାଟିଏ ଲେଖିଦେଇ ପାରିବେ ସେହି ବିଶ୍ୱାସ ସହିତ ଓତଃପ୍ରୋତଃ ଭାବରେ। ଭାରି କାଉଳା ଲାଗୁଥାଏ। ଇଛା ହେଉଥାଏ, କେହି ଜଣେ କହନ୍ତା କି ହବ, ନିଶ୍ଚୟ ଲେଖିଦେଇ ହେବ। ଗୋଟିଏ ଅବସ୍ମରଣୀୟ କବିତା ଜନ୍ମ ନେବ ତମ କଲମରୁ। କିନ୍ତୁ କିଏ କାହିଁକି କହିବ? କିଏ କାହିଁକି ଜାଣିବ କେଉଁ ମାନସିକ ଉତ୍ପୀଡ଼ନ ଭିତର ଦେଇ ସେତେବେଳେ ଜିଉଁଥିବେ କବି। ସତେ ଯେମିତି ଗୋଟିଏ ଯୁଦ୍ଧ ଚାଲିଛି ଭିତରେ ଭିତରେ। କବି କିଛି କରିପାରୁ ନାହାନ୍ତି ଦର୍ଶକଟିଏ ସାଜିବା ଛଡ଼ା। ଏ ଯୁଦ୍ଧ ବିଶ୍ୱାସ ଓ ସଂଶୟ ସେମିତି ଆହତ କରିବାକୁ ଉଦ୍‌ଗ୍ରୀବ। ଯୁଦ୍ଧ ଚାଲିଥାଏ ଅସରନ୍ତି ଚିନ୍ତା ଓ ଚେତନା ଭିତରେ - ଉପଲବ୍ଧି ଓ ଯୁକ୍ତିମାନଙ୍କ ସାଙ୍ଗରେ, ସତ୍ୟ ପାଖରେ ପହଞ୍ଚିବା ଲାଗି ବିଷୟାଗତ ଅସତ୍ୟମାନଙ୍କ ସାଙ୍ଗରେ।

ହାରିବା ଜିତିବା କଥାଟି ଜମ୍ମା ଆସେନି ସେତେବେଳେ କବିଙ୍କର ମନକୁ। କିନ୍ତୁ କେଜାଣି କାହିଁକି ସେହି ଅହେତୁକ ଭୟ ଜୀବନ୍ତ ଦିଶୁଥାଏ। ଏହା ସାପ ଦେଖି ଡରିବା କଥା ନୁହେଁ ବରଂ ସାପୁଆର ସାପପେଡ଼ିକୁ ଦେଖି ଦେଇ (ହୁଏତ ତା' ଭିତରେ ବିଷଧର ନ ଥାଇପାରେ) ଯେଉଁଭଳି ଉଦ୍‌ବେଗ ଆସେ ପ୍ରାୟ ସେହିଭଳି। ବିଚିତ୍ର କଥାଟି ହେଉଛି, କବି ଏ ସଂଶୟ ସେ ପର୍ଯ୍ୟନ୍ତ କାଢ଼ି ପାରନ୍ତିନି ନିଜ ଭିତରୁ ଯେ ପର୍ଯ୍ୟନ୍ତ କବିତା ତା' ନିଜ ବାଗରେ ନିଜର ଆରମ୍ଭ ଓ ସମାପ୍ତି ନିର୍ଦ୍ଧାରଣ ନ କରି ପାରିଛି। ବିଶ୍ୱାସର ଆଖପାଖରେ ଜଳୁଥାଏ ଚିତା। ସେତେବେଳେ କବି ନିଜେ ନିଜକୁ ପ୍ରବୋଧନା ଦିଅନ୍ତି, ଭାଙ୍ଗି ନ

ପଢ଼ିବା ଲାଗି, ଫେରି ନ ଯିବା ଲାଗି ନିଜେ ନିଜକୁ ସାହସ ଦିଅନ୍ତି- ଯାହା ଜଣେ କେହି ପ୍ରିୟଜନ କରନ୍ତା, କବିଙ୍କର ନିଃସଙ୍ଗତା ବୋଧହୁଏ ଏତିକିବେଳେ କାମରେ ଆସେ। ନିଜ ଭିତରୁ ଯେ ଏତେ ସାହସ ଓ ଶକ୍ତି ମିଳିପାରେ ତାହା ତାଙ୍କୁ ନୂଆକରି ଜଣାପଡ଼େ। କବିତା ଜନ୍ମ ନିଏ, ସଂଶୟ ପରାହତ ହୁଏ। କେବେ କେବେ ସଂଶୟ ଆହୁରି ଖେଳୁଥାଏ (ଖେଳାଉଥାଏ)। ଅଧା ଖଣ୍ଡିଆ (କେଇଧାଡ଼ି) କବିତା ଲେଖି ଆଗ ଅପେକ୍ଷା ଦ୍ୱିଗୁଣ ଯନ୍ତ୍ରଣାରେ କଲବଲ ହେଉଥାନ୍ତି କବି - ସୁଡ଼ଙ୍ଗର ଆର ମୁଣ୍ଡରେ କେଉଁଠି ଟିକିଏ ଆଲୁଅ ଦିଶିବ ସେଇ ଭରସାରେ। ଏହା ସହିତ ଦୈନନ୍ଦିନ କାମ ବି ତ ଚାଲିଥାଏ। କହି ହୁଏନି - ମୋତେ ହଇରାଣ କରନି, ଏବେ ମୁଁ କବିତା ଲେଖିବି। ଘରର ପୋଷା ବିରାଡ଼ି, ବଗିଚାର ଗଛପତ୍ର, ବନ୍ଧୁପରିଜନ, ଆତ୍ମୀୟ ଓ ପରିବାର ସମସ୍ତେ ନିଜ ନିଜର ଭାଗ ମାଗି ନେଉଥାନ୍ତି। କବିତାଟିଏ ନିଶ୍ଚୟ ଲେଖି ହେବ - ଏଇ ବିଶ୍ୱାସଟିକୁ ଛାତି ଭିତରେ କେଉଁଠି ଲୁଚେଇ କବି ପ୍ରାୟ ସବୁ କରି ଯାଉଥାନ୍ତି। ସେତେବେଳେ କବିତା ହୁଏ ତିଆରି ହେଉଥିବ ତାଙ୍କ ଭିତରେ ପୁଣି କେତେ ସୁନ୍ଦର ଭାବ ଓ ଶବ୍ଦ ହଜିଯାଉଥିବ- ସେ ଦୁଃଖ କ'ଣ କେହି ବୁଝିବ।

ଏକାଧିକବାର ଏଇ ପୀଡ଼ା ଭୋଗିଥିବା ଓ ଭୋଗୁଥିବା କବି ଶହେରୁ ଅଧିକ ମହାନ୍ କବିତା ଲେଖିସାରିବା ପରେ ବି ତାଙ୍କର ଏତେ ଟିକିଏ ଅଧିକାର ନ ଥାଏ ଯେତିକି ଅନ୍ତତଃ ଛକରେ ଛିଡ଼ା ହୋଇଥିବା ଟ୍ରାଫିକ୍ ପୋଲିସର ଥାଏ। ସେ କାହାକୁ ନା ଆଦେଶ ଦେଇପାରନ୍ତି ନା କାହାକୁ ଉପଦେଶ। କବିତା ଲେଖିବାର ପାରଦର୍ଶିତା ହାସଲ କରିଛନ୍ତି ବୋଲି ସେ କଦାପି କହିପାରନ୍ତି ନାହିଁ। ଏଇଥିପାଇଁ ଯେ ତାଙ୍କର ସବୁ କବିତା ତାଙ୍କର ପ୍ରଥମ କବିତା ଭଳି ଗଭୀର ବିଶ୍ୱାସ ଓ ଅନ୍ତରଙ୍ଗ ସଂଶୟ ଭିତରୁ ମୁକ୍ତିଲାଭ କରିଥାଏ। ପ୍ରତିଟି କବିତାର ଜନ୍ମ ତାଙ୍କର ପ୍ରଥମ କବିତାର ଜନ୍ମ ଭଳି ରୋମାଞ୍ଚକର। ବହୁତ କବିତା ଲେଖିଲିଣି ଏବଂ ଏଇନା ବସିଲେ କବିତାଟିଏ ଲେଖି ପକେଇବି ବୋଲି କହୁଥିବା କବି ସତରେ ଫେଲ୍ ମାରନ୍ତି। ଥରେ ଥରେ କବିଙ୍କର ବିଭିନ୍ନ କୃତିକୁ ଭିନ୍ନ ଭିନ୍ନ ସୋପାନରେ ରଖିବାର କାମଟି ଆମେ କରିଥାଉ। କେଉଁଟିକୁ ଶ୍ରେଷ୍ଠ କହି ଶୀର୍ଷତମ ସୋପାନରେ ଥୋଇଦେଉ ତ କେଉଁଟି ତାଙ୍କର ନୂଆ ନୂଆ ଲେଖା କହି ଶେଷ ସୋପାନରେ ରଖିଦେଉ। କିନ୍ତୁ ସତ କଥାଟି ହେଉଛି କବିଙ୍କର ପ୍ରତିଟି କବିତା ବା କୃତି ସ୍ୱତନ୍ତ୍ର ଓ ବିଶିଷ୍ଟ ପୁଣି ପରସ୍ପର ସହ ସଂଯୋଜିତ (ଯେମିତି ପ୍ରଥମ ସୋପାନଟି ନ ଥିଲେ ଶୀର୍ଷ ସୋପନର ଅସ୍ତିତ୍ୱ ନାହିଁ) ଏବଂ କବିଙ୍କର ସବୁ କବିତାରେ ଶୈଳୀ ଓ ଭାବର ପରିବର୍ତ୍ତନ ବ୍ୟତୀତ ଗଭୀରତମ ପ୍ରଦେଶରେ ଲୁଚି ରହିଥିବା କାବ୍ୟସ୍ୱରଟି (ଯାହା ମତେ କାନ୍ଦଟିଏ ଭଳି ଲାଗେ) ପାଏ ଏକାଭଳି।

ବିପ୍ଳବ-କବିତା ଲେଖୁଛନ୍ତି ବୋଲି ଜଣେ କବି କେତେ ଜୋର୍‌ରେ ଥରେ ଛାତି ବାଡ଼େଇ କହିଲେ- ମୋ କବିତାରେ ବିସ୍ଫୋରଣ ଅଛି। ମୁଁ ଏମିତି ନାକ ସୁଁ ସୁଁ ପ୍ରେମ କବିତା ଲେଖେନି। ମୁଁ ତାଙ୍କୁ କେମିତି କହିଥାନ୍ତି ଯେ, ପ୍ରେମ ନ ଥିଲେ କବିତା ଜନ୍ମ ନିଏନି ଏବଂ ଲେଲିହାନ ଶିଖା ଧରିଛିଡ଼ା ହୋଇଥିବା ତାଙ୍କର କବିତା ପଛରେ ତାଙ୍କର ଅନ୍ତର ତଳର କି ବିକଳ କାନ୍ଦଟିଏ ଅଛି ! ତାଙ୍କ କବିତାର ଶବ୍ଦ ଚାତୁରୀରେ ଶ୍ରୋତା ତାଳି ପିଟିବା ବେଳେ ମୁଁ ଅନେକ ସମୟରେ ସେ ପୀଡ଼ାଟିକୁ ଛୁଇଁ ପାରିଛି। ପୁଣିଥରେ କହିପାରେ- ପୃଥିବୀର ଯେକୌଣସି କବିତା ପଛରେ କାନ୍ଦଟିଏ ହିଁ ଥାଏ। ନ ଝୁଣ୍ଟିଲେ, ନ ଠକିଲେ, ନ ହାରିଲେ, ନ ହରେଇଲେ (ହଜେଇଲେ) କେହି କବି ହୁଏନି। ନିଆଁ କ'ଣ ଜାଣିବା ପାଇଁ ଆଙ୍ଗୁଳି ପୋଡ଼ିବାକୁ ହୁଏ।

କବିତା କୌଣସି ବୌଦ୍ଧିକ ପରିଣାମ ନୁହେଁ (ଯଦିଓ ବୁଦ୍ଧିର ଆବଶ୍ୟକତାକୁ ଉପେକ୍ଷା କରାଯାଇ ପାରିବନି)। ଏହା ଅନୁଭୂତିକୁ ଏକ ବିଶେଷତା ସହିତ ଅନ୍ୟ ପାଖରେ ପହଞ୍ଚେଇ ଦେବାର ମାଧ୍ୟମ। ଅନୁଭବର ଗଭୀରତାରେ କବି ଯେଉଁ ଜୀବନ-ସତ୍ୟର ସାମ୍‌ନା କରିଥାନ୍ତି ତାହାକୁ ସମ୍ବେଦନୀୟ ଭାବରେ ଉପସ୍ଥାପନା କରନ୍ତି। ଆମେ କବିଙ୍କର ହର୍ଷ-ବିଷାଦ, ସୁଖ-ଦୁଃଖ, ପ୍ରାପ୍ତି-ଅପ୍ରାପ୍ତି, ଜୟ-ପରାଜୟକୁ ପ୍ରସନ୍ନତାର ସହିତ ସ୍ୱୀକାରି ନେଉ। ସତ୍ୟକୁ ଖୋଜିବାର କଷ୍ଟ ନ କରି କବିଙ୍କର ଜୀବନ-ସତ୍ୟ ଭିତରୁ ଆପଣାକୁ ପାଇଯାଉ। ବୌଦ୍ଧିକତାକୁ ନେଇ କଦାଚିତ୍ ଯୁକ୍ତି କରାଯାଇ ପାରେ କିନ୍ତୁ ଦୀର୍ଘକାଳ ଧରି ଆମେ ଲୁଚେଇ ରଖିଥିବା ଆମର ଅନୁଭୂତି ଓ ଅନୁଭବମାନେ କବିତାରେ ଦେଖାଗଲେ, ସେଠି ଆଉ କେଉଁ ପ୍ରଶ୍ନ ଉଠେଇ ହେବ ?

■

ଆତ୍ମିକ ସୌନ୍ଦର୍ଯ୍ୟ

ସୌନ୍ଦର୍ଯ୍ୟ କବିତାର ସାଧ୍ୟ ଓ ସାଧନ ମଧ୍ୟ । ଅନ୍ୟ କଳା ଭଳି କବିତା ବି ସୌନ୍ଦର୍ଯ୍ୟକୁ ଭାରି ଅନୁରାଗରେ ଧାରଣ କରେ । ତେବେ ସୁନ୍ଦର କବିତାଟିଏ ବୋଲି ଆମେ ଯାହାକୁ କହୁ କବିତାର ସୌନ୍ଦର୍ଯ୍ୟ କ'ଣ ତାହା ? କବିତାର ସୌନ୍ଦର୍ଯ୍ୟ ତା'ର ଆଙ୍ଗିକ ଗଠନ ନା ଆତ୍ମିକ ଗଠନରେ ଥାଏ ?

ଚିତ୍ରକାର, ମୂର୍ତ୍ତିକାର ଯେମିତି ସୌନ୍ଦର୍ଯ୍ୟକୁ ଆକାର ଦିଅନ୍ତି, ଆମେ ଭାବୁ କବି ବି ଜୀବନର ଓ ପୃଥିବୀର ଅଖଣ୍ଡ ସୌନ୍ଦର୍ଯ୍ୟକୁ ଲୁଚେଇ ରଖୁଥିବ କବିତାରେ। ଆମେ ତାହାକୁ କହୁ କବିତାର କଳାତ୍ମକତା। କିନ୍ତୁ କବି ଜାଣେ ସୌନ୍ଦର୍ଯ୍ୟର ଅଖଣ୍ଡତାକୁ ପ୍ରକାଶ କରିବାର ସ୍ପର୍ଦ୍ଧା ତାହାର ନାହିଁ। ସେ ସବୁବେଳେ ଖଣ୍ଡ ସୌନ୍ଦର୍ଯ୍ୟକୁ ହିଁ ଗ୍ରହଣ କରେ ଯାହା ବିଶିଷ୍ଟ ଓ ଅସୀମ ଜଣାପଡ଼େ କବିତାରେ। ବେଳାଭୂମିଠାରୁ ଦିଗନ୍ତ ଯାଏଁ ବିସ୍ତୃତ ଜଳରାଶି, ଆକାଶ ଓ ପୃଥିବୀକୁ ଏକାକାର କରୁଥିବା ସେଇ ସୂକ୍ଷ୍ମରେଖା- ଅଖଣ୍ଡ ସୌନ୍ଦର୍ଯ୍ୟ। ଦୂରରେ ଭାସି ଯାଉଥିବା ଗୋଟିଏ ପାଲଟଣା ନାଆ ହଠାତ୍ କବିଙ୍କ ଦୃଷ୍ଟିକୁ ଆସିପାରେ ଏବଂ ଏହି ଖଣ୍ଡ ସୌନ୍ଦର୍ଯ୍ୟଟି ତାଙ୍କର ଯାଦୁକରୀ ସ୍ପର୍ଶରେ ବିଶାଳ ଆକାଶ ଓ ସମୁଦ୍ରକୁ ଗୌଣ (କେବଳ ପୃଷ୍ଠଭୂମି) କରିଦେଇ ପାରେ। କବିଙ୍କ ଦୃଷ୍ଟିରେ ସେ ପୋତଟି ହିଁ ବିଶିଷ୍ଟ ପାଲଟି ଯାଇ ପାରେ।

ଯେବେ ବି ଆମେ କୌଣସି ବିଶିଷ୍ଟ (ପ୍ରଭାବିତ କରିପାରୁଥିବା) ବସ୍ତୁ ଦେଖୁ, ତାହା ଆମ ଚିତ୍ତ ଉପରେ ପଡ଼ିଥିବା ଏକ ସ୍ଥିର ଆବରଣକୁ ହଟେଇ ଦେବାକୁ କ୍ଷମ ହୁଏ। ଅଭିନବ ଗୁପ୍ତ ତାଙ୍କର 'ନାଟ୍ୟଶାସ୍ତ୍ର' ବହିରେ ଉଲ୍ଲେଖ କରିଛନ୍ତି- ପ୍ରକୃତରେ ଆମର ଚେତନା ବା ସଂବିତ୍ ହିଁ ହେଉଛି ଅଖଣ୍ଡ ସୌନ୍ଦର୍ଯ୍ୟର ଗନ୍ତାଘର। କବି ବା କଳାକାରଙ୍କର କାମ ହେଲା ଖଣ୍ଡ ସୌନ୍ଦର୍ଯ୍ୟମାନଙ୍କର ସହାୟତା ପାଠକ, ଶ୍ରୋତା ବା ଶ୍ରୋତାଙ୍କୁ ଏହି ଅଖଣ୍ଡ ସୌନ୍ଦର୍ଯ୍ୟ ସହ ପରିଚିତ କରେଇବା। ଜଣଙ୍କ ସଂବିତ୍ ବା ଚେତନା ଯେ ସର୍ବଦା ଅସ୍ୱଚ୍ଛ ଆବରଣରେ ଢାଙ୍କି ହୋଇ ରହିଥିବା ସେମିତି ବି

ନୁହେଁ। କିନ୍ତୁ ଆବରଣ ଭଙ୍ଗର ତାରତମ୍ୟ ପ୍ରତୀତିର ସୌନ୍ଦର୍ଯ୍ୟ ପ୍ରଦାନ କ୍ଷମତାର ତାରତମ୍ୟ ନିର୍ଦ୍ଧାରଣ କରିପାରେ।

ସୌନ୍ଦର୍ଯ୍ୟ ଦୃଶ୍ୟରେ ଥାଏ ନା ଦ୍ରଷ୍ଟା ପାଖରେ ଥାଏ ? ଯଦି ଗୋଲାପ ଫୁଲର ସୌନ୍ଦର୍ଯ୍ୟ ଗୋଲାପ ଫୁଲଟି ଥାଆନ୍ତା ତା'ହେଲେ ସମସ୍ତଙ୍କୁ ଏହା ଆତ୍ମବିସ୍ମୃତ କରିପକାନ୍ତା। ଲି ୱାଲସଙ୍କ କହିବାନୁଯାୟୀ, ସୌନ୍ଦର୍ଯ୍ୟ, ଦ୍ରଷ୍ଟାର ଆଖିରେ ଥାଏ। Beauty is altogether in the eye of the beholder. ଯଦି ସୌନ୍ଦର୍ଯ୍ୟ ଆତ୍ମଗତ (ପ୍ରତ୍ୟେକଟି ଦ୍ରଷ୍ଟାର) ହୋଇଥାନ୍ତା ତା'ହେଲେ ସଭିଏଁ ଗୋଲାପକୁ ଦେଖି ଠିକ୍ ଏକାଭଳି ଆନନ୍ଦ ପାଇ ପାରୁଥାନ୍ତେ। ସେମିତି ହୁଏନି। ଗୋଲାପର ସୌନ୍ଦର୍ଯ୍ୟ ନା ଦ୍ରଷ୍ଟା ପାଖରେ ଥାଏ ନା ଦୃଶ୍ୟ (ଗୋଲାପ ଫୁଲ) ପାଖରେ ଥାଏ। ଏହାର ସୌନ୍ଦର୍ଯ୍ୟ ଅଖଣ୍ଡ ଓ ପୂର୍ଣ୍ଣ ରୂପରେ ଆମର ସଂବିତ୍‌ରେ ହିଁ ଅଛି। ଯେତେବେଳେ ଦ୍ରଷ୍ଟା ଓ ଦୃଶ୍ୟ ଏକାତ୍ମ ବା ସାମ୍ୟାବସ୍ଥାପନ୍ନ ହେଇଯାଆନ୍ତି ସେତେବେଳେ କେବଳ ସୌନ୍ଦର୍ଯ୍ୟ ହିଁ ରହେ ଯାହା ଆମ ସଂବିତ୍ ବା ଚେତନାକୁ ଉଦ୍ଭାସିତ କରାଏ। ଅଭିନବ ଗୁପ୍ତଙ୍କର କହିବାନୁଯାୟୀ ଏହା ହିଁ ହେଉଛି ପ୍ରକୃତ ସୌନ୍ଦର୍ଯ୍ୟ। ସୌନ୍ଦର୍ଯ୍ୟାନୁଭୂତିରେ ଭୋକ୍ତା (ଦ୍ରଷ୍ଟା) ଓ ଭୋଗ୍ୟ (ଦୃଶ୍ୟ) ଏକୀଭୂତ ହେଇଯାଆନ୍ତି, ଏହାକୁ ଭୋଗ କୁହାଯାଇ ପାରେ - ମୋକ୍ଷ ବି।

ଏମିତି କେତେ କବିତା ଆମକୁ ମୋକ୍ଷ ଆଡ଼କୁ ନେଇଯାଆନ୍ତି। ଆମକୁ ସୌନ୍ଦର୍ଯ୍ୟର ଅଖଣ୍ଡତା ଆଗରେ ଛିଡ଼ା କରେଇ ଦିଅନ୍ତି। ମୁହୂର୍ତ୍ତକ ଲାଗି ହେଉ ପଛେ ଆମକୁ ସବୁ ଭୁଲେଇ ଦିଅନ୍ତି। ଆମେ ଭୋକ୍ତା ଭଳି ଭୋଗ୍ୟ (କବିତା) ସହ ଏକୀଭୂତ ହେଇଯାଉ। ଏଭଳି କବିତାର ସ୍ରଷ୍ଟାମାନେ ପ୍ରାତଃ ସ୍ମରଣୀୟ। ତାଙ୍କର ଏ ଐଶ୍ୱରୀକ ଶକ୍ତି ପାଖରେ ଆମେ ମଥା ନୁଏଁଇ ଛିଡ଼ା ହେବାକୁ ବାଧ୍ୟ।

ଚାରୁତା, ରମଣୀୟତା, ସୌନ୍ଦର୍ଯ୍ୟ - ଯେଉଁ ଯେଉଁ ଶବ୍ଦ ଆମେ କବିତା ପାଇଁ ବ୍ୟବହାର କରୁ, ତାହା ବୈଷୟିକ ସୌନ୍ଦର୍ଯ୍ୟାନୁଭୂତି ଠାରୁ ଭିନ୍ନ। ବୈଷୟିକ ସୌନ୍ଦର୍ଯ୍ୟାନୁଭୂତି ବ୍ୟକ୍ତିଗତ କିନ୍ତୁ କଳା ଜଗତରେ ସୌନ୍ଦର୍ଯ୍ୟାନୁଭୂତି ଅ-ବ୍ୟକ୍ତିଗତ। ଏଠି ସାମଗ୍ରୀ, ଚେତନା ପାଖରେ ପହଞ୍ଚି ଅଦ୍ୱିତୀୟ ହେଇଯାଏ। ଯେଉଁଯେଉଁ ବାହ୍ୟ ଉପଲକ୍ଷ୍ୟମାନେ ସାମଗ୍ରୀର ସଂଜ୍ଞା (ସୁନ୍ଦର ବା ଅସୁନ୍ଦର) ନିରୂପଣ କରନ୍ତେ, ସେମାନେ ଅକାମୀ ହୋଇଯାଆନ୍ତି। ଦୁଧ-ଅଳତା ରଙ୍ଗର ଚମଡ଼ାରେ ନିଜ କଙ୍କାଳକୁ ଢାଙ୍କି ଚାଲିଯାଉଥିବା ଏକ ଅନିନ୍ଦ୍ୟ ରୂପସୀ ନିଶ୍ଚୟ କମନୀୟା। କିନ୍ତୁ ବୟସ ଭାରରେ ନଇଁ ପଡ଼ିଥିବା କୁରୂପା ବୃଦ୍ଧାଟିଏ ବି କମ୍ ଆକର୍ଷଣୀୟ ନୁହେଁ। ବୈଷୟିକ ସ୍ତରରେ ଆମେ ଏମାନଙ୍କୁ ଦେଖି ସୌନ୍ଦର୍ଯ୍ୟର ଯେଉଁ ସଂଜ୍ଞାଟି ନିର୍ଦ୍ଧାରଣ କରୁ, ତାହା କଳା ଜଗତରେ ହୁଏତ ପ୍ରଯୁଜ୍ୟ ନ ହେଇପାରେ। କବି, ଅନିନ୍ଦ୍ୟ ସୌନ୍ଦର୍ଯ୍ୟ ଭିତରୁ କଙ୍କାଳକୁ ଦେଖି

ପାରନ୍ତି ଏବଂ କୁରୂପ ଭିତରୁ ମଣିଷତ୍ୱର ମାଧୁରିମାକୁ କାଢ଼ିଆଣି ଥୋଇଦେଇ ପାରନ୍ତି। ସାମଗ୍ରୀକୁ (ସଜୀବ ଓ ନିର୍ଜୀବ) ଆପଣାର ଚେତନା ସହିତ ଏକୀଭୂତ କରେଇ ପାରିବାର ପ୍ରକ୍ରିୟାଟି ବୋଧହୁଏ ତନ୍ମୟ ଭାବ। କବି ତନ୍ମୟ ବା ତଲ୍ଲୀନ ଥିବା ଅର୍ଥ ସେ କେବଳ ବିଭୋର ନ ଥାନ୍ତି, ସୌନ୍ଦର୍ଯ୍ୟର କେଉଁ ଅପ୍ରକାଶ୍ୟ ସଂଜ୍ଞାଟିକୁ ଖୋଜି ହେଉଥାନ୍ତି।

କବିତାର ସୌନ୍ଦର୍ଯ୍ୟ ତାହାର ଅଙ୍ଗରେ ଥାଏ ନା ଆତ୍ମାରେ - ଏ ନେଇ ବହୁ ତର୍କ ହେଇ ସାରିଛି। ଅଳଙ୍କାରବାଦୀମାନେ କହିବେ, କବିତାର ସୌନ୍ଦର୍ଯ୍ୟ କବିତାର ଦେହରେ ଥାଏ। ଏମାନଙ୍କର ମତରେ, ଦେହର ସୌନ୍ଦର୍ଯ୍ୟ ବି କିଛି ନୁହେଁ ଯଦି ସେଠି ଅଳଙ୍କାର ନାହିଁ। ରୀତିବାଦୀ କବିମାନେ ବୋଧହୁଏ ଏହି ଅଳଙ୍କାରକୁ ହିଁ କବିତାର ଗୁଣ ବୋଲି ଅଭିହିତ କରିଥିବେ। ପରବର୍ତ୍ତୀ କାଳରେ କବିତାର ରମଣୀୟତା ଏହାର ଗୁଣ ପାଖରୁ ଘୁଞ୍ଚିଆସି ଏହାର ରସ ଉପରେ କେନ୍ଦ୍ରୀଭୂତ ହେଇଥିବ।

ସୌନ୍ଦର୍ଯ୍ୟ କହିଲେ ଆମେ ଏଇୟା ବୁଝୁ ଯେ, ଯାହା ଆନନ୍ଦ ଦିଏ, ଭଲ ଲାଗେ, ଭିଜେଇ ଦିଏ। ତେଣୁ ସୌନ୍ଦର୍ଯ୍ୟାନୁଭୂତି ହିଁ ରସାନୁଭୂତି, ଯାହା ଆତ୍ମିକ ଓ ଅନ୍ତର୍ଗତ। ମୋ ଭାଷାରେ ଏବଂ ଅନ୍ୟାନ୍ୟ ବହୁ ଭାଷାରେ ସମ୍ପ୍ରତି ଲେଖାଯାଉଥିବା ଅଧିକାଂଶ କବିତା ଏ ଦୁଇଟି ମତରୁ କୌଣସିଟିକୁ ଉପେକ୍ଷା କରନ୍ତିନି।

କିନ୍ତୁ ଉଲ୍ଲେଖଯୋଗ୍ୟ କଥାଟି ହେଲା, ଭାଷାର ସ୍ଥାପିତ ବ୍ୟବସ୍ଥା ଯଥା- ପଦ, ପ୍ରତ୍ୟୟ, ବିମ୍ବ, ବିନ୍ୟାସ, ମିଥ୍, ରୂପକ ଇତ୍ୟାଦିର ନ୍ୟୂନତମ ସାହାଯ୍ୟ ନିଆଯାଉଛି ଏବେ (ଯଦି ମୁଁ ଭୁଲ୍ କହୁ ନାହିଁ) ଯେମିତି ଏହା କେବଳ ମାତ୍ର ଆଶ୍ରୀଟିଏ ହେବ ଆଉ କିଛି ନୁହେଁ। ବାକି କମଟି ଭାବ ହିଁ କରିବ।

କବିତାର ରସ ପୃଥିବୀରେ (ପରିପାର୍ଶ୍ୱରେ) ନ ଥାଏ - ଥାଏ କବିର ଭାବାତ୍ମକ ସଂବିତ୍‌ରେ। କାବ୍ୟାତ୍ମକ ବିନ୍ୟାସ ଏଭଳି ପିଚ୍ଛିଳ ଯେ ସେଠି ପାଠକ (କବି ମଧ୍ୟ) ଦଣ୍ଡେ ଅଟକି ରହିପାରିବନି (ଅଗ୍ରସର ହେବାକୁ ବାଧ୍ୟ ହେବ)। ଏହା କବିତାର ଗୋଟିଏ ଗୁଣ। ଭଲ କବିତାରେ ଗୋଟିଏ ପ୍ରବାହ ଥାଏ ବୋଲି ଆମେ ଯାହା କହୁ ତାହା ବାସ୍ତବରେ ଏଇ ପିଚ୍ଛିଳତା, ପାଠକ କବିତାଟି ଆରମ୍ଭ କରି, ଶେଷ କରିବା ପରେ ହିଁ ନିଶ୍ୱାସ ନିଏ। ଏ କାମଟି କବିତାର ଆତ୍ମୀକ ସୌନ୍ଦର୍ଯ୍ୟ (ଭାବ) ହିଁ କରିଥାଏ। ଯେକୌଣସି କବିତାର କାୟିକ ରମଣୀୟତାର ସାର୍ଥକତା କେବଳ ଏତିକି ମାତ୍ର ଯେ, ସେ ପାଠକକୁ ଆପଣାର ଏକାନ୍ତ ବଖରା ଭିତରକୁ ଆସିବା ଲାଗି ଉଦ୍‌ଦୀପ୍ତ କରାଏ। ପାଠକ ସେଠି ପହଞ୍ଚି ଯିବା ପରେ ଆପାତତଃ ସେ ତା'ର ସମସ୍ତ ଅଳଙ୍କାର ଓହ୍ଲେଇ ଦିଏ। ଯାହା ରହେ, ତାହା ଆତ୍ମିକ ସୌନ୍ଦର୍ଯ୍ୟ।

■

ସ୍ପନ୍ଦିତ ମୌନ

'ଏ ଯୁଗ ଏକାଳାପୀ-ବାଚାଳତାର ଯୁଗ' ଜଣେ ବନ୍ଧୁ କହିଲେ । ସେ ବୁଝେଇ ଦେଲେ- ଦେଖୁନ, ସମସ୍ତେ କେବଳ ଗପି ଚାଲିଛନ୍ତି, କେହି ଶୁଣିବାକୁ ପ୍ରସ୍ତୁତ ନୁହନ୍ତି । ସମୟ ଓ ଧୈର୍ଯ୍ୟର ଅଭାବ ହେଉ କି ନିଃସଙ୍ଗତା, ପ୍ରତିପତ୍ତି, ପ୍ରତିଷ୍ଠା ହେଉ - କାରଣ ଯାହା ବି ହେଉଥାଉ ନା କାହିଁକି ଆମେ ସମସ୍ତେ ଏହାର ଶିକାର ହେଇ ସାରିଛେ । ରାଜଶକ୍ତି, ବୃତ୍ତି, ପରିବାର ପ୍ରାୟ ସବୁ ସ୍ତରରେ ଏ ବାଚଳତା ଛାଇ ଯାଇଛି ।

ମୁଁ ଅନେକ ସମୟ ଯାଏ ତାଙ୍କ କଥା ଶୁଣୁଥିଲି । ଶେଷରେ କହିଲି, ମଣିଷର ଏଇ ଏକାଳାପୀ - ବାଚାଳତା ବଡ଼ ଅସହାୟ ଭାବରେ କ'ଣ ଅନ୍ୱେଷଣ କରୁଛି ଜାଣିଛ- ମୌନ । ସେ ହଠାତ୍ ଚୁପ୍ ପଡ଼ିଗଲେ (ତାଙ୍କୁ ଚୁପ୍ କରେଇବା ପାଇଁ ମୁଁ ଏହା ଜମ୍ମା କହି ନ ଥିଲି) ପରେ ସେ କିନ୍ତୁ ଗୁରୁତ୍ୱପୂର୍ଣ୍ଣ କଥାଟି କହିଲେ- ହଁ, ତମେ କବିତା ଲେଖୁଛ କିନ୍ତୁ କବିତାରେ ବି ଠାଏ ଠାଏ ଏଇ ଏକାଳାପୀ-ବାଚାଳାମୀ ପଶିଗଲାଣି, ତମେ ଜାଣିପାରୁଛ କି ନାହିଁ ?

ଆପାତତଃ ଏଥର ମୋର ଚୁପ୍ ରହିବାର ପାଳି । କବିତା ଲେଖାକୁ କେହି କେହି ପାଗଳାମୀ ବୋଲି କହିଥିବାର ଶୁଣିଥିଲି କିନ୍ତୁ ଏହା ଯେ ବାଚାଳାମୀ, ଏହା ନୂଆ କରି ଶୁଣିଲି ଏବଂ ସଚେତନ ହେଲି । ବନ୍ଧୁ ମିଛ କହି ନାହାନ୍ତି । କିଛି କବିତା ଏମିତି ବି ଲେଖାଯାଉଛି ଏବଂ ତାହାକୁ କବିତା ବୋଲି ବି କୁହାଯାଉଛି ଯେଉଁଠି ଏକାକୀ ଲେଖକ (କି କବି ?) କହି ଚାଲିଛନ୍ତି (ତାଙ୍କ କଥା ଯେ କେହି ଶୁଣୁଛନ୍ତି ବା ଶୁଣିବାକୁ ବାଧ ହେଉଛନ୍ତି) ସେ ପ୍ରତି ସଚେତନ ନାହାନ୍ତି । ତାଙ୍କର ଏହି ଏକତରଫା ବକ୍ତବ୍ୟ (ଯାହାକୁ ପାଠକ/ଶ୍ରୋତା ଗ୍ରହଣ କରୁନାହିଁ) ବାଚାଳାମୀ ନୁହେଁ ତ ଆଉ କ'ଣ ? ଆମେ ସେଇ ସୁଦୀର୍ଘ ଲେଖା (କବିତା କୁହାଯାଉଥିବା)ଗୁଡ଼ିକ ଅସୀମ ଧୈର୍ଯ୍ୟ ସହକାରେ ପଢ଼ି ଶେଷ କରୁଛୁ ଠିକ୍ ଦୀର୍ଘ ସମୟ ଧରି ପାଖରେ ଚାଲିଥିବା ବିରକ୍ତିର କୋଳାହଳକୁ ସହ୍ୟ କଲା ଭଳି ।

କବିତା-ଶବ୍ଦ, ଭାବ, ଭାଷା ବା ଲିପିର କୋଳାହଳ ଜନ୍ମା ନୁହେଁ। କାବ୍ୟରାଗ ଓଁକାର ଭଳି ଆମ ଭିତରେ ଆଣିଦେଇପାରେ ମୌନ (ନୀରବତା)। କାବ୍ୟରାଗର ପ୍ରତିଟି ସ୍ନାୟୁର ସୂକ୍ଷ୍ମତମ ପ୍ରତିଧ୍ୱନିରେ ଥାଏ ମୌନ। ଏହି ନୀରବତା ବା ମୌନ, ଶବ୍ଦ (ସ୍ୱର)ର ସ୍ଥଗିତ ହେବା ବା ଏହାର ରୂପାନ୍ତରରୁ ଜନ୍ମ ନୁହେଁ। ଏହା ଭାଷା (କାବ୍ୟ ଭାଷା)ର ସ୍ଥଗିତ ଓ ନିଷ୍କାସନରୁ ଜନ୍ମ। ଏହି ମୌନକୁ ପରେ ଆମେ କବିତାର ଭାବ ବୋଲି କହିଥାଉ। ଗୋଟିଏ ସ୍ୱର, ଗୋଟିଏ ଆହ୍ୱାନ ଓ କିଛି ଅନୁଭବ ଯେତେବେଳେ ଲିପିକୁ ବଦଳେ, ଶବ୍ଦମାନେ ଉଚ୍ଚାରଣ-ଯୋନିରୁ ମୁକ୍ତି ପାଆନ୍ତି। ସେମାନେ ତାଙ୍କ ଉଚ୍ଚାରଣଠାରୁ କାହିଁ କେତେ ଗଭୀର ଓ ଅସୀମ ପାଲଟିଯାଇ ପାରନ୍ତି। ଶବ୍ଦମାନେ ମରନ୍ତି ଓ କବିତାର ଲିପି ଭାବରେ ପୁନର୍ଜନ୍ମ ନିଅନ୍ତି। ଜୀବନର ସ୍ୱାଭାବିକ ଓ ସଜୀବ ସ୍ପର୍ଶ ସହ ଯିଏ ଏକାତ୍ମ ହେଇଥିବ, ସେ କେବେ ବି ବାଚାଳାମୀ କରିବନି କବିତାରେ। ଆବଶ୍ୟକ ପଡ଼ିଲେ, ଏକ ସମ୍ମୋହନରେ ଲେଖା ସରିଥିବା ନିଜ କବିତାରୁ ବହୁ ଧ୍ୱନି, ବହୁ ବିମ୍ବ, ବହୁ ଶବ୍ଦ ଓ ଧାଡ଼ିମାନଙ୍କୁ ସେ ନିର୍ମମ ଭାବରେ କାଢ଼ି ପକାଉଥିବ ଖାଲି ଏଇଥିପାଇଁ ଯେ ଲେଖାଟି କବିତା ହେଇ ରହୁ। ପାଠକଙ୍କୁ ଜନ୍ମା ନ ଲାଗୁ ଯେ କବିଙ୍କର ମସ୍ତିଷ୍କଟି ବିଚାରମାନଙ୍କର ବ୍ୟାୟାମଶାଳା ଏବଂ ତାଙ୍କ ହୃଦୟ ନିର୍ଜୀବ ଚିତ୍ରମାନଙ୍କର ସଂଗ୍ରହାଳୟ। ଗୋଟିଏ ଝଲକ, ଟିକିଏ ସ୍ପର୍ଶ, ପାଠକକୁ ସ୍ତବ୍ଧ କରିଦେଇପାରେ- କିଛି ସମୟ ପାଇଁ ହେଉ ପଛେ ତା' ପାରିପାର୍ଶ୍ୱର ଏବଂ ତା' ଭିତରର ସବୁ କୋଳାହଳ ଥମ୍ ହେଇଯାଏ। କବିତା ଜିତିଯାଏ। ଜିତିଯାଏ କବିଙ୍କର ପ୍ରୟାସ।

ଅନ୍ୟପକ୍ଷରେ କବିତାର ଏକତରଫା ସମ୍ପ୍ରସାରଣରେ ଶବ୍ଦମାନେ କେବଳ ତାଙ୍କ ଉଚ୍ଚାରଣ ସହିତ ବାନ୍ଧି ହେଇ ରହନ୍ତି ଏବଂ ଅବଶେଷରେ ସେହି ମଣିଷର କାମରେ ବି ଆସନ୍ତିନି, ଯିଏ କବିତା ଲେଖିବା ବାହାନାରେ ସେମାନଙ୍କୁ କେବଳ କିଛି ସନ୍ଦେଶ ବା ତଥ୍ୟ ତିଆରିବା କାମରେ ଲଗେଇ ଦେଇଥାଏ। ଏଠି ଯେଉଁ ମୌନ ଜନ୍ମ ନିଏ ତାହା ସେହି ମୌନ (କବିତାର ଅନ୍ତରଙ୍ଗ ସ୍ପନ୍ଦନ)କୁ ଜନ୍ମା ଆସିବାକୁ ଦିଏନି। ଏ ବାଚାଳତା ପ୍ରଥମେ କବିତାର ଉଚ୍ଚାରଣ-ଶକ୍ତି (ଲୟ)କୁ ହତ୍ୟା କରେ ଏବଂ ପରେ ଏକ ଇନ୍ସଟ୍ରୁମେଣ୍ଟାଲ୍ (ଯାନ୍ତ୍ରିକ) ମୌନ 'କବିତାର ମୌନ'କୁ (ସ୍ପନ୍ଦନର) ପ୍ରତିରୋଧ କରେ। କବିତାର ବିନାଶର ଏହା ହିଁ ଉତ୍ତରଲୀଳା।

ଏହି ଯାନ୍ତ୍ରିକ ମୌନ କ'ଣ? ଏହା କବଳରେ ଆମେ ସଭିଏଁ ପଡ଼ିଛେ। ଆମର ବୃତ୍ତି, ଆମର ଜୀବନ ଶୈଳୀ, ଆମର ପ୍ରତିଷ୍ଠା ଆମକୁ ଦେଇଚି ଏ ଉପହାର। ମଣିଷର ସ୍ୱାଭାବିକ ଓ ସଜୀବ ସ୍ପର୍ଶଠାରୁ ଆମେ ଦୂରେଇ ରହିବାକୁ ବାଧ ହେଉଛୁ।

ଜୀବନର ବହୁବିଧ ବିକୃତି ଓ ସଂକୀର୍ଣ୍ଣତା ଭିତରେ ଆମେ ନିଃସଙ୍ଗ ହେଇ ପଡୁଛେ। ବନ୍ଧୁଙ୍କର କହିବାନୁଯାୟୀ ସମ୍ଭବତଃ ଏଇଠୁ ହିଁ ଜନ୍ମ ନେଉଥିବ ଏକାଳାପୀ-ବାଚାଳତା। ମଣିଷ ନିଜକୁ ବଖାଣିବାକୁ ବ୍ୟସ୍ତ ଅନ୍ୟକୁ ବୁଝିବା ଲାଗି ପାଖରେ ସମୟ ଓ ଧୈର୍ଯ୍ୟ ନାହିଁ। କବିତାରେ ବି ଠିକ୍ ତାହା ହିଁ ଫୁଟି ଉଠେ।

ଆମର କଠୋର ବ୍ୟକ୍ତିତ୍ୱ ପଛରେ ହୃଦୟଟିଏ ଥିବାର ସମ୍ଭାବନା ଅଛି। କିନ୍ତୁ ତାହା ସମ୍ବେଦନଶୀଳ ବୋଲି ଜାଣିବା ଲାଗି ଜୀବନର ବହୁ ନିଶ୍ଚିତ ଓ ମାର୍ମିକ ସ୍ପର୍ଶର ଆବଶ୍ୟକତା ଅଛି। କେବଳ ପ୍ରବଚନ ଓ ସିଦ୍ଧାନ୍ତମାନଙ୍କୁ ନେଇ ଯାନ୍ତ୍ରିକ ମୌନଟିଏ ଗଢ଼ାଯାଇପାରେ। ଏ ଯାନ୍ତ୍ରିକ ମୌନ ଅନେକାଂଶରେ ଠିକ୍ ଆମ ବୈଠକଖାନାର ନୀରବତା ଭଳି - ଯେତେବେଳେ ସନ୍ଧ୍ୟା ପରେ ଟିଭି ଲଗେଇ, ନିଜ ନିଜ ଦୁନିଆରୁ ଲେଉଟି ଆସିଥିବା ପରିବାରର ସଦସ୍ୟମାନେ, ପରସ୍ପର ଦ୍ୱାରା ଅସମ୍ବୋଧିତ - ଚୁପ୍ ଏବଂ ନିଃସଙ୍ଗ, ଖାଲି ଗୋଟିଏ ଔପଚାରିକତା ଦୃଷ୍ଟିରୁ ପାଖାପାଖି ବସି ଯାଆନ୍ତି। ପରସ୍ପର ନିରବତା ସହ ବି ମୋଟେ କଥା ହେଉ ନ ଥାନ୍ତି। ଟେଲିଭିଜନରେ ଚିତ୍ର ଦେଖୁଥାନ୍ତି ଯେଉଁଥିରେ ବି ଅଧିକାଂଶ ଶବ୍ଦ ଓ ଚିତ୍ରକୁ ଅକାମୀ କରିଦେଇ ମାଡ଼ି ବସିଥାଏ ସେହି ଯାନ୍ତ୍ରିକ ମୌନ।

ଲାଗୁଥାଏ ଟିଭି ପଛରେ ବି କେହି ଜଣେ ଅଛି। ଯିଏ ଭୌଗୋଳିକ, ସାମାଜିକ, ମାନସିକ ଦୃଶ୍ୟମାନଙ୍କୁ କାଟିକୁଟି ତା' ରୁଚି ମୁତାବକ ଆମକୁ ପରସି ଦେଉଛି। ଆମେ ଦେଖୁଛୁ - ଶୁଣୁଛୁ ଅଥଚ ସେହି ମୌନ (ନୀରବତା)କୁ ପାଉନୁ ଯାହା ସହିତ କଥା କହି ହେବ। କିଛି ଏଭଳି ଶବ୍ଦ ଓ ଚିତ୍ର ବି ଅଚାନକ ଆସିଯାଇ ପାରନ୍ତି ପରଦାରେ। ଯାହା ଜନ୍ମ ଦେଇପାରନ୍ତି ସେଇ ସ୍ପନ୍ଦିତ ମୌନକୁ ଓ ଆମେ ବିନା ଉଚ୍ଚାରଣରେ ଚିତ୍ର ଓ ଶବ୍ଦ ଦେଖିବା ଶୁଣିବା ବେଳେ ବି ସେ ମୌନ ସହିତ ଆଳାପ କରିପାରୁ - ପାଞ୍ଚଜଣ ପାଞ୍ଚ ପ୍ରକାରର। କବିତାରେ ମୌନ ନିଜକୁ ଏହିଭଳି ବିଧିବଦ୍ଧ ରୂପାୟିତ କରେ। ଏହା ମଣିଷ ମଣିଷକୁ ନ କହିବା (ବା କହି ନ ପାରିବା)ର ଯାନ୍ତ୍ରିକ ମୌନ ନୁହେଁ। ଏହା କବିତାର ରୂପ, ଲୟ, ଧ୍ୱନି ଓ ଉଚ୍ଚାରଣର ରୂପାନ୍ତର। କବିତା ଭାଷାର ବିକଳ୍ପ ଓ ଶ୍ରବ୍ୟ ଏବଂ ଦୃଶ୍ୟର ଚରମ ଉତ୍ତରଣ। ଆମର ଯାନ୍ତ୍ରିକ ମୌନ ବିରୁଦ୍ଧରେ ଉଚ୍ଚାରଣ ଶକ୍ତି, ଶ୍ରବ୍ୟ ଶକ୍ତି ଓ ସମ୍ବେଦିତ ସ୍ପର୍ଶରେ ପୁନର୍ଗଠନ କରୁଥାଏ କବିତା। ଯେକୌଣସି ବାଚାଳତା ବିରୁଦ୍ଧରେ ଅନ୍ତରଙ୍ଗ ମୌନ ଭଳି କବିତା ଛିଡ଼ା ହୁଏ, ଯାହାକୁ ଅନୁଭବ କରିହୁଏ, ବଖାଣିବାର ଆବଶ୍ୟକତା ରହେନି।

ଭାବନା

ଜଣେ ସହକର୍ମୀ କୌଣସି ପତ୍ରିକାରୁ କବିତାଟିଏ ପଢ଼ିଲେ ଓ ଗଦ୍‌ଗଦ୍ ହୋଇ ମୋତେ ପ୍ରଶଂସାରେ ପୋତି ପକେଇଲେ। ତାଙ୍କ ଆଖିରେ ବହୁତ ସରୁ ଧାରେ ପାଣି ଚକ୍‌ଚକ୍ କରୁଥିଲା, ସେ ଯେତେବେଳେ ମତେ ମୋ କବିତା କଥା କହୁଥିଲେ, ମୁଁ ମୁଣ୍ଡପୋତି ପଳେଇ ଯିବାକୁ ବାହାରିଥିଲି, ସେ ମୋତେ ପଛରୁ ଡାକି ପଚାରିଲେ, 'ଆପଣ କ'ଣ ଦୁଃଖମାନଙ୍କୁ କଳ୍ପନା କରନ୍ତି ?' ମୁଁ ଆଶ୍ଚର୍ଯ୍ୟାନ୍ୱିତ ଭାବେ ପଚାରିଲି, କାହିଁକି ? ସେ ତାଙ୍କର ଭାବ ପ୍ରକାଶ କଲେ। କହିଲେ, କବିମାନେ ଯେଉଁ ଦୁଃଖ କଥା ଲେଖିପକାନ୍ତି କବିତାରେ ପ୍ରକୃତରେ ଯଦି ସେ ସମସ୍ତ ଦୁଃଖ ତାଙ୍କୁ ଭୋଗିବାକୁ ପଡୁଥାନ୍ତା ସେମାନେ ତ ପାଗଳ ହୋଇଯାଆନ୍ତେ। ଜଣେ ମଣିଷ ଏତେ ଦୁଃଖ-ସବୁ ଦୁଃଖ ସହିପାରିବ ?

ମୁଁ କିଛି କହିପାରିଲିନି ତାଙ୍କୁ। କିଛି ବି କହିଲିନି। ପରାଜିତ ଭଳି ଲେଉଟି ଆସିଲି। ପୃଥିବୀର ଏତେ ଦୁଃଖ - ଏତେ ସବୁ ଦୁଃଖ - ମୁଁ କ'ଣ ସହିପାରିବି କେବେ ? କାକର ବୁନ୍ଦାଏ ନୁଏଁଇ ଦେଉଛି ମତେ। ତା'ହେଲେ ଯାହା ମୋତେ ବିଦୀର୍ଣ୍ଣ କରେ, ତାହା କ'ଣ କେବଳ କଳ୍ପନା ? ଦୁଃଖର କଳ୍ପନା ? ପୃଥିବୀର ସବୁ କବିମାନେ ଦୁଃଖକୁ ନେଇ କଳ୍ପନା କରନ୍ତି ? ସେମିତି ବି ତ ନୁହେଁ। କବିତାର ମୋହରେ କବିଟିଏ ଦୁଃଖ ସହ ବି ଏକାତ୍ମ ହୁଏ। କବିର ହୃଦୟ ସବୁଠାରୁ କୋମଳ ସମ୍ବେଦନଶୀଳ ବୋଲି କୁହା କୁହାଯାଉଥିଲେ ବି ବିଶାଳକାୟ ଦୁଃଖମାନଙ୍କ ଆଗରେ କବି ଛିଡ଼ା ହୋଇଯାଏ ପାହାଡ଼ ଭଳି, ମୁଣ୍ଡ ନୁଆଁଏଁନି। କେତେ ସାହସୀ ଜଣାପଡ଼େ ସେ। ସେ କ'ଣ ସାହସୀ ପ୍ରକୃତରେ। ଏକାନ୍ତ ମୁହୂର୍ତ୍ତମାନଙ୍କରେ ଜୀବନ ଓ ପରିବେଶର ଛୋଟବଡ଼ ଦୁଃଖମାନେ ତାକୁ କଷ୍ଟ ଦେଉଥାନ୍ତି। ସେ ନିରବରେ ସହୁଥାଏ (ସେ ମଧ୍ୟରୁ ଅଧିକାଂଶ ଅଙ୍ଗେ ନିଭେଇ ନ ଥିଲେ ବି)।

କବି ଭାବୁଥାଏ, ପୃଥିବୀର ଉତ୍ପତ୍ତି କାଳରୁ ବୋଧେହୁଏ ସବୁଠାରୁ କାଳିମାମୟ

ସମୟ ଭିତରେ ସେ ବଞ୍ଚିଛି। ବୋଧହୁଏ ଏମିତି ସବୁ କାଳରେ ସବୁ ଯୁଗରେ କବିକୁ ଲାଗିଥିବ। କାହିଁକି ନା କବି ସବୁବେଳେ ଶିକାର ପାଖରେ ନିଜକୁ ଛିଡ଼ା କରାଏ, ଶିକାରୀ ପାଖରେ ନୁହେଁ। ହୃଦୟ ଭିତରେ ଲୁଚି ରହିଛି ପାପ, ବିଚାରଧାରା ଭିତରେ ଅନ୍ଧକାର, ରାସ୍ତା ଉପରେ ରକ୍ତ, ନେତୃତ୍ୱର ପତନ, ବୟସ୍କଙ୍କର ଦାୟିତ୍ୱହୀନତା, ତରୁଙ୍କର କୁଣ୍ଠା, ରାଜଗାଦୀର ଅହଂକାର, ଜାତି-ଧର୍ମ-ବର୍ଣ୍ଣ-ରାଷ୍ଟ୍ରୀୟତା-ଲିଙ୍ଗ ଭେଦରେ କ୍ରମବର୍ଦ୍ଧିଷ୍ଣୁ ଶୋଷଣ ଏବଂ ସର୍ବ ଶେଷରେ ମାନବ ଜାତିକୁ ଧ୍ୱଂସ କରି ଦେବାକୁ ବାହାରିଥିବା ଯୁଦ୍ଧର ଆତଙ୍କ। ଏସବୁ କ'ଣ ଯଥେଷ୍ଟ ନୁହେଁ ଜଣେ ସମ୍ବେଦନଶୀଳ ମଣିଷକୁ (କବିତା ନ ଲେଖୁଥିଲେ ବି) ଦୁଃଖୀ କରେଇବାକୁ।

ଅତ୍ୟାଚାର ରୂପକ ବିଶାଳ ମୂର୍ତ୍ତି ଆଗରେ ନିଜ କ୍ଷୋଭର ଅସହାୟ-ନପୁଂସକ ସ୍ଥିତି କବି ଦେଖିଛି। ମଣିଷର ଭବିଷ୍ୟତର ଭୟାବହତାକୁ ଅନୁଭବ କରିଛି। ଫୁଲ ପାଖରେ ରକ୍ତର ଗନ୍ଧ, ପ୍ରେମ ପାଖରେ ନିର୍ବାସନ ଓ ପାଦ ତଳେ ଟାଇମ୍ ବମ୍ ଥିବାର ସତ୍ୟତା ସେ ଜାଣିଛି। ସେ ଅନ୍ୟାୟ ଦେଖିଛି ଓ ଏକ ଅଧିକ ମାନବୀୟ ବ୍ୟବସ୍ଥା ପାଇଁ ସ୍ୱର ଉଠେଇଛି। ନିଶ୍ଚିତ ଭାବରେ ତା' ଜୀବନରେ ସ୍ୱର୍ଗର କିଛି ମନୋରମ ଦୃଶ୍ୟ ଆସିଥିବ କିନ୍ତୁ ନର୍କର ଯନ୍ତ୍ରଣା ତାକୁ ଲେଖିବାକୁ ବାଧ୍ୟ କରିଛି। ଏ ନାରକୀୟ ପୀଡ଼ାର ତୀବ୍ରତା କେତେ ଗଭୀର ତାହା ତାକୁ ଜମ୍ମା କଳ୍ପନା କରିବାକୁ ପଡ଼ିନି। କାହିଁକି ନା ତାହା ତା'ର ସନ୍ତୁଷ୍ଟ ଓ ସୁଖମୟ ଜୀବନର ହାତ ଧରି ସାଥେ ସାଥେ ଚାଲିଛି।

ତେବେ ଏଠି କଥାଟିଏ ରହିଗଲା, କବିତାରେ କଳ୍ପନାର ଭୂମିକା କ'ଣ? ବସ୍ତୁତଃ କଳ୍ପନା ଦ୍ୱାରା ଆମେ ସମ୍ଭାବ୍ୟ ଓ ଇପ୍‌ସିତ ବସ୍ତୁର ମାନସିକ ଅଙ୍କନ କରିଥାଉ। ସେ ଦୃଷ୍ଟିରୁ ଯେକୌଣସି ସୂକ୍ଷ୍ମ ବା ସ୍ଥୁଳ ନିର୍ମାଣରେ କଳ୍ପନାର ଆବଶ୍ୟକତା ଅନ୍ତେ ବହୁତେ ରହିଛି। ଆମର ଭାବକୁ କଳ୍ପନା ହିଁ ପୁଟ ଦେଇ ସଂଯୋଜିତ କରାଏ। କଳ୍ପନାର ଅଭାବରେ ବସ୍ତୁ-ଜଗତରେ କୌଣସି ପ୍ରକାରର ସଂଯୋଜନା ସମ୍ଭବ ହେବା କାଠିକର ନିଶ୍ଚୟ। କିନ୍ତୁ କଳ୍ପନା, କଦାପି ଅପୂର୍ଣ୍ଣ-ଅନୁଭୂତି ଛାଡ଼ି ଯାଇଥିବା ଅଧା କାମଟି ପୂର୍ଣ୍ଣ କରି ପାରିବନି ଏହା ବି ସତ। ଯାହା ଅନୁଭୂତ ହୋଇ ନାହିଁ ଇନ୍ଦ୍ରିୟ ଦ୍ୱାରା, ସେଠି କେବଳ କଳ୍ପନା ଦ୍ୱାରା ଅନୁରାଗର ତୀବ୍ରତା ଓ ସମ୍ବେଦନଶୀଳତା ସମ୍ଭବ ନୁହେଁ। କଳ୍ପନା ଦ୍ୱାରା ଭାବକୁ ଅନୁରଞ୍ଜିତ କରାଯାଇ ପାରେ, ଏକ ପ୍ରକାର ବୌଦ୍ଧିକ ତନ୍ମୟତାର ଆଭାସ ବି ଅଣାଯାଇ ପାରେ, କିନ୍ତୁ କଳ୍ପନାର ସୁନେଲି କିରଣ ସବୁ ମଝିରେ ବିନା ଅନୁଭବରେ ମନସ୍ତାତ୍ତ୍ୱିକ ଓ ହୃଦୟଗତ ଉଦ୍‌ବେଳନକୁ ପ୍ରସ୍ଫୁଟିତ କରେଇବା ସମ୍ଭବ ନୁହେଁ।

ମାନସିକ ଉଦ୍‌ବେଳନ ଓ ଆବେଗମାନଙ୍କର ଆରୋହ-ଅବରୋହର

ସଂଯୋଜନା ଆମର ଭାବନା ହିଁ କରିଥାଏ, ଯାହା କଳ୍ପନାଠାରୁ ଅଧିକ ସ୍ଥିର ଓ କୋମଳ। ମନର ଏକାଗ୍ରତା ପାଇଁ କଳ୍ପନା ନୁହେଁ ଭାବନାର ଭୂମିକା ଅଧିକ। ସମସ୍ତ ଅନ୍ତର୍ଗତ ଓ ବାହ୍ୟ ଅବଲମ୍ବନମାନଙ୍କୁ ଭାବନା ଦ୍ୱାରା ଏକତ୍ର କରାଯାଏ, କଳ୍ପନା ଦ୍ୱାରା ନୁହେଁ। କଳ୍ପନା, ମନର ଚଞ୍ଚଳତା ଭଳି ଆମକୁ ଇତଃସ୍ତତ କରେଇ ଦେଇ ପାରେ କିନ୍ତୁ ଭାବନା ଆମକୁ କ୍ରମଶଃ ଧ୍ୟାନ ଆଡ଼କୁ ଆଗେଇ ନେଇଯାଏ। ଭକ୍ତ ଆପଣାର ଇଷ୍ଟଙ୍କର ଭାବନା କରେ, କଳ୍ପନା ନୁହେଁ।

କବିତା ଜୀବନକୁ ଯେତିକି ଗଭୀରତାରେ ସ୍ପର୍ଶ କରେ, ତା' ଲାଗି ସେତିକି ଗମ୍ଭୀରତାର ଆବଶ୍ୟକତା ଥାଏ, ସେ ଗମ୍ଭୀରତା କଳ୍ପନାର ଚଞ୍ଚଳତା ନୁହେଁ, ଭାବନାର ଏକାଗ୍ରତା ହିଁ ଦେଇଥାଏ। କଳ୍ପନା ରଙ୍ଗ ଭରି ଦେଇପାରେ ସତ କିନ୍ତୁ ଭାବନା କବିତାରେ ଜନ୍ମ ନେଇଥିବା ଆସ୍ଥାଟିକୁ ପ୍ରଗାଢ଼ କରାଏ।

ସେଦିନ ମୁଁ ମୋର ସହକର୍ମୀ ବନ୍ଧୁଙ୍କୁ ତା'ହେଲେ କହିପାରିଥାନ୍ତି, 'ମୁଁ ଦୁଃଖମାନଙ୍କୁ କଳ୍ପନା କରେନି - ଦୁଃଖମାନଙ୍କୁ ଭାବେ।' କେଜାଣି, ସେ କ'ଣ ବୁଝି ପାରିଥାଆନ୍ତେ(?)।

ସ୍ୱାନୁଭୂତି

ବଙ୍ଗଳାର ବାଉଲମାନଙ୍କର ସଙ୍ଗୀତରେ ଗୋଟିଏ ଧାଡ଼ି ଅଛି- 'ଏଇ ମାନୁଷେ ସେଇ ମାନୁଷ୍ ଆଛେ'। ମଣିଷ ବାହାରକୁ ଯାହା ଦେଖାଯାଉଛି ଅସଲରେ ସେ ତା'ଠାରୁ ବହୁତ ଅଧିକ। ଭିତର ମଣିଷଟିକୁ ଚିହ୍ନି ପାରିଲେ ବାହାର ମଣିଷଟି ବିଷୟରେ ରହିଥିବା ଆମର ଦୃଷ୍ଟିଭଙ୍ଗୀ ବଦଳିଯାଏ। ଭିତର ମଣିଷକୁ ସ୍ପର୍ଶ କରିପାରିଲେ ବାହାର ମଣିଷଟି ପ୍ରତି ସମ୍ମାନ ଆସିଯାଇ ପାରେ। ମଣିଷ ହତାଦର କରିବାକୁ ଜମ୍ମା ଇଚ୍ଛା ହୁଏନି। ନିଜେ ନିଜକୁ ଚିହ୍ନି ପାରିଲେ ନିଜକୁ ବି ଅସମ୍ମାନ କରିବାକୁ ସାହସ କୁଳାଏନି, କବି ଭାଗ୍ୟବାନ। ତାଙ୍କୁ ଏ ଦୃଷ୍ଟି ମିଳିଥାଏ। ବାହାରକୁ ଭେଦ କରି ଭିତରକୁ ପରଖିବାର ଦୃଷ୍ଟି। ନିଜକୁ ପରଖିବାର ଦୃଷ୍ଟି। ଅନ୍ୟର ଅନୁଭୂତିକୁ ଆପଣାର ଅନୁଭୂତି ଭଳି ଅବିକଳ ଗ୍ରହଣ କରିପାରିବାର ଦୃଷ୍ଟି।

ଅସରନ୍ତି ଅନୁଭୂତି ଧାରଣ କରି ବି ଜଣେ କବି ହେଇ ପାରନ୍ତିନି କେବଳ ଏ ଦୃଷ୍ଟିର ଅଭାବ ଯୋଗୁଁ। ସେ ହୁଏତ ଭ୍ରମଣକାହାଣୀ କି ଆତ୍ମଜୀବନୀ ଲେଖିଲା ଭଳି ନିଜ ଅନୁଭୂତି ବଖାଣୁଥାନ୍ତି - ତାହା ହୁଏତ ସାହିତ୍ୟ ହୋଇପାରେ କିନ୍ତୁ କବିତା କେବେ ହେଲେ ନୁହେଁ। କବିତା ପାଇଁ ଆବଶ୍ୟକ ହୁଏ ସମ୍ବେଦନ ଯାହା ଚିନ୍ତନ (ବୁଦ୍ଧି)ଠାରୁ ଅଗ୍ରାଧିକାର ଦାବି କରେ କବିତାରେ। ଆମ ପରିବେଶ ଯେଉଁ ଦୁଃଖାତ୍ମକ ବା ସୁଖାତ୍ମକ ଅନୁଭୂତିମାନଙ୍କୁ ଜନ୍ମ ଦିଏ ତାହାକୁ ବୁଦ୍ଧି (ଚିନ୍ତନ) ଛୁଇଁବା ପୂର୍ବରୁ ସମ୍ବେଦନା ଗ୍ରହଣ କରିସାରିଥାଏ। ଶିଶୁ ଆଲୋକ ଓ ଅନ୍ଧକାରର କାରଣ ଜାଣିବା ପୂର୍ବରୁ ସେମାନଙ୍କର ଉପସ୍ଥିତିରୁ ସୁଖାତ୍ମକ ଓ ଦୁଃଖାତ୍ମକ ସମ୍ବେଦନା ପ୍ରାପ୍ତ କରି ସାରିଥାଏ ଯାହା ସେ ତା'ର ଶବ୍ଦହୀନ ଅଭିବ୍ୟକ୍ତି (ହସ ବା କାନ୍ଦ) ଦ୍ୱାରା ବ୍ୟକ୍ତ କରିଥାଏ।

ତେବେ କହିବାର କଥାଟି ହେଲା ଅନୁଭୂତି ସଭିଙ୍କର ଅଛି। ଜଣେ ବାଳକର, ଯାହାର ମାନସିକ ବିକାଶ ହୋଇନାହିଁ ଏବଂ ଜଣେ ପାଗଳର ବି ଯାହାର ମାନସିକ

ବିଘଟନ ସଂଘଟିତ ହୋଇସାରିଛି - ଉଭୟଙ୍କର ଅନୁଭୂତି ନିଶ୍ଚୟ ରହିଛି। କିନ୍ତୁ କବିତା ବୋଧହୁଏ କେବଳ ଅନୁଭୂତି ନୁହେଁ - ସ୍ୱାନୁଭୂତି ଖୋଜେ। ଏ ସ୍ୱାନୁଭୂତିଟି କ'ଣ? ମଣିଷ ତା' ଭିତରେ ଏମିତି ଏକ ମାନସିକ ପରିବେଶ ଗଢ଼ି ତୋଳିବ ଯଦ୍ୱାରା ଅନ୍ୟର ସୁଖାତ୍ମକ ଓ ଦୁଃଖାତ୍ମକ ଅନୁଭୂତି ତା'ର ଆପଣାର ହୋଇଯାଇ ପାରିବ। ସ୍ୱାନୁଭୂତି ତେଣୁ କେବଳ ସତ୍ୟର ଅନୁଭୂତି ନୁହେଁ ବରଂ ଏକ ବିଶେଷ ମାନସିକ ପରିବେଶରେ ପରୀକ୍ଷିତ ଏବଂ ସ୍ୱୀକୃତ ସତ୍ୟ ଅଟେ। ଏହାକୁ ପାଇବା ପାଇଁ ଅନ୍ୟର ବାହାରକୁ ଭେଦ କରି ତା' ଭିତରେ ପ୍ରବେଶ କରିବାକୁ ହୁଏ। ଭିତର ମଣିଷକୁ ପରଖିବାକୁ ହୁଏ, ସେଇ ଅତିନ୍ଦ୍ରୀୟ ଦୃଷ୍ଟିରେ - ଅବିକଳ ସେ ମଣିଷଟି ନିଜକୁ ଯେମିତି ଦେଖନ୍ତି ଠିକ୍ ସେମିତି।

ସାମାଜିକ ପ୍ରାଣୀ ହୋଇଥିବା କାରଣରୁ ଆପଣାର ସମଧର୍ମୀଙ୍କର ସୁଖ-ଦୁଃଖରେ ଆମେ ଗୋଟିଏ ସୀମା ପର୍ଯ୍ୟନ୍ତ ପ୍ରଭାବିତ ହୋଇଥାଉ। ଏହାକୁ ଆମେ କହୁ ସହାନୁଭୂତି। ସହାନୁଭୂତିର ମାର୍ଗ କିନ୍ତୁ ସ୍ୱାନୁଭୂତିର ମାର୍ଗଠାରୁ ସଲଖ। ଅର୍ଦ୍ଧାଧିକ ଦଗ୍ଧ ବୋହୂଟି ମରଣ ସହ ଲଢୁଥିବା ବେଳେ ଆମେ ତାକୁ ସହାନୁଭୂତି ଦେଇପାରୁ, ତା' ପାଇଁ କାନ୍ଦିପାରୁ, ତା'ର ବୟାନ ନେଇପାରୁ, ତାକୁ ନ୍ୟାୟ ମିଳୁ ବୋଲି ସ୍ୱର ଉଠେଇ ପାରୁ। କିନ୍ତୁ ଏ ସବୁ ବାଦ୍ ବି ତା'ର ଅନୁଭୂତି, ଅନୁଭବ ଏବଂ ପୀଡ଼ାକୁ ନିଜ ଛାତି ପର୍ଯ୍ୟନ୍ତ ଟାଣି ଆଣିବା ପାଇଁ ତାକୁ ଠିକ୍ ତା' ଭଳି ଅନୁଭବ କରିବା ପାଇଁ ଦରକାର ପଡ଼େ ସ୍ୱାନୁଭୂତି। ସହାନୁଭୂତିର ଦ୍ୱାର ଦେଇ ସ୍ୱାନୁଭୂତି ପର୍ଯ୍ୟନ୍ତ ଅବଶ୍ୟ ଚାଲିଯାଇ ହେବ।

ବର୍ତ୍ତମାନ ତ ଅଧିକାଂଶ ମଣିଷ ପଣ୍ୟ ଭଳି ବ୍ୟବହୃତ ହେଉଛନ୍ତି। ପୃଥିବୀର ରାଜନୀତି, ଅର୍ଥନୀତି ଏମିତି କି ଧର୍ମନୀତି ଏହାକୁ ଭାରି ଶଠତାରେ ସହମତି ଦେଉଛି। ଏ ଅଗଣିତ ମଣିଷଙ୍କ ଭିତରେ ଯେ ଅନ୍ୟର ସୁଖ-ଦୁଃଖକୁ ଅନୁଭବିବାର କ୍ଷମତା ନାହିଁ, ସେମିତି କହି ହେବନି। ହେଲେ କେବେ ସ୍ୱାର୍ଥର ସଂଘର୍ଷ, କେବେ ଅନାଭ୍ୟାସ, କେବେ ଅତିଶୟ ଅହଂ ବା କେବେ ଜୀବନ ପ୍ରତି ବୀତସ୍ପୃହରୁ ହେଉ ସେମାନଙ୍କ ଭିତରେ ସମ୍ବେଦନା ଭଳି ଏଇ ଅନୁରାଗଟି ଅପସରି ଯାଉଛି। ଏଭଳି ଏକ ସମାଜର ମନଃସ୍ଥିତିକୁ ସେଇ କୌତୂହଳ ଜନଗହଳି ସହିତ ତୁଳନା କରାଯାଇପାରେ, ଯିଏ କ୍ରୁରତାକୁ ବିନୋଦ ଭଳି ଉପଭୋଗ କରୁଥାଏ। ଏମିତି ଏକ ସମାଜରେ କବିଟିଏ ବାରି ହେଇଯିବା ନିଶ୍ଚିତ। ସେ ସହାନୁଭୂତି ଜଣେଇବାର ସୁଯୋଗ ନ ପାଇଲେ ବି ସ୍ୱାନୁଭୂତିରେ ବିଗଳିତ ହେଉଥାଏ। ସ୍ୱାନୁଭୂତିରୁ ଲେଖୁଥାଏ କବିତା, ଯେଉଁଠି ପାଠକ ନିଜକୁ ଅବିକଳ ଦେଖିପାରୁଥାଏ।

କବିତାକୁ ପରମ-ରହସ୍ୟମୟତା ଓ ଚମତ୍କାରିତା ବୋଲି କହିବାର ପଛରେ କବିର ଏଇ ଆନ୍ତରିକ ଅନୁରାଗ ହିଁ ସଜାଗ ଥାଏ। ଅସୁନ୍ଦର ବର୍ତ୍ତମାନ ଭିତରେ ସୁନ୍ଦର ଅନ୍ୟ ଏକ ବର୍ତ୍ତମାନଟିଏ ଅଛି ବୋଲି ସେ ବିଶ୍ୱାସ କରେ। ଅସୁନ୍ଦର ମଣିଷଟି ଭିତରେ ସୁନ୍ଦର ମଣିଷଟି ଅପେକ୍ଷା କରିଛି - କବି ଆପଣାର ଏଇ ବିଶ୍ୱାସରେ ଅବିଚଳିତ ଥାଏ ଓ ସେଇ ମଣିଷଟିକୁ ଜାଗରୁକ କରିବା ପାଇଁ କବିତା ଲେଖୁଥାଏ। କେବଳ ଏଇ ଆଶାରେ ଯେ ବାହାରକୁ ଯାହା ବି ଦିଶୁଥାଉ ନା କାହିଁକି ମଣିଷ ଭିତରେ ସେଇ ଅସଲ ମଣିଷକୁ କାଳେ ସେ ଟିକିଏ ଛୁଇଁଦେଇ ଆସିପାରିବ।

ପ୍ରତିବଦ୍ଧତା

ଯିଏ ଏ ଜାଗାରୁ ସେ ଜାଗାକୁ ପଳାଏ ସେ କବି ନୁହଁ। ଯେତେ ଅସହାୟତା, ଯେତେ ପ୍ରୟୋଜନ, ଯେତେ ପରାଜୟ ଥାଉ ଯିଏ ପଳାୟନକୁ ଆଶ୍ରା କଲା, ସେ କବି ନୁହେଁ। ମଣିଷମାନଙ୍କ ଭିତରୁ କେତେକ ସଂସାରକୁ ଅସାର ବୋଲି କହି ବୈରାଗୀ ହେଇ ଯାଇଛନ୍ତି। ପଳାଇ ଯିବାକୁ ମୁକ୍ତି ବୋଲି କହିଛନ୍ତି।

କବି ଲାଗି ମୁକ୍ତିର ଅର୍ଥ ନିଆରା, ସେ ସକଳ ଦୁଃଖ, ଜଞ୍ଜାଳ, ଲାଞ୍ଛନା ଓ ଅପମାନ ଭିତରେ ବଞ୍ଚେ-ଉପରୁ ବୈରାଗୀଟିଏ ଭଳି ଦିଶୁଥିଲେ ବି ଭିତରେ ଭିତରେ ଭାରି ଆନ୍ତରିକତାରେ ସହୁଥାଏ ଘାଆମାନଙ୍କୁ। ସହୁଥାଏ କବିତା ପାଇଁ। କାଳେ କବିତାର ଦ୍ୱାର ଦେଇ ଛୁଇଁ ଆସି ହେବ ମୁକ୍ତିକୁ। ତା' ଲାଗି ମୁକ୍ତି ସୁନ୍ଦର କବିତାଟିଏ ଲେଖିବା ଭଳି ଅକସ୍ମାତ୍ ଓ ସୀମିତ ସମୟ ସାପେକ୍ଷ। ତେଣୁ ତା'ର ଆନନ୍ଦ ବି କ୍ଷଣିକ। କିନ୍ତୁ ଗୋଟିଏ କଥା ସେ ଚିରକାଳ ଅନୁଭବି ଥାଏ, ଶୁଣି ଆସୁଥାଏ, କେବେ ଆବଶ୍ୟକ ପଡ଼ିଲେ କହୁଥାଏ ବି ଯେ କବିତା ସଦାକାଳେ ଜୀବନଧର୍ମୀ।

ଏ ସଂସାର ଭିତରେ ରହି ଯେଉଁମାନେ ପଳେଇଗଲା ଭଳି ଆତଯାତ ହେଉଥାନ୍ତି, ଜୀବନକୁ ଏକ ବୋଝ ବୋଲି ମାନିନେଇଥାନ୍ତି ଏବଂ ଅଶାନ୍ତ ଥାଆନ୍ତି, ସେମାନଙ୍କ ଭିତରେ କବି ନ ଥାଏ। ଜୀବନକୁ ଭାଗ ଭାଗ କରି ଅନୁରୂପ ଅଭିନୟ ଓ ସାଲିସ୍‌ମାନ କରି ଜିଉଁଥିବା ମଣିଷମାନଙ୍କ ମଝିରେ କବିଟିଏ ଜୀବନ ପାଖରେ ନିଷ୍ପାପର ଥାଏ। ଦିବାନିଶି ଅର୍ଥ ଲାଳସାରେ ଲଟପଟ ହେଉଥିବା ମଣିଷ ପରମାର୍ଥଙ୍କର ଗୁଣଗାନ କରି ପାରିବନି। ସାରା ମୁହୂର୍ତ୍ତ କ୍ଷମତାର ଦୋଳିରେ ଝୁଲିବାକୁ ଆପ୍ରାଣ ଉପଭୋଗ କରୁଥିବା ଲୋକ, ମଣିଷର ହାହାକାର ଓ ଦୈନ୍ୟକୁ ଛୁଇ ପାରିବନି। ଏ ଭଳି ମଣିଷଟିଏ କବି ହେଲେ, କବିତାର ସେତୁଟିଏ ବାନ୍ଧିବା କାଠିକର ହେଇଯାଏ। ଯାବତୀୟ ଶବ୍ଦ-ଖେଳ ଭିତରେ କବିତା କେଉଁଠି ହଜିଯାଏ। ନିଜକୁ ପ୍ରତାରିତ କରି ନୁହେଁ, ନିଜର ସକଳ ଅସମ୍ମତି ଓ ଅନମନୀୟତା ଉପରେ ବିଜୟ ହାସଲ କରିପାରିଲେ ହିଁ ସେତୁଟିଏ

ତିଆରି ହୁଏ। ପାଠକ ହିଁ ଚିହ୍ନେଇ ଦିଏ କବିକୁ। କବି ତ ସେତେବେଳକୁ ବୈରାଗୀ ପାଲଟି ସାରିଥାଏ। ଏମିତି କି 'କବି' ବୋଲି ପରିଚୟ-ଫଳକ ପ୍ରତି ବି ସେ ନିସ୍ପୃହ ହେଇ ସାରିଥାଏ।

ତେବେ କବିତାକୁ ଜୀବନଧର୍ମୀ କହିବାର ଅର୍ଥ କ'ଣ? ଏମିତି କିଛି କୃତି ଅଛି, ଯାହା ଜୀବନଠଶରୁ ବି ବିଶାଳ ଓ ଗଭୀର ଜଣାପଡ଼େ। ଆଶ୍ଚର୍ଯ୍ୟ ଲଗେ ସେଇ ତେଲ-ଲୁଣର ସଂସାର ଭିତରେ ଜିଉଁଥିବା ମଣିଷଟି କେମିତି ଜୀବନ ଓ ସଂସାର ଠାରୁ ବିଶାଳ କୃତିକୁ ଜନ୍ମ ଦେଇପାରିଲା, ଏମିତି କାହିଁକି ହୁଏ? କେମିତି ହୁଏ? ଜୀବନର ସମ ବିସମ ଅସଂଖ୍ୟ ପୂର୍ବରାଗମାନଙ୍କୁ ନେଇ ବିଜ୍ଞାନ ସେମାନଙ୍କର ଉପଯୋଗିତା ଓ ଅନୁପଯୋଗ ବିଷୟରେ ଚିନ୍ତା କରୁଥାଏ, ଦର୍ଶନ ସେମାନଙ୍କ ଭିତରେ ଛନ୍ଦି ହେଇଥିବା ବନ୍ଧନମାନଙ୍କୁ ଭାଙ୍ଗୁଥାଏ କିନ୍ତୁ କବିତା ସେମାନଙ୍କ ଉପରେ ଆହୁରି ସ୍ନେହମୟ ରଙ୍ଗ ଢାଳିଦେଇ ତାହାକୁ ଆତ୍ମୀୟ ସ୍ୱୀକୃତି ଦେଇଥାଏ। ଏଣୁ ପୂର୍ଣ୍ଣତମ କୃତିଟି ଜୀବନର ବିସ୍ତାର ଓ ଗଭୀରତାକୁ ଧାରଣ କରିନିଏ। ହେଲେ, ସେ ରହେ ସେଇ ଜୀବନ ଭିତରେ, ଠିକ୍ ସମୁଦ୍ରର ଅତଳ ଗଭୀରତାରୁ ଉଠୁଥିବା ତରଙ୍ଗ ଭଳି ଯାହା ଉଚ୍ଚକୁ ଉଠିଯାଏ, ସୀମା ଲଂଘିଯାଏ କିନ୍ତୁ ରହେ ସେଇ ସମୁଦ୍ର ଭିତରେ। ଆପଣାର ଜନ୍ମ, ସ୍ଥିତି ଓ ଲୟ ପାଇଁ ତାକୁ ସମୁଦ୍ରରେ ହିଁ ରହିବାକୁ ହୁଏ। କବି ଏମିତି ବାନ୍ଧି ହେଇଥାଏ ଜୀବନ ସହ, ଏମିତି ବାନ୍ଧି ରଖିଥାଏ କବିତାକୁ ନିଜ ସହ।

ଏ ବନ୍ଧନକୁ ଆମେ ଗୋଟିଏ ଭଲ ଶବ୍ଦରେ କହୁ 'ପ୍ରତିବଦ୍ଧତା'। କବିର ମାନସିକ ଗଠନ, ଅନୁଭବ ଓ କ୍ରିୟା-ପ୍ରତିକ୍ରିୟା ଏକ ବିସ୍ତୃତ ଫଳକ ଉପରେ ପ୍ରତିବିମ୍ବିତ ହେଉଥାଏ। ତା'ର କବିତା ତେଣୁ ବ୍ୟକ୍ତିଗତ ରୁଚି ମାତ୍ର ହେଇ ରହେନି। ତାହା ଏକ ସମୟରେ ଏକାଧିକ ମଣିଷକୁ ସ୍ପର୍ଶ କରିପାରେ ଭିନ୍ନ ଭିନ୍ନ ଭାବରେ। କୌଣସି ଏକ କବିତାର ପୃଷ୍ଠଭୂମିରେ କବି ମହାଦେବୀ ବର୍ମାଙ୍କର ଲିଖିତ ଏଇ କଥାଟି ମତେ ଭଲ ଲାଗିଥିଲା। ତାଙ୍କ କହିବାନୁଯାୟୀ ସହସ୍ରଦଳ କମଳ ଧୀରେ ଧୀରେ ମୁକୁଳିତ ହେଲା ଭଳି ଜୀବନର ସତ୍ୟ ଧୀରେ ଧୀରେ ପ୍ରସ୍ଫୁଟିତ ହେଉଥାଏ। ମୁକୁଳିତ ହେବାକୁ ସେ ସୁନ୍ଦର ଓ ଏହାର ଅନୁଭୂତିକୁ ସେ ଶିବ ବୋଲି ନାମିତ କରନ୍ତି। ଭିତରେ, କମଳ-କୋଷରେ ବସିଥିବା ମହୁମାଛିଟି କେବଳ ମଧୁକୁ ଚିହ୍ନେ, ପାଖୁଡ଼ା ଉପରେ ଚକ୍କର କାଟି ଘୁରୁଥିବା ଭ୍ରମରଟି କେବଳ ସୌରଭକୁ ଚିହ୍ନିଥାଏ। କିନ୍ତୁ ଏ ସବୁଥିରୁ ଦୂରରେ ସ୍ପର୍ଶ ଦେଇପାରିବାର ଦୃଷ୍ଟି ହିଁ ସମ୍ପୂର୍ଣ୍ଣ ସତ୍ୟକୁ ଦେଖିପାରେ। ସତ୍ୟ-ଶିବ-ସୁନ୍ଦରକୁ ଏକାଠି ଧାରଣ କରିପାରେ। ଜୀବନର ସତ୍ୟ ସମ୍ମୁଖରେ କବି - ଦୃଷ୍ଟି ଠିକ୍ ଏହିଭଳି ଦଣ୍ଡାୟମାନ ହେଇଥାଏ।

କବିର ପ୍ରତିବଦ୍ଧତା କେବଳ ସୌନ୍ଦର୍ଯ୍ୟ ଦେଖି ମୋହିତ ହୁଏନି । ଏହା କଦାଚିତ୍ ଗଭୀର ନିର୍ଲିପ୍ତତାର ବି ବିରୋଧ କରେ । ନିର୍ଭୟତାର ସହିତ ଦେଖିବା ଓ କହିବାର ଏକ ସଂକଳ୍ପ ତା' ଭିତରେ ଥାଏ (ସତ୍ୟ ଓ ଶିବ ଭଳି) । ସେ ଅନୁଭବମାନଙ୍କୁ ପ୍ରତାରିତ କରେନି । ଜୀବନ ପାଖକୁ ଖସି ପଳାଏନି । ଏଇ ପ୍ରତିବଦ୍ଧତା ଯୋଗୁ ହିଁ ମହାଭାରତର ଅନ୍ତିମ ପର୍ବରେ ବ୍ୟାସ ହାତ ଉଠେଇ ନ୍ୟାୟ ମାଗନ୍ତି ଓ ବାଲ୍ମିକୀ ପରିତ୍ୟକ୍ତା ସୀତାଙ୍କ ସହିତ କାନ୍ଦି ପକାନ୍ତି ।

ପ୍ରେମ

କବିତାକୁ କେମିତି ଚିହ୍ନେ କବି ?, କବିତାକୁ ଚିହ୍ନେ ନା କବିତା ପଚାଶ ଜଣଙ୍କ ଭିତରୁ କବିକୁ ବାଛିନିଏ। ଏ ଅବଶ୍ୟ ଗୋଟିଏ ରହସ୍ୟ କିନ୍ତୁ ଏ କଥା ସତ ଯେ, କବିତାର ପ୍ରଥମ ସ୍ଫୁରଣ ନିଶ୍ଚିତ ଭାବରେ ଶାଶ୍ୱତ। ଶତାବ୍ଦୀର ପ୍ରଚଣ୍ଡ ପ୍ରତିଭାଧର କବି ପାବ୍ଲୋ ନିରୁଦାଙ୍କର ସ୍ପାନୀ ଭାଷାରେ ଲେଖାର ଏକ ହିନ୍ଦୀ ଅନୁବାଦ ପଢୁଥିଲି। କବିତାର ଶାଶ୍ୱତପଣକୁ ସେ ଭାରି ସୁନ୍ଦର ସରଳତାରେ କହିଛନ୍ତି। ଯାହାର ଓଡ଼ିଆ ରୂପାନ୍ତର କିଛି ଏହିଭଳି ହେଇପାରେ। '...ଆଉ ସେଇ ବୟସରେ କବିତା ଆସିଲା/ମତେ ଖୋଜି ଖୋଜି/ମତେ ଜଣାନାହିଁ ସେ କେଉଁଠାରୁ ଆସିଥିଲା/ଶୀତ ଭିତରୁ ନା ନଦୀ ଭିତରୁ/ ମତେ ଜଣା ନାହିଁ କେବେ ଓ କେମିତି/ନା, ତାହା କୌଣସି ସ୍ୱର ନ ଥିଲା/ଶବ୍ଦ ନ ଥିଲା/ନା, ନିସ୍ତବ୍ଧତା ବି ନ ଥିଲା। ମୋତେ ଅଲଗା ଗୋଟେ ରାସ୍ତାକୁ ଡାକି ନିଆଗଲା/ ରାତିର ନିସ୍ତବ୍ଧତା ଭିତରକୁ/ସମସ୍ତଙ୍କଠାରୁ ଅଲଗା କରି ମତେ ଡାକି ନିଆଗଲା ବାଇଗଣୀ ରଙ୍ଗର ନିଆଁ ପାଖକୁ/ଏକ୍ଲା ସେଠି ପହଞ୍ଚିବା ବେଳକୁ ମୋର/ଚେହେରା ବୋଲି କିଛି ନଥିଲା/ଆଉ ସେତେବେଳେ ସେ ମତେ ଛୁଇଁଲା।'

ଏକ ପ୍ରଗାଢ଼ ପ୍ରେମ ପରି ତା'ହେଲେ କବିତା, ନେଇଥିବ କବିକୁ, କେଉଁ ଏକ ଅଚିହ୍ନା କିନ୍ତୁ ଆପଣାର ମନେ ହେଉଥିବା ଜାଗାକୁ। ଥରଟିଏ ସେ ମାୟାରେ ବାନ୍ଧିହୋଇ କବି ସାରା ଜୀବନକୁ କରଜ ରଖି ଦେଖିଥିବ ତା' ପାଖରେ। କେମିତି ହୋଇଥିବ ସେ ସମର୍ପଣ। ସେ ସମ୍ମତି। କବି ତା'ର ସବୁ ଅହଂମାନଙ୍କୁ ଜଳାଞ୍ଜଳି ଦେଇଥିବ, ଅହଂର ସମର୍ପଣ ତାକୁ ତା' ଭିତରେ ଦେଇଥିବ ସମ୍ପ୍ରସାରିତ ହୋଇଯିବାର ସମ୍ମତି।

ନିଜ ଅନୁଭୂତିରେ ଜିଇଁ ଯାଇଥିବା ସତ୍ୟମାନଙ୍କୁ ଅନ୍ୟମାନଙ୍କୁ ଜିଇଁବା ଲାଗି ଦେବା ପାଇଁ କେତେ ସରଳ, କେତେ ନିଷ୍କପଟ, କେତେ ଛଳଛଳ ହେବାକୁ ପଡ଼େ ସତରେ - ଆମ ବ୍ୟବହାରିକ ଜଗତରେ ଯାହା ସମ୍ଭବ ହେଇ ପାରେନି।

ସାମାଜିକ ପ୍ରତିବନ୍ଧ ଓ ଆମ ବ୍ୟକ୍ତିତ୍ୱର କଠିନ ବାଡ଼ମାନେ ବାନ୍ଧି ରଖିଥାନ୍ତି ଆମର ଅନୁଭବମାନଙ୍କୁ, ଖୋଲି ନ ଯିବା ପାଇଁ। ଆମର ସରଳ ଛଳଛଳ ଅନୁଭବମାନେ ଲଢ଼ି ଲଢ଼ି ଥକି ପଡୁଥାନ୍ତି ଆମର ସଂଶୟ-ମନ ଓ ସଂକୀର୍ଣ୍ଣ-ଅହଂମାନଙ୍କ ସହିତ। ଜଣେ .... ଓ କ୍ଷମତାର ମଣିଷ ଏବଂ ଜଣେ ସରଳ ଭଲ ପାଉଥିବାର ମଣିଷ ଆମ ଭିତରେ ଦୁହେଁ ଦୁଇ ଜଣଙ୍କୁ କଷ୍ଟ ଦେଉଥାନ୍ତି, କଷ୍ଟ ପାଉଥାନ୍ତି। କ୍ଷମତାର ମଣିଷଟି ଉପାସିଆ ହେଇ ବସିଥାଏ। ଭଲ ପାଉଥିବା ମଣିଷଟି କିନ୍ତୁ ରାସ୍ତା ଖୋଜେ। ମଣିଷର ଦୁର୍ଗତି ଓ ପୀଡ଼ାମାନଙ୍କୁ ଅନୁରାଗ ଓ ଆନ୍ତରିକତା ଦ୍ୱାରା ଭିଜେଇ ସେ ଅନ୍ୟମାନଙ୍କ ପାଖରେ ପହଞ୍ଚିବାକୁ ଚାହେଁ। ଭଲ ପାଉଥିବା ମଣିଷ ପାଇଁ ଏ ପୀଡ଼ା ସତରେ ଶାଶ୍ୱତ।

ଅହଂର ଗ୍ରନ୍ଥିମାନେ ଅନୁଭବର ତୀବ୍ରତାରେ ତରଳି ଯାଇ କାବ୍ୟ ଭାବନାର ମହାଛନ୍ଦକୁ ରୂପାନ୍ତରିତ ହେଇଯାଆନ୍ତି। ଆପଣାଛାଏଁ ନିଜ ଭିତରେ ଖୋଲିଯାଏ ଯୁଗ ଯୁଗ ଧରି ବନ୍ଦ ହେଇ ରହିଥିବା ଦ୍ୱାର। ଏ ଦୁଆର ଖୋଲିବାର କୌଣସି କୌଶଳ ନାହିଁ। ଏ ଦ୍ୱାର ଖୋଲିଯାଉ, ଏ ଲାଗି କେବଳ ସମ୍ମତ ହେଇପାରିଲେ ହିଁ ଯଥେଷ୍ଟ।

କ୍ଷମତାର ମଣିଷ ସହଜରେ ସମ୍ମତ ହେଇପାରେ ନାହିଁ। ସେ ପଇସା କମାଏ, ଯଶ କମାଏ ଉଚ୍ଚ ଆସନ ଏମିତି ଏମିତି ସାରା ସଂସାରଟାକୁ ଗୋଟେଇ ଆଣି ନିଜର ଛୋଟ ଘରଟି ଭିତରେ କିଳି ପକେଇବାକୁ ଭାବୁଥାଏ, ତାହାକୁ ହିଁ ସୁଖ ମଣୁଥାଏ ଅଥଚ ଅସନ୍ତୋଷମାନଙ୍କ ଦ୍ୱାରା ସନ୍ତୁଳି ହେଉଥାଏ। ଭଲ ପାଉଥିବାର ମଣିଷଟି କିନ୍ତୁ ଖୋଲା ରଖିଥାଏ ମନ, ତା'ର ହୃଦୟ, ତା' ଘରର ଟିକି ଝରକାଟି ଯାହା ଭିତର ଦେଇ ସାରା ବ୍ରହ୍ମାଣ୍ଡ ପଶିଆସିପାରେ ଆପଣାଛାଏଁ। ବ୍ରହ୍ମାଣ୍ଡଟି ଯେତିକି ବୃହତ୍ ବୋଧହୁଏ ସେତିକି ବୃହତ ଅନୁରାଗକୁ ଧାରଣ କରିବା ପାଇଁ ସେ ସମ୍ମତ ହେଇଯାଇଥାଏ। ସେ ବ୍ରହ୍ମାଣ୍ଡ ଯାଏଁ ସମ୍ପ୍ରସାରିତ ହେଇଯାଇପାରେ।

ଆମ ଭିତରୁ ଅଧିକାଂଶ ସମ୍ପ୍ରସାରିତ ହେବାକୁ ଭୟ କରୁ। ଭାବୁ, କାଳେ ସମ୍ପ୍ରସାରିତ ହେଇଗଲେ ଆମେ ଆଉ ଆମର ହେଇ ରହିବୁନି। କାଳେ ଆମର ବ୍ୟକ୍ତିତ୍ୱ, ଆମର କ୍ଷମତା ଚୁରମାର୍ ହେଇଯିବ। କବିର ସେ ଭୟ ନ ଥାଏ। ତା' ଭିତରେ ଭଲ ପାଉଥିବାର ମଣିଷଟି ବାଡ଼ମାନଙ୍କୁ ଜିଣିଯିବାର ସାହସ ରଖିଥାଏ। ଆକାଶର କୌଣସି ରଙ୍ଗ ନାହିଁ, ଏହା ଏକ ମହାଶୂନ୍ୟ ଜାଣି ମଧ୍ୟ ସେ ଆକାଶର ଗଭୀର ନୀଳିମାରେ ଆତ୍ମବିଭୋର ହୁଏ, ସକାଳ ଓ ସନ୍ଧ୍ୟାର ରଙ୍ଗଛିଟାକୁ ନେଇ ଶବ୍ଦରେ ସଜାଏ, ପୁଣି ମହାଶୂନ୍ୟର କାଳିମାରୁ ଖୋଜିଆଣେ ଜୀବନର ରହସ୍ୟ।

କାବ୍ୟ କୃତିରେ କବି ନିଜର ଅହଂକୁ ଧ୍ୱଂସ କରି କେବଳ ଏକ ବିସ୍ମୃତିର ସ୍ପର୍ଶ ପାଏନି ତା' ସହିତ ପାଏ ଏକ ଅନିର୍ବଚନୀୟ ମୁକ୍ତିର ଅନନ୍ଦ। ତାକୁ ଲାଗେ ବହୁଜଣଙ୍କ ଭିତରୁ ତାକୁ କେହି ଜଣେ ବାଛିଚି, ଡାକି ନେଉଛି ଏକ ନିର୍ଜନ ଜାଗାକୁ। ଏକ ପ୍ରଗାଢ଼ ଆନ୍ତରିକତାର ସ୍ପର୍ଶ ଭଳି କବି ଅନୁଭବ କରିପାରୁଛି ତାକୁ - ଚିହ୍ନିପାରୁଛି ତାହା ହିଁ କବିତା।

■

ଭୂମି

କବିତା ଲେଖିବା ପାଇଁ ଯେ କବିତା ପଢ଼ିବା ଦରକାର, ସେମିତି ନୁହେଁ, ଭୀମଭୋଇ ତ ପୁଣି ଏତେ ସୁନ୍ଦର କବିତା ଦେଇଗଲେ, ସେ ବେଶୀ କିଛି ପଢ଼ିଥିବେ, ମନେହୁଏନି - ଏହା ଥିଲା ଜଣେ ସହକବିଙ୍କର ମତ। ଏ ମତ ବିରୁଦ୍ଧରେ କିଛି କହିବାର ସ୍ପର୍ଦ୍ଧା ମୋର ନାହିଁ। ହୁଏତ ଠିକ୍, ପଢ଼ାପଢ଼ି କରି ଜଣେ କବି ହେଇପାରେନି। ଚେଷ୍ଟା କଲେ ହୁଏତ କିଛିଦିନ ଧରି ସେ କବିତା ଭଳି କିଛି ଲେଖିପାରେ, ଅନୁପ୍ରାଣିତ ହୋଇ, କିଛିଟା ଅନୁକରଣ କରି। କିନ୍ତୁ କବିଟିଏ ଯେ ମୋଟେ କିଛି ନ ପଢ଼ିବ, ସେ ବି ଠିକ୍ ନୁହେଁ।

କବିତାର ଗୋଟେ କାଳେସୀ ଶକ୍ତି ଅଛି ଏବଂ ସେହି ଉତ୍ପ୍ରେରକ ଶକ୍ତି ଦ୍ୱାରା ଯେ ଆମେ କବିତା ଲେଖି ପକଉ - ଏହି କଥାଟିର ଦ୍ୱାହି ଦେଇ କିଛି ଛଳନା ଅବଶ୍ୟ ବଞ୍ଚି ରହିଛି ଆମର ଭିତରେ। ନିଶ୍ଚୟ କବିତା ଆସେ ଆମ ପାଖକୁ ଅଚାନକ ଏବଂ ଆମକୁ ଆଚମ୍ବିତ କରି। ବରଂ ଏମିତି କହି ହେବ ଆମ ଭିତରେ କବିଟିଏ ବଞ୍ଚି ରହିବ ବୋଲି ସଦାସର୍ବଦା ଜାଗା ଖୋଜୁଥାଏ, ବ୍ୟସ୍ତ, ବିବ୍ରତ, ଜଞ୍ଜାଳଗ୍ରସ୍ତ ଏବଂ କର୍ତ୍ତୃତ୍ୱ ଜାହିର କରୁଥିବା ମଣିଷଟି ଭିତରେ କବିଟିଏ ବି ଅଛି ଗୋପନରେ। କବିଟିଏ ଅଛି ବୋଲି ହିଁ କବିତାର ଉତ୍ପ୍ରେରକ ଶକ୍ତି ଆମକୁ ଭୂମି ଭଳି ବ୍ୟବହାର କରିବାକୁ ଚାହୁଁଛି।

ସମସ୍ତେ ଭୂମି ହେଇପାରନ୍ତି ନାହିଁ। ହୁଏତ କବିତାର ଶକ୍ତିକୁ ନିଜସ୍ୱ ଶକ୍ତିରେ ରୂପାନ୍ତରିତ କରିପାରନ୍ତି ନାହିଁ। ହୁଏତ ନିଜର ସୀମିତ ଚିହ୍ନା ଚିହ୍ନା ନିତିଦିନିଆ ଭୂମିମାନଙ୍କୁ ସହଜରେ ଛାଡ଼ି ପାରନ୍ତିନି। ଅଥବା ଯେଉଁଠି ଅଛନ୍ତି ସେଇଠି ପୋତି ହୋଇଥାନ୍ତି, ପାହାଚ ସବୁ ଚଢ଼ିବାର ଉଦ୍‌ବେଳନ ଉପସ୍ଥିତ ହେଉଥିଲେ ବି ସେମାନେ ଚଢ଼ି ପାରନ୍ତିନି। ଯିଏ ଏ ସବୁ ପାଇଁ ସମ୍ମତ ଓ ପ୍ରସ୍ତୁତ ହେଇଯାଏ, ସେ କବିତା ପାଇଁ ଭୂମି ପାଲଟି ଯାଏ। କବିତା ଯାହା କହିବା କଥା କହେ। ଏହାକୁ କେହି କେହି କଳାଶକ୍ତି ବା କବିତାର କାଳେସୀ ଲାଗିବା ଗୁଣ ବୋଲି କହିଛନ୍ତି।

ବର୍ଷ ବର୍ଷ ଧରି ଭୂମିଟିକୁ ପ୍ରସ୍ତୁତ ହେଇ ରହିବାକୁ ହୁଏ। କର୍ଷଣ ଦରକାର ହୁଏ, ଉର୍ବରାଶକ୍ତି ବଢ଼େଇବାକୁ ହୁଏ। ପ୍ରକୃତି ଓ ଜୀବନ କବି ପାଇଁ ସବୁଠାରୁ ଉତ୍କୃଷ୍ଟ ବହି। ତା'ର ଦୃଷ୍ଟି ହିଁ ତା'ର ପ୍ରଜ୍ଞା। କବି ବର୍ଷାକୁ ଦେଖେ ଓ ଶୁଣେ। ଭୋକକୁ ଚିହ୍ନେ, କୃଷ୍ଣଚୂଡ଼ାର ରକ୍ତଛିଟା ଧରି ମୁକୁଳିତ ହେଉଥିବା କୈଶୋରକୁ ଦେଖେ, ଭୟାବହ ନିଃସଙ୍ଗତା ଭିତରେ ମୃତ୍ୟୁର ଖାଇ ଭିତରକୁ ଝୁଙ୍କି ଦେଖୁଥିବା ବୃଦ୍ଧାବସ୍ଥାକୁ ଦେଖେ। କବି ମୃତ୍ୟୁକୁ, ଶୂନ୍ୟକୁ, ପାଉଁଶକୁ ଦେଖେ। କବି ଶବ୍ଦମାନଙ୍କୁ ବି ଦେଖେ। ଦୁଃଖ, ଦୈନ୍ୟ, ଦୁର୍ବିପାକ ଓ ଅରାଜକତା ଭିତରୁ ବାହାରି ଆସୁଥିବା ବିଶେଷ୍ୟ, ବିଶେଷ ଓ କ୍ରିୟାପଦମାନଙ୍କୁ ଦେଖେ। ଏ ସମସ୍ତ ଭିତରେ ସେ ନିଜକୁ ଖୋଜେ, ମଣିଷକୁ ଖୋଜେ। କବିମାନେ କେବେ ହେଲେ କବିମାନଙ୍କ ପାଇଁ ଲେଖନ୍ତିନି। କବି ମଣିଷ ପାଇଁ ଲେଖେ। ସେ ଆମରି ସହିତ ରହିଥାଏ କିନ୍ତୁ ଅଧିକ ଦେଖୁଥାଏ, ଅଧିକ ଅନୁଭବ କରୁଥାଏ।

କେମିତି ଅଧିକ ଦେଖିହେବ, ଅଧିକ ଅନୁଭବ କରିହେବ ଏବଂ ସର୍ବାନ୍ତକରଣରେ କେମିତି ଶବ୍ଦମାନଙ୍କୁ କାବୁକରି ହୃଦୟସ୍ପର୍ଶୀ କବିତାମାନ ରଚନା କରିହେବ, ସେ ଲାଗି କୌଣସି ପାଠ୍ୟକ୍ରମ ନାହିଁ। (ସେମିତି ହେଇଥିଲେ କେତେ ସହସ୍ର କବି ବାହାରନ୍ତେ ଏ ପୃଥିବୀକୁ କବିତାର ଐଶ୍ୱର୍ଯ୍ୟରେ ସଜେଇ ଦିଅନ୍ତେ)। ହୁଏତ ମୂର୍ତ୍ତି ଗଢ଼ିବା, ଚିତ୍ର ଆଙ୍କିବା, ନୃତ୍ୟ କରିବା ବା ବାଦ୍ୟ ବଜେଇବା ଶିକ୍ଷା କରି ଜଣେ ଏହାକୁ କିଛି ପରିମାଣରେ ଆୟତ୍ତ କରିପାରେ। କିନ୍ତୁ କବିତା ଲେଖିବା ଶିକ୍ଷା କରିବା ଲାଗି ଏଭଳି କିଛି ବ୍ୟବସ୍ଥା ନାହିଁ।

କବିତା ସ୍ୱଚ୍ଛନ୍ଦ ଓ ସ୍ୱକୀୟ। ଏହା ପ୍ରଜ୍ଞା (ବୁଦ୍ଧି)ର ଆଲୋକ ନେଇ ସମ୍ବେଦନାମାନଙ୍କର ସମ୍ପ୍ରସାରଣ। ସତ କହିବାକୁ ଗଲେ କବିତାର ଅନ୍ତଃକରଣର ସଂଗଠନ ପାଇଁ ଏକାଦିକ୍ରମେ ମନ, ଚିତ୍ତ, ବୁଦ୍ଧି ଏବଂ ଅହଂର ଭୂମିକା ଗୁରୁତ୍ୱପୂର୍ଣ୍ଣ। ଅନ୍ୟ ସମସ୍ତ କଳା ତୁଳନାରେ କବିତା ତେଣୁ ସବୁଠାରୁ ରହସ୍ୟମୟ କଳା ବୋଲି କହିହେବ। ମନ, ସଂକଳ୍ପ ଓ ବିକଳ୍ପମାନଙ୍କୁ ଖୋଜି ଆଣେ (ଏହା ଚଞ୍ଚଳ ଏବଂ ଖୋଜିବା ଏହାର କାମ) ଚିତ୍ତ ଧାରଣ କରେ (ଯାହାର ସମ୍ବନ୍ଧ ସ୍ମୃତି ସହିତ ବି ଜଡ଼ିତ) ବୁଦ୍ଧି, ଆମର ସର୍ଜନାତ୍ମକ କ୍ରିୟାକୁ ଉଦ୍‌ଭାସିତ ଓ ସଂଚାଳିତ କରେ ଏବଂ ଅହଂ ଦ୍ୱାରା ପ୍ରାପ୍ତ ହୁଏ ଆତ୍ମବୋଧ ଯାହାର ଅଭାବରେ ବ୍ୟକ୍ତି ସତ୍ତା ଓ ସମଷ୍ଟିଗତ ସତ୍ତା ଭିତରେ ମାନବୀୟ ଆସ୍ଥା ସମ୍ଭବ ହୋଇପାରେନି।

ଅନ୍ତଃକରଣରେ ଏହି ସବୁ ଭିନ୍ନ ଭିନ୍ନ ଉପକରଣମାନଙ୍କର ସାମଞ୍ଜସ୍ୟପୂର୍ଣ୍ଣ ସହାବସ୍ଥାନକୁ ସାମାନ୍ୟ କୁହାଯାଇ ନ ପାରେ। ଏ ସ୍ଥିତି ଯେତେ ପୂର୍ଣ୍ଣ, ନିର୍ମାଣ (ରଚନା) ସେତେ ଗଭୀର ଭାବରେ ସ୍ପର୍ଶ କରେ ଜୀବନକୁ ଓ ଯୁଗ-ଯୁଗାନ୍ତଗାମୀ ମନେହୁଏ।

କବିତା, ଅନ୍ୟ ସମସ୍ତ କଳା ଭଳି ଯେ ଈଶ୍ୱରଦତ୍ତ ଏଥିରେ ଦ୍ୱିରୁକ୍ତି ନାହିଁ। ମଣିଷ କବି ଭଳି ଜିଉଁଥିଲେ ବି କବିତା ନ ଲେଖିପାରେ। ଏମିତି ମଣିଷମାନେ ବି ଅଛନ୍ତି, ଯେଉଁମାନେ କବିତା ଲେଖନ୍ତିନି କିନ୍ତୁ କବିତା ସହିତ ସେମାନଙ୍କର ସମ୍ପର୍କ ଠିକ୍ କବିଟିଏ ଭଳି- ଗମ୍ଭୀର, ଜୀବନ୍ତ ଓ ଗଭୀର।

କବିତାକୁ ଧାରଣ କରିବା ପାଇଁ, କବିତାର ଉତ୍‌ପ୍ରେରଣ ଶକ୍ତିକୁ ନିଜସ୍ୱ ଶକ୍ତିରେ ବଦଳେଇବା ପାଇଁ ଏବଂ ସମ୍ବେଦନାର ପାହାଚମାନଙ୍କୁ ଆରୋହଣ କରିବା ପାଇଁ କବିଟିଏ ନିଜକୁ ପ୍ରସ୍ତୁତ କରୁଥାଏ। ସେ ପ୍ରସ୍ତୁତିରେ ଅଗଣିତ ରଚନାକାରଙ୍କର, ସାହିତ୍ୟର କବିତାର ଭୂମିକା ଯେ ମୋଟେ ନାହିଁ ସେମିତି କହିହେବନି। ପ୍ରକୃତି ଓ ଜୀବନ ଭଳି ଏମାନେ ବି ଅନୁପ୍ରାଣିତ କରନ୍ତି କବିକୁ। ତେବେ ଅନୁକରଣ କରିବାର ଆସକ୍ତି ଓ ଲାଳସାରୁ କବି ନିଜକୁ ନିବୃତ୍ତ ରଖିପାରିଲେ ଭଲ।

■

ଆତ୍ମୀୟତା

ଥରେ ଭେଟ ହୋଇଗଲା ଜଣେ ଆତ୍ମୀୟଙ୍କ ସହ । ସେ ହଠାତ୍ ଆରମ୍ଭ କରିଦେଲେ ନିଃସଙ୍ଗତା ଉପରେ ଏକ ଲମ୍ବା ଚଉଡ଼ା ଭାଷଣ (ମୋର ବ୍ୟକ୍ତିଗତ ଜୀବନ ପ୍ରତି କିଛି ଇଙ୍ଗିତ ଥିଲା ସେଥିରେ) । ପରେ ମୋର ଅଚଳ ଅବସ୍ଥା ଦେଖି ଉପସଂହାର ଟାଣିଲେ- ତୋର କ'ଣ ଅଛି ? ସବୁ କଥା ତୁ ଲେଖିଦେଇ ପାରିବୁ । ଆମର ସିନା କଥା ଶୁଣେଇବା / କହିବା ପାଇଁ ମଣିଷଟେ ଦରକାର ।

ମୁଁ ମନେ ମନେ ଟିକିଏ ହସିଲି, ସେ ହସ ନିଜ ପ୍ରତି ସମ୍ବେଦନା ଥିଲା । ଏହା ମୁଁ ଲୁଚେଇବାକୁ ଚାହୁଁନି । କବି କ'ଣ ସବୁ ଲେଖିଦେଇ ପାରେ ? ଜଣେ ସମ୍ବେଦନଶୀଳ ଓ ସଜାଗ ମନେ ହେଉଥିବା କବିଙ୍କର କବିତାମାନ ପଢ଼ିବା ବେଳେ ହୁଏତ ପାଠକକୁ ଏମିତି ଲାଗେ ଯେ, କବି ସତରେ ସବୁ କହିଦେଇ ପାରୁଛନ୍ତି । ତାଙ୍କ ପାରିପାର୍ଶ୍ୱ, ସମାଜ ବ୍ୟକ୍ତିଗତ ସବୁକିଛି । କେତେକ ଏମିତି ବି ଭାବନ୍ତି, କବିଟିଏ ଯାହା ଲେଖେ ସେଥିରୁ ନବେ ଭାଗ ବ୍ୟକ୍ତିଗତ । ଏ ନେଇ ଅବଶ୍ୟ ଯୁକ୍ତି କରିବାର କିଛି ନାହିଁ । କବିତାର ଜନ୍ମ ଅନ୍ତଃକରଣରୁ । ହୁଏତ କଲମ କାଳିକୁ ଆସିବା ଆଗରୁ ଏହା ନିଃଶ୍ୱାସ ଓ ସ୍ପନ୍ଦନରେ ତିଆରି କରେ । ଗଳ୍ପ, ଉପନ୍ୟାସରେ ଚରିତ୍ରମାନେ ଅଛନ୍ତି, ପରିବେଶ ଅଛି, ବର୍ଣ୍ଣନା ଲାଗି ସୁଯୋଗ ଅଛି, କବିତାରେ ସେ ସବୁ ନାହିଁ । କବିତାରେ ଚରିତ୍ର କବି ନିଜେ । ଯଦି ସେ ଯୁଦ୍ଧ ବିଷୟରେ ଲେଖୁଛନ୍ତି ସେହି ଯୁଦ୍ଧର ସେ ଗୋଟିଏ ଅଂଶ, ଯଦି ପ୍ରେମ କବିତା ଲେଖୁଛନ୍ତି ସେହି ପ୍ରେମର ସେ ଉତ୍ତରଦାୟୀ । ଏହି ଦୃଷ୍ଟିରୁ ନବେ ନୁହେଁ ଶହେରୁ ଶହେ ଭାଗ ନିଜକୁ ଦେଇଦିଏ କବି, କବିତା ପାଇଁ । ଜଣେ ନିଷ୍ପାପର କବିଙ୍କର ଏକାଧିକ କବିତା ପାଠ କରିବା ପରେ ଆମେ ଯଦି ଭାବିବା, କବି ଏମିତି ହେଇଥିବେ (ସାଧାରଣ ମଣିଷଟିଏ ହୋଇଥିଲେ ବି ଏଇ ଟିକକ ଅଲଗା ଥିବା ତାଙ୍କ ପାଖରେ) ସେଥିରେ କୁଣ୍ଠା କରିବାର କିଛି ନାହିଁ । ନିଷ୍ପାପର କବିଙ୍କର କବିତା ଭଳି ତାଙ୍କ ବ୍ୟକ୍ତିତ୍ୱ ଆମ ଆଗରେ ଅବିକଳ ଉଭା ହେଇପାରେ ।

ପରିପୂର୍ଣ୍ଣ ପାତ୍ରଟିଏ ଭଳି ପୁରାପୁରି ନିଜକୁ ନିଗାଡ଼ି ଦେଉଥିବା କବି କିନ୍ତୁ ଜାଣେ ଯାହା ସେ ଦେଲା ତାହା ଶହେ ଭାଗ ନୁହେଁ। କେଉଁଠି କ'ଣ ରହିଗଲା ଆହୁରି - କେଉଁଠି ଗୋଟିଏ ଅଦୃଶ୍ୟ ନକ୍ଷତ୍ର, ଧଳାଫୁଲ ମଣ୍ଡି ଯାଇଥିବା ଗଛ, ଗୋଟେ ଜହ୍ନରାତି, ଗୋଟେ ଅସହାୟ ପାପୁଲି, ଗୋଟିଏ ତୀବ୍ର ହାହାକାର, କେଉଁ ଗୁମ୍ଫା କେଉଁ ଗହ୍ୱରରେ ଲୁଚି ରହିଥିବା ବିପୁଳ ଐଶ୍ୱର୍ଯ୍ୟ। ବିଚରା ପୁଣି ପାଗଳ ଭଳି ଧାଏଁ, ପୁଣି ଖୋଲିବା ଆରମ୍ଭ ହୁଏ, ଏଭଳି ଲୋକକୁ ଆମେ ଯଦି କହିବା, ତମେ ସବୁ କହିଦେଇ ପାରୁଛ ତ ସେ ମୁଣ୍ଡପୋତି ଦେବ। ଲୁହ ଜକେଇ ଆସିବ ତା' ଆଖିରେ।

ଲେଖା ସରିବା ପରେ, କବିତା କବିଠାରୁ ମୁକ୍ତ ହେଇ ସମୟର ଅନନ୍ତ ଯାତ୍ରାରେ ସାମିଲ ହୋଇଯାଏ, ଏକବାର ସ୍ୱତନ୍ତ୍ର। ଏକ କାବ୍ୟାତ୍ମକ ଆତ୍ମାଭିବ୍ୟକ୍ତିରେ କିଛି ପରିମାଣରେ ଆତ୍ମଦହନ ବି ସାମିଲ ହୋଇଥାଏ ସେ କଥା କ'ଣ ପାଠକକୁ ଜଣା? ଅସଂଖ୍ୟ ପାଠକ ଯେତେବେଳେ ଅସଂଖ୍ୟବାର କବିତାକୁ ପଢୁଥାନ୍ତି, ସେଠି କବିଙ୍କର କୃତିତ୍ୱ ଧୀରେ ଧୀରେ ଢାଙ୍କି ହୋଇଯାଉଥାଏ। ପ୍ରତ୍ୟେକ ପାଠକ କବିଙ୍କର କବିତାକୁ ଆଖି ଆଗରେ ଧରି ତାଙ୍କ ନିଜର ସ୍ୱତନ୍ତ୍ର କବିତା ଲେଖୁଥାନ୍ତି - ଖାଲି ଜାଗାମାନଙ୍କୁ ଭରୁଥାନ୍ତି - ଭାବନା, ବିଚାର, ଅର୍ଥ ଓ ସମ୍ବନ୍ଧମାନଙ୍କ ଦ୍ୱାରା। ତେଣୁ କବିତା, ପ୍ରକଟ ହେଇଥିବା ରୂପରେ, ଯାହାକୁ କବିଙ୍କର ସୃଷ୍ଟି ବୋଲି କୁହାଯାଉଥାଏ। ଅସଲରେ ପାଠକ ଦ୍ୱାରା ହିଁ ଲେଖା ହେଉଥାଏ। କବିଙ୍କର ଅନ୍ତଃକରଣରୁ ବହୁତ କିଛିକୁ ଢାଙ୍କି ପକେଇ ପାଠକ ସେଠି ନିଜକୁ ଦେଖୁଥାଏ। କବିତା ତେଣୁ ପ୍ରକୃତରେ ପାଠକର ଯଦିଓ ସେଠି କବିଙ୍କର ପୀଡ଼ା, ଅନୁଭୂତି, ପ୍ରଜ୍ଞା ଓ କଳ୍ପନା ସାମିଲ ହେଇଥାଏ। ଏଭଳି କବିତାମାନ ପଢ଼ିବା ପରେ ହିଁ ଜଣେ ପାଠକ କହିଦେଇ ପାରେ, 'କବି ସତରେ ସବୁ କହିଦେଇ ପାରୁଛନ୍ତି। ତାଙ୍କର ବ୍ୟକ୍ତିଗତ ବି (ଆମର ବ୍ୟକ୍ତିଗତମାନଙ୍କ ଭିତରେ ବି ସାମଞ୍ଜସ୍ୟ ଅଛି ଯେଉଁଥି ଲାଗି ପାଠକ ନିଜର ବ୍ୟକ୍ତିଗତମାନଙ୍କୁ ଜଳଜଳ ଦେଖି ପକାଏ କବିଙ୍କର କବିତାରେ)।'

ଏ କ'ଣ ସହଜ କଥା। ନିଜକୁ ଗୋଟାପଣେ ଦେଇ ଦେବା ଏବଂ ଅନ୍ୟର ହେଇଯିବା, ହେଉପଛେ ଶବ୍ଦମାନଙ୍କର ଦ୍ୱାରା। କେତେ ଆତ୍ମୀୟତା ଆବଶ୍ୟକ ଏଥିପାଇଁ, କେବେ କେହି କଳନା କରିଛି? କବିତା ସବୁକାଳେ ଆତ୍ମୀୟତାଧର୍ମୀ ଏବଂ ଏକାତ୍ମକତା ଲାଭ କରିବା ହିଁ ଆତ୍ମୀୟତାର ଇଷ୍ଟ। ତେବେ ସବୁ ପ୍ରେମୀ, ପ୍ରେମର ଏବଂ ସବୁ ଭକ୍ତ ଭକ୍ତିର ଶାସ୍ତ୍ରୀୟ ନିୟମାବଳୀକୁ ଅନୁକରଣ କରି ଯେପରି ଯଥାର୍ଥ ଭଲପାଇବା ଓ ଯଥାର୍ଥ ଭକ୍ତି ଦେଇ ପାରନ୍ତିନି କବିଟିଏ କାବ୍ୟ ଶାସ୍ତ୍ରର ସକଳ ବିଧିକୁ ଅବଲମ୍ବନ କରି ବି ଯଥାର୍ଥ କାବ୍ୟକାରିତା କରିପାରନ୍ତିନି ବୋଧହୁଏ ଆତ୍ମୀୟତାର ଅଭାବ ଯୋଗୁ।

ଆତ୍ମୀୟତାର ଡେଣା ଦୁଇଟି ଥିଲେ ହିଁ ଆକାଶକୁ ଛୁଇଁ ହୁଏ, ମାଟିକୁ ଲେଉଟି ଆସି ହୁଏ। ଯେଉଁମାନେ ନିଜର ଡେଣାଗୁଡ଼ିକୁ ଭାଙ୍ଗିଦେଇ ଗାଡ଼ରେ ପଶିଛନ୍ତି, ଆତ୍ମୀୟତା ନ ଦେଇ ଆତ୍ମୀୟତା ଦାବି କରୁଥାନ୍ତି ଓ ନିଜକୁ କବି ବୋଲି କହି ବୁଲୁଥାନ୍ତି, ସେମାନେ କବିତାରେ ବୋଧହୁଏ ସବୁକଥା କହିପାରନ୍ତି। ସେମାନେ ନିଜକୁ ହିଁ ଉପାଦାନ କରି କବିତା ଗଢୁଥାନ୍ତି। ଆତ୍ମୀୟତାର ଅଭାବରେ ତାହା ପାଠକର କବିତା ହେଇପାରେନି। ତାଙ୍କର ବ୍ୟକ୍ତିଗତମାନେ ଅବଶ୍ୟ ତାଙ୍କଠାରୁ ମୁକ୍ତି ପାଇଥାନ୍ତି କିନ୍ତୁ ନିଷ୍ପୃହ ଥାନ୍ତି। ସେ ସବୁ ଅନ୍ୟ କାହାର ବ୍ୟକ୍ତିଗତ ହେଇ ପାରନ୍ତିନି।

କବିତାର ପ୍ରଚ୍ଛନ୍ନ ଆତ୍ମୀୟତା, ଅନ୍ତଃପ୍ରକୃତି ମଧ୍ୟରେ ସେତୁଟିଏ ଭଳି କାମ କରେ। ଏହାକୁ ଯଦି କେହି କାବ୍ୟ ଚେତନା ବୋଲି କହନ୍ତି, ସେଥିରେ ଭୁଲ ନାହିଁ। ଯାହା ଯୋଡ଼ିଦିଏ ତାହା ଶ୍ରଦ୍ଧା ଆମ ଭିତରେ ଏଭଳି ଏକ ଅନୁରାଗଯୁକ୍ତ ଚେତନା ଅବଶ୍ୟ ଅଛି। ଯାହା କବିତାରେ ଆତ୍ମପ୍ରକାଶ କରେ। ଶ୍ରଦ୍ଧା ବୁଦ୍ଧିକୁ ସାଙ୍ଗରେ ଧରି ଚାଲୁଥିଲେ ବି ବୁଦ୍ଧିକୁ ଟପିଯାଏ। ଶ୍ରଦ୍ଧା ବିସ୍ତାରିତ ହୁଏ ବୁଦ୍ଧିଠାରୁ କ୍ଷିପ୍ର, କବିଠାରୁ ପାଠକ ଯାଏ। ଏମିତି କହିହେବ ପାଠକଠାରୁ କବିଯାଏ ବି। ପାଠକଠାରୁ ଲେଉଟି ଆସୁଥିବା ଶ୍ରଦ୍ଧା 'ଆତ୍ମହନନ'ର ଗ୍ଲାନିରୁ କିଞ୍ଚିତ ମୁକ୍ତ କରେ କବିକୁ। ପାଠକୀୟ ଶ୍ରଦ୍ଧା କବି ଭିତରେ ଭରିଦିଏ ଅପରିସୀମ ତୃପ୍ତି। ଆତ୍ମୀୟତା ପାଖରେ ମୋର ତୋ'ର ବୋଲି କିଛି ରହିନି। କେତେ ତ୍ୟାଗ, ସାଧନା ଓ ପୁଣ୍ୟ ବଳରେ ଜଣେ କବିଙ୍କୁ ମିଳେ ପାଠକୀୟ ଶ୍ରଦ୍ଧା-ଏହା ଢୋଲ ବଜେଇ, ପ୍ରଚାର କରି ବଳ ପ୍ରୟୋଗ କରି ଜମା ଆଦାୟ କରି ହୁଏନି।

■

ସ୍ୱାଧୀନତା

ସ୍ପେନ୍‌ର କବି ଲୋର୍କାଙ୍କର ହତ୍ୟା ନେଇ ଗୋଟିଏ କଥା ଶୁଣିବାକୁ ମିଳେ ଯେ, ତାଙ୍କର ସେହି କାଳଜୟୀ କବିତା 'ଜଣେ ବୁଲ୍ ଫାଇଟର୍‌ର ମୃତ୍ୟୁ ପାଇଁ ଶୋକ ଗୀତ'ର ରେକର୍ଡ଼ିଙ୍ଗ୍ କାଳେ ଜେନେରାଲ ଫ୍ରାଙ୍କୋଙ୍କୁ ଶୁଣେଇ ଦିଆଯାଇଥିଲା ଏବଂ ଜେନେରାଲ୍ ଆଦେଶ ଦେଇଥିଲେ ଯେ, ଏହି ସ୍ୱରକୁ ତୁରନ୍ତ ବନ୍ଦ କରିଦିଆଯାଉ। ଜଣେ ପଞ୍ଜାବୀ କବି ଥିଲେ 'ପାଶ' ଯାହାଙ୍କୁ ଖଲିସ୍ଥାନୀ ଆତଙ୍କବାଦୀମାାନେ ହତ୍ୟା କରିଥିଲେ। କି ପ୍ରଚଣ୍ଡ ପ୍ରତିଭାଧର ଥିଲେ ଏମାନେ। ଏ ଦୁଇ ଯୁବ କବି ଚାଳିଶ ବର୍ଷ ବି ଛୁଇଁ ନ ଥିଲେ, ସେମାନଙ୍କ କବିତାରେ କ'ଣ ଏମିତି ଥିଲା ଯେଉଁଥି ପାଇଁ ତାଙ୍କୁ ପ୍ରାଣ ପର୍ଯ୍ୟନ୍ତ ଦେବାକୁ ହେଲା (?)

ଲୋର୍କାଙ୍କର ବେଶୀ ଲେଖା ପଢ଼ିବାର ସୁଯୋଗ ପାଇନି କିନ୍ତୁ ପାଶ୍‌ଙ୍କର ବହୁ କବିତା ପଢ଼ିଛି ଓ କାନ୍ଦିଛି। ମତେ ଲାଗିଛି, କବି ପାଇଁ ସମୟର ସଂଜ୍ଞା ବିଲ୍‌କୁଲ୍ ଭିନ୍ନ। କବିର ସମୟ ତା' ନିଜ ହାତଘଣ୍ଟାର ସମୟ ନୁହେଁ - ଖରାପ ବା ଭଲ ବାଛିବାର ସମୟ ନୁହେଁ। କବି ପାଇଁ ସମୟ ତା'ର ଜନ୍ମ ଓ ମୃତ୍ୟୁ ମଝିରେ କ'ଣ ସବୁ ଖୋଜିବାର ସମୟ। ମଣିଷକୁ ମଣିଷ ଭଳି ବଞ୍ଚେଇ ରଖିବାର ସମୟ। କବି ସେ ସମୟକୁ ନିଷ୍ଠାର ସହିତ ପ୍ରାଣ ଦେଇ ଭରପୂର ଜୀଉଁଥାଏ। ପାଶ୍‌ଙ୍କ ଭଳି କବିମାନେ ହୁଏତ ନିଜ ନିୟତିକୁ ବି ଦେଖି ସାରିଥାନ୍ତି। ନ ହେଲେ ମୃତ୍ୟୁର ବହୁ ଆଗରୁ 'କଲାମ ମିର୍ଜା' ଶୀର୍ଷକ କବିତାରେ ସେ ଏଇ ଧାଡ଼ିକ ଲେଖି ନ ଥାନ୍ତେ- ଔର ସୁନା ହୈ ମେରା କତଲ୍ ଭି ଇତିହାସ କୀ ଆନେବାଲେ ପନ୍ନେ ପର ଅଙ୍କିତ ହୈ / ତାଙ୍କ ଭିଜା ସ୍ୱରଟି ଏମିତି ବି ଶୁଭୁଛି - ମୈ ଜୋ ସିର୍ଫ ଏକ ଆଦ୍‌ମି ବନ୍‌ନା ଚାହତା ଥା / ୟେ କ୍ୟା ବନାଦିଆ ଗୟା ହୁଁ। (ପଞ୍ଜାବୀରୁ ଅନୁଦିତ)।

ଯୁବ କବି ପାଶ୍‌ଙ୍କର ମୃତ୍ୟୁର ତେରବର୍ଷ ପରେ ତାଙ୍କୁ, ଏମିତି ଅନ୍ତରଙ୍ଗଟିଏ ଭଳି ମନେ ପକେଇବାର କାରଣ କେବଳ ଏତିକି ଯେ, କବି ପାଇଁ କବିତା କେବେବି

(କେବଳ) ମନୋରଞ୍ଜନ ନୁହେଁ, ଏହା ତା' ପାଇଁ ଏକ ନୈତିକ ପ୍ରଶ୍ନ। କବିର ଜିଇଁବା ଓ ତା'ର ଚିନ୍ତା କରିବାର ଢଙ୍ଗ (ଚିନ୍ତନ) ଭିତରେ ବିଶେଷ କିଛି ଫରକ ଦେଖାଯାଏନି। ତା' ଅର୍ଥ ଆମେ ମୋଟେ ସେମିତି ଭାବିବାନି ଯେ, କବିଟିଏ ଆଦର୍ଶ ଓ ନୀତିବାନ ହେଇଥିବ, ଭୁଲ୍ କରୁ ନ ଥିବ - ନା ସେମିତି ନୁହେଁ। ଦାର୍ଶନିକ ହିଗଲ୍ ବୋଧହୁଏ ଠିକ୍ କହିଛନ୍ତି ଯେ, ନୈତିକ ମଣିଷ ସେ ନୁହେଁ ଯେ କେବଳ ଠିକ୍ କରିବାକୁ ଚାହୁଁଥିବ ଓ କରୁଥିବ ଏବଂ ସମସ୍ତ ପ୍ରକାର ଅପରାଧବୋଧଠାରୁ ମୁକ୍ତ ଥିବ। ବରଂ ଆମେ ତାକୁ ହିଁ ନୈତିକ ମଣିଷ କହିବା ଯିଏ ନିଜ କୃତକର୍ମ ପ୍ରତି ସଚେତନ ରହିଥିବ।

କବି ନିଜ କର୍ମ ପ୍ରତି ସଚେତନ ରହେ। ନିଜର ସବୁ ଭୁଲ୍ ଓ ଠିକ୍‌ମାନଙ୍କ ପ୍ରତି ସଜାଗ। ଖାଲି ସେତିକି ନୁହେଁ ସେ ଏକ ବିକଳ୍ପ ଖୋଜୁଥାଏ ଯାହା ତା'ର ଜୀଇଁବା ଓ ଚିନ୍ତନର ଢଙ୍ଗକୁ ବଦଳେଇ ଦେଇ ପାରିବ। କବିତା ତା' ପାଇଁ ସେହି ବିକଳ୍ପ।

କବିକୁ ଜଣା, ଜୀବନର ପ୍ରବାହରେ ଶବ୍ଦମାନଙ୍କରେ ଅର୍ଥ ଅଛି। ସେ ସବୁ କେବଳ କହିବା ପାଇଁ କୁହାଯାଉନି କି ଲେଖିବା ପାଇଁ ଲେଖାଯାଉନି। କବିର ନିରାଶରୁ ଜନମ ନେଇଥିବା କବିତା ଅନ୍ୟପାଇଁ (ପାଠକ ପାଇଁ) ଆଶାର ସନ୍ଦେଶ ଦେଇପାରେ। କବିକୁ ହୁଏତ ଜଣା ନ ଥିବ, ସେ ତା'ର ଯନ୍ତ୍ରଣା, ପୀଡ଼ା, ପରାଜୟ ଓ ହତାଶାମାନଙ୍କୁ ଶବ୍ଦରେ ସଜେଇବା ବେଳେ ମଣିଷକୁ ଘେରି ରହିଥିବା କେତେ କେତେ ବିଭ୍ରମମାନଙ୍କୁ ଭାଙ୍ଗି ଦେଉଥାଏ। କବିତାରେ ସେ ସତେ ଯେମିତି ଗୁହାରି କରୁଥାଏ ଏଇ ସବୁ ବିଭ୍ରମମାନଙ୍କୁ ତ୍ୟାଗ କରିବାକୁ। କୌଣସି କାଳରେ କୌଣସି କବି ପରିସ୍ଥିତିର ଦାସତ୍ୱ ସ୍ୱୀକାର କରି ନାହାନ୍ତି। ସେ ସଂହାରକ ଓ ନିର୍ମାତା। ଶବ୍ଦ ଦ୍ୱାରା ସେ ଭାଙ୍ଗିଦେଇ ପାରେ ବିଭ୍ରମକୁ, ଦାସତ୍ୱକୁ, ପରାଧୀନତାକୁ, ଶବ୍ଦ ଦ୍ୱାରା ପୁଣି ଗଢ଼ିଦେଇ ପାରେ ମୁକ୍ତ ଆକାଶକୁ, ସ୍ୱାଧୀନ ଦୁଇ ପକ୍ଷ।

ଏଠି ଆମେ ଯଦି ଭାବିବା ସ୍ୱାଧୀନତା ବା ସ୍ୱାୟତତ୍ତା କବିକୁ ଉପହାର ବା ଦାନ ସୂତ୍ରରେ ମିଳିଥାଏ ତା' ହେଲେ ଆମେ ପୁଣି ଏକ ଭୁଲ୍ କରି ବସିବା। କବିକୁ ବହୁ ତ୍ୟାଗ ସ୍ୱୀକାର କରି, ବହୁ ସଂଘର୍ଷର ସାମ୍ନା କରି ବହୁ ସଂଗ୍ରାମର ନୀରବ ଅଂଶଟିଏ ବନି କିଛି ନୈତିକ ସାହସ ଏବଂ ଆତ୍ମିକ ବଳ ଅର୍ଜନ କରିବାକୁ ହିଁ ପଡ଼ିଥାଏ। ସେ କେବଳ ନିର୍ଭୀକ ନୁହେଁ। ନିର୍ଭୀକ ବୋଲି ଯାହା ଚାହିଁବ - ଅଯୌକ୍ତିକ ଓ ଅସଙ୍ଗତ ବି କହିହେବ, ସେମିତି ନୁହେଁ। ସେ ନୈତିକ ରୂପରେ ନିର୍ଭୀକ ଏବଂ ନୈତିକ-ନିର୍ଭୀକତା ଆତସବାଜିର ଖେଳ ନୁହେଁ କି ପ୍ରତିରୋଧରୂପକ ପିଞ୍ଜୀରା ଭିତରେ

କ୍ଷୁବ୍ଧ ପଶୁର ଗର୍ଜନ ନୁହେଁ। ଏହା ସୂର୍ଯ୍ୟମୁହାଁ ହେଇ ଡେଣା ମେଲିଥିବା ପକ୍ଷୀର ଉଡ଼ାଣ। ଏହା ନିଜେ ନିଜ ପାଖରୁ ସ୍ୱାଧୀନ ହେବାର କର୍ମ। ବ୍ୟକ୍ତିରୁ ମାନବୀୟ ହେବାର ପ୍ରୟାସ। କବିର ଏହି ନିଷ୍ପାପର ପ୍ରୟାସ ପାଖରେ କାଳ ଯେ ମୁଣ୍ଡ ନୁଏଁଇଁ ଦିଏ ଏହା କହିବାରେ କ'ଣ କିଛି କୁଣ୍ଠା ଅଛି ? କେତେ କବି ଆଉ ନାହାନ୍ତି କିନ୍ତୁ ତାଙ୍କର କବିତା ଅଛି ଆମକୁ ରୋମାଞ୍ଚିତ କରେଇବାକୁ, କନ୍ଦେଇ ଦେବାକୁ, ପ୍ରଶ୍ନ ଉଠେଇବାକୁ, ସମ୍ମତ ହେବାକୁ, ସବୁ କିଛିକୁ ନୂଆ କରି ଚିହ୍ନିବାକୁ ଏବଂ ବହୁ ଦୁର୍ବଳତା ସତ୍ତ୍ୱେ ନିଜକୁ ସ୍ୱୀକାରି ନେବାକୁ।

■

ଶୈଳୀ

କୌଣସି ଏକ ସଭାରେ ଆମ ଭାଷାର ଜଣେ ପ୍ରଥିତଯଶା ଗାଳ୍ପିକ କହିବାର ଶୁଣିଥିଲି ଯେ, କବିମାନେ ଯାଦୁବିଦ୍ୟା ଜାଣନ୍ତି। ସେ ଆହୁରି ନମ୍ର ହେଇ କହିଥିଲେ, ମୋର ଦୁଃଖ ହୁଏ ମୁଁ କବିଟିଏ ହେଇପାରିଲିନି। ସେମାନେ କେତେ କେତେ କଥାକୁ କେତେ କମ୍ ଶବ୍ଦରେ ପ୍ରଭାବଶାଳୀ କରି ଥୋଇଦିଅନ୍ତି। ସେଦିନ ସେ ଗାଳ୍ପିକ ମହାଶୟ ମତେ ଆହୁରି ଯଶସ୍ୱୀ ମନେ ହେଲେ ଏଇଥିପାଇଁ ଯେ, ମତେ ଲାଗିଲା ସେ ଜଣେ କବି, କାରଣ କବି ହିଁ ନମ୍ର ହେଇପାରେ, କବି ପାଖରେ ଲୋଡ଼ିବାପଣ ଥାଏ ଏବଂ କବିଟିଏ ହିଁ ସ୍ୱୀକାର କରିପାରେ।

ତେବେ ସେ ବିଶିଷ୍ଟ ଗାଳ୍ପିକଙ୍କର ବକ୍ତବ୍ୟରେ ଯେଉଁ ବୁନ୍ଦାଏ ଦରଦ ଲୁଚି ରହିଥିଲା ତାହା ହେଉଛି - ମତେ କିଏ ସେ ଯାଦୁବିଦ୍ୟା ଶିଖେଇ ଦିଅନ୍ତା ନାହିଁ। ଭାବିଲେ ଆଶ୍ଚର୍ଯ୍ୟ ଲାଗେ। ସତରେ ଏମିତି କ'ଣ ଥାଏ କବିତାରେ ? ସେଇ ଗୋଟିଏ ଭାଷାରେ ଲେଖା ଯାଇଥିଲେ ବି, ସେହି କଥିତ ଓ ଲିଖିତ ଶବ୍ଦମାନଙ୍କୁ ବ୍ୟବହାର କରାଯାଇଥିଲେ ବି ଏତେ ସତେଜ, ସୁନ୍ଦର ଓ ନୂଆ ଲାଗେ କେମିତି କବିତା। ପୁଣି ସେହି ଏକା ଭାଷାର ସାହାଯ୍ୟ ନେଇ ଦୁଇଜଣ କବି କେମିତି ଗଢ଼ନ୍ତି ସମ୍ପୂର୍ଣ୍ଣ ଭିନ୍ନ ଦୁଇଟି ସୃଷ୍ଟି। ସଂସ୍କୃତରେ ଲେଖା କାଳିଦାସ ଓ ଭବଭୂତିଙ୍କର ସୃଷ୍ଟିରେ ଆକାଶ ପାତାଳ ପ୍ରଭେଦ। ସେମିତି ହୁଏତ ସବୁ ଭାଷାରେ ସବୁ କବିଙ୍କର ସୃଷ୍ଟି ଯାହା ସେହି ଏହା ଭାଷାରେ ଲେଖା ଅନ୍ୟର ସୃଷ୍ଟିଠାରୁ ଭିନ୍ନ ଓ ଅନନ୍ୟ।

ଏହାର ଅର୍ଥ କ'ଣ କବିତାରେ ଭାଷାର ଭୂମିକା ଗୌଣ ? ଆଉ କ'ଣ କିଛି ଗୋଟେ ଅଛି ଯାହା ଭାଷା ଠାରୁ ବି ପ୍ରଭାବଶାଳୀ, ଯାହା ଭାଷାକୁ ଦୁର୍ମୂଲ୍ୟ ଓ ଶବ୍ଦମାନଙ୍କୁ ମହାର୍ଘ କରି ଦେଇପାରୁଛି ? ତେବେ ଗୋଟିଏ କଥା ନିଶ୍ଚିତ ଭାବରେ ସତ୍ୟ ଯେ, କବିତା ତା' ନିଜ ପାଇଁ କେବେ ଶବ୍ଦାବଳୀ ବାଛେନା, ଏହା ସମ୍ପୂର୍ଣ୍ଣ ଭାଷାକୁ କୋଳାଗ୍ରତ କରେ। ଧର୍ମ, ନୀତି, ଦର୍ଶନାଦି ନିଜ ନିଜର ସିଦ୍ଧାନ୍ତମାନଙ୍କର ବ୍ୟାଖ୍ୟା ଲାଗି ପ୍ରଯୁକ୍ତ

ଶବ୍ଦାବଳୀକୁ ଭାଷିକ ରୂପ ଦିଅନ୍ତି । କିନ୍ତୁ ଏ ବିଭାଜନ ସମାରୋହରେ କବିତା କେଉଁଠି ବି ନ ଥାଏ । କବିତାକୁ ଯାହା ଯେତେବେଳେ ମିଳିଛି ସେ ଗ୍ରହଣ କରିଛି (କବି ଶବ୍ଦ ମାଗେନି, ତାକୁ ଶବ୍ଦ ମିଳେ) । ଦର୍ଶନ, ଦାର୍ଶନିକ ବା ଦର୍ଶନ ଜିଜ୍ଞାସୁଙ୍କ ପାଇଁ ଲେଖାଯାଏ । ଅର୍ଥଶାସ୍ତ୍ର, ଅର୍ଥଶାସ୍ତ୍ରୀ ବା ଏ ବିଦ୍ୟାର ଜିଜ୍ଞାସୁଙ୍କ ପାଇଁ ଲେଖାଯାଏ ସେମାନଙ୍କ ଲାଗି ତେଣୁ ବିଶେଷ ଶବ୍ଦାବଳୀର ଆବଶ୍ୟକତା ଥାଇ ପାରେ । କିନ୍ତୁ କବିତା ତ ମଣିଷ ପାଇଁ ଲେଖାଯାଏ ତେଣୁ ଭାଷାର କୌଣସି ସଂକୀର୍ଣ୍ଣ ସୀମା ଭିତରେ ତାହା କଦାପି ଆବଦ୍ଧ ହୁଏନି । ବରଂ କବିତାର ସ୍ଫୁରଣ ଓ ତାହାର ଅବ୍ୟକ୍ତ ସ୍ପର୍ଶରେ କଲବଲ ହେଉଥିବା କବିକୁ ପଚାର ତ ସେ କହିବ ଭାଷା ତା' ପାଇଁ କେବଳ ମାଧ୍ୟମ ଆଉ କିଛି ନୁହେଁ । ଭାଷାକୁ ନେଇ କୌଣସି କସରତ୍, କୌଣସି ଚମତ୍କାରିତା ସେ ଦେଖେଇବାକୁ ଚାହୁଁନି ବରଂ ଭାଷାର କବଳରୁ ସେ ମୁକ୍ତି ଚାହୁଁଛି (ଯେଉଁ ଶାଶ୍ୱତ ସ୍ପର୍ଶଟି ଅଛି ତା' ଭିତରେ ତାହା ଯେ ଭାଷା ଦ୍ୱାରା ବଖାଣି ହେବନି ସେ ଜାଣେ) । ଏ ଭାଷା ସମ୍ବନ୍ଧୀୟ ମୁକ୍ତି କେବେ ବି କୌଣସି କବିକୁ ସହଜରେ ମିଳିନି । କାହିଁକି ନା କବିତାର ଶାଶ୍ୱତପଣକୁ ଅବିକଳ ପ୍ରକାଶିତ କରିଦେବ ବୋଲି (ଅସମ୍ଭବ ଜାଣି ମଧ୍ୟ) କବି ନିଷ୍ଠାର ଓ ସାହସୀ ବୁଡ଼ାଳିଟିଏ ଭଳି ଭାଷା ରୂପକ ସମୁଦ୍ର ଭିତରେ ବାରମ୍ବାର ବୁଡ଼ ଦେଉଥାଏ ଓ ଶବ୍ଦଟିଏ ପାଇଗଲେ କ'ଣ ଗୋଟେ ମହାର୍ଘ୍ୟ ପାଇବା ଭଳି କୁରୁଳି ଉଠୁଥାଏ । ଅସଲରେ ତାକୁ ନିଜେ ବି ଜଣା ନ ଥାଏ ଯେ, ଶବ୍ଦମାନେ ସେହି ତଥାକଥିତ ସେମିତି ପୁରୁଣା । ସେ ନିଜେ ହିଁ କେତେବେଳୁ ଶାମୁକା ପାଲଟି ଯାଇ ସେମାନଙ୍କୁ ମୁକ୍ତା କରିଦେଉଛି ବିଲ୍‌କୁଲ୍ ତା' ଅଜାଣତରେ ।

କବି କବିଙ୍କଠାରୁ ଭିନ୍ନ ବୋଧହୁଏ ତାଙ୍କର ଶୈଳୀଗତ ଭିନ୍ନତା ହେତୁ । ଶୈଳୀ କବିଙ୍କର ଶବ୍ଦ-ଚୟନ ଉପରେ ଯଥେଷ୍ଟ ନିର୍ଭର କରେ ଏଥିରେ ସନ୍ଦେହ ନାହିଁ ଏବଂ କବିତା ପାଇଁ ଶବ୍ଦ ପଦାରୁ କେଉଁଠୁ ମିଳେନି । ଶବ୍ଦମାନଙ୍କର ସମ୍ବନ୍ଧ କବିଙ୍କର ଅନ୍ତଃକରଣ ସହିତ । ସେମାନେ ତେଣୁ କବିଙ୍କ ଭାବ-ଜଗତକୁ ସଂଚାଳିତ କରିଥାଆନ୍ତି ।

କବି ନିଜର ଭାବ ଓ ବିଚାରକୁ ଆଉ ଜଣେ ମଣିଷର (ପାଠକର) ଅନ୍ତଃକରଣରେ ପ୍ରତିଫଳିତ କରିବାକୁ ଚାହୁଁଥାଆନ୍ତି । ଏହା ଭାବାନୁକୂଳ ଶବ୍ଦାବଳୀ, ଅଭିବ୍ୟକ୍ତିର ଶୈଳୀ ଓ ଶବ୍ଦମାନଙ୍କର ପ୍ରଭାମୟୀ ଶକ୍ତି ଉପରେ ନିର୍ଭର କରେ । କବିଙ୍କର ମାନସିକ କ୍ରିୟାର ଉତ୍ତରରେ ପାଠକର ମାନସିକ ପ୍ରତିକ୍ରିୟା ଅନିବାର୍ଯ୍ୟ । ପାଠକର ପ୍ରତିକ୍ରିୟା କେବେ ସଧର୍ମ, କେବେ ବିଧର୍ମ ଓ କେବେ ଉଦାସୀନ ବି ରହିପାରେ । ଏ ପରିସ୍ଥିତିରେ କବିତା ଯଦି ପାଠକର ଅନ୍ତଃକରଣରେ ସମଭାବ ଜାଗ୍ରତ କରିଦେଇ ପାରୁଛି ତେବେ ନିଶ୍ଚିତ ଭାବରେ ଏହା ଗ୍ରାହ୍ୟ ଯେ, କବିତାର ଭାଷା କବିଙ୍କର

ଅନ୍ତଃକରଣର ପ୍ରତିଛବିକୁ ଧାରଣ କରିବାକୁ ସମର୍ଥ ହେଇଛି । ତେଣୁ ଭାଷା ଯେ କେବଳ ମାତ୍ର ମାଧ୍ୟମ ଏହା କହିବା ଭୁଲ୍ କେଉଁଠି ରହିଲା ? ଭାଷା ତାହାର ବାହ୍ୟ ରୂପକୁ ଦାନ କରୁଥାଇପାରେ କବିତାର ଆଙ୍ଗୀକ ଗଠନ ପାଇଁ କିନ୍ତୁ ଭାଷାର ଆଉ ଏକ ଆନ୍ତରିକ ରୂପ ଯାହା ସଦା ରହସ୍ୟମୟ ଓ ଗୋପନ (ଯାହାକୁ ସେଦିନ ସେହି ଯଶସ୍ୱୀ ଗାଳ୍ପିକା ଯାଦୁବିଦ୍ୟା ବୋଲି କହିଥିଲେ) ତାହା କବିଙ୍କର ଅନ୍ତଃକରଣରୁ ବହୁତ କିଛି - ଯେମିତି, ଭୌତିକ ଜୀବନର ଆବଶ୍ୟକତାଠାରୁ ଆରମ୍ଭ କରି ସୂକ୍ଷ୍ମ ସୌନ୍ଦର୍ଯ୍ୟବୋଧ, ଚିନ୍ତନ, ବିଚାରଦିକୁ ଧାରଣ କରିଥାଏ । ସେଇଥିପାଇଁ ବୋଧହୁଏ ଗୋଟିଏ ଭାଷାରେ ଲେଖାଯାଇ ମଧ୍ୟ ଦୁଇ କବିଙ୍କର ସୃଷ୍ଟି ଭିନ୍ନ । ସେହି କାରଣରୁ ବି ବୋଧହୁଏ ମାତୃଭାଷା ବ୍ୟତୀତ ଅନ୍ୟ ଭାଷାରେ କବିତା ଲେଖିବା ଦୁରୂହ । ତେବେ ମଜା କଥାଟି ହେଉଛି, କବି ଯେଉଁ ଭାଷାକୁ, ବ୍ୟକ୍ତ କରିବାର ସାଧନ ବ୍ୟତୀତ ଆଉ କିଛି ବୋଲି ଗୁରୁତ୍ୱ ଦେଇ ନ ଥାନ୍ତି, ତାହା ହିଁ କାଳାନ୍ତରରେ ତାଙ୍କ କବିତା ଶୈଳୀ ପାଲଟି ଯାଏ ଏବଂ ତାହା କେବଳ ମାତ୍ର ବ୍ୟକ୍ତି-ବିଶେଷର ନ ରହି ଗୋଟିଏ ଜାତିର ଅମୂଲ୍ୟ ନିଧି ହେଇଯାଏ ।

■

ରଣଭୂଇଁ

'ପାବ୍ଲୋ ପିକାଶୋ' ଯାହାଙ୍କୁ ଆଧୁନିକ କଳାର ଜନକ ବୋଲି କୁହାଯାଏ, କଳା ସମ୍ପର୍କରେ ତାଙ୍କର ବକ୍ତବ୍ୟ ସତରେ ଚକିତ କରେ। ଆପଣାର ଚିତ୍ରକଳା ସମ୍ପର୍କରେ ସେ ଥରେ କହିଥିଲେ, ପେଂଟିଙ୍ଗସ୍ ଘରେ ସଜେଇବା ପାଇଁ ନୁହେଁ ଏହା ରଣଭୂଇଁରେ ଶତ୍ରୁ ବିପକ୍ଷରେ ବ୍ୟବହାର କରାଯିବାର ଶସ୍ତ୍ର।

କବି ଯେଣୁ ଶବ୍ଦମାନଙ୍କୁ ଏକ ପ୍ରଭାବଶାଳୀ ଭୂମିକା ଓ ମହତ ମାନବୀୟ ମୂଲ୍ୟ ଲାଗି ବ୍ୟବହାର କରେ ପିକାସୋଙ୍କର ଏ ବକ୍ତବ୍ୟ ବୋଧହୁଏ କବିତା ପାଇଁ ବି ପ୍ରଯୁଜ୍ୟ, ତା'ହେଲେ କବିତାମାନେ କ'ଣ ଜନ୍ମ ନିଅନ୍ତି ଶସ୍ତ୍ର ଭଳି ବ୍ୟବହୃତ ହେବାକୁ। ସେ କେଉଁ ରଣଭୂଇଁ? ସେ କେଉଁ ଯୁଦ୍ଧ? କବି ଜାଣେ।

ମଣିଷ ସର୍ବଦା ଏକ ବିଶେଷ ଭୌତିକ ପରିବେଶରେ ଜିଏଁ, ଏମିତି ନୁହେଁ, ତାହାର ବିକାଶ ସଚେତନ ପରିବେଶରେ ବି ହୋଇଥାଏ। ଜୀବନ ତେଣୁ ପ୍ରତ୍ୟକ୍ଷ-ଅପ୍ରତ୍ୟକ୍ଷ, ସ୍ଥୂଳ-ସୂକ୍ଷ୍ମ, ସରଳ-ଜଟିଳ ଏମିତି ଦୁଇ ବିପରୀତ ଦିଗ ପ୍ରତି ଆକର୍ଷିତ ହେବା ସ୍ୱାଭାବିକ। ମଣିଷର ଗୋଟିଏ ଗୋଟିଏ ସହଜ ଅନୁଭବ ସହସ୍ର ସହସ୍ର ଅର୍ଜିତ ପ୍ରବୃତ୍ତିମାନଙ୍କ ଦ୍ୱାରା ଆକର୍ଷିତ ହୋଇ ଏକାଧିକ ଜଟିଳ ଅନୁଭବର ସମାହାର ପାଲଟି ଯାଆନ୍ତି। ବଟବୃକ୍ଷର ଶାଖାମାନେ ଯେତେବେଳେ ଆକାଶ ଆଡ଼କୁ ବଢୁଥାନ୍ତି ତାହାର ଓହଳମାନେ ମାଟିର ଅନ୍ତରାଳକୁ ଛୁଇଁଦେବେ ବୋଲି ଲାଗିଥାନ୍ତି, ସେମିତି ବୋଧହୁଏ ମଣିଷର ପ୍ରବୃତ୍ତିମାନେ ମୂଳତଃ ଏକ ହୋଇ ମଧ୍ୟ ସର୍ବଦା ବିପରୀତ ଦିଗରେ ପ୍ରସାରିତ ହେଉଥାନ୍ତି। ଭୟଙ୍କର ଭାବରେ ଘୃଣା କରୁଥିବା ଶତ୍ରୁଟି ପାଇଁ ବି ଆମ ଭିତରେ କେଉଁଠି ଟିକିଏ ଦୟା ଭାବ ଲୁଚି ରହିଥାଏ। ପାଗଳ ଭଳି ପ୍ରେମ କରୁଥିବାବେଳେ କେଉଁଠି ଟିକିଏ ଦ୍ୱିଧା ଆମକୁ କଷ୍ଟ ଦେଉଥାଏ। ନିରୁତା ଅନୁଭବଟିକୁ ବଖାଣିବା ବେଳେ ଆମେ ଜାଣୁ ଆମର ସଚେତନ ବା ଅବଚେତନରେ ଆମେ କ'ଣ ଲୁଚେଇ ରଖୁଛୁ। ମନସ୍ତତ୍ତ୍ୱବିତ୍‌ମାନଙ୍କର କହିବାନୁଯାୟୀ ଏହା ସ୍ୱାଭାବିକ କ୍ରିୟା। ସବୁ ମଣିଷ

ଏହା ଭୋଗନ୍ତି। ସାଲିସ କରନ୍ତି। କବି ଟିକିଏ ଅଧିକ ଭୋଗେ। ସାଲିସ୍ କରିବାକୁ ମଙ୍ଗେନି। ବିକଳ୍ପ ଖୋଜେ। ନିଜ ଭିତରେ ଛାଟିପିଟି ହେଉଥିବା ଅନୁଭବକୁ ପରାଜିତ କରିବା ପାଇଁ ଶସ୍ତ୍ର ଲୋଡ଼େ।

ଆମ ଭିତରୁ ବହୁ କବି ଅଛନ୍ତି, ଯେଉଁମାନେ ରାଜନୀତି, ଶୋଷଣ, ସାମାଜିକ ଅନାଚାର ବିରୁଦ୍ଧରେ ବଳିଷ୍ଠ ସ୍ୱର ତୋଳିଛନ୍ତି କବିତାରେ। ଯୁଗ ଯନ୍ତ୍ରଣା ବିରୁଦ୍ଧରେ ତାଙ୍କର ଏ ସ୍ୱରକୁ ଆମେ କହି ପକଉ ଯୁଦ୍ଧ ଘୋଷଣା। କିନ୍ତୁ ଯେଉଁ କବି ସହଜ, ସୁନ୍ଦର ଓ ସାବଲୀଳ ପ୍ରେମାପ୍ଲୁତ ଧାଡ଼ିମାନ ରଚନା କରୁଛନ୍ତି ସେ ଯେ ସର୍ଜନା କ୍ରିୟାର ସେହି ରଣଭୂଇଁକୁ ଦେଖି ନାହାନ୍ତି ଏହା କହିବା ଅଳୀକ ମାତ୍ର। ଠିକ୍ ସେମିତି ମାନବୀୟ ପୀଡ଼ାକୁ ନେଇ ରଚନା କରୁଥିବା କବି କଦାପି କହି ପାରିବେନି ଯେ, ସେ ପ୍ରେମକୁ ଭେଟି ନାହାନ୍ତି। ସତ କଥାଟି ହେଲା, କବି ଭିତରେ ରଣଭୂଇଁ ପ୍ରେମ ହିଁ ସଜାଏ। ପ୍ରେମ ଭଳି ମହାର୍ଘ ଚିଜଟିକୁ ପରାଭୂତ କରିବା ପାଇଁ କେଉଁଠୁ ଆଉ ଅସ୍ତ୍ର ମିଳିବ? କବିତା ବ୍ୟତୀତ ଆଉ କେଉଁ ବିକଳ୍ପ ମିଳିବ କବିକୁ। ଏ ପୃଥିବୀରେ ଜିଉଁଥିବା ସବୁ ସଜୀବଙ୍କର ଦୁଃଖ-କଷ୍ଟକୁ ଯିଏ ନିଜର ଭାବେ, ମଣିଷ ପାଖରେ ଆସ୍ଥା ଲୋଡ଼େ, ଅନ୍ୟାୟ ପାଖରେ ପ୍ରତିହିଂସା ପରାୟଣ ହୋଇପଡ଼େ ଓ ସଂଘର୍ଷମାନଙ୍କୁ ଦେଖି ପୀଡ଼ା ଅବସାଦ ତଥା କରୁଣାରେ ଆପ୍ଲୁତ ହୁଏ - ଏହା ପ୍ରେମର ଏକ ଉନ୍ନତ ରୂପ ବୋଲି ଗ୍ରହଣ କରା ନ ଯିବ କାହିଁକି? ପୃଥିବୀର ସବୁ ସବୁ, ଶହେ ଭାଗ କବିତା ତେଣୁ ପ୍ରେମରୁ ହିଁ ଜାତ - ତାହା ବ୍ୟକ୍ତିଗତ ପ୍ରେମ ହେଉ ବା ଗଭୀର ମାନବୀୟ ପ୍ରେମ ହେଉ।

ଇଂରାଜୀ କବି ଜନ୍ କିଟ୍‌ସ୍ ଆପଣାର ଗୋଟିଏ ଚିଠିରେ କେତେକ ମାନବୀୟ କଥାଟି କହିଛନ୍ତି- I am certain of nothing but of the holiness of the Heart's affections and the truth imagination. (Letter to Benjamin Bailory-22 Nov.1817) ଠିକ୍ କଥା। କବିଟିଏ ହୃଦୟରେ ସ୍ୱର୍ଗୀୟ ପ୍ରେମ ଓ କଳ୍ପନାର ସତ୍ୟତା ବ୍ୟତୀତ ଆଉ କିଛି ବି ତ ନୁହେଁ।

କବି ଭିତରେ ସଂଘର୍ଷ ବୋଧହୁଏ ଏହିଠାରୁ ଆରମ୍ଭ। କଳ୍ପନା ଭିତରେ ସେ ସତ୍ୟକୁ ଲୋଡ଼େ ଓ ପ୍ରାଣଭରି ଭଲ ପାଇବାକୁ ଚାହେଁ। ପ୍ରେମର ସଂଜ୍ଞାଟି ବି କବି ପାଇଁ ଭିନ୍ନ। ସେ ଜମା ମହୁମାଛି ହେବାକୁ ଚାହଁନି। ମହୁମାଛି ଫୁଟି ପାରିବନି, ସେ ଜାଣେ। ମହୁମାଛି ଭଳି ପୃଥିବୀଯାକର ସବୁ ପ୍ରେମ ଗୋଟେଇ ଆଣି କଳି ପକେଇବାକୁ ସେ ଚାହେଁନି। ସେ ଫୁଲ ଭଳି ବିକଶିତ ହେବାକୁ ଚାହେଁ। ତା' ଭିତରୁ ମହୁର ଅପହରଣ ହେଇଯିବ ଜାଣି ବି ସେ ଫୁଟେ। ଅଧିକ ଦେଇପାରିଲେ ହିଁ ଅଧିକ ମିଳେ

– ସେ ବିଶ୍ୱାସ କରେ। ଆପଣାକୁ ନିଃଶେଷିତ ଓ ନିବିଡ଼ କରିଦେଇ ପାରିବାରେ ହିଁ ଜୀବନ ସେ ବୁଝିଥାଏ। ସେଇଥି ଲାଗି ଆପଣାର ନିକଟତମ ଅନୁଭୂତିମାନଙ୍କୁ ରକ୍ତାକ୍ତ ଅନୁଭବମାନଙ୍କୁ ଓ ଗୋପନ ଉପଲବ୍ଧିମାନଙ୍କୁ ସେ ସମସ୍ତଙ୍କ ପାଇଁ ବୁହେଇ ଦିଏ। ଭିତରର ଅନୁରାଗ ଓ ଆପଣାର ଏକ ନିର୍ଦ୍ଦିଷ୍ଟ ଧର୍ମ ପ୍ରତି ଅଙ୍ଗୀକାର ଥିବା ଯୋଗୁଁ ହିଁ ଫୁଲ ଫୁଟେ। ବିଶ୍ୱାସର ଗଣ୍ଠିଟି ସେତିକି ବଳିଷ୍ଠ ହେଇଥିଲେ, ଜୀବନ ପ୍ରଣତି ସେତିକି ଅନୁରାଗ ଓ ଲକ୍ଷ୍ୟ ପ୍ରତି ସେତିକି ଅଙ୍ଗୀକାର ଥିଲେ ହିଁ ଜଣେ ମଣିଷରୁ କେବେ କେବେ କବି ପାଲଟେ। କବିତା ଆପେ ଅପେ ଶସ୍ତ୍ର ଭଳି ଆସେ ତା' ହାତକୁ। ତେବେ ପ୍ରେମ ଦ୍ୱାରା ସଂରଚିତ ସେ ଦୁର୍ଲଂଘ୍ୟ ରଣଭୂଇଁଟିର କଥା କବି କେବେ କାହାକୁ କହୁଥିବା କ୍ୱଚିତ୍ ଶୁଣିବାକୁ ମିଳେ।

■

ଯୁଗବୋଧ

ବ୍ୟକ୍ତିଗତ ହୁଅନ୍ତୁ ବା ସାମାଜିକ, ବିପର୍ଯ୍ୟୟମାନେ ଯେବେ କବିତାକୁ ଓହ୍ଲେଇ ଆସି ପାରନ୍ତିନି, ଭାରି ଦୋଷୀ ଲାଗେ। ମହାବାତ୍ୟା ହେଲା, ଭୂମିକମ୍ପ ହେଲା, ବନ୍ୟା ହେଲା, ଅଗ୍ନିକାଣ୍ଡରେ ଲୋକେ ମଲେ, କାରଗିଲ୍ ଯୁଦ୍ଧ ହେଲା- ତମେ କିଛି ଲେଖିଲନି ? କବି ଏ ପ୍ରଶ୍ନର ସାମ୍ନା ଯେ ନ କରେ ତା' ନୁହେଁ। ବାହାରୁ ଏବଂ ତା' ନିଜ ଭିତରୁ ବି କିଏ ଏ ପ୍ରଶ୍ନ ଉଠାଏ। ଏ ପ୍ରଶ୍ନ ଆଗରେ କବି ମୁଣ୍ଡପୋତି ଛିଡ଼ା ହୁଏ, ନୈତିକତାର କାଠଗଡ଼ାରେ। କହେ, କିଛି ଲେଖି ପାରିଲିନି, କାହିଁକି ଲେଖିପାରିଲିନି ?

କବିତା ତ ଇତିହାସ ନୁହେଁ, ସେ କେବେ ଦାବି କରେନି ଯେ, ଯେତେ ଶୋଷଣ, ମୃତ୍ୟୁ, ଦୁର୍ବିପାକ ଓ ବିପର୍ଯ୍ୟୟମାନେ ଘଟି ଯାଉଛନ୍ତି ସେ ସବୁ ଟିପି ରଖି ମୋ'ଠି, କବିତା ଟିପାଖାତା ତ ନୁହେଁ। ତେବେ ଯୁଗ-ବୋଧ ପାଖରୁ କବିତା କେବେ ବି ଦୂରେଇ ରହିପାରେନି। ଏକ ବିଶେଷ ପରିବେଶ ଓ ଏକ ବିଶେଷ ଯୁଗରେ ଜୀବିତ ବ୍ୟକ୍ତି ସର୍ବ ପ୍ରଥମେ ତା' ପାରିପାର୍ଶ୍ୱର ପରିସ୍ଥିତିମାନଙ୍କ ଦ୍ୱାରା ସଂଚାଳିତ ହୁଏ। କବିଙ୍କର କ୍ରିୟା-ପ୍ରତିକ୍ରିୟା, ଗ୍ରହଣ-ସଂପ୍ରେକ୍ଷଣ ମଧ୍ୟ ତାଙ୍କର ପରିବେଶ ଦ୍ୱାରା ସଂଚାଳିତ ହୁଏ। ଅର୍ଥାତ୍ ଯୁଗ-ବୋଧ, ଅଖଣ୍ଡ ସମୟର କିୟଦଂଶ ଭିତରେ ସୀମିତ ରହି ନିଜର ପରିଚୟ ଦେଇଥାଏ। ଯୁଗ-ବୋଧ ପାଇଁ ତତ୍କାଳୀକ ସୀମା ଅନିବାର୍ଯ୍ୟ କିନ୍ତୁ କାବ୍ୟ-ବୋଧର ସାର୍ଥକତା ତା' ନିଜର ମୁକ୍ତିରେ। ତାହା ଯୁଗ-ବୋଧକୁ ସାଙ୍ଗରେ ନେଇ ବି ବିସ୍ତୃତ ଓ ମୁକ୍ତ ଜଣାପଡ଼େ, ସତେ ଯେମିତି ତାହା ନିଜେ ଅଖଣ୍ଡ ସମୟ।

ବସ୍ତୁତଃ କବିତା ବା କାବ୍ୟ-ସୃଷ୍ଟି ସମୟର ଖଣ୍ଡଶଃକୁ ଆପଣାର ସୀମା ବୋଲି ଗ୍ରହଣ କରେନି। ବୋଧହୁଏ ଏତେ ଏତେ ଭୀଷଣକାୟ ବିପର୍ଯ୍ୟୟ ପରେ ବି ସେଥିରୁ ସେ ଯାହା ଗୋଟେଇ ଆଣେ ତାହାହେଉଛି ଅଗାଧ ଲୁହଙ୍କ ଅଥଳ ହାହାକାରରୁ ଟିକିଏ। ଯୁଦ୍ଧ କି ମହାବାତ୍ୟାର ବର୍ଣ୍ଣନା କବିତା ହେଇ ନ ପାରେ। କିନ୍ତୁ ଏ ଦୁର୍ଘଟଣାମାନଙ୍କର ବେଦନାଦାୟକ ଭୟାବହତା ଅଜସ୍ର କବିତାର ଜନ୍ମ ପଛରେ ଏକ

ଉତ୍ସ, ଏକ ଇଙ୍ଗିତ ଭଳି କାମ କରି ଚାଲିଥାଏ, ଅନେକ ସମୟରେ କବିଙ୍କର ଅଜାଣତରେ। ସେ ଲାଗି ବୋଧହୁଏ ଜଣେ ମହାନ୍ ଲେଖକ ବା କବିଙ୍କର ସୃଷ୍ଟିକୁ ତର୍ଜମା କଲାବେଳେ ଆମକୁ ଥରେ ଥରେ ସେହି ସମୟର ଇତିହାସ ଘାଣ୍ଟିବାକୁ ପଡ଼େ। କବିତା ଆଗରେ ଇତିହାସ ସେତେବେଳେ କି ବିସମ୍ବାଦ ଜଣାପଡ଼େ।

କବିତା ଯୁଗ-ବୋଧକୁ ସାଙ୍ଗରେ ଧରି ଚାଲୁଥିଲେ ବି ତାହାର ପ୍ରଧାନ ଗୁଣଟି ହେଉଛି ଗୋଟିଏ ସମ୍ବେଦନାରୁ ଚାଲିବାକୁ ଆରମ୍ଭ କରି ସେହି ସମ୍ବେଦନାର ଚରମ ସଂପୃକ୍ତିକୁ ସ୍ପର୍ଶ କରିବା। ସେତିକିରେ ସେ ସାର୍ଥକତା ପାଇଯାଏ। କବି ଭିତରେ ବି ଅହରହ ଜଳୁଥିବା ସେ ଗ୍ଲାନି (ଯେ ଏତେ ଯନ୍ତ୍ରଣା ପାଇଁ ସିଏ ଶବ୍ଦ ପାଇଲାନି) ପାଇଁ କିଞ୍ଚିତ୍ ଆଶ୍ୱାସନା ମିଳେ। ପୀଡ଼ିତ, ମୁମୂର୍ଷୁ ଓ ଅକାଳ ମୃତ ମଣିଷମାନଙ୍କ ପାଖରେ ତାକୁ ଅନ୍ତତଃ ଦୋଷୀ ଭଳି ଛିଡ଼ା ହେବାକୁ ପଡ଼ିବନି, ଏଭଳି ଏକ ଅଦ୍ଭୁତ ମାନସିକତା (ଆଶ୍ୱାସନା) ତାକୁ କିଛି ସମୟ ଲାଗି ଅବଶ୍ୟ ଦୋଷମୁକ୍ତ କରାଏ।

କୌଣସି ଯୁଗର କୌଣସି ଘଟଣା କବି ପାଇଁ ତ୍ୟଜ୍ୟ ନୁହେଁ। କାହିଁକି ନା ସେହି ଘଟଣା ଦ୍ୱାରା ହିଁ ସେ ଆପଣାର ଉପଲବ୍ଧିକୁ କଳାତୀତ ବିରାଟ ସତ୍ୟ ସହିତ ଖଞ୍ଜି ଏକ ନୂଆ ରୂପରେ ଅବତରିତ କରିବାକୁ ଚାହୁଁଥାଏ। ବୋଧହୁଏ ସେଇଥିଲାଗି କବିତା କାଳଜୟୀ। ନଈର ଏକ କୂଳରେ ବସି ଆମେ ଯେତେବେଳେ ପାଣିକୁ ଛୁଇଁ ଦେଉ ଆମେ ସମ୍ପୂର୍ଣ୍ଣ ନଦୀକୁ ହିଁ ସ୍ପର୍ଶ କରୁ - ଜଳର ଅଂଶ ବିଶେଷକୁ ନୁହେଁ। ସମୟର ଖଣ୍ଡିତ ଅଂଶକୁ ନେଇ ବି କବିତା ଅଖଣ୍ଡ-ସମୟ ଭଳି ପ୍ରବାହିତ।

ସମୟକୁ ଆମେ ଆପଣାର ଘଟିତ ଅନୁଭୂତିମାନଙ୍କ ଦ୍ୱାରା ବିଭାଜିତ କରିଥାଉ। ଯାହା ଘଟୁଛି, ତାହା ବର୍ତ୍ତମାନ, ଯାହା ଘଟିତ ତାହା ଅତୀତ ଓ ଯାହା ଘଟିବାର ଅନୁମାନ ଅଛି, ତାହା ଭବିଷ୍ୟ। କାବ୍ୟ-ଦୃଷ୍ଟି ଏହି ସବୁ ଯୁଗ-ବିଶେଷ ପାଖରେ ସୀମିତ ନୁହେଁ। ଏମିତି କୌଣସି ମାନବୀୟ ସମ୍ବେଦନ କି ବୌଦ୍ଧିକ ଉପଲବ୍ଧି ନାହିଁ ଯାହା ପୂର୍ବାପର ପରିଣତ ସହିତ ସଂଶ୍ଲିଷ୍ଟ ନୁହେଁ। ମଦର ଟେରେସାଙ୍କ ମୃତ୍ୟୁରେ ଏକ ଶୋକାକୁଳ କବିତା ଲେଖିବାକୁ ବସିଥିବା କବି ଜାଣି ନ ଥାନ୍ତି ଯେ, ଯାହା ସେ ଲେଖୁଛନ୍ତି, ଯେଉଁ ଅଦୃଶ୍ୟ ଗହ୍ୱର ଭିତରୁ ଯେଉଁ ଶବ୍ଦମାନେ ଆପଣା ଛାଏଁ ଚାଲି ଆସୁଛନ୍ତି ଅର୍ନ୍ତଭେଦୀ କାନ୍ଦ ଭଳି ତାହା ଅଳ୍ପଦିନ ତଳେ ମରିଥିବା ତାଙ୍କ ନିଜ ମା'ଙ୍କର ମୃତ୍ୟୁ ସେତେବେଳର ଅବଦମନିତ ପୀଡ଼ା, ଯାହା ମଦର ଟେରେସାଙ୍କ ଲାଗି ଏକ ଶ୍ରଦ୍ଧା ସୁମନ ପାଲଟି ଯାଇ ପାରିଛି।

କାବ୍ୟ-ଦୃଷ୍ଟି କୌଣସି ବସ୍ତୁ ବା ଘଟଣାକୁ ଯେଣୁ ତାହାର ପୂର୍ବାପର ସମ୍ବନ୍ଧ ସହିତ ଯୋଡ଼ିଦେଇ ପାରେ କବିତା ପାଇଁ ଯୁଗ-ବୋଧର ଅଭିବ୍ୟକ୍ତି ତେଣୁ କେବଳ

ବର୍ତ୍ତମାନ ନୁହେଁ, ତାହା ଅତୀତ ଓ ଅନାଗତ ଯୁଗର ସତ୍ୟ ମଧ୍ୟ। ଆମେରିକାରେ ନଭଶ୍ଚୁମ୍ବୀ ପ୍ରସାଦମାନଙ୍କର ଧ୍ୱଂସାବଶେଷ ତଳେ ନିଶ୍ଚିହ୍ନ ହଜାର ହଜାର ଲୋକ ଓ ସେମାନଙ୍କୁ ହରେଇଥିବା ଅଗଣିତ ମଣିଷଙ୍କର ମର୍ମବେଦନାକୁ ଚିତ୍ରିତ କରିବାକୁ ବସିଲେ ତାହା ଏକ ଭୟଙ୍କର ଦୁଃସମ୍ବାଦ ଛଡ଼ା ଆଉ କିଛି ହେବନି। କିନ୍ତୁ ଆଗାମୀ ବହୁଯୁଗ ପାଇଁ ପୃଥିବୀର ସବୁ କବିଙ୍କ ଭିତରେ ଏକ ଭୟାନକ ଗ୍ଲାନି ଭଳି ଏହା ଜୀବିତ ରହିବ- ଆହୁରି ଆହୁରି କବିତା ଲେଖି ଦୋଷମୁକ୍ତ ହେଇଯିବା ପାଇଁ ପ୍ରବର୍ତ୍ତଉ ଥିବ ଅଥଚ ମୁକ୍ତି କେଉଁଠୁ ମିଳୁଥିବ।

■

ଆକ୍ଷେପ

ଆକ୍ଷେପମାନଙ୍କୁ କେମିତି ସାମ୍ନା କରେ କବି ? ଆକ୍ଷେପ - ଯାହା ଆସେ ତା' କବିତାକୁ ନେଇ, ତା' ଜୀବନକୁ ନେଇ ଓ କେବେ କେବେ ତା' ଜିଇଁବାର ଶୈଳୀକୁ ବି ନେଇ। କିନ୍ତୁ କାହିଁକି ? ଯେଉଁ ଦୋଷାଦୋଷମାନେ ଏତେ ଗର୍ହିତ ଭାବରେ ଲାଗୁ ହୁଅନ୍ତିନି ସାଧାରଣ ମଣିଷ ପାଇଁ ତାହା କବି ପାଖରେ ଏତେ ଭାରି ହେଇ ପହଞ୍ଚନ୍ତି କେମିତି ? କ'ଣ ଏଇଥିପାଇଁ ଯେ, ସାଧାରଣ ମଣିଷମାନଙ୍କ ଭିତରେ କବିଟି ଅଲଗା ବାରି ହେଇ ପଡୁଥାଏ। କ'ଣ ଏଇଥିପାଇଁ ବି ସାଧାରଣ ମଣିଷମାନେ ଭାବୁଥାନ୍ତି, କିଛି ନ ଥାଇ ଏ ମଣିଷ (କବିଟି) ପାଖରେ ଆପଣାଛାଏଁ ଉଚ୍ଚାସନ କାହିଁକି ପହଞ୍ଚି ଯାଉଛି। ଏ ଉଚ୍ଚାସନ ନିଶ୍ଚିତ ଭାବରେ କୌଣସି ପଦପଦବୀ ନୁହେଁ (ଏହା ସହଜରେ ହାତେଇ ହେବ ବୋଲି ଲୋକେ ଜାଣନ୍ତି)। ଏହା ମଣିଷମାନଙ୍କ ଭିତରେ ଉଚ୍ଚତର ମଣିଷଟିଏ ହେବାର ସମ୍ମାନ। କବି ପାଖରେ ଏ ଗୁଣଟି ଅବଶ୍ୟ ଥାଏ, ସେ ତା'ର ଚାହାଣି, ପଦିଏ କଥାରେ ବଶୀଭୂତ କରିଦେଇ ପାରେ ବହୁଜନଙ୍କୁ।

ଗଠନମୂଳକ ଓ ନିରପେକ୍ଷ ଆକ୍ଷେପମାନେ ଯେବେ ଆସନ୍ତି କବିତା ସଂକ୍ରାନ୍ତରେ ତାହା କବିକୁ ନିଶ୍ଚିତ ଭାବରେ ଅଧିକ ନିଷ୍ଠାପର, ସଚ୍ଚୋଟ ଓ ଶାଣିତ କରେଇବାରେ ସାହାଯ୍ୟ କରାନ୍ତି। ପୀଡ଼ାଦାୟକ ହେଲେ ବି କବି ପୁଣିଥରେ ଏବଂ ଏକାଧିକବାର ନିଜକୁ ତଉଲିବାର ଓ ନିଜ ଶବ୍ଦମାନଙ୍କୁ ନେଇ ପରୀକ୍ଷା-ନିରୀକ୍ଷା କରିବାର ସୁଯୋଗ ଲାଭ କରେ। କିନ୍ତୁ ଆକ୍ଷେପମାନେ କେବେ କେବେ ଆକ୍ଷେପର ପ୍ରକୃତ ଅର୍ଥ ଧରି ଆସନ୍ତି-ଅପରିପକ୍ୱ ଓ ଈର୍ଷା ସମ୍ବଳିତ। କବି ତାହାକୁ ବି ସହ୍ୟ କରେ। ଝଗଡ଼ା କରେନି, ମେଳି କରେନି, ପାଠକମାନଙ୍କୁ ଡାକି ଡାକି ନିଜ କବିତାମାନଙ୍କର ବ୍ୟାଖ୍ୟା କରେନି। କାହିଁକି ନା ସେ ଜାଣେ, କବିତା ମୂଳତଃ ଏକ କୃତି ନୁହେଁ, ତାହା ଏକ ଦୃଷ୍ଟି। କୃତିର ଅବୟବ ଦିଶୁଥାଏ, ଦୃଷ୍ଟିର ଅବୟବ କିନ୍ତୁ ସହଜରେ ଧରା ପଡ଼େନି। କୃତିର ଅବୟବମାନଙ୍କର ବ୍ୟବଚ୍ଛେଦ ସମ୍ଭବ ଓ ସହଜ

ମଧ୍ୟ। ଏହି ବ୍ୟବଚ୍ଛେଦ ଦ୍ୱାରା ଯେ ସବୁବେଳେ ଦୃଷ୍ଟି ପାଖରେ (ଯାହା କୃତିର ଆଢୁଆଳରେ ଥାଏ) ପହଞ୍ଚି ହେବ ସେମିତି ନୁହେଁ। ଯେଉଁମାନେ ସିଧାସିଧା ଦୃଷ୍ଟିକୁ ଛୁଇଁ ପାରନ୍ତିନି ସେମାନେ କୃତିଟିକୁ ହିଁ ଦୃଷ୍ଟି ବୋଲି ଭାବନ୍ତି ଓ ତାହାକୁ ଚିରି, ଫାଡ଼ି କଦାଚିତ ଦୃଷ୍ଟିକୁ ପାଇଯିବାର ଗୌରବ ନେଉଥାନ୍ତି। ସେମାନେ ଗୋଟିଏ ବି ସୋପାନ ଆରୋହଣ କରି ନ ଥାନ୍ତି।

ଏକଦା ଜଣେ ତରୁଣ ନିଜର ଛବି (ପୋଟ୍ରେଟ) ଆଙ୍କି ଦେବା ଲାଗି ପାବ୍ଲୋ ପିକାସୋଙ୍କୁ ଅନୁରୋଧ କରନ୍ତେ ପିକାସୋ ଖୁବ୍ ଗୁଡ଼ାଏ ଦିନ ନେଇ, ବିଭିନ୍ନ ଭାବରେ ଆଲୋକ ଖଞ୍ଜି, ବହୁ ପରିଶ୍ରମ ପରେ ଛବିଟିକୁ ସମ୍ପୂର୍ଣ୍ଣ କଲେ ଏବଂ ପରଦିନ ଆସି ପୋଟ୍ରେଟଟି ନେଇଯିବା ଲାଗି କହିଲେ। ପରଦିନ ତରୁଣଟି ଯେବେ ସେ ଛବିଟିକୁ ଧରି ଫେରେ ଏବଂ ଅଦମ୍ୟ ରୋମାଞ୍ଚ ସହକାରେ ସେ ଛବିଟିକୁ ଖୋଲି ଦେଖେ, ତାକୁ ଆଶ୍ଚର୍ଯ୍ୟ ଚକିତ ହେବାକୁ ହୁଏ। ପୋଟ୍ରେଟ୍‌ଟି ଜଣେ ବୃଦ୍ଧଙ୍କର ଯଦିଓ ସେଠି କେଉଁଠି ଥାଏ ତା' ନିଜ ମୁହଁର ଟିକିଏ ଝଲକ। ସେ କ୍ରୋଧ ଓ ହତାଶାରେ ଛବିଟିକୁ ଥୋଇଦିଏ ଏବଂ ଅନେକ ବର୍ଷ ପରେ ଦିନେ ନିଜର ଶୀର୍ଣ୍ଣ, ଲୋଳିତ ଚର୍ମ-ମୁହଁଟି ସହିତ ସେ ଛବିଟିକୁ ମିଳେଇ ଦେଖେ ତାହା ଅବିକଳ ପ୍ରତିଛବି ଭଳି ଦିଶୁଛି। ଏହା ହିଁ ବୋଧହୁଏ କବିର ଦୃଷ୍ଟି। ସାଧାରଣ ମଣିଷ ଯାହା ଦେଖିବା ସମ୍ଭବ ନୁହେଁ, ତାହା ସେ ଦେଖିପାରେ। ସାଧାରଣ ଦୃଷ୍ଟିରେ ଯାହା ହେୟ ଜଣାପଡୁଥାଏ, କବି ଦୃଷ୍ଟି ତାହାକୁ ମହତ୍ତ୍ୱପୂର୍ଣ୍ଣ କରିସାରିଥାଏ। କବିର କୃତିରେ ବିଗତ ବର୍ତ୍ତମାନ ଓ ଅନାଗତ ଦୃଷ୍ଟି ଥାଏ।

କବିତା ଯେଣୁ ଜୀବନ-ଧର୍ମୀ, କେବେ କେବେ କବିତାରୁ ନିଷ୍କର୍ଷ କାଢ଼ି ପାଠକେ ସହଜରେ ଆକ୍ଷେପମାନ ଥୋଇ ଦିଅନ୍ତି କବିଙ୍କର ଜୀବନକୁ ନେଇ - ଅମୁକ କବି, କ'ଣ ଆଉ ଲେଖନ୍ତେ, ସେ ପରା ଏବେ ଏବେ ଛାଡ଼ପତ୍ର ପାଇଛନ୍ତି। ଅମୁକ କବି, ପ୍ରେମ କରି ଧୋକା ଖାଇଛନ୍ତି, ତାଙ୍କ ଶବ୍ଦରେ କେତେ ଦରଦ ଦେଖୁନ... ଇତ୍ୟାଦି ଇତ୍ୟାଦି। ବ୍ୟକ୍ତିଗତ ଜୀବନର ପୀଡ଼ା, ଯାତନା ଓ ବିଫଳତାମାନେ କେବଳ କବି-ଦୃଷ୍ଟିକୁ ଶାଣିତ ଓ ସମ୍ବେଦନାକୁ ମଂଜୁଳ କରିପାରନ୍ତି ସେମାନେ ନିଜେ କେବେ କବିତା ପାଲଟି ପାରନ୍ତି ନାହିଁ - ଏକଥାଟି କବି ବୁଝେଇବେ କାହାକୁ? କାହିଁକି ବି ବୁଝେଇବେ - ସେ ତ ତତ୍ତ୍ୱବାଦୀ ନୁହନ୍ତି। ସେ କେବଳ ସହ୍ୟ କରିବେ, ପୁଣି ଥରେ କବିତା ପାଖରେ ଆଣ୍ଠୁଭାଙ୍ଗି ବସିବେ।

ଆତ୍ମମଗ୍ନ କବିଟିକୁ ପଚାର ତ କେତେଥର ସେ ଶୁଣିଥିବେ 'ଆମେ ସଂସାର ସମ୍ଭାଳୁଛୁ ବୋଲି ସିନା ତମେ କବିତା ଲେଖୁଛ' ବା 'ତମେ ଆଉ କ'ଣ କରିପାରିବ କବିତା ଲେଖିବା ଛଡ଼ା'। ସତେ ଯେମିତି କବି ନିହାତି ଦାୟିତ୍ୱ ଫାଙ୍କିବାର ମଣିଷଟିଏ।

ଦାୟିତ୍ୱମାନଙ୍କୁ ଫାଙ୍କିଦେଇ ବୁଲୁଥିବା ଲୋକଟି ଯେ କସ୍ମିନକାଳେ କବି ହେଇ ପାରିବେନି, ଏହା ସତ (ସେ ନିଜେ ନିଜ ପାଖରେ ବି ସଚ୍ଚୋଟ ରହି ପାରିବେନି)। ଦୁଃଖ ହୁଏ ଭାରି ଦୁଃଖ ହୁଏ। କବିର ଦାୟିତ୍ୱ ଏମିତି ଯେ ସେ ଦୁଃଖ ଓ ସମସ୍ୟାମାନଙ୍କ ସହିତ କେବଳ ମାତ୍ର ବ୍ୟକ୍ତିଗତ ଭାବରେ ସଂଶ୍ଳିଷ୍ଟ ହୁଏନି, ଆତ୍ମୀକ ଭାବରେ ବି ଖଞ୍ଜି ହେଇଥାଏ। ସେ ରଣଭୂଇଁକୁ ନ ଓହ୍ଲେଇ ବି ଆହତ ସୈନ୍ୟଟିର ପୀଡ଼ାଠାରୁ କିଛି କମ୍ ପୀଡ଼ା ଭୋଗୁ ନ ଥାଏ। ଖରାତରାରେ ଯୁଝିବା ଲାଗି ବାହାରି ଯାଇଥିବା ମଣିଷମାନଙ୍କ ପାଇଁ ସେ କଲବଲ ହେଉଥାଏ ନିଜର ଏକାନ୍ତ ବଖରାରେ ବସି ବସି, ଭାରି ଅଦୃଶ୍ୟ ସେ ଯାତନା। ହଁ, କେହି ଜଣେ ସଂସାରଟିକୁ ସମ୍ଭାଳି ନେଉଛି, ସେଇଥିପାଇଁ ସେ ଲେଖିପାରୁଛି - ସହସ୍ରାଧିକବାର ଏକଥା ସ୍ୱୀକାର କରିବାକୁ ସେ କୁଣ୍ଠାବୋଧ କରେନି। କିନ୍ତୁ କବିତା ଲେଖା ଯେ ଆତ୍ମବିନୋଦନ - ଏ ଆକ୍ଷେପ ଭାରି କଷ୍ଟ ଦିଏ ତାକୁ। ତା'ର ତ ସବୁ କିଛି କରି ପକେଇବାକୁ ଇଚ୍ଛା। ହେ, ବିଲବାଡ଼ି, କଳ କାରଖାନାରେ କାମ କରୁଥିବା ଲୋକ, ଡାକ୍ତରଖାନାରେ ରୋଗୀର ସେବା କରୁଥିବା ଲୋକ, ଶିବିରରେ ମୃତ୍ୟୁକୁ ଅପେକ୍ଷା କରିଥିବା ଲୋକ, ହେ ବନ୍ଦୀ, ହେ ପ୍ରାୟଶ୍ଚିତ କରୁଥିବା ଲୋକ, ତମେ ସମସ୍ତେ ମୁକ୍ତ ହୋଇଯାଅ, ହାଲୁକା ହେଇଯାଅ, ତମ ସମସ୍ତଙ୍କର ଦାୟିତ୍ୱ, ପୀଡ଼ା, ଯାତନା ମୁଁ ନେଇଯିବି ଏଭଳି ସ୍ୱାଗତୋକ୍ତି କରୁଥାଏ କବି। କାହା ପାଖରୁ କିଛି ବି ଯାତନା କାଢ଼ି ଆଣିପାରୁ ନ ଥାଏ ବୋଲି ହୁଏତ କବିତା ଲେଖୁଥାଏ।

ଅପରାଧବୋଧ

ଥରେ ଥରେ ଇଚ୍ଛା ହୁଏ କବିତାର ହାତ ଧରି କହନ୍ତି, ଚାଲ ଫେରିଚାଲ- ମତେ ଦେଖେଇ ଦେ ଯେଉଁଠାରୁ ତୋର ଜନ୍ମ - ସେ ଉତ୍ସ। କବିତା କବିଠାରୁ ବିଚ୍ଛିନ୍ନ ହେଇଯିବା ପରେ ଏକକ ସତ୍ତା ଭଳି ନିଜ ପରିଚୟ ନେଇ ଛିଡ଼ା ହୁଏ, ସେତେବେଳେ ସର୍ବ ପ୍ରଥମେ କବିକୁ ହିଁ ଆଶ୍ଚର୍ଯ୍ୟ ଆନନ୍ଦରେ ଭରିଦିଏ। ଏ ବିଧୂର, ବିଗଳିତ ହୃଦୟ ବୁଝିପାରେ ନାହିଁ ହଜାର କଥା ଭିତରୁ ଏ କଥାଗୁଡ଼ିକ କାହିଁକି କହି ହେଇଗଲା। ହଜାର ଶବ୍ଦ ଭିତରୁ ଏଇ ଶବ୍ଦମାନେ କେମିତି ଆପେ ଆପେ ଆସି ଧରା ଦେଇଗଲେ। ହଜାର ହଜାର ପ୍ରୟାସ ପରେ ବି ସେଇ ଗୋପନମାନେ କି ସୁନ୍ଦର ଛଦ୍ମବେଶରେ ଛିଡ଼ା ହେଲେ କବିତାରେ। ନା ହୃଦୟ କିଛି କରିପାରିଲା, ନା ବୁଦ୍ଧି। ଯେଉଁ ଯେଉଁ କୌଶଳ ଲଗେଇ ଯେମିତି ଗଢ଼ିବେ ବୋଲି ଭାବିଥିଲେ କବି ଏ ତ ବିଲ୍‌କୁଲ୍ ଭିନ୍ନ ଆଉ କ'ଣ ଗୋଟେ ଗଢ଼ା ହୋଇଗଲା। ସେତେବେଳେ ବିଶ୍ୱାସ କରିବାକୁ ହୁଏ ଯେ, କବିତାର ପଛରେ ଅଛି ମନ। ମନର ସେ ପାଖକୁ ଅଛି ଏକ ଭୂମି - ଅନନ୍ତ ଭୂମି। କାବ୍ୟର ଆକାଂକ୍ଷା ସେ ଭୂମିଠାରୁ ବି ଇଙ୍ଗିତ ପାଉଛି।

ଆମର ନିତ୍ୟନୈମିତ୍ତିକ ଜୀବନାବଶ୍ୟକତାମାନେ ଆମକୁ ଜାଲ ଭଳି ଘେରି ରହିଥାନ୍ତି। ସେହି ଅନୁଭୂତିଗୁଡ଼ିକ ଆମେ ଆମର ପରିଚିତ ସୀମାଗୁଡ଼ିକ ଭିତରେ ପାଉଥାଉ ଓ ସନ୍ତୁଷ୍ଟ ରହିଥାଉ। ସ୍ୱୟଂ କେନ୍ଦ୍ରରେ ବୁଢ଼ିଆଣିଟିଏ ଭଳି ରହି ସଫଳ ହେଉଥାଉ। ଯଶ ଲାଭ କରୁଥାଉ, ଅନ୍ୟମାନଙ୍କ ଭଳି ଦିଶୁଥାଉ। କିନ୍ତୁ ପ୍ରାୟ ନାନା ଭାବରେ ଆପଣାର ଭୂମିରେ ଆପେ ଅବଦମିତ ହୋଇ ରହିଥାଉ। ଜୀବନ ବୃକ୍ଷର ଉହାଡ଼ରେ ବସି ତାରି ତାଳପତ୍ର ଖାଇ ଲାଗିଥାଉ। ଏ ବଡ଼ ଭୟଙ୍କର କଥା। ଖାଲି ସୁଖ, ଦୁଃଖ, କଳ୍ପନା ଓ ଅନୁଭୂତିକୁ ଖୋଲି ଦେଉଛୁ ଆମେ କବିତାରେ କହିବା ବେଳେ ପ୍ରକୃତରେ ଏହାଠାରୁ ଆହୁରି ବିଶାଳ ଓ ଭୟଙ୍କର କିଛି ଗୋଟେକୁ ଆମେ ସ୍ପର୍ଶ କରି ଆସିଥାଉ।

ଏ ଭୟଙ୍କରଟିକୁ ଆମେ ଅପରାଧବୋଧ ବୋଲି କହିବା କି? କବି ଭିତରେ

ବି ଥାଏ ଅପରାଧବୋଧ (ହୁଏତ ସବୁ ମଣିଷଙ୍କର ଅଚେତନ, ଅବଚେତନ ବା ଚେତନରେ ଏହା ଲୁଚି ରହିଥାଏ) କେତେ ଛୋଟ ଛୋଟ କଥା, ଯାହା ସାଧାରଣ ଆଖିରେ ହେୟ ମନେ ହେଉଥାଏ ତାହା କବି ପାଇଁ ଭୁଲ୍ ନୁହେଁ, ଏକ ପାପ ପାଲଟି ଯାଇପାରେ। ଥରେ ଥରେ ତା'ର ଅତି ସମ୍ବେଦନଶୀଳତା ତା ନିଜର ବଞ୍ଚିରହିବାକୁ ବି ଏକ ପାପ ବୋଲି ଘୋଷଣା କରୁଥାଏ। ମଣିଷ ଦୁର୍ବିପାକମାନଙ୍କ ଭିତରେ ସଢୁଥିବା, ମରୁଥିବା ବେଳେ ସେ ଯେ, ଆନନ୍ଦରେ ନିଦ୍ରା ଯାଇପାରୁଛି ଏ ବି ଗୋଟିଏ ଅପରାଧ ଭଳି ଲାଗେ କବିକୁ। ଓଃ ! ଏମିତି କେତେ କେତେ ହଜାର ଅପରାଧ ! ସବୁବେଳେ ବେଶୀ ଦେବା ପାଇଁ ଆକାଂକ୍ଷିତ ମଣିଷଟି (କବିଟି) କିଛି ଦେଇ ପାରିଲିନି ଭଳି ଏକ ଅପରାଧକୁ ନେଇ ଜିଉଁଥାଏ। ତା'ର ସଚେତନ, ସୁପ୍ତ-ଚେତନ ଓ ଅବଚେତନରେ ଏଭଳି ବହୁ ଅପରାଧ ନିଶ୍ଚୟ ଥାଏ। କବିତାଟିଏ ଲେଖିଦେଇ କ'ଣ ହାଲୁକା ଲାଗେ ଏଇଥିପାଇଁ ଯେ, କବିତାରେ ଆମେ ଗୋପନରେ, ଉହାଡ଼ରେ ସ୍ୱୀକାରି ନେଇଥାଉ ଆମର ଅପରାଧ (?)

ନିଜର ପୁରୁଣା କବିତାମାନ ଖୋଲି ଥରେ ଥରେ ପଢୁଥିବା ବେଳେ ଆତ୍ମବିସ୍ମୃତ କବିଟି ସ୍ୱଗତୋକ୍ତି କରୁଥାଏ - ଏ ମଣିଷମାନେ (ପାଠକମାନେ) ମତେ ବାହାବା ଦିଅନି। ମୋ ନିଜର କିଛି କରାମତି ନାହିଁ, ମୋ ପ୍ରଜ୍ଞାର କିଛି କାରାସାଦି ନାହିଁ। ତମେ ଜାଣି ପାରିନ, ମୁଁ ଜାଣିଛି। କେତେ କେତେ ଭୁଲ୍‌ଠାରୁ ମୁକୁଳି ଯିବି ବୋଲି ମୁଁ ଏ ସବୁ କହିଛି। ସମ୍ଭବତଃ କବି ଭିତରେ ଏ ଭାବଟି ହିଁ ତାକୁ ନମନୀୟ କରି ରଖିଥାଏ ଓ ତା'ର କବିତାକୁ ସମ୍ବେଦନଶୀଳ। ବୋଧହୁଏ ସେଇଥି ଲାଗି ଇଂରାଜୀ କବି ବାଇରନ କେଉଁଠି କହିଛନ୍ତି- Pleaseure's a sin and some times sin's a pleasure.

ପାପରୁ ଆନନ୍ଦ ଲୋଡୁଥାଏ କବି। ଜାଣିଶୁଣି ପାପ ଘଟେଇ ନୁହେଁ। ନିଜକୁ ପୃଥିବୀର ସବୁ ପାପ ଓ ଭୁଲ୍‌ମାନଙ୍କର ଉତ୍ତରଦାୟୀ କରି ସେ ସେଥିରୁ ମୁକ୍ତି ଲୋଡୁଥାଏ। କବିତା ମୁକ୍ତି ତ ଦେଇପାରିବନି ଆଶ୍ରୟ ପାଲଟି ଯାଇପାରେ। କିନ୍ତୁ ମଜା କଥାଟି ହେଉଛି, କବି ଯେ ନିଜ କବିତାର ଆଶ୍ରିତ ତାହା ବି ସେ କହିପାରନ୍ତି ନାହିଁ - କବିତା ଯେଣୁ ସର୍ବଦା ନିତ୍ୟ-ନୂତନ ପୁଣି ସର୍ବାନ୍ତକରଣରେ ମୁକ୍ତ।

କାବ୍ୟ-ସତ୍ୟ ତୀବ୍ର ସମ୍ବେଦନାର ତରଳ ଉଜ୍ଜ୍ୱଳ ଲାଭାରେ ତରଳି ଜୀବନର ଉଷ୍ଣତା ପାଖରୁ ରୂପ ଓ ସ୍ପନ୍ଦନ ପାଇଥାଏ। ସେ ସତ୍ୟକୁ ନା ଜରା, ନା ଭୟ, ନା ମରଣ, କେହି ବି ସ୍ପର୍ଶ କରିପାରନ୍ତି ନାହିଁ। ଏକ ଅନୁରାଗ, ଏକ ଅନ୍ତଃସମ୍ମତି ଏକ ଅଭିସାରର ସାହସ ନେଇ ଅସରନ୍ତି ଗ୍ଲାନିକୁ କବିତା ପାଖରେ ଅର୍ପଣ କରି ଦେବାକୁ

ବାହାରି ଥିବା କବି ତେଣୁ ନିଜ କବିତାକୁ ବି ପରେ ଭେଟନ୍ତି ଠିକ୍ ପାଠକଟିଏ ଭଳି- ଯେମିତି ଅନ୍ୟ କାହାର ଲେଖା, ଯେମିତି ଅନ୍ୟ କେହି ଜଣେ କ'ଣ କହିଛି। ନିଜ କବିତା ପଢୁଥିବା ବେଳେ କବି ନିଜ ଭିତରେ ସେଇ ଅନ୍ୟଟିକୁ ଖୋଜୁଥାନ୍ତି। ଆମକୁ ଆତ୍ମ ବିସ୍ମୃତ କରିଦେଇ ପାରୁଥିବା ଅଧିକାଂଶ କବିତାରେ ସେହି ଅନ୍ୟଟି ଥାଏ, ଯିଏ ଜୀବନବାଚୀ ଅଜସ୍ର ନାଡ଼ ଦ୍ୱାରା ଆମକୁ ସଂଲଗ୍ନ କରି ରଖିବାକୁ ଚାହୁଁଥାଏ। ଜୀବନ ଭିତରେ ସୁନ୍ଦରକୁ, ଭବ୍ୟକୁ ଏବଂ ସମ୍ଭାବ୍ୟକୁ ଅନୁଭବ କରିବାକୁ କହୁଥାଏ, ଅଥଚ ସେଠି ପାପବୋଧର ଛାଇ ସୁଦ୍ଧା ଦିଶୁ ନ ଥାଏ। ବହୁଜନଙ୍କ ପାଇଁ ତାହା ଆନନ୍ଦ (Pleasure) କୁ ରୂପାନ୍ତରିତ ହେଇ ସାରିଥାଏ।

■

ଦୃଷ୍ଟି

କେଇ ବର୍ଷ ହେଲାଣି, ଆଜି ବି ମନେପଡ଼େ ସେ କଥା, ଯେଉଁଦିନ ମୁଁ ସେଇ ଦୁଇଧାଡ଼ି ଶୁଣିଥିଲି ମନେ ମନେ ଠିକ୍ କରିଥିଲି ଏହାକୁ କବିତା କରିଦେବି। ହେଲେ ଆଜିଯାଏଁ କିଛି କରି ହେଲାନି (ମଣିଷ ଭିତରେ ହୁଏତ ଏମିତି ଅସଂଖ୍ୟ ଧାଡ଼ି ରହନ୍ତି, ଯେଉଁଥିରୁ ବହୁତ କମ୍ କବିତାରେ ଜାଗା ପାଇବାର ସୁଯୋଗ ଲାଭ କରନ୍ତି)।

ଦିନେ ଗୋଟିଏ ଛୋଟ ଝିଅ ମତେ କହିଥିଲା 'ହେଇ, ଦେଖ ଦେଖ - ଇନ୍ଦ୍ରଧନୁ। ମୁଁ ଡ୍ରେନ୍ (ନଳା) ଭିତରକୁ ଚାହିଁ ଦେଖିଲି, ମଇଳା ପାଣି ଉପରେ ଭାସି ଯାଉଥିଲା ତେଲ। ଆଉ ଦିନେ ମୁଣ୍ଡରେ ଡବା ବୋହି ପାଉଁରୁଟି ବିକୁଥିବା ପ୍ରାୟ ସତୁରି ବର୍ଷର ବୃଦ୍ଧଟିକୁ ପଚାରିଥିଲି- ମଉସା, ଭୋଟ ଦେଲ ? ସେ ମୋତେ ଏମିତି କହିଥିଲା- ହଁ, ମା' ଭୋଟ କ'ଣ, ଦେହରେ ଦାଗଟିଏ ନେଇ ଆସିବା କଥା। ଏ ଦୁଇଧାଡ଼ି ଚୋରେଇ ନେଇ କବିତାରେ ରଖି ଦେବାକୁ ଇଚ୍ଛା ହେଇଥିଲା ମୋର। କିନ୍ତୁ ପରେ ବୁଝିପାରିଲି, ପୃଥିବୀର ଅଲିଖିତ କେଉଁ ଶ୍ରେଷ୍ଠ କବିତାର ଏଇ ଧାଡ଼ିମାନ, ଯାହା ମଣିଷ ଭିତରେ ଜିଇଁ ରହନ୍ତି, ଗୋପନରେ, ଯାହା ଉପରେ ମୋର କିଛି ଅଧିକାର ନାହିଁ, ଅନ୍ତତଃ କବି ଭାବରେ ନୁହେଁ।

ତେବେ ମୋତେ ଯାହା ବ୍ୟାକୁଳ କରିଥିଲା ତାହା ଏ ଧାଡ଼ିମାନଙ୍କର ଜନ୍ମ ରହସ୍ୟ। କେବଳ ଯେ ପାଞ୍ଚ-ଛଅ ବର୍ଷର ଝିଅର ସରଳତା ଓ ଅନୁଭୂତି ଭାରରେ ନଇଁ ପଡ଼ିଥିବା ବୟସର ପ୍ରଜ୍ଞା ଏ ବାକ୍ୟମାନଙ୍କୁ ଜନ୍ମ ଦେଇଥିବ ସ୍ୱୀକାର କରିବାକୁ ମନ ରାଜି ହେଇ ନ ଥିଲା। ଆଉ କିଛି ଗୋଟେ ଥିବ। ହୁଏତ ଦୃଷ୍ଟି। ଦୃଷ୍ଟିର ବୟସ ନାହିଁ, ଲିଙ୍ଗ ନାହିଁ, ଜାତି ନାହିଁ, ଦୃଷ୍ଟି ସେଇଠି, ସେଇ ମୁହୂର୍ତ୍ତରେ କବିତାକୁ ଜନ୍ମ ଦେଇପାରେ। ନିର୍ଜୀବକୁ ସଜୀବ, ଜଡ଼କୁ ସଜୀବ, ପରିତ୍ୟକ୍ତ-ଅପାଙ୍‌କ୍ତେୟମାନଙ୍କୁ ଦୁର୍ମୂଲ୍ୟ ବିମ୍ବ ଓ ପ୍ରତୀକକୁ ରୂପାନ୍ତରିତ କରିଦିଏ। କବିତା ତ ବହୁତ ପରେ ଲେଖାଯାଏ (ଭାବର ଖିଅ ଧରି ଏ ସବୁକୁ ଖଞ୍ଜୁ ଖଞ୍ଜୁ ତାହା କବିତା ପାଲଟିଯାଏ)।

କହିବା ବାହୁଲ୍ୟ ଦୃଷ୍ଟି ହିଁ କବିର ସବୁଠାରୁ ସମର୍ଥ ଓ ନିର୍ଭରଯୋଗ୍ୟ ସାରଥୀ। ଜୀବନ ଯେଉଁଠି ଯେମିତି ଅଛି, ତାହାରି ଭିତରୁ ଜୀବନ ଯେମିତି ହେଇପାରିବ ସେହିଭଳି ଏକ ଅନୁରାଗଯୁକ୍ତ ଗଭୀରତାକୁ ଓ ଉଚ୍ଚତାକୁ ପାଦ ବଢ଼େଇବା ବୋଧହୁଏ ଦୃଷ୍ଟି। କବିତା ଲେଖି ନ ଥିବା ବହୁ ଜଣଙ୍କ ପାଖରେ ଏ ଦୃଷ୍ଟିଟି ବି ରହିପାରେ ଓ ସେମାନେ ଆମକୁ କବି ଭଳି ଲାଗନ୍ତି। ସେମାନେ ନିଶ୍ଚୟ କବି ଭଳି ସବୁକିଛିକୁ ଥରେ ନୁହେଁ ଦୁଇଥର ବା ଏକାଧିକବାର ଦେଖୁଥିବେ। ଥରେ ଚର୍ମ ଚକ୍ଷୁରେ ଆଉ ଥରେ ନିଜ ଭିତରେ ସାଇତିଥିବା ସେଇ ଅପୂର୍ବ ସଚେତନତାରେ।

ଅଧିକାଂଶ ସମୟରେ ମଣିଷ କେବଳ ସେହି ସବୁ ଦେଖୁଥାଏ ଯାହା ତାହାର ଦେଖିବା କଥା ଏବଂ ବହୁତ କିଛି ଅଦେଖା ଛାଡ଼ିଯାଏ। ସେହି ସକାଳ, ସେହି ବ୍ୟସ୍ତ ମଣିଷ, ଦର୍ପଣରେ ନିଜର ସେଇ ମୁହଁ - ଆମେ ଦେଖୁ, କେବଳ ଦେଖିବା ପାଇଁ ଦେଖୁ, ସଚେତନ ହେଇ ନୁହେଁ। ସାମାନ୍ୟ ସଚେତନତା ଆମର ଦେଖିବାକୁ କରିଦେଇ ପାରେ ଆମର ଦୃଷ୍ଟି। ଏହାକୁ ସମ୍ଭବତଃ କୁହାଯାଏ ଆଖି ଖୋଲି ସ୍ୱପ୍ନ ଦେଖିବା। ଯୁଗ ଯୁଗ ଧରି କବି ପାଇଁ ଏ ଅପବାଦ ରହି ଆସିଛି ଯେ, ସେ ଚାହିଁ ଚାହିଁ ସ୍ୱପ୍ନ ଦେଖେ। କିନ୍ତୁ କେତେ ଜୀବନ୍ତ, କେତେ ଅଙ୍ଗୀକାରବଦ୍ଧ କେତେ ଅସ୍ମିତାଗତ ସେ ସ୍ୱପ୍ନ ତାହା ଆଉ କିଏ କେମିତି ବୁଝିବ। କବିତାର ମୋହ ବୋଲି ତ ସେତିକି। ପ୍ରଥମେ କବିତାକୁ ଜିଇଁବା (ନିଜ ଭିତରେ ଧାରଣ କରିବା) ଓ ପରେ ତାକୁ ଅନ୍ୟମାନଙ୍କୁ ଦେଇ ଦେବା। ଏହା ହିଁ କବି ପାଇଁ ମୁକ୍ତି, ତା'ର ମୋକ୍ଷ।

କବି ତା'ର କୃତିରେ ଆଉ ଯାହା କହୁ ବା ନ କହୁ ପାଠକକୁ ତା' ନିଜ ଲୁଚି ରହିଥିବା ସହସ୍ର ଆଖି ପ୍ରତି ସଜାଗ କରେଇ ଦିଏ। କହେ, ଏଇ ସବୁ ଯାହା ତମେ ଦେଖି ଆସିଛ ଆଜି ତାହାକୁ ମୁଁ ଏଭଳି ଦେଖିଛି। ଜୀବନ ଓ ଦୃଶ୍ୟମାନଙ୍କୁ ଏଭଳି ଭିନ୍ନ ଭାବରେ ଯେ ଦେଖାଯାଇ ପାରେ ତାହା ହିଁ ପାଠକକୁ ଆଶ୍ଚର୍ଯ୍ୟ ଆନନ୍ଦରେ ଭରିଦିଏ।

ବିଶିଷ୍ଟ ଲେଖିକା ହେଲେନ୍ କେଲରଙ୍କୁ ଥରେ ପଚରା ଯାଇଥିଲା, ତାଙ୍କ ଜାଣିବାରେ ମଣିଷ ଉପରେ ପଡ଼ିବାକୁ ଥିବା ସବୁଠାରୁ ବଡ଼ ବିପତ୍ତିଟି କ'ଣ? ସେ କହିଥିଲେ- To have eyes and fail to see. ନିଶ୍ଚିତ ଭାବରେ ସେ ଏହି ଦୃଷ୍ଟି କଥା ହିଁ କହିଥିବେ। ସତରେ କ'ଣ ହେବ, ପୃଥିବୀରୁ ଏ ଦୃଷ୍ଟିଟି ହଜିଗଲେ। ଗଛକୁ ଗଛ, କାଠକୁ କାଠ, ମଣିଷକୁ ଏକ ପ୍ରାଣ ଓ ମୁର୍ଦ୍ଦାରକୁ ମୁର୍ଦ୍ଦାର ଛଡ଼ା ଆମେ ଆଉ କିଛି ଦେଖି ପାରିବାନି। ଜୀବନକୁ ବାସ୍ତବ ବୋଲି କହି ଆମେ ସନ୍ତୁଷ୍ଟ ରହିଯିବା। ଅନୁରାଗ ନାମକ ଏକ ଅନ୍ତଃଦର୍ପଣ ଉପରେ ଏହି ବାସ୍ତବତାର ଲକ୍ଷାଧିକ ପ୍ରତିଫଳନ ପାଇଁ

ଯେଉଁ ଆଲୋକର ଆବଶ୍ୟକତା ପଡ଼ନ୍ତା ତାହା ଆଉ ରହିବନି। ତାକୁ ଖୋଜି ପାଇବାର ବ୍ୟାକୁଳତା ବି ରହିବନି। ଛୋଟ ଝିଅଟିର ଚପଳ କଥା ମତେ ଚ୍ୟାଲେଞ୍ଜ ଦେଇ କହିପାରିବନି, 'ଦେଖ୍, ମୁଁ ବି କବି।'

ଦିନେ ଏମିତି ସମୁଦ୍ରକୂଳରେ ବୁଲୁଥିଲି। ମୁଠାଏ ଓଦା ବାଲି ନେଇ ମୁଠେଇ ଧରିଲି। ପାପୁଲି ଖୋଲି ଦେଖିଲି ପ୍ରତିଟି ବାଲୁକା କଣା ଓଦା ହେଇ ପରସ୍ପରଠାରୁ ଅଲଗା ଅଛନ୍ତି - ସ୍ୱତନ୍ତ୍ର ଅଛନ୍ତି। ମତେ ଆଶ୍ଚର୍ଯ୍ୟ ଲାଗିଲା ଯେ, ଯୁଗ ଯୁଗ ଧରି ଲହଡ଼ିର ତାଡ଼ନା ସତ୍ତ୍ୱେ ସେମାନେ ସେମାନଙ୍କର ଅସ୍ତିତ୍ୱ ହରେଇ ନାହାନ୍ତି। ଚୁନା ହେଇଯାଇ ନାହାନ୍ତି। ବ୍ରହ୍ମାଣ୍ଡର ଅନ୍ୟ ସମସ୍ତ ସଜୀବ-ନିର୍ଜୀବମାନଙ୍କ ପରି ଏକକ ଓ ସ୍ୱତନ୍ତ୍ର ଅଛନ୍ତି। ପ୍ରତିଟି ବାଲୁକାରାଶି ଯେମିତି କହୁଛନ୍ତି, ଏକାଭଳି ଦିଶୁଥିଲେ ବି ଆମେ ସ୍ୱତନ୍ତ୍ର। ଏକାଧିକ ଦୃଷ୍ଟିରେ ଆମେ ଏକାଧିକ ପରିଚୟ ଦାବି କରୁ।

ଜୀବନ ଯାହାକୁ ଯେମିତି ମିଳିଛି ତାହାରି ଭିତରୁ ଏକ ପ୍ରସବସମର୍ଥ ଅସନ୍ତୋଷକୁ ନେଇ ଜୀବନ ଯେମିତି ହେଇ ପାରନ୍ତା ସେହିଭଳି ଏକାଧିକ ଦୃଷ୍ଟିମାନଙ୍କୁ ଧାରଣା କରି ଯୁଗ ଯୁଗ ଧରି କେତେ କବି ଆମକୁ ଦେଇ ଯାଇଛନ୍ତି ତାଙ୍କର ଅମୂଲ୍ୟ କୃତି। କେତେ କବି ଆଜି ବି ଆଗେଇ ଚାଲିଛନ୍ତି। ଏତେ ବିପର୍ଯ୍ୟୟ ଓ କୁତ୍ସିତମାନଙ୍କ ଭିତରେ ଏ ଜୀବନ, ଏ ପୃଥିବୀ ତେବେ ବି ସୁନ୍ଦର ଲାଗୁଛି ବୋଧହୁଏ ଏଇଥି ପାଇଁ।

ପୁନଃ ଆବିଷ୍କାର

ଜଣେ ଭଦ୍ରବ୍ୟକ୍ତି ଥରେ କହିଲେ- ଆପଣ ଏତେ କବିତା ଲେଖିଲେଣି, ଆପଣଙ୍କୁ କେବେ ଲାଗିନି ସବୁକଥା କୁହା ସରିଲାଣି ବୋଲି ? ମୁଁ ତାଙ୍କ ଉତ୍ତର ଦେବା ବଦଳରେ ଓଲଟା ପ୍ରଶ୍ନ କରିପକେଇଲି - ମୋ କବିତାରୁ କ'ଣ... (ମୁଁ ଆତଙ୍କିତ ଜଣା ପଡୁଥିବି ସେତେବେଳେ) । ସେ ନିହାତି ସହାନୁଭୂତିଶୀଳ ହୋଇ କହିଲେ- ନା, ନା, ସେମିତି ନୁହେଁ । ଆମେମାନେ ଲେଖି ପାରୁନୁ, ଯେଉଁମାନେ ଲେଖୁଛନ୍ତି ମୁଁ ସେମାନଙ୍କୁ ତେଣୁ ପଚାରୁଛି, କେମିତି କେଉଁଠୁ ପାଉଛନ୍ତି ଏତେ କଥା ?

ଭଦ୍ରବ୍ୟକ୍ତି ବିଦାୟ ନେବା ପରେ ମୁଁ ଉଦାସ ହୋଇଗଲି । ସରିଯିବା ଅବଧାରିତ । ଏମିତି କ'ଣ ଅଛି ଯାହା ସରିବନି । ସବୁଠି ଆରୋହ ଅଛି ଅବରୋହ ଅଛି । କେବଳ କବି ନୁହେଁ ସବୁ ସୃଜନଶୀଳ କଳାକାର ପାଇଁ ଏଇଟି ମହାବିପଦ । ସେ ଗୋଟେ ସମୟରେ ଆରୋହଣ କରୁଥାନ୍ତି । ସମୟ ଆସେ ସେ ଶୀର୍ଷକୁ ସ୍ପର୍ଶ କରନ୍ତି (ହୁଏତ ସେ ଜାଣି ନ ଥାନ୍ତି ପରେ ତାଙ୍କ ଜୀବଦ୍ଦଶାରେ ସେଇଟି ତାଙ୍କ ସର୍ଜନା କର୍ମର ଶିଖର ବୋଲି ନାମିତ କରାଯାଏ ।)

ହୁଏତ କବି ନିଜେ ବି ଗୋଟିଏ ସମୟରେ ସର୍ବାଧିକ ଆତ୍ମ-ସନ୍ତୋଷ ଲାଭ କରିପାରନ୍ତି ତାଙ୍କର ସର୍ଜନା କର୍ମକୁ ନେଇ । କିନ୍ତୁ ତା'ପରେ କ'ଣ ? ତାଙ୍କ ନିଜ ତିଆରି ନୂଆ ନୂଆ ଶବ୍ଦାର୍ଥ, ବିମ୍ବ, ପ୍ରତୀକ, ଭାବ ଶୈଳୀ ନିଜ ପାଖରେ ପୁରୁଣା ହେଇଯାଆନ୍ତି । ମନେ ହେଉଥାଏ, ସେ କହିସାରିଥିବା କଥାମାନ ପୁଣି କହୁଛନ୍ତି । ସବୁ ସରିଗଲାଣି - ତାହା ତାଙ୍କ ଲେଖାରୁ ହିଁ ଧରାପଡ଼ିଯାଏ । ସେତେବେଳେ ଅବଶ୍ୟ ନିଜର ଅର୍ଜିତ ନାଁ ତାଙ୍କୁ ଟାଣି ନେଉଥାଏ । କିନ୍ତୁ ଭିତରେ ସ୍ରଷ୍ଟାଟି ମୁହଁମାଡ଼ି ଗାତରେ ପଶିଥାଏ । ଚାଟୁକାରଙ୍କର ଚାଟୁକଥା, ପ୍ରଶଂସକଙ୍କର ପ୍ରଶଂସା ମିଳୁଥାଏ, ସାକ୍ଷାତ୍କାର ଛପୁଥାଏ, ପୁରସ୍କାର-ସମ୍ମାନ ବି ଆସୁଥାଇପାରେ ଏବଂ କବି ଏ ଜାକଜମକ ଭିତରେ ଆପଣାର ସ୍ରଷ୍ଟାଟିକୁ ଠେଲି ଦେଇଥାନ୍ତି ଅନ୍ଧାର ଭିତରକୁ । ମଞ୍ଜି ପୋତି ଫଳ ଖାଇବା

ନୀତିରେ ଆପଣାର ପ୍ରତିଭାର ଛାଇରେ କିଛି ସମୟ ସୃଷ୍ଟି କରିବାର ଲୋଭ ଜାଗେ। 'ଚରୈବତି' କଥାଟି ପାଶୋର ହେଇଯାଏ।

ହେଲେ କବି ତ ସୁବିଧାବାଦୀ ନୁହେଁ। ସେ ସଚେତନ, ଜାଗ୍ରତ ଓ ନିଷ୍ଠାପର। ନିଜ କବିକର୍ମ ପ୍ରତି ସାଜଗ ମଣିଷଟି ହୁଏତ ଗୋଟିଏ କାମ କରିପାରେ। ତାହା ହେଉଛି, ଆଉଥରେ ଚିହ୍ନିବା। ଏ ଲାଗି ବୋଧହୁଏ ବ୍ୟାପକ ଓ ନିବିଡ଼ ପଠନ, ପ୍ରତ୍ୟାବର୍ତ୍ତନ ଓ ମହତ୍ତ୍ୱାକାଂକ୍ଷାର ପୁନଃ ନିରୀକ୍ଷଣର ଆବଶ୍ୟକତା ପଡ଼ିପାରେ।

କବି ନିଜର ସମସ୍ତ (ବା ଅଧିକାଂଶ) କୃତିକୁ ଆଉଥରେ ପଢ଼ି ପାରନ୍ତି ଜଣେ ପାଠକ, ଜଣେ କବି ଏବଂ ସର୍ବୋପରି ଜଣେ ସମୀକ୍ଷକଙ୍କ ଭଳି। ଭିନ୍ନ ଭିନ୍ନ ସୋପାନରେ ରଖି ଦିଆଯାଇଥିବା ନିଜର କୃତିମାନଙ୍କୁ ସେ ନିଜେ ଆଉଥରେ ନୂଆ କରି ଆବିଷ୍କାର କରିପାରନ୍ତି, ଆକଳନ କରିପାରନ୍ତି। ମନୋବିଜ୍ଞାନରେ ଗୋଟିଏ କଥା ଅଛି Peak Experience (ଶିଖର ଅନୁଭୂତି)। ଆପଣା ଭିତରେ ଆପଣାର ସର୍ବୋଚ୍ଚ ଶିଖରଟିକୁ ଆବିଷ୍କାର କରିବାର ଲାଳସା ରହିଲେ, ବାଟ ଚାଲିବାର ଅଭିଳାଷ ଜାଗେ। ସମ୍ଭାବନାମାନଙ୍କୁ ଖୋଜିବା (ସବୁ ସରିଯାଇଥିବା ଭିତରୁ ବି) ଆରମ୍ଭ କଲେ ଆକାଶମାନେ ଆମନ୍ତ୍ରଣ କରନ୍ତି। ତା'ପରେ ଗଣ୍ଠି ସବୁ ଫିଟିଯାଏ। ଚାଲି ଚାଲି ଶିଖରକୁ ଛୁଇଁବାର ଲାଳସା ଜାଗେ। ଥରେ ଆଇନ୍‌ଷ୍ଟାଇନ୍ ତାଙ୍କର ଜଣେ ଛାତ୍ରକୁ ପଚାରିଲେ- ଏବେ କ'ଣ କରୁଛ ? ଛାତ୍ର ଜଣଙ୍କ ଉତ୍ତର ଦେଲେ- ମୁଁ ଗଣିତରେ ସର୍ବୋଚ୍ଚ ଡିଗ୍ରୀ ହାସଲ କରିସାରିଛି, ଆପଣ କ'ଣ କରୁଛନ୍ତି ? ଆଇନ୍‌ଷ୍ଟାଇନ୍ ଉତ୍ତର ଦେଲେ- ମୁଁ ସେଇ ଅଙ୍କ ସବୁ ଆଉଥରେ କଷୁଛି। ପାଦ ଦେଶର ଅସ୍ପୃହା ଟିକକୁ ଶିଖର ପର୍ଯ୍ୟନ୍ତ ବୋହି ନେବା ସହଜ କଥା ନୁହେଁ - ସେ ଅଭ୍ୟାସ ବି ସାମୟିକ ନୁହେଁ।

ଏଇଠି ଆସିପାରେ ପ୍ରତ୍ୟାବର୍ତ୍ତନର କଥା। ପ୍ରତ୍ୟାବର୍ତ୍ତନ, ଅର୍ଥାତ୍ ଅତୀତକୁ ଫେରିଯିବା- କିନ୍ତୁ କାହିଁକି ? ଆମର ଅଧିକାଂଶ ସଫଳତା ବା ବିଫଳତା ଯେତେବେଳେ ଆମର ବର୍ତ୍ତମାନ ଓ ଭବିଷ୍ୟତ ସହିତ ସଂଶ୍ଳିଷ୍ଟ ଆମେ ଅତୀତକୁ ଫେରିବା କାହିଁକି ? ନିଜକୁ ଖୋଜିବା ଲାଗି ଏହାଠାରୁ ଭଲ ଉପାୟ ଆଉ କିଛି ନାହିଁ। ଛାଡ଼ିଆସିଥିବା ପ୍ରତିଟି ସୋପାନ (ସେ ଭିତରୁ ହୁଏ କେତେକ ରକ୍ତରଞ୍ଜିତ, ପୀଡ଼ାଦାୟକ ଓ ଅପରାଧବୋଧରେ ପିଚ୍ଛିଳ ହୋଇଥାଇପାରନ୍ତି) ଦେଇ ଫେରିବାକୁ ହେବ। ଶବ୍ଦମାନଙ୍କରେ ନୂଆ ଅର୍ଥ, ବିମ୍ବ, ପ୍ରତୀକ, ଭାବ-ଶୈଳୀରେ ନୂତନତ୍ୱ ପାଇଁ ଖାଲି ପାଦରେ ନୁହେଁ କବିକୁ ନିଜ ଭିତରେ ନିଜକୁ ଆଉଥରେ ଜନ୍ମ ଦେବାକୁ ହେବ।

ଏହାପରେ ମହତ୍ତ୍ୱାକାଂକ୍ଷାମାନଙ୍କୁ ନେଇ ପ୍ରଶ୍ନ କରିବାକୁ ଆଉ ଜମା କଷ୍ଟ ହେବନି। ମୋର ମନେଅଛି, ପ୍ରାୟ ଦଶପନ୍ଦର ବର୍ଷ ତଳେ ବହୁଳ ପ୍ରକାଶିତ ହେଉଥିବା

ଜଣେ କବିଙ୍କୁ ମୁଁ ଏବେ ଥରେ ପଚାରିଥିଲି- ଆପଣ ଆଉ ଲେଖୁନାହାନ୍ତି ? ସେ ଉତ୍ତର ଦେଇଥିଲେ- କ'ଣ ଲାଭ ହେଲା ଏତେବର୍ଷ କବିତା ଲେଖି ? ମୁଁ ଜାଣେନି ସେ କେଉଁ ଲାଭର ଆଶା ରଖି କବିତା ଲେଖୁଥିଲେ। ପିଲାଦିନେ ମୋର ଜଣେ ଶିକ୍ଷକ କହିଥିବା କଥା ଯେ, ମଣିଷ ଯାହା କରୁଛି ଯେଉଁ ପର୍ଯ୍ୟନ୍ତ କେବଳ ନିଜ ପାଇଁ କରୁଛି ଭାବୁଥିବ (ବା କରୁଥିବ) ତେବେ ଖୁବ୍ ଶୀଘ୍ର ଅରୁଚିକୁ ଭେଟିବ କଥାଟି ଅନେକ ବର୍ଷ ପରେ ମୋତେ ସତ ଲାଗିଲା। ଆମେ ସୁନ୍ଦର ପୋଷାକ ପିନ୍ଧୁଛୁ କେବଳ ନିଜ ତୃପ୍ତି ପାଇଁ ନୁହେଁ। ଘରଟିକୁ ସଜେଇ ରଖୁଛୁ କେବଳ ନିଜ ତୃପ୍ତି ପାଇଁ ନୁହେଁ। ଆମେ ତୃପ୍ତି ଅନ୍ୟର ଆଖି, ଅନ୍ୟର ପ୍ରଶଂସାରେ ବି ଖୋଜୁ। ସୃଜନ କର୍ମଟି ଏଥିରୁ ଅଲଗା ବୋଲି କହି ହେବନି। କିଏ ପଢ଼ନ୍ତୁ ବା ନ ପଢ଼ନ୍ତୁ ମୁଁ ମୋ ପାଇଁ ଲେଖୁଛି- କହୁଥିବା କବି ବିଚରା ଭାରି କାକୁସ୍ଥ ହେଇଥାନ୍ତି ନିଜ ଭିତରେ। କବି-କର୍ମ, କବିଙ୍କର ଅନୁରାଗ, ଅନୁଭୂତି ଓ ଅନ୍ତଃସମ୍ପତିରୁ ଜାତ କିନ୍ତୁ ତାହା ସର୍ବଦା ଅନ୍ୟମାନଙ୍କ ପାଇଁ। କବିତାରେ ଅନ୍ୟକୁ ଛୁଇଁ ପାରିବାର ଆତ୍ମ-ସନ୍ତୋଷ ପାଖରେ ଆଉ କୌଣସି ମହତ୍ତ୍ୱକାଙ୍‌କ୍ଷା ବଳିଷ୍ଠ ଦିଶେ ନାହିଁ କବିକୁ। ଅନାସୁବ ତଥା କଥିତ ମହତ୍ତ୍ୱାଂକାଙ୍‌କ୍ଷାମାନଙ୍କ ପାଖରେ ନିଷ୍ପୃହ ରହିପାରିଲେ, କେବଳ ନିଜର ହେଇ ରହିବାର ଅଣ୍ଟା ଭାଙ୍ଗେ, ଆପଣାକୁ ସତେ ଅବା କାହାର ବନ୍ଧୁ ଭଳି ଲାଗେ। ଆପଣାର ନ ହୋଇ ଆଉ କାହାର ହେଇଗଲା ଭଳି ଲାଗେ। ନିଜକୁ ଆବିଷ୍କାର କରିହୁଏ ନୂଆ ଭାବରେ, କବିତାକୁ ବି।

■

ନୈତିକତା

ଆପଣ କାହିଁକି ଲେଖନ୍ତି ? ଆପଣ କବିତା ଲେଖିବା ପାଇଁ କାହିଁକି ଭାବିଲେ ? ଏ ପ୍ରଶ୍ନମାନଙ୍କର ସାମ୍ନା କରିବାକୁ ହୁଏ ପ୍ରାୟ ଅଧିକାଂଶ କବିଙ୍କୁ। ହଁ, କିଛି ଧରାବନ୍ଧା ଉତ୍ତର ବି ଅଛି ଏ ପ୍ରଶ୍ନ ପାଇଁ। କେବେ କେବେ ଚିଡ଼ା ଲାଗେ। କାହିଁକି ପଚରା ଯାଏ କବିକୁ ଏ ପ୍ରଶ୍ନ ସବୁ ପରିଚୟ, ସବୁ ସାକ୍ଷାତ୍‌କାରରେ (?)

ଅଳ୍ପ ଟିକିଏ ଅହଂକାର ଯାହା ବଞ୍ଚି ରହେ ଆମ ଭିତରେ, ଆମେ କବିର ଜୀବନ ପାଇଥିବାରୁ - କବିତା ଲେଖିପାରୁଥିବାରୁ - ସେଇତକ ଓହ୍ଲେଇ ଦେଲେ ଏ ପ୍ରଶ୍ନଟିର ଅନ୍ୟ ପାଖଟିକୁ ଅବଶ୍ୟ ଦେଖି ହେବ। କେତେ କବିତା ଲେଖାଯାଉଛି - ସବୁ କ'ଣ କବିତା - ଥରେ ଜଣେ ଲେଖିଥିଲେ ମତେ - କବିମାନେ କ'ଣ ଭାବିବେନି କେବେବି ସେମାନେ କାହିଁକି ଲେଖୁଛନ୍ତି - ଭଦ୍ରଲୋକ ପଚାରିଥିଲେ। ସେଦିନ ଗୋଲ ଗୋଲ ଅକ୍ଷରମାନଙ୍କୁ ତିଆରୁ ଥିବା ମୋ କଲମଟିକୁ ଥୋଇ ନିଜକୁ ପଚାରିବାକୁ ଇଛା ହୋଇଥିଲା, ମୁଁ କାହିଁକି ଲେଖୁଛି ବା ପୃଥିବୀର ସବୁ କବି କାହିଁକି ଲେଖୁଛନ୍ତି ?

ସବୁ କବିଙ୍କ ପାଇଁ ଉପର୍ଯ୍ୟୁକ୍ତ ପ୍ରଶ୍ନଟି ଏକ ନୈତିକ ପ୍ରଶ୍ନ। ଯାହାସବୁ କବି ଲେଖୁଛନ୍ତି ତାହା ଯଦି ଅନ୍ୟ ଭିତରେ ଏତେ ଟିକିଏ ବି ହଲଚଲ ଆଣିପାରୁନି ତା' ହେଲେ ସେ ସବୁ କାହିଁକି ଲେଖାଯାଉଛି। ହେଲେ କବି କେମିତି ଜାଣିବେ ତାଙ୍କ ଭିତରେ କବିଟିଏ ହେବାର ଯୋଗ୍ୟତା ଅଛି କି ନାହିଁ। ପଦ୍ୟ ହେଉ କି ଗଦ୍ୟ ଲେଖିବାକୁ ଇଛା କରୁଥିବା ବ୍ୟକ୍ତିଟି ସର୍ବପ୍ରଥମେ ଯାହାକୁ ସାମ୍ନା କରେ, ସେ ହେଉଛି ଅନ୍ତର୍ବିରୋଧ, ଯିଏ ତାଙ୍କୁ ପ୍ରଥମେ ବାଟ ଓଗାଳି ପ୍ରଶ୍ନ କରେ କ'ଣ ଲେଖିବୁ ? କି ଯୋଗ୍ୟତା ତୋ'ର ଅଛି ଲେଖିବା ପାଇଁ ? ଯେଉଁ ପର୍ଯ୍ୟନ୍ତ ସେ କବି ନୁହଁନ୍ତି, କୌଣସି ପ୍ରମାଣ ନାହିଁ ? କବି ନିଜେ ବି ଜାଣି ନ ଥାନ୍ତି ସେ କବି କି ନୁହେଁ। କୃତିକୁ ଜନ୍ମ ଦେବାର ଯୋଗ୍ୟତା ତାଙ୍କର ଅଛି କି ନା ? କୃତିର ଜନ୍ମ ପରେ ହିଁ ପ୍ରତିଭାର ପରିପ୍ରକାଶ ହୁଏ। କବି ନିଜକୁ ଚିହ୍ନନ୍ତି ଆପାତତଃ ନିଜ ପ୍ରତିଭାକୁ ବି ?

ଗୋଟିଏ ଭଲ କବିତା ପଠେଇବେ- ବରାଦ ଭିତରେ କବି ପୁଣି କଲବଲ ହେଉଥାନ୍ତି। ଏକାଧିକ ଉଲ୍ଲେଖନୀୟ କୃତିର ସ୍ରଷ୍ଟା ହୋଇ ବି ସେ ଜାଣି ନ ଥାନ୍ତି ପରବର୍ତ୍ତୀ ଭଲ କବିତାଟି ଲେଖିବା ପାଇଁ ତାଙ୍କ ପାଖରେ ପ୍ରତିଭା ଅଛି କି ନାହିଁ ନା, କବି କୌଣସି ଆଦର୍ଶବାଦୀ ସ୍ୱପ୍ନଦ୍ରଷ୍ଟା ନୁହନ୍ତି। ସେ ନିଜ ଆତ୍ମାର ସାନ୍ନିଧ୍ୟରେ ବସି କେବଳ ଆତ୍ମ ଚିନ୍ତନ କରୁନଥାନ୍ତି, ସେ ବି ଯୁଝୁଥାନ୍ତି, ହାରୁଥାନ୍ତି, ଅପମାନିତ ହେଉଥାନ୍ତି, ବହୁତ ବହୁତ ଅଯୋଗ୍ୟପଣକୁ ଧରି କାକୁସ୍ଥ ଥାନ୍ତି। ଏ ଅସହାୟ ମଣିଷଟି ପାଇଁ ବୋଧହୁଏ କୃତିର ଆବଶ୍ୟକତା ଏଇଥିପାଇଁ ପଡ଼େ ଯେ, କୃତି ମାଧ୍ୟମରେ ନିଜ ପ୍ରତି ଏବଂ ନିଜ ଯୋଗ୍ୟତା ପ୍ରତି ସଜାଗ ହେଇ ହୁଏ। କବି ନିଜର କୃତି ମାଧ୍ୟମରେ ନିଜକୁ ଚିହ୍ନନ୍ତି। କବି କର୍ମର ସହାୟତାରେ, କଠୋର ବାସ୍ତବିକତାର ଛାଞ୍ଚରେ କବି ନିଜକୁ ଯେମିତି ନୂଆ କରି ତିଆରନ୍ତି, ତାହା ତାଙ୍କର କୃତିରେ ପ୍ରତିଫଳିତ ହେଉଥାଏ। କିନ୍ତୁ କର୍ମର ସମାପ୍ତି ନ ହେଲା ଯାଏଁ ଫଳପ୍ରାପ୍ତିର କୌଣସି ଟିକିଏ ବି ଇଙ୍ଗିତ ଦିଶୁ ନ ଥାଏ କବିଙ୍କୁ।

ଧରାଯାଉ କୃତିର ଜନ୍ମ ହେଇଗଲା- କବିତା ଲେଖା ହେଇଗଲା, ବହି ଛପିଗଲା ଓ ଏହା ସହିତ କବିଙ୍କର ଜନ୍ମ ହେଇଗଲା। କବିଙ୍କୁ ଜଣା, ଯାହା ସବୁ ଲେଖାଯାଇଛି ତାହା ଖରାପ ବା ଭଲ ନୁହେଁ। ମହତ୍ତ୍ୱପୂର୍ଣ୍ଣ ବା ତୁଚ୍ଛ ନୁହେଁ, ବିସ୍ମରଣୀୟ ବା ଅବିସ୍ମରଣୀୟ ନୁହେଁ। ଯାହା ଲେଖାଯାଇଛି, ତାହା ଏକ ନିର୍ଦ୍ଦିଷ୍ଟ ମୁହୂର୍ତ୍ତରେ ତାଙ୍କ ଭିତରେ ଥିଲା ଏବଂ ଏକ ବିରାଟ ବାହ୍ୟ ବାସ୍ତବିକତାର ରୂପରେ ପ୍ରକଟ ହେଲା- ଯାହାର ଜନ୍ମ ଅନିବାର୍ଯ୍ୟ ଓ ବିଶ୍ୱାସନୀୟ କାହିଁକି ନା ଯେଉଁ ମଣିଷଟି ତାକୁ ଅନୁବାଦ କରିଛି, ତାହାର ଅସ୍ତିତ୍ୱ ବି ତାହାର ଭିତରେ ଅଛି। କିନ୍ତୁ ଏହା ବ୍ୟତୀତ ଆଉ ଗୋଟିଏ କଥା ସତ। ତାହା ହେଉଛି କୃତିଟିର ବି ନିଜର ଏକ ଅସ୍ତିତ୍ୱ ଅଛି ଯାହା ଜଣେ ସାଧାରଣ ମଣିଷକୁ କବିର ପରିଚୟ ଆଣି ଦେଇଛି। ତାକୁ ଅସାଧାରଣ କରିଦେଇ ପାରିଛି।

ସମ୍ଭବତଃ କବିତା (କୃତି)ର ଆପଣାର ଏହି ଅସ୍ତିତ୍ୱ କେବଳ କବି ବା ଲେଖକଙ୍କ ଅସ୍ତିତ୍ୱ ସହିତ ନୁହେଁ ଏହା ପାଠକର ଅସ୍ତିତ୍ୱ ସହିତ ବି ସଂଶ୍ଳିଷ୍ଟ। ଯାହା ବ୍ୟକ୍ତିଗତ ମନେ ହେଉଥିଲା କିଛି ସମୟ ଆଗରୁ, ତାହା ସାର୍ବଜନୀନ ହେଇ ଯାଇଥାଏ କବିଙ୍କୁ ଆଶ୍ଚର୍ଯ୍ୟ କରିଦେଇ। ଏଇଠି କବି ଆଉ ଏକ କ୍ଷୁବ୍ଧ କରିଦେବା ଭଳି ଅଗ୍ନିପରୀକ୍ଷାର ସାମ୍ନା କରୁଥାନ୍ତି କିନ୍ତୁ ସେ ଆଗ୍ରହ ମୂଳ ଆଗ୍ରହ (ଯେଉଁଥିରୁ କୃତିର ଜନ୍ମ) ସହିତ ଏତେ ଟିକିଏ ବି ମେଳ ନ ଥାଏ। ପାଠକେ କୃତିଟିକୁ ପଢ଼ନ୍ତି ଓ କୃତିଟିକୁ ଗଢ଼ନ୍ତି ପୁଣିଥରେ। ସେମାନେ ହିଁ କୃତିର ପ୍ରକୃତ ରଚୟିତା, ସେହି ଲିଖିତ ବସ୍ତୁର ଚେତନା ଓ ଏକମାତ୍ର ସଜୀବ ସତ୍ୟ। ତେଣୁ କବିଙ୍କର ଆଉ କିଛି ଉପାୟ

ନାହିଁ, ସେ ଲେଖିବା ବେଳେ ପାଠକଙ୍କ ପ୍ରତି ବି ସଚେତନ ରହିବେ, ତାଙ୍କୁ ରହିବାକୁ ହିଁ ହେବ।

କିନ୍ତୁ ଏହା ବି ଏକ ନିରାଶଜନକ ଉଦ୍ୟମ। କିଛିଦିନ ତଳେ ମିଳିଥିଲା ଗୋଟିଏ ପାଠକୀୟ ମତାମତ। ତାହା ଏମିତି ଥିଲା- କାହିଁକି କବିମାନେ ଲେଖୁଛନ୍ତି ସେହି ସବୁ ଘଷରା କଥା ଯାହା ଆମେ ଜାଣି ସାରିଛୁ। ଏହି କଥାଟି ମତେ ଚିନ୍ତା କରିବାକୁ ବାଧ କଲା ଯେ, ସତରେ କ'ଣ ପାଠକ ପାଇଁ ଲେଖା ଯାଉଥିବା କୃତିର କୌଣସି ଉପାଦେୟତା ନାହିଁ ପାଠକ ପାଇଁ? ଏମିତି କାହିଁକି? ଜଣେ କବି, ମୁଁ ପାଠକଙ୍କ ପାଇଁ ଲେଖୁଛି କହିବା ବେଳେ ଜାଣି ନ ଥାନ୍ତି ଯେ, କବିତା ପାଠକଙ୍କ ପାଇଁ ଲେଖା ଯାଏନି। କାହିଁକି ନା ପାଠକ କେବଳ କବିତା ପଢ଼ିବାକୁ ଚାହାନ୍ତିନି, ସେମାନେ ବି କବିତା ରଚନା କରିବାକୁ ଇଚ୍ଛା କରୁଥାନ୍ତି। ସମ୍ଭବତଃ ଏହି କାରଣରୁ ବହୁଳ ଭାବରେ ପଢ଼ା ଯିବା ପାଇଁ ଲେଖାଯାଉଥିବା କୃତି ବ୍ୟର୍ଥ ହେଇଯାଏ - ତାହାକୁ କେହି ପଢ଼ନ୍ତିନି। କଥାଟି ହେଲା, ମଣିଷମାନେ (ପାଠକମାନେ) ନିଜେ ନିଜ ସ୍ୱର ଶୁଣିବାକୁ ଚାହାନ୍ତିନି। ସେମାନେ ଅନ୍ୟ ଗୋଟିଏ ସ୍ୱର ଶୁଣିବାକୁ ଚାହାନ୍ତି, ଏମିତି ଏକ ସ୍ୱର ଯାହା ବାସ୍ତବିକ ହେଇଥିବ, ଗଭୀର ହେଇଥିବ ଓ ଏମିତି ସତ୍ୟକୁ ଧାରଣ କରିଥିବ ଯାହା ବିହ୍ୱଳ କରିଦେଇ ପାରୁଥିବ। ଯେତେ ବ୍ୟକ୍ତିଗତ ହେଇଥାଉ ପଛେ ଯଦି ତାହା ପୁରୁଣା (ଯାହା ପାଠକକୁ ଜଣା) ତାହାକୁ ପାଠକ କେବେ ବି କୃତି ବୋଲି ଗ୍ରହଣ କରନ୍ତିନି। ତାହା କବିତା ନୁହେଁ ବୋଲି କେତେ ଶୀଘ୍ର ନାକଚ କରି ଦିଅନ୍ତି। ପ୍ରକୃତରେ ପାଠକ କିଛି ଅଜଣା ଖୋଜୁଥାଏ (ସବୁ ଜଣା-କଥା ଭିତରୁ) କିଛି ଅଜ୍ଞାତ, ଏକ ଭିନ୍ନ ବାସ୍ତବିକତା ଏମିତି ଏକ ଭିନ୍ନ ମାନସ ଯାହା ତାଙ୍କୁ (ପାଠକଙ୍କୁ) ରୂପାନ୍ତରିତ କରିବାକୁ କ୍ଷମ ହେଇ ପାରୁଥିବ ଏବଂ ଯାହାକୁ (କୃତିକୁ) ପାଠକ ନିଜେ ଆପଣାର ଅନ୍ତର୍ଚେତନା ଦ୍ୱାରା ରୂପାନ୍ତରିତ କରି ପାରୁଥିବେ। ଏମିତି ବି କବିତା ତ ରୂପାନ୍ତର - ବିଫଳତାକୁ ସ୍ୱପ୍ନ, ପୀଡ଼ାକୁ ଆନନ୍ଦ ଓ ପରାଜୟକୁ ବିଜୟର। କବିତାଟିଏ ପାଠକକୁ ଦେବା ପୂର୍ବରୁ କବି ପଚାରୁଥିବେ ନିଜକୁ - କବିତାଟିରେ ରୂପାନ୍ତର କରିବାର ଓ ରୂପାନ୍ତରିତ ହେବାର ଯୋଗ୍ୟତା ଅଛି ତ? ବୋଧହୁଏ ନୈତିକତାର ଏ ଅଦୃଶ୍ୟ କାଠଗଡ଼ାଟି ସଜଡ଼ା ହେଇଥିବ ସାରା ଜୀବନ କବିଙ୍କ ପାଇଁ।

■

ପରାଧୀନତା

କୁହାଯାଏ, ସ୍ୱାଧୀନତା କବିର ସବୁଠାରୁ ପ୍ରିୟ। ସାଧାରଣ ଜୀବନ ଓ ଏକ ସୃଜନଶୀଳ ସତ୍ତା ଭାବରେ ସେ କେତେଦୂର ସ୍ୱାଧୀନ ? ସାଧାରଣ ଜୀବନରେ କେଉଁଠି ନା କେଉଁଠି ତାକୁ ନିମିତ୍ତ ହେଇ, ଅଧସ୍ତନ ହେଇ ରହିବାକୁ ପଡ଼ିଥାଏ। କେବେ ପ୍ରେମ ପାଇଁ, କେବେ ସମ୍ପର୍କ ପାଇଁ, କେବେ ଜୀବିକା ପାଇଁ ତାକୁ ସ୍ୱାଧୀନତାର ଜଳାଞ୍ଜଳି ତ ଦେବାକୁ ହୁଏ। କିନ୍ତୁ ଏ ପୀଡ଼ାରୁ ମୁକ୍ତି ପାଇଁ ଜଣେ କବି ଲାଗି ଉପାୟ ଅବଶ୍ୟ ଅଛି। ସାଧାରଣ ଜୀବନରେ ଯାହା ସେ କଣ୍ଠ ଫଟେଇ କହିବାକୁ ଚାହୁଁଥାଏ ଯେ, ମୁଁ ସମସ୍ତଙ୍କ ଭଳି ନୁହେଁ - ମୋର ବିଚାର, ମୋର ଅନୁଭବ, ମୋର ଦୃଷ୍ଟି ଓ ମୋର ଯନ୍ତ୍ରଣା ସ୍ୱତନ୍ତ୍ର - ଏମାନେ ତୀବ୍ର, ଅଧିକ ସମ୍ବେଦନଶୀଳ - ଏମାନେ ସତ୍ୟାନ୍ୱେଷୀ ଓ ସ୍ୱାଭିମାନୀ, ତାହା କହିବା ପାଇଁ ସେ କବିତାର ଆଶ୍ରୟ ନେଇ ପାରେ। ଯେଉଁ ମୁହୂର୍ତ୍ତକ ତାକୁ ସ୍ୱାଧୀନତା ମିଳେ ଲେଖିବା ଲାଗି ସେ ସେଇ ମୁହୂର୍ତ୍ତରେ ଦାସତ୍ୱ ରହିତ ଏକ ଦୁନିଆର ରଚନା କରିଦିଏ- ଏମିତି ଏକ ଦୁନିଆ ଯେଉଁଠି କ୍ରୀତଦାସ ମାଲିକ ପାଲଟି ଯାଇପାରେ ଓ ମାନବବାଦୀ ନୂଆ ନୂଆ ନିୟମମାନ ବିଧାନ କରିପାରେ। ବହୁ ସାମାଜିକ ଓ ପାରିବାରିକ ଅଦୃଶ୍ୟ ବନ୍ଧନରେ ଛନ୍ଦା ହେଇଥିବା ମଣିଷଟି ତତ୍‌କାଳ ସ୍ୱାଧୀନତାର ସ୍ପର୍ଶ ପାଇପାରେ - ଅନ୍ୟ ପାଇଁ (ପାଠକ ପାଇଁ) ବି ଆଣିଦେଇ ପାରେ। ଯାହା ସେ ହବାକୁ ଚାହିଁ ହୋଇ ପାରିନାହିଁ ତାହା ହେବା ପାଇଁ ସେ ନିଜ ଲାଗି ଏବଂ ଦୁନିଆ ଲାଗି ବି ବନ୍ଧନମାନଙ୍କୁ ନିର୍ବାସନ ଦେଇ ଦେଇପାରେ। ଏହି ଅର୍ଥରେ ଦେଖିଲେ, କବିତାର କୃତି ଏକ ଅପୂର୍ବ କର୍ମ, ପୃଥିବୀର ଯେକୌଣସି ମହାନ୍ କର୍ମଠାରୁ ମହାନତମ ଓ ସର୍ବାଧିକ ମହତ୍ତ୍ୱପୂର୍ଣ୍ଣ।

କିନ୍ତୁ ଆମେ ଆଉ ଟିକିଏ ପାଖକୁ ଯାଇ କବିର ଅନୁଭବକୁ ପରଖିଲେ ଦେଖିବା କବି ଭିତରେ ତା'ର ସୃଜନଶୀଳ ସତ୍ତାଟି ଏତେ ସହଜରେ ସ୍ୱାଧୀନତାକୁ ଉପଭୋଗ କରି ପାରେନି। ଏକ ଦ୍ୱନ୍ଦ୍ୱ ତା' ଭିତରେ ଅବଶ୍ୟ ଥାଏ। ଦୁଇ ବିପରୀତ ଅନୁଭବ ତା'

ଭିତରେ ବଳବତ୍ତର ହେଉଥାଏ। ତାକୁ ବିଲ୍‌କୁଲ୍ ଜଣା ନ ଥାଏ ସେ କ'ଣ ଓ କାହିଁକି ଲେଖିବାକୁ ଯାଉଚି ବା ଯାହା ସେ ଲେଖିବ ତାହା ଏକ କୃତି ହେବ କି ନା, କିନ୍ତୁ ଏହାର ବହୁ ପୂର୍ବରୁ ଯେଉଁ ମହାଭାରତର ସାମ୍ନା କରିବାକୁ ପଡ଼ିଥାଏ କବିକୁ ତାହା ହେଉଛି ଦୁଇ ବିପରୀତ ମୁଖୀ ସ୍ୱର, ଯାହା ଚରମ ଏବଂ ଚରମ ରୂପରେ ଭିନ୍ନ ପରସ୍ପରଠାରୁ। ଗୋଟିଏ ସ୍ୱର କହୁଥାଏ - ତୁ ଲେଖିବୁନି, ଚୁପ୍ ରହିବୁ, ଶବ୍ଦ ତୋ ଅନୁଭବ ପାଇଁ ଯଥେଷ୍ଟ ନୁହେଁ, ଦ୍ୱିତୀୟ ସ୍ୱରଟି କହୁଥାଏ - ଶବ୍ଦ ଛଡ଼ା ଆଉ କେଉଁଠି ଶରଣ ଖୋଜିବୁନି।

'ଲେଖିବୁ ତ କିଛି ନ ଲେଖିବା ପାଇଁ ଲେଖ।'

'ସବୁ କିଛି କହିଦେବା ପାଇଁ ଲେଖ।'

'ନିଜ ସତ୍ ସାବ୍ୟସ୍ତ କରିବାକୁ ଲେଖ।'

'ନା, କେବଳ ସତ୍ୟ ପାଇଁ ଲେଖ।'

'କୃତି ନୁହେଁ, ଆପଣାର ଅନୁଭବ ଲେଖ।'

'ଅନୁଭବ ନୁହେଁ ବାସ୍ତବିକତାକୁ କୃତି କରିବା ପାଇଁ ଲେଖ।'

କେଉଁ ସ୍ୱରଟିକୁ ଗ୍ରହଣ କରିବ କବି, କେଉଁ ସ୍ୱରଟିର ବିରୋଧ କରିବ? ତାକୁ ଲାଗେ, ଭିତରେ ଭିତରେ ବି ସେ ବାନ୍ଧି ହେଇଯାଉଛି, ଅଧସ୍ତନ ହେଇଯାଉଛି, ନିମିତ୍ତ ହେଇ ଯାଉଛି କେଉଁ ଅଦୃଶ୍ୟ ପାଖରେ, ଅନିବାର୍ଯ୍ୟତଃ ସେ ନିଜକୁ ହିଁ ବିରୋଧ କରେ, ଆପଣାର ପୁଷ୍ଟି କରୁଥିବା ବେଳେ ଆପଣାର ଖଣ୍ଡନ କରୁଥାଏ। ସେଇଥି ଲାଗି ଦିବସର ଉଜ୍ଜ୍ୱଳତା ଭିତରେ ବି ସେ ରାତ୍ରିର ଗଭୀରତାର ପ୍ରତୀକ୍ଷା କରିପାରେ କେବେବି ଜନ୍ମ ନେଇ ନ ଥିବା ଛାଇମାନଙ୍କର ପ୍ରାମାଣିକତା ଦେଇପାରେ, ଏକ ଅସନ୍ଦିଗ୍ଧ ପ୍ରକାଶ ବୁଣିଦେଇ ପାରେ ଯାହା କେବେ ସରେନି। ଦୁନିଆ ବଞ୍ଚି ରହୁ ମୁଁ ଖାଇ (ଗର୍ତ୍ତ) ପାଲଟି ଯାଏ, ଯାହା ସବୁର ଉପସ୍ଥିତି ଅଛି କିନ୍ତୁ ଅସ୍ତିତ୍ୱ ନାହିଁ ସେମାନଙ୍କୁ ସ୍ୱର ମିଳୁ - ଏହି ଅନୁଭବ କବି ଭିତରେ ତା'ର ସୃଜନଶୀଳ ସତ୍ତାଟିକୁ ଶାଳୀନତା ଦିଏ। କବି ସବୁକିଛି କହିବା ବା ଲେଖିବା ପାଇଁ ସ୍ୱାଧୀନ କୁହାଯାଉଥିବା ବେଳେ କବି ଜାଣିଥାଏ ସେ ତା'ର ସୀମାକୁ ଅତିକ୍ରମ କରି ନିଜର ଅନ୍ତକୁ ଡାକିଆଣି ପାରିବନି।

କବି ଲୁଚାଏ, ବହୁତ କିଛି ଲୁଚାଏ, କିନ୍ତୁ ଆତ୍ମସମର୍ପଣ କରେନି। ସେ ଜାଣେ, କୃତି ଏକ ପ୍ରକ୍ରିୟା ଯେଉଁଥିରେ ଯାହା କିଛି ତିରୋଭୂତ ହେଉଥାଏ, ତାହା ପୁଣି ଆବିର୍ଭୂତ ହେଉଥାଏ ଓ ସେ କେବଳ ସାକ୍ଷୀ-ମୂକସାକ୍ଷୀ ନୁହେଁ ରାଜସାକ୍ଷୀ, ଯାହାକୁ ସବୁ କହିବାକୁ ପଡ଼ିବ ପୁଣି କିଛି ଲୁଚେଇବାକୁ ପଡ଼ିବ।

ସ୍ୱାଧୀନ ମଣିଷ ଅନ୍ୱେଷଣକାରୀ, କୌଣସି ପୂର୍ଣ୍ଣତା, କୌଣସି ସନ୍ତୁଷ୍ଟି କେବେ

ବି କିଛି କହିପାରେନି । ଭାଷାର ଜନ୍ମ ଶୂନ୍ୟତାରୁ । ଯେକୌଣସି ମଣିଷ ଯେତେବେଳେ ନିଜକୁ ଅଭିବ୍ୟକ୍ତ କରୁଥାଏ ତା' ଭିତରେ କୌଣସି ନା କୌଣସି ଏକ ତାତ୍ତ୍ୱିକ ଚିଜର ଅଭାବ ଥାଏ । କବି କେବେ ବି ଗୁଡ଼ାଏ କହିବା ପାଇଁ ଲେଖୁ ନ ଥାଏ । ବରଂ ତା' ଭିତରେ ସେଇ ଅକ୍ଷତ ଅଭାବ ତାକୁ କହିବା (ଲେଖିବା) ପାଇଁ ବାଧ୍ୟ କରୁଥାଏ ।

କୃତି, କବିକୁ ଆମ ଆଗରେ କରିତ୍‌କର୍ମା କରି ଛିଡ଼ା କରେଇଦିଏ । ଆମକୁ ଲାଗେ, କବି ଦିନମାନଙ୍କୁ ନିଷେଧାଜ୍ଞା ଦେଇ ପାରନ୍ତି ପୁଣି ଦିନମନାଙ୍କର ପୁନଃରଚନା କରିପାରନ୍ତି । ରାତ୍ରିର ରହସ୍ୟମୟତା ଭିତରେ ସେ ରାତ୍ରିକୁ ପୁନର୍ଜାଗରଣ କରିପାରନ୍ତି ଏହା ହୁଏ ଠିକ୍ । ଏହା ହିଁ ତ କବିର ଅନ୍ୱେଷଣ । ସେ ସେଇ ସବୁ ଉପରେ ପ୍ରକାଶ ଢାଳନ୍ତି, ଯାହା ସବୁ ଆମେ ଦେଖିବା କଥା, ଏ ସବୁ କରିବା ପାଇଁ କେହି ତାକୁ ନିୟମ ବତେଇ ନ ଥାଏ, କେହି ପ୍ରତିରୋଧ କରୁ ନ ଥାଏ । ହେଲେ ବହୁ ଅଦୃଶ୍ୟ ଶୃଙ୍ଖଳ ଭିତରେ କବି ଆପେ ଆପେ ଛନ୍ଦି ହେଉଥାଏ । ଗଣ୍ଠି ପଡୁଥାଏ, ଗଣ୍ଠି ଫିଟୁଥାଏ । ପରାଧୀନତା କ'ଣ ଭଲ କରି ଜାଣିଥାଏ କବି ।

ଅନୁପସ୍ଥିତିର ଉପସ୍ଥିତି

ଶରୀରର ପୀଡ଼ାଠାରୁ କେତେ ବ୍ୟାପକ ଓ ବ୍ୟାକୁଳ ମନ ଆଉ ବୁଦ୍ଧିର ପୀଡ଼ା। ଆମେରିକାର କବୟତ୍ରୀ ଏନ୍. ସେକ୍ସଟନ୍‌ଙ୍କ ଦ୍ୱାରା ଲିଖିତ ଏଇ ଦୁଇଧାଡ଼ି କିଛି ଏଇ ଅନୁଭବ ଦିଏ। There are little deaths in life / Pain engraves a deeper memory.

କବିଟିଏ ହୋଇ ଆଉ ଜଣେ କବିଙ୍କୁ ଈର୍ଷା କରି ହୁଏନି। ଲାଗେ ସେ କବି ଯଦି ଭଲ ଲେଖୁଛନ୍ତି, ତେବେ ହୁଏତ ସେ ଅଧିକ ସହିଛନ୍ତି। ଅଧିକ ଯୁଝିଛନ୍ତି। ଈର୍ଷା ତ ସେଇମାନଙ୍କୁ କରିବାକୁ ଇଚ୍ଛା ହୁଏ, ଯେଉଁମାନେ କୌଣସି କାରଣରୁ ଲେଖିବା ଓ ପଢ଼ିବାଠାରୁ ନିରାପଦ ଦୂରତାରେ ଅଛନ୍ତି। ସେମାନଙ୍କୁ ଏହାଠାରୁ ଆଉ କିଛି ଅଧିକ ଉପାଦେୟ ବିକଳ୍ପ ମିଳିଯାଇଛି। (ସେ ବିକଳ୍ପ ସବୁ କ'ଣ ତାହା ଅବଶ୍ୟ କହି ପାରିବିନି) ହିଁ ଯଥେଷ୍ଟ ହୋଇଥାନ୍ତା, ତେବେ ମଣିଷ ଏ ଲେଖିବାର କଷ୍ଟ କାହିଁକି ବୋହିଥାନ୍ତା।

କୁହାଯାଏ, ଜଣେ କବି ଖାଲି କବିତା ଲେଖନ୍ତିନି, କବିତାର ଅନ୍ତରାଳରେ ନିଜକୁ ବି ଲେଖୁଥାନ୍ତି। ସମ୍ଭବତଃ ଜଣେ କବିଙ୍କର ସାମଗ୍ରିକ ସୃଷ୍ଟିର ଆକଳନ ତେଣୁ ତାଙ୍କର ଆତ୍ମକଥା। ମୁଁ ଜାଣେ ଏମିତି କହିବା ବେଳେ ସମୀକ୍ଷକମାନେ ଓ କବିମାନେ ବି ପ୍ରଶ୍ନ ଉଠେଇ ପାରନ୍ତି- କବିତା ଭଳି ସୂକ୍ଷ୍ମାତିସୂକ୍ଷ୍ମ ଓ ନୈସର୍ଗିକ ଅବଦାନକୁ ଶେଷରେ ଆତ୍ମକଥା ବୋଲି କୁହାଗଲା ? ଏଭଳି ପ୍ରଶ୍ନ ପାଖରେ ହୁଏତ ମୁଁ ଭାଙ୍ଗିପଡ଼ିବି। ଏହାକୁ ବିଶ୍ଳେଷଣ କରି ବୁଝେଇବାର ସାମର୍ଥ୍ୟ ମୋର ନାହିଁ। କିନ୍ତୁ ଗୋଟିଏ କଥା ତ ସ୍ୱୀକାର୍ଯ୍ୟ ଯେ, କବି ବର୍ତ୍ତମାନ ଓ ଭବିଷ୍ୟତକୁ ଯେମିତି ଦେଖେ ଅତୀତକୁ ବି ଦେଖେ। ସ୍ମୃତିକୁ ସମ୍ବଳ କରି ସେ ସବୁଠାରୁ ତୀଖ ଶୃଙ୍ଗକୁ ଆରୋହଣ କରିଯାଏ। ଆତ୍ମତାପ ଓ ଆତ୍ମ ବିରତ ମନକୁ ଧରି ସେ ପାହାଡ଼ ଚଢ଼ିଯାଏ ସତ କିନ୍ତୁ ନିଜ ଭିତରେ କେତେ ବର୍ଷ ତଳୁ ଦବି ରହିଥିବା କାନ୍ଦକୁ ଅଶ୍ରୁତ କରିପାରେନି। ସେ ଯେବେ ଆତ୍ମ ବିଚରଣ

କରୁଥାଏ, ସେତେବେଳେ ସ୍ମୃତି ବି ସାଙ୍ଗରେ ଥାଏ – ତା'ର ଆଜିଯାଏଁ ସରି ଯାଇଥିବା ପୂରା ଜୀବନଟି ଥାଏ।

କବି ପାଇଁ ବି କିଛିର ଅନ୍ତ ନାହିଁ। ମିତ୍ରର ଅନ୍ତ୍ୟେଷ୍ଟିକ୍ରିୟାରେ ଯାଇ ସେ ମିତ୍ରର ଅନ୍ତକୁ ସ୍ୱୀକାର କରେ। କିନ୍ତୁ ମିତ୍ରତାର ଅନ୍ତକୁ ନୁହେଁ। ସେଥିପାଇଁ ସ୍ମୃତି ବି ତା' ପାଇଁ ଜୀବନ୍ତ। ପୁରୁଣା ଦିନର ଅନୁଭବ ଠିକ୍ ପୂର୍ବ ଭଳି ଜୀବନ୍ତ। ତା'ର ଜିଇବା ତେଣୁ ଏକ ଆନ୍ତରିକ ବ୍ୟାକୁଳତା। ହୁଏତ ଚିଠି ଭର୍ତ୍ତି ବାକ୍ସ ଭଳି ଖୋଲା ପଡ଼ିଥାଏ ସ୍ମୃତିର ସ୍ଫୁଲିଂଗ। ପୀଡ଼ାଦାୟକ ଓ ଶୋକାର୍ତ୍ତ ମନ ହୁଏତ ଚାହୁଁଥିବ ଏ ଚିଠି ସବୁ ନଷ୍ଟ ହୋଇଯାଉ, ତାକୁ ଉଇ ଖାଇଯାଉ। ଜୀବନରୁ କେତେ ପୃଷ୍ଠା ଚିରି ଦେବା ଭଳି ଏ ସବୁକୁ ଚିରି ଦିଆଯାଉ। ହେଲେ ଫିଙ୍ଗାଯାଇ ପାରୁ ନ ଥିବାର ପୃଷ୍ଠା ସବୁ ଭଳି ଟୁକୁଡ଼ା ସ୍ମୃତି ଓ ପୀଡ଼ାର ଦଂଶନ ସେଇମିତି ରହିଥିବ। କବି ହେବା କବି ବୋଲି ଡିଣ୍ଡିମ ପିଟିବା କଦାଚିତ୍ ତେଣୁ ତା'ର ସଉକ ନୁହେଁ। ଏହା ବି ଏକ ଅସହାୟତା ତା' ଲାଗି, ଯାହା ଅନେକ ସମୟରେ ଫାଶୀ ଦଉଡ଼ି ଭଳି ଗଳାରେ କସି ହେଉଥାଏ ଓ ସେ ଅଣନିଃଶ୍ୱାସୀ ହେଇ ପୁଣି କବିତା ହିଁ ଲେଖୁଥାଏ। ମୋଟେ ନିଜ କଥା କହିବିନି ବୋଲି ଜିଦ୍ ଧରିଥିବା କବି ତାଙ୍କ ଅଜାଣତରେ କେଉଁ କାଇଦାରେ ନିଜକୁ ହିଁ ଲେଖୁଥାନ୍ତି।

ଆତ୍ମକଥାରେ ଘଟଣା ବହୁଳତା ଓ ଘଟଣାକ୍ରମ ଓ ଦୃଶ୍ୟ ସବୁର ପ୍ରାଞ୍ଜଳ ଓ ସମ୍ୟକ୍ ଛବି ଅବଶ୍ୟ କବିତାରେ ଖୋଜିଲେ ମିଳିବନି। କବିତା ତ ଗଦ୍ୟ ନୁହେଁ। ଏହା ଘଟଣା ନୁହେଁ ଅନୁଭବମାନଙ୍କର ସୋପାନ ଗଢ଼େ। ଏହା ଔଜ୍ଜଲ୍ୟ ଅପେକ୍ଷା ରହସ୍ୟକୁ ପ୍ରାଧାନ୍ୟ ଦିଏ। କବିତା ଉପସ୍ଥିତମାନଙ୍କୁ ନେଇ ଗୁମ୍ଫାଟିଏ ତିଆରି କରେ ଯାହା ଭିତରେ ଅନୁପସ୍ଥିତିମାନଙ୍କର ଶିଳାଚିତ୍ର ଥାଏ। କେବେ କେବେ ଆମେ ଉପସ୍ଥିତିମାନଙ୍କୁ ଦେଖି ସନ୍ତୁଷ୍ଟ ହୋଇଯାଉ। କେବେ କେବେ ଉପସ୍ଥିତିର ଆକର୍ଷଣ ଆମକୁ ଗୁମ୍ଫା ଭିତରକୁ ଆକର୍ଷିତ କରେ। କେବେ କେବେ ଗୁମ୍ଫା କାନ୍ଥରେ ଶିଳାଚିତ୍ରମାନଙ୍କୁ ଦେଖି ସୁନ୍ଦର ବୋଲି କହି ସନ୍ତୁଷ୍ଟ ହୋଇଯାଉ। କେବେ କେଉଁ ମୁହୂର୍ତ୍ତରେ ଆଉ ଥରେ ସେଇ ପୁରୁଣା ପଢ଼ା ସରିଥିବା କବିତାକୁ ପଢ଼ିବା ବେଳେ ଆମକୁ ଲାଗେ ସେ ଚିତ୍ରମାନଙ୍କଠି କେବଳ ଅର୍ଥ ନାହିଁ ଲୁଚି ରହିଛି ପୀଡ଼ା ବି, ଲୁଚି ରହିଚି ଭୟାନକ ଦୁଃସ୍ୱପ୍ନ ହାତରେ ଲହୁଲୁହାଣ ଶବ୍ଦଙ୍କର ଆର୍ତ୍ତନାଦ।

କବି ଯେବେ କବିତା ଗଢୁଥାନ୍ତି, ସେତେବେଳେ ଅନୁପସ୍ଥିତିମାନେ ଆସି ଆପଣାଛାଏଁ କବିତାରେ ଜାଗା ବାଛି ନେଉଥାନ୍ତି। କବି ଏ ଅନୁପସ୍ଥିତିମାନଙ୍କୁ କଦାଚିତ ହତାଦର କରନ୍ତିନି। ନିଜକୁ ଅଲିଖିତ ପୃଷ୍ଠାଟିଏ ଭଳି ସମର୍ପି ଦିଅନ୍ତି। ଯେମିତି ଯାହା କିଛି ଆଙ୍କିବାକୁ ଚାହିଁବ ଅନୁପସ୍ଥିତି ଆଙ୍କି ପାରିବ। କହିବା ବାହୁଲ୍ୟ କବିତା ହିଁ

ଏକମାତ୍ର କ୍ଷେତ୍ର ଯେଉଁଠି ଅନୁପସ୍ଥିତିକୁ ଉପସ୍ଥିତି ଗୌଣ କରିଦେଇ ପାରେ। ଉପସ୍ଥିତିର କାୟାରେ ଅନୁପସ୍ଥିତିର କ୍ଷତ ଚିହ୍ନ ଦିଶୁଥାଏ। ହେ ମୋର ପ୍ରିୟ ପାଠକ – ଆଜି କହୁଛି, ତମେ ଯାହାକୁ କବିତାର ମାର୍ମିକପଣ ବୋଲି କହୁଛ, ତାହା ସେହି କ୍ଷତରୁ ବୋହୁଥିବା ରକ୍ତର ବିଳାପ ଛଡ଼ା ଆଉ କିଛି ନୁହେଁ।

ପ୍ରତୀକ୍ଷା

କବିତା ସୃଜନ ଏକ ପ୍ରତୀକ୍ଷା ଭଳି, ଅସହଜ ଅଧୈର୍ଯ୍ୟପଣରେ ଜର୍ଜରିତ, କିନ୍ତୁ ଅଲଂଘ୍ୟ। ପ୍ରତୀକ୍ଷା କରିବାକୁ ହୁଏ ଶବ୍ଦମାନଙ୍କର ଭାବାନ୍ତର ପର୍ଯ୍ୟନ୍ତ (ଶବ୍ଦମାନେ ବି ଝରେଇ ଦିଅନ୍ତି ଅର୍ଥମାନଙ୍କୁ ଶୁଖିଲା ପତ୍ର ଭଳି, ଶବ୍ଦମାନେ ବି ସବୁଜ ରହସ୍ୟ ଭିତରୁ ଉଙ୍କି ମାରନ୍ତି କେଉଁ ଏକ ଗୂଢ଼ ରହସ୍ୟକୁ ଲୁଚେଇ।) କିଛି ଅଜ୍ଞାତ ଭାଷା ଭିତରେ ସଂକେତ ଭଳି ଲୁଚି ରହିପାରେ, କବିତା ପାଲଟି ଯାଇପାରେ। ଅନେକ ଅନେକ ଦିନ ଧରି ତେଣୁ କବିତା ନ ଥାଏ, ପ୍ରତୀକ୍ଷା ଥାଏ, କେଉଁ ଅଦୃଶ୍ୟ ସଂକେତର ଆଭାସ ଥାଏ, ଗୋଟିଏ ଅକଥନୀୟ ପୀଡ଼ା ଥାଏ।

କବି ପାଇଁ ଜରୁରୀ ଯେ ସେ ଶବ୍ଦମାନଙ୍କୁ ସେମାନଙ୍କର ବର୍ତ୍ତମାନ ରୂପଠାରୁ ଅଲଗା କରିବ, ସେମାନଙ୍କୁ ଆଉ ଗୋଟିଏ ନୂଆ ରୂପ ଦେବ। ଦେଖିବାକୁ ଗଲେ ଶବ୍ଦମାନଙ୍କ ଭିତରେ ସେମାନଙ୍କର ଅନୁପସ୍ଥିତି ବି ଥାଏ - ଶୂନ୍ୟତା ଥାଏ। ଶବ୍ଦ ତେଣୁ କେବଳ ପ୍ରତ୍ୟୟାତ୍ମକ ରୂପରେ ନୁହେଁ ଏକ ନିଭୃତ ଶକ୍ତି ଭାବରେ ବି ସକ୍ରିୟ। କବିତା କହେ, 'ମୋର ପ୍ରତିଟି ଶବ୍ଦକୁ ତମେ ଶୁଣ।' କବିତାଟିଏ ପଢ଼ିବା ବେଳେ ସମ୍ଭବତଃ ଆମେ ଏହା ହିଁ କରିଥାଉ - ଶବ୍ଦମାନଙ୍କୁ ଶୁଣୁଥାଉ। ସେମାନଙ୍କ ଭିତରେ ଏକ ଶୂନ୍ୟତା ନିରନ୍ତର ସଂଘର୍ଷରତ ଥାଏ, ଗୋଟିଏ ଅଥଳ ଅନ୍ୱେଷଣ ଲାଗି, ଶବ୍ଦମାନଙ୍କ ଭିତରୁ ବାହାରି ଆସିବା ଲାଗି। ସେହିସବୁ ଯାହା ତାକୁ ବାନ୍ଧି ରଖିଛି ସେମାନଙ୍କୁ ନିଷ୍ପ୍ରଭାବୀ କରିଦେଇ ଶୂନ୍ୟତା ଯେତେବେଳେ କହିବାକୁ ଆରମ୍ଭ କରେ, ଆମକୁ ଲାଗେ ଆମ ପ୍ରତୀକ୍ଷାର ଅନ୍ତ ହେଲା। ସତେ ଯେମିତି ଶୂନ୍ୟତାକୁ ଶବ୍ଦମାନଙ୍କର ଛଦ୍ମ ବେଶରେ ଲୁଚେଇ ରଖାଯାଇପାରେ - ଅସରନ୍ତି ଗୋପନ ଓ ନିବିଡ଼ ଅନୁଭବମାନଙ୍କ ପାଇଁ ପୁଣି ଥରେ ନୂଆ ଏକ ପ୍ରତୀକ୍ଷା ଆରମ୍ଭ କରାଯାଇ ପାରେ।

ଏହା ନିଶ୍ଚିତ ଯେ, କବିତାରେ ଶବ୍ଦମାନେ ରୂପାନ୍ତରିତ ହୁଅନ୍ତି। ସେମାନେ ଛାଇ, ମାଟି ଆକାଶକୁ କେବଳ ସଂକେତ କରନ୍ତିନି, ସେମାନେ ଛାଇ, ମାଟି ଆକାଶକୁ

ପ୍ରତିବିମ୍ବିତ କରନ୍ତି। କବିତା ବସ୍ତୁମାନଙ୍କର ଯଥାର୍ଥ, ଅଜ୍ଞାତ, ମୁକ୍ତ ଓ ମୌନ ଅସ୍ତିତ୍ୱମାନଙ୍କ ପ୍ରତି ଚିନ୍ତା ପ୍ରକଟ କରେ। କାରଣ ଏମାନଙ୍କର ଓ ସବୁକିଛିର ନିର୍ଦ୍ଦୋଷ ଓ ନିଷିଦ୍ଧ ଉପସ୍ଥିତି ବି କବିତା। ରହସ୍ୟୋଚ୍ଛେଦ ବିରୁଦ୍ଧରେ କବିତା ବିଦ୍ରୋହ କରେ। କବିତା ଅନ୍ଧକାର ପ୍ରତି, ଲକ୍ଷ୍ୟହୀନ ଆବେଗ ପ୍ରତି, ନିୟମହୀନ ବିନାଶ ପ୍ରତି ଓ ବ୍ରହ୍ମାଣ୍ଡର ପ୍ରତିଟି ବସ୍ତୁ ପ୍ରତି ସହାନୁଭୂତିଶୀଳ ରହେ।

ଭାଷାର ବାସ୍ତବିକତା ସହିତ ସେଥିଯୋଗୁଁ କବିତା ନିବିଡ଼ ଭାବରେ ସଂଶ୍ଳିଷ୍ଟ। କବିତାର ଭାଷା ଓ ଭାଷାର ବାସ୍ତବିକତା କ'ଣ? କବି ଯେବେ ଲେଖିବାକୁ ବସନ୍ତି ତାଙ୍କୁ ମୋଟେ ଜଣା ନ ଥାଏ ଶବ୍ଦମାନେ ଏଭଳି ନୂଆ ଭାବରେ ଆସିବେ ବୋଲି। ତାଙ୍କ ପାଖରେ ତ ମୁଠାଏ ହେବ ସେଇ ଦୈନ୍ୟନ୍ଦିନର ବ୍ୟବହୃତ ଶବ୍ଦ ଥିଲା। କବିତା ଆପେ ଆପେ ଏକ ଅଲଗା ଭାଷା ଖୋଜି ଆଣିଲା କେମିତି? ଏତିକି ବେଳେ ଆଗରୁ ଖୋଜି ରଖିଥିବା ଶବ୍ଦମାନେ ବି ତ କାମରେ ଲାଗିଲେନି। ଧରାବନ୍ଧା ଶବ୍ଦ ଓ ଭାବକୁ ଧରି ଗଢ଼ିବାକୁ ବସିଥିବା ବେଳେ କବିତା ସେ ସବୁକୁ ପ୍ରତ୍ୟାଖ୍ୟାନ କରିଦିଏ, ସେ ସେଥିରେ ନିଷ୍ଠା ନାହିଁ ବୋଲି କହେ। ଉପକରଣ ଭଳି ସଜେଇ ରଖିଥିବା ବସ୍ତୁ (ଶବ୍ଦ)ମାନଙ୍କୁ ଅସମ୍ପୂର୍ଣ୍ଣ ବୋଲି ଘୋଷଣା କରିଦିଏ। ଶବ୍ଦମାନଙ୍କ ଭିତରେ ଏକ ଅନୁପସ୍ଥିତି (ଶୂନ୍ୟତା)ର ଉପସ୍ଥିତି ଥାଏ ଯାହା ନିର୍ଦ୍ଧାରକର ଦାୟିତ୍ୱ ତୁଲାଏ। କବିତା ନିଜ ପାଇଁ ଏମିତି ଏକ ଭାଷାର ସନ୍ଧାନରେ ଲାଗିଯାଏ, ଯାହା ସେହି ଅନୁପସ୍ଥିତିକୁ ଛୁଇଁ ପାରିବ ଏବଂ ଭାବର ଅନ୍ତହୀନ ପ୍ରକ୍ରିୟାକୁ ପ୍ରତିବିମ୍ବିତ କରିପାରିବ। ଏଣିକି କବିତାର ଭାଷା ବାସ୍ତବ ଲାଗେ, ହୃଦୟର ବହୁତ ପାଖରେ ଅନୁରଣିତ ହୋଇପାରେ।

କବିର ସମ୍ପର୍କ ଭାଷାର ଏହି ବାସ୍ତବିକତା ସହ ବୋଧହୁଏ ଏଥିପାଇଁ ନିବିଡ଼, କାହିଁକି ନା କବିର ଆଗ୍ରହ କେବଳ ସଂସାର ପାଇଁ ନ ଥାଏ, ସେ ତ ଏମିତି ବି ଭାବୁଥାଏ - ଯଦି ସଂସାର ନ ଥାନ୍ତା, ତା' ହେଲେ ବସ୍ତୁ ଓ ସତ୍ତାମାନେ କ'ଣ କରୁଥାଆନ୍ତେ। କବି ଲେଖିବାଠାରୁ ଢେର ଅଧିକ ନିରୀକ୍ଷଣ କରୁଥାଏ। ନିସ୍ପୃହତା, ସଂଶୟ ଓ ଦୁଃଖବୋଧ କବିର ମୁଖ୍ୟ ପ୍ରଲୋଭନ। କବି ଜଣେ ନିରୀହ ମଣିଷ ଯିଏ, ଆପଣାର ପରିସ୍ଥିତିମାନଙ୍କୁ ନିସ୍ପୃହ ଭାବରେ ସହ୍ୟ କରିଯାଏ କାରଣ ସେ ଲେଖିପାରେ। ଗୋଟିଏ ମୁହୂର୍ତ୍ତର ସ୍ୱତନ୍ତ୍ର (ଯେତେବେଳେ ସେ ଲେଖୁଥାଏ) ତାକୁ ସବୁଠାରୁ ପ୍ରତିପତ୍ତିସମ୍ପନ୍ନ ଓ ସ୍ୱାଧୀନ କରି ଦେବାକୁ କ୍ଷମ। ତା' ଭିତରେ ସଂଶୟ ଥାଏ - ସେ ନକାରବାଦୀ ପାଲଟି ପାରେ କାରଣ ସେ ଯେକୌଣସି ବସ୍ତୁ ବା ଘଟଣାକୁ ରୂପାନ୍ତରିତ କରିବାର ଦାୟିତ୍ୱ ଧାରଣ କରିଥାଏ। ଦୁଃଖ କବିର ସବୁଠାରୁ ଗହନ ଯୋଗ୍ୟତା, କାରଣ ଏହା ବିଖଣ୍ଡିତ ଅସ୍ତିତ୍ୱମାନଙ୍କ ଲାଗି ତାକୁ ଟିକିଏ ଅଧିକ ସମ୍ବେଦନଶୀଳ

କରିଦେଇ ପାରେ। ଏଭଳି ପରିସ୍ଥିତିରେ ଆପଣା ଭିତରୁ ହୁଗୁଳି ଯାଇ ତଥାକଥିତ ବାହ୍ୟ ସମ୍ବେଦନମାନଙ୍କୁ ଛୁଇଁ ଆସିବା ସହଜ ଲାଗେ। ସେତେବେଳେ କବି ପାଇଁ ହୃଦୟ କହିଲେ କେବଳ କେତେଟା ସମ୍ବେଦନାର ପରସ୍ପରାଘାତ ବିହ୍ୱଳ ଅବସ୍ଥା ନୁହେଁ, ଏହା ଭୂ ଓ ଅନ୍ତରୀକ୍ଷ ଯାଏଁ ବ୍ୟାପ୍ତ ବିଶ୍ୱାସ ପ୍ରସନ୍ନ ଏକ ପ୍ରତୀକ୍ଷା।

କବି କାହିଁକି, ପ୍ରତ୍ୟେକ ବ୍ୟକ୍ତିର ଜୀବନରେ ଏହି ଅନୁଭବଟି ଥରେ ଥରେ ଆସିଥାଏ। ତାକୁ ଚକିତ କରେ, ଅଭିଭୂତ କରେ, ତା'ରି ଭିତରେ ଅବସ୍ଥାନ କରୁଥିବା ସମ୍ଭାବନାଟିକୁ ଦେଖେଇ ଦିଏ, ତା'ପରେ ତାକୁ ଛାଡ଼ିଯାଏ। ସତେ ଯେମିତି କେଉଁଠାରୁ ଆଣି ଏଠି କଚାଡ଼ି ଦେଇ ଯାଏ। କବି ହୁଏତ ଏଇ ହଜିଯାଇଥିବା ଅନୁଭବଟିକୁ ପୁଣି ଥରେ ପାଇବାକୁ ଚାହେଁ। ଏହି ଅନୁଭବଟିକୁ ସର୍ବକ୍ଷଣର ଅନୁଭୂତିରେ ପରିଣତ କରିବା, ସର୍ବଭୂମିର ତଥା ସମଗ୍ର ଜୀବନର ଅନୁଭୂତିରେ ପରିଣତ କରିବା ଲାଗି ସେ ପ୍ରତୀକ୍ଷା କରିପାରେ।

■

କରୁଣ ମୃତ୍ୟୁ

କୁହାଯାଏ, ସାହିତ୍ୟ ହେଉଛି ସମାଜର ଦର୍ପଣ। କବିତା ଯେ କେବଳ ଦର୍ପଣ, ମାନିବାକୁ ମନ ବଳେନି। କବିତା ଦର୍ପଣ ପାଲଟିଲେ ତାହା ଛୋଟ ହୋଇଯାଏ। କବିତା କେବଳ ପ୍ରତିଛବି ନୁହେଁ ଏହା ଅନୁଭବ ଭିତରେ ଗାରକାଟି ହୋଇଯାଇଥିବା ଗହୀର ଦାଗ ଯାହା ସବୁଠାରୁ ଅଧିକ ସ୍ଥାୟୀ ଓ ସବୁଠାରୁ ଅଧିକ ସଜୀବ।

ଦେଖିବାକୁ ଗଲେ, ସାହିତ୍ୟରେ ଜୀବନ ବିମ୍ବିତ ହୁଏ ନାହିଁ, ଜୀବନ ପୁନର୍ସଜିତ ହୁଏ। କବିତା କଥା ତ ନିଆରା। କବିତାରେ ଯଥାର୍ଥମାନେ ଅଧିକ ବିଶ୍ୱସନୀୟ, ପ୍ରମାଣିକ ଓ ମାର୍ମିକ। କବିତାର ଜନ୍ମ ତେଣୁ ସତ୍ୟର ପୁନର୍ଜନ୍ମ - ବ୍ୟକ୍ତି ଓ ବ୍ୟକ୍ତି ବିଶେଷର ପୁନର୍ଜନ୍ମ। କବିତା ଯଥାର୍ଥମାନଙ୍କର ସମ୍ବେଦନାର ଗଭୀରତାକୁ ସ୍ପର୍ଶ କରି ସେମାନଙ୍କର ଏକ ଅବିଭାଜ୍ୟ ଅଙ୍ଗ ପାଲଟି ଯାଏ।

କବିତାର ବାହାରେ ଛିଡ଼ା ହୋଇ ନ୍ୟାୟାଧୀଶ (ସମୀକ୍ଷକ)ର ଭୂମିକା ତୁଲେଇବା ଅପେକ୍ଷାକୃତ ସହଜ କିନ୍ତୁ କବିତା ସହିତ ଅନ୍ତରଙ୍ଗ ଯାତ୍ରା କରି ନିଃସଙ୍ଗ ଟିପ୍‌ପଣୀମାନଙ୍କୁ ଏକାଠି କଲାବେଳେ ବୁଝିହୁଏ କେତେ ଜଟିଳ ସତରେ କବିତା ଲେଖା (ଯାହା ଅନେକ ସମୟରେ କବି ପାଇଁ ସ୍ୱାଭାବିକ ପ୍ରବୃତ୍ତି ବୋଲି ଧରି ନିଆଯାଇଥାଏ)। ପ୍ରତିଟି ନୂଆ କବିତାର ଜନ୍ମ ଗୋଟିଏ ନୂଆ ମୃତ୍ୟୁକୁ ଲୋଡ଼ିବା ଗୋଟିଏ ପୁନର୍ଜନ୍ମକୁ ସାଇତିବା।

କିଛିଦିନ ତଳେ ହିନ୍ଦୀ ଭାଷାର ବିଶିଷ୍ଟ ସାହିତ୍ୟିକ ଉଦୟ ବାଜପେୟୀଙ୍କର ସାହିତ୍ୟ ସମ୍ପର୍କିତ ଏକ ନିବନ୍ଧ ପାଠ କରୁଥିଲି। ସେଠି ଲାଟିନ୍ କବି ପ୍ରୋପରଶିୟସ୍‌ଙ୍କ କବିତାର ଦୁଇ ଧାଡ଼ିକୁ ଉଦ୍ଧାର କରି ସେ ଏକ ବ୍ୟାଖ୍ୟା କରିଛନ୍ତି। ସେ ଲେଖିଛନ୍ତି- ଆମେ ଯେବେ ଶବଦାହ ପାଇଁ ଯାଉ, ଶ୍ମଶାନରେ ନିଷ୍ପ୍ରାଣ କାୟା ଥାଏ ସତ, କିନ୍ତୁ ଯାହା ଚିତାରୁ ଉଠୁଥାଏ ତାହା କେବଳ ଧୂଆଁ ନୁହଁ, ଅଗ୍ନିଶିଖା ନୁହଁ, ଉତ୍ତାପ ନୁହଁ। ବରଂ ଏ ସମସ୍ତ ମଝିରେ ଅଦୃଶ୍ୟ ରୂପରେ ଆକାର ନେଉଥିବା ଆମ ନିଜ ନିଜର

ମୃତ୍ୟୁ। ଆମେ ନିଷ୍ପ୍ରାଣ କାୟାଟି ଧରି ଶ୍ମଶାନ ଯାଉ ଓ ଆପଣା ମୃତ୍ୟୁକୁ ସାଙ୍ଗରେ ଧରି ଲେଉଟି ଆସୁ। ମୃତକର ଛାଇ ଚୁପ୍‌ଚାପ୍ ଆମ ମୃତ୍ୟୁର କାୟାକୁ ରୂପାନ୍ତରିତ ହେବା ଲାଗି ଆମ ପଛରେ ଧାଇଁ ଥାଏ।

କବିତା ଏହି କାୟାନ୍ତକରଣକୁ ସମ୍ଭବ କରିପାରିବାର ଏକ ମାଧ୍ୟମ, କବିତା ତା'ର ଭାଷାକୁ ଏଭଳି ଭାବରେ ପୁନର୍ବିନ୍ୟସ୍ତ କରିଥାଏ, ଯେଉଁଠି ମୃତ୍ୟୁ ନିରଙ୍କୁଶ ଭାବରେ ରହିପାରିବ। କବିତା, ତା'ର ଭାଷାରେ କବିର (କବି ଅନୁଭବର) ଉତ୍ପତ୍ତିର ଆଦ୍ୟ କ୍ଷଣକୁ ଯୋଡ଼ିଦେଇ ପାରେ। ଏହା ବ୍ୟତୀତ ମଣିଷର ଛୋଟ-ବଡ଼, ଜଣା ଅଜଣା, କେତେ ମୃତ୍ୟୁକୁ ସାଉଁଟି ଆଣି ସାଇତି ରଖୁଥିବ, ଯାହାକୁ ଖୋଜିଲାବେଳେ (ପଢ଼ିବା ବେଳେ) ଏକ ପୁର୍ନସୃଜନ, ଏକ ପୁନର୍ଜନ୍ମର ଆକାଙ୍‌କ୍ଷା ଜାଗ୍ରତ ହେଉଥିବ। କବିତା, ମୃତ୍ୟୁକୁ ଧାରଣ କରେ ଓ ନିଜକୁ ମୃତ୍ୟୁ ପାଖରେ ଅକ୍ଷୁଣ୍ଣ ରଖିପାରେ।

ଏହି ଅର୍ଥରେ ଦେଖିଲେ ବାଲ୍ମୀକିଙ୍କର ରଚନା ଆଉ କିଛି ନୁହେଁ, କ୍ରୌଞ୍ଚର ମୃତ୍ୟୁକାଳୀନ ବେଦନା ଓ ସେ ଅଦମ୍ୟ ପୀଡ଼ାର କାଠିକୁଟା-ବସା ଯେଉଁଠି ମୃତ୍ୟୁ ହିଁ ଆଶ୍ରା ନେଇଥିବ - ସେହି ମୃତ୍ୟୁ ଯିଏ ମାଟିରେ ପଡ଼ିଥିବା କ୍ରୌଞ୍ଚର କ୍ଷତାକ୍ତ, ଲତ୍‌ପଥ୍ କାୟା ଏବଂ ଆଦି କବିଙ୍କ ମଝିରେ କିଛି ସମୟ ଲାଗି ଅବଶ୍ୟ ଫଡ଼୍‌ଫଡ଼୍ ହେଉଥିବ।

ସବୁ କବି କ'ଣ ଜଣେ ଜଣେ ବାଲ୍ମୀକି? ହଁ, ବୋଧହୁଏ। କବି ମୃତ୍ୟୁକୁ ଦେଖେନି, ମୃତ୍ୟୁକୁ ଧାରଣ କରେ। ସବୁଠାରୁ ଉତ୍ସବମୁଖର ଓ ଆନନ୍ଦମୟ ମୁହୂର୍ତ୍ତରେ ବି ମୃତ୍ୟୁର କରାଳ ଓ କମନୀୟତାକୁ ସାଇତି ରଖିପାରେ। ହଁ, ଏମିତି ବି ହୋଇପାରେ କବି ଚାହୁଁଥିବେ ଏ ପୀଡ଼ା, ଏ ଦାୟିତ୍ୱ, ଏ ବୋଝକୁ ଓହ୍ଲେଇ ଦେବାକୁ, ମୃତ୍ୟୁ ପାଖରୁ ପଳେଇ ଯିବାକୁ। କିନ୍ତୁ ସେ ଯିବେ କେଉଁଆଡ଼େ - ଅନାଶ୍ରୟ, ବେଘର ଲାଗିବ ତାଙ୍କୁ। କବିତାର ସହୃଦୟତା ପାଖରେ ସେ ତେଣୁ ଆଣ୍ଠୁ ଭାଙ୍ଗି ବସିବେ। କବିତାର ସୂକ୍ଷ୍ମ କାରିଗରୀ ପାଖରେ ବୋଧହୁଏ ଏଇମିତି ଜୀବିତମାନେ ମୃତକମାନଙ୍କ ଲାଗି ଜାଗା କାଟନ୍ତି। କବିତାର ସୂକ୍ଷ୍ମ ସୌନ୍ଦର୍ଯ୍ୟବୋଧ ପାଖରେ ଲୁଚେଇ ଦେଇ ହୁଏ ଯେକୌଣସି ଶୂନ୍ୟତାକୁ, ଯାହାକୁ ଆମେ ମୃତ୍ୟୁ ସହିତ ତୁଳନୀୟ ବୋଲି କହିଥାଉ।

ମୃତ୍ୟୁ ମଣିଷର ସମ୍ଭାବନା (ପୁନର୍ଜନ୍ମ) ତା'ର ତପସ୍ୟା। କବି ଲାଗି ମୃତ୍ୟୁ ଏକ ଅନୁପସ୍ଥିତି ଭିତରେ ଏକ ଉନ୍ନତି, ଏକ ଅନୁନୟ ଯାହା ଦ୍ୱାରା କାଳେ ପୁଣି ଗୋଟିଏ ଦିନ ଉଦିତ ହେଇପାରିବା ଭଳି ଆକାଙ୍‌କ୍ଷା ରହିଥାଏ। ଏହି କାରଣରୁ ମୃତ୍ୟୁ ନୁହେଁ ଅସ୍ତିତ୍ୱ ହିଁ କବି ପାଇଁ ଏକ ବାସ୍ତବିକ ଭୟ। ଅସ୍ତିତ୍ୱ ତାକୁ ଡରାଏ ଏଇଥି ପାଇଁ ନୁହେଁ ଯେ, କାଳେ ମୃତ୍ୟୁ କେବେ ପହଞ୍ଚିଯିବ, ବରଂ ଏଇଥି ପାଇଁ ଯେ, ତାହା ସର୍ବଦା ମୃତ୍ୟୁର ଅପବର୍ଜନ କରୁଥାଏ। ପ୍ରାପ୍ତି, ଆନନ୍ଦ, ପରିପୂର୍ଣ୍ଣତା ପାଖରୁ ଦୁଃଖ ଓ ପୀଡ଼ା

ଭଳି କବିତା ବି କୋଶେ ବାଟ ଦୂରରେ ଛିଡ଼ା ହୋଇଥାଏ। ମୃତ୍ୟୁ ସହ କ୍ରିୟାଶୀଳ, ପ୍ରତିଟି ଆଘାତ, ପରାଜୟ, ବିଫଳତା, ଅପମାନ ଭାରି ସୂକ୍ଷ୍ମ ଓ ଅସ୍ପଷ୍ଟ କିଛି ଗୋଟିଏ ଭାଙ୍ଗିଯିବାର ସ୍ୱରରେ। କିନ୍ତୁ ଏ ମୃତ୍ୟୁ ହିଁ ତ ସମାଜକୁ ଟିକିଏ ଅଧିକ ମାନବୀୟ କରେ ଏବଂ ଆମ ଭିତରୁ ଅନେକଙ୍କ ଭିତରେ ଏକ ବଡ଼ ଆଶ୍ରୟ ପାଲଟି ଯାଏ।

କବିତା ଯଦି ଦର୍ପଣ ପାଲଟିବ ତେବେ ଆମର ପ୍ରତିଛବି ଆମର ଅସ୍ତିତ୍ୱ ଓ ଆମର ବାହ୍ୟ ରୂପକୁ ପ୍ରତିଫଳିତ କରିବ। ହେଲେ କବିତା ଆହୁରି କେତେ କ'ଣ କହେ ଯାହା ଦର୍ପଣରେ ହୁଏତ ଦିଶୁ ନ ଥାଏ, ଯାହା ଦର୍ପଣର କାଚ ଓ ଆମ ଅସ୍ତିତ୍ୱ ଭିତରେ ଗୋଟିଏ କରୁଣ ମୃତ୍ୟୁ ଭଳି ଫଡ଼୍‌ଫଡ଼୍ ହେଉଥାଏ।

■

ଅଜ୍ଞାତ

କବିତା ଉପଦେଶ ବା ପ୍ରବଚନା ଦିଏ ନାହିଁ। ଏହା ପ୍ରଚାରକ ନୁହେଁ। କବିତା ବାସ୍ତବିକତାକୁ ବାସ୍ତବିକତା ଭଳି ଗ୍ରହଣ କରିବାର ବିଶ୍ୱାସ ଦିଏ। କବିତାର ସମୁଦାୟ ଭାଷା ଅନିବାର୍ଯ୍ୟତଃ ସ୍ପଷ୍ଟ ହୁଏ ନାହିଁ। କବିତା କେବଳ ସେତିକି ମାତ୍ର କହୁ ନ ଥାଏ, ଯାହା ସେ କହୁଥାଏ। କବିତାର ମୂଳତଃ ଦୁଇଟି ଚେହେରା ଥାଏ। ଗୋଟିଏ ତା'ର ଭୌତିକ ଉପସ୍ଥିତିର ଚେହେରା ଅନ୍ୟଟି ପ୍ରତ୍ୟୟାତ୍ମକ ଅନୁପସ୍ଥିତିର ଚେହେରା। ଅର୍ଥାତ୍ କବିତା କିଛି ଅଜ୍ଞାତ ହୋଇ ରହିବାକୁ ଦିଏ।

ତେବେ ଅଜ୍ଞାତ କ'ଣ ? ଅଜ୍ଞାତର ବ୍ୟାଖ୍ୟା କରିବା ଦୁରୂହ। ଈଶ୍ୱରଙ୍କୁ ଆମେ ଜାଣୁ ତେବେ ବି ସେ ଅଜ୍ଞାତ, କାରଣ ତାଙ୍କ ନିର୍ଦ୍ଦିଷ୍ଟ ଠିକଣା ଆମେ ଲେଖିଦେଇ ପାରିବୁନି। ପ୍ରକୃତିକୁ ଆମେ ଜାଣୁ (ସେ ଆମକୁ ଲାଳନା କରେ) ହେଲେ ପ୍ରକୃତିର ଜୀବନଦାୟୀ ଶ୍ରଦ୍ଧାପଣକୁ ଆମେ ପରିତୋଷ କରି ପାରିବୁନି। ତେଣୁ ସେ ଅଜ୍ଞାତ। ପ୍ରେମକୁ ଆମେ ଜାଣୁ। ଆମର ସମୁଦାୟ ଅସ୍ତିତ୍ୱ, ଆମର ଜନ୍ମ ଓ ମୃତ୍ୟୁର ସେ କାରକ। ପ୍ରେମ ଅଗ୍ନି ଓ ତୁଷାର। ଏହା ପ୍ରାପ୍ତି ଓ ତ୍ୟାଗ, ବିଷୟ ଓ ନିସକ୍ତ। ପ୍ରେମର ହଜାର ବ୍ୟାଖ୍ୟା ଥୋଇଲେ ବି ପ୍ରେମର ବ୍ୟାପ୍ତି ଓ ଗଭୀରତାକୁ ଆକଳନ କରି ହୁଏନି। ତେଣୁ ତାହା ଅଜ୍ଞାତ।

ଅଜ୍ଞାତକୁ ଅବଶ୍ୟ ଜ୍ଞାତକୁ ରୂପାନ୍ତରିକ କରି ସ୍ୱୀକାର କରିବାର ବହୁବିଧ ବିଧି ଅଛି। ଆମର ଜ୍ଞାନ, ଅନୁଭୂତି ଓ ପ୍ରାପ୍ତିକୁ ନେଇ ଆମେ ଠାକୁର ଘରେ ପଶିଯାଉ, କହୁ ଏଇଟି ଈଶ୍ୱର। ପାହାଡ଼, ଆକାଶ, ଫୁଲ, ପକ୍ଷୀଙ୍କୁ କହି ଦେଉ ପ୍ରକୃତି। ମଣିଷ ପାଖରେ ନମନୀୟ ହେଇଯାଉ, କହୁ ଏଇଟି ପ୍ରେମ। କିନ୍ତୁ ଅନେକ ସମୟରେ ଯେବେ ଅଜ୍ଞାତ, ଜ୍ଞାତକୁ ରୂପାନ୍ତରିତ ହୁଏ, ଏହା କିଛି ପରିମାଣରେ ନିରସ ଜଣାପଡ଼େ। ପୂର୍ବର ରହସ୍ୟ (ରୋମାଞ୍ଚ) ଯେମିତି ହଜିଯାଏ।

ଅଜ୍ଞାତ ଆମରି ଭିତରୁ ହିଁ ଆସେ। ଆମ ପଛରେ ଗୋଡ଼େଇ ଗୋଡ଼େଇ

ଆସେ। କିନ୍ତୁ ଯେବେ ତାହା ଜ୍ଞାତ ପାଲଟି ଯାଏ ପୁଣି ଲେଉଟି ଯାଏ। ଉତ୍ତେଜନାର ଶିଖର ପ୍ରଦେଶରୁ ଆମେ ଶିଥିଳତାକୁ ଲେଉଟି ଆସୁ। ହଁ, ଏ ପ୍ରକ୍ରିୟାରେ ଜ୍ଞାନ ଅବଶ୍ୟ ମିଳିଥାଏ। କିନ୍ତୁ ହଜିଯାଇଥିବା ରୋମାଞ୍ଚ ପାଖରେ ତାହା ନିରସ ଜଣା ପଡ଼ୁଥାଏ।

ଅଜ୍ଞାତର ସାମ୍ନା ମଣିଷ ଦୁଇ ପ୍ରକାର କରିଥାଏ। ପ୍ରଥମଟି ତାହାର ଉପଲବ୍ଧି ଦ୍ୱାରା, ମାନ-ତୌଲ କରି, ତାହାକୁ ଅନୁକୂଳିତ କରି। ଅନ୍ୟଟି ତାହାକୁ ଅଜ୍ଞାତ ଭାବରେ ସ୍ୱୀକାର କରିବାର ରାସ୍ତା ଖୋଜି। ଆମେ ଏମିତି କିଛି ଉପାୟ ଖୋଜୁ, ଯେଉଁଠି ଅଜ୍ଞାତ ସ୍ୱୟଂ ରହିପାରିବ। ନିରସ ଜ୍ଞାତକୁ ରୂପାନ୍ତରିତ ନ ହୋଇ ଅନୁଭବର ଚୌହଦୀକୁ ଆସିପାରିବ। କବିତା ଅଜ୍ଞାତକୁ ସ୍ୱୀକାର କରେ ଓ ତାହାକୁ ଅଜ୍ଞାତ ଭଳି ରହିବାର ଅବକାଶ ପ୍ରଦାନ କରେ। ଯେଉଁ ପର୍ଯ୍ୟନ୍ତ କବିତା ଅଜ୍ଞାତକୁ ଅଜ୍ଞାତ ଭଳି ଧାରଣ କରେ ସେ ପର୍ଯ୍ୟନ୍ତ ସେ ତା'ର ଅସ୍ତିତ୍ୱର ଔଚିତ୍ୟ ବି ପ୍ରଦାନ କରେ। କବିତା ଭଳି ପ୍ରେମ ବି ଅଜ୍ଞାତକୁ ଅଜ୍ଞାତ ଭଳି ବଞ୍ଚେଇ ରଖିବାର ଆଉ ଏକ ମାଧ୍ୟମ। ଏହି କାରଣରୁ କବିତା ଲେଖିବା କିୟଦଂଶରେ ପ୍ରେମ କରିବା ଭଳି ରୋମାଞ୍ଚକର। ଏହି କାରଣରୁ ସମ୍ଭବତଃ ପ୍ରେମର ପ୍ରାପ୍ତି ଓ ପ୍ରେମକୁ ହରେଇବାର ପୀଡ଼ା ବିଶିଷ୍ଟ କୃତୀମାନଙ୍କର ଜନ୍ମ-ଉତ୍ସ।

ମୋହ ବିନା କବି ହେବା ଅସମ୍ଭବ। ଆମକୁ ମିଳିଥିବା ସବୁ ଅବାସ୍ତବକୁ ସତ ବୋଲି ସ୍ୱୀକାର କରିବାକୁ ହୁଏ ଏ ମୋହ ଯୋଗୁ। କେବେ ମୋହ, କେବେ ମୋହଭଗ୍ନ ତେଣୁ କବିତାକୁ ଜନ୍ମ ଦିଏ। ଲୋଭ ବିନା ବି କବିତା ଅସମ୍ଭବ। କବିତାର ଜନ୍ମ ଲାଗି ଲାଳସା ଓ ତୃଷ୍ଣା ବି ଜରୁରୀ। କବିତାର ଜନ୍ମ ଲାଗି କ୍ଷୋଭ ବି ଆବଶ୍ୟକ। କ୍ଷୋଭ ବିନା ଆମର ତଥାକଥିତ ଜିଇଁବା (ସମାଧି) ଭାଙ୍ଗେ ନାହିଁ। ହୋଇପାରେ କବିତାର ଜନ୍ମ ଲାଗି କାମ ବି ଦରକାର, ରତି ବି। ଏ ସମସ୍ତ ମିଳିମିଶି କବିକୁ ସ୍ୱାର୍ଥୀ ଜୀବନବାଦୀ କରିପକଉଥିବେ। ଉଭୟ ଶରୀର ଓ ମନ ଦ୍ୱାରା ଏ ସବୁ ଅନୁଭବ କରୁଥିବା କବିଟି କେମିତି ଏକ ବାରକେ ସନ୍ଥଟିଏ ପାଲଟି ଯାଏ ନିଜ ସୃଷ୍ଟି ପାଖରେ (?)

କବି ଅନୁଭବର ବୀଜକୁ ବାଣୀରେ ଲୁଚାଏ। ତାହା ଫୁଲ ହୁଏ। ଫଳ ମିଳେ। ଏହା ପାଠକର ଭୋଗ୍ୟ ହୁଏ। କହିବା ବାହୁଲ୍ୟ ଅନୁଭବହୀନ ବାଣୀରେ ବି ଫୁଲ ଫୁଟେଇ ଦିଆଯାଉଛି। କିନ୍ତୁ ତାହା ଅଳ୍ପ-ପ୍ରାଣ ହେଇ ଝରି ଯିବ ହିଁ ଯିବ। ତେବେ କହିବାର କଥାଟି ହେଉଛି କବିତା କବି ପାଇଁ ଏମିତି ଏକ ମାଧ୍ୟମ ଯେଉଁଠି ବହୁତ କିଛି ଅଜ୍ଞାତ ରଖାଯାଇ ପାରେ ସୁଚାରୁ ଓ ସୌନ୍ଦର୍ଯ୍ୟବର୍ଦ୍ଧକ ଭାବରେ। କବି-କର୍ମ ଓ ଫଳପ୍ରାପ୍ତିର ଆଢୁଆଳରେ କିଛି ଅସୀମ ଝଲସୁଥାଏ। ଯାହାକୁ କବି ନୁହେଁ ହୁଏତ

କବିତା ରଚିଥାଏ। କିଛି କଥା ଯାହା କବିତା ନ କହିବି ନିଶ୍ଚିତ ଭାବରେ କହୁଥାଏ। ଯାହାକୁ ଛୁଇଁ ହେଉଥାଏ ବଖାଣି ହେଉ ନ ଥାଏ। କବିତା ପବିତ୍ର-ପ୍ରେମ, ପ୍ରକୃତି ଓ ଈଶ୍ୱରଙ୍କ ଭଳି। ତେବେ ଏହା ଭବସାଗର ପାରି କରାଏନି ଏହା ଭବ (ସଂସାର) ଭିତରେ ଅନୁଭବ ରଚୁଥାଏ। ଯେତେ ମଣିଷ ସେତେ କଥା। କବିତାଟିଏ ଗଢ଼ା ସରିବା ପରେ ପାଠକକୁ ମିଳେ କିଛି ଟିକିଏ ଗୋପନୀୟ ଯାହା ସେ ନିଜର ବୋଲି ଭାବୁଥାଏ। ସବୁ ଦୋଷ ଦୁର୍ବଳତା ଧାରଣ କରି ବି କବି ତେଣୁ ପାଠକ ଆଗରେ ଅସାଧାରଣ ଲାଗୁଥାଏ।

ନିଷ୍ଠାପରତା

Be so true to thyself, as thou be not false to others (OF wisdom For a Man's Self) - ଇଂରାଜୀ କବି ଫ୍ରାନ୍‌ସିସ୍ ବେକନସ୍ଙ୍କର ଏ ଉକ୍ତିଟି ଯେତିକି ସରଳ ମନେହୁଏ, ଏହା ଭିତରେ ଅର୍ଥଟି ସେତିକି ନିଗୂଢ଼। ନିଷ୍ଠାପର ରହିବା କବିର ସର୍ବୋତ୍ତମ ଏବଂ ଦୁର୍ମୂଲ୍ୟ ଗୁଣ।

କବିର ରଚନା କର୍ମ ଏକ ପ୍ରୟୋଜନ, ପ୍ରଥମତଃ ନିଜ ପାଇଁ ଏବଂ ପରେ ଅନ୍ୟ ପାଇଁ। ଏମିତି ଅନେକ ଅବୁଝା ମନଃସ୍ଥିତି ଆସନ୍ତି, ଯେଉଁମାନେ କବିତାର ଆଙ୍ଗୁଳି ଧରି ଚାଲିବାକୁ ଚାହାନ୍ତି - ଅଭିବ୍ୟକ୍ତ ହେବାକୁ ଚାହାନ୍ତି। କବିର ତୀକ୍ଷ୍ଣ ଅନୁଭବୀ ଦୃଷ୍ଟି ଆପଣାର ମନକୁ ତନଖୁ ଥାଏ। ବହୁ ଉପେକ୍ଷିତ ପ୍ରଶ୍ନମାନଙ୍କର ଅନାଥାଳୟ ଭିତରକୁ କବିର ଦୃଷ୍ଟି ପ୍ରବେଶ କରେ, ସେମାନଙ୍କୁ କୋଳେଇ ନିଏ। ଏହାହିଁ ତ ରଚୟିତାର ମାତୃତ୍ୱ ଶକ୍ତି। କବି ତା'ର ଉଷ୍ମ ମଧୁର ସ୍ପର୍ଶରେ, କୋମଳ ସମ୍ବେଦନାରେ ପରିତ୍ୟକ୍ତ ଓ ଉପେକ୍ଷିତ ପ୍ରଶ୍ନମାନଙ୍କୁ ଆପଣେଇ ନିଏ, ସେମାନଙ୍କୁ ପରିଚୟ ଦିଏ, କବିତାରେ ଜାଗା ଦେଇ ସେମାନଙ୍କୁ ଆତ୍ମସମ୍ମାନ ଦିଏ।

କେତେ ନିଷ୍ଠା ଆବଶ୍ୟକ ହେଉଥିବ ଏଥିଲାଗି, ଆମେ କେବେ ଚିନ୍ତା କରିଛେ ? ନା, ଏତେ ସହଜଲବ୍ଧ ନୁହେଁ କବିତା। ବସ୍ତୁ ଓ ପରିବେଶର ବାସ୍ତବିକତା ଏବଂ ସେମାନଙ୍କ ଅନ୍ତର୍ବିରୋଧକୁ ବୁଝିବା ଓ ସେମାନଙ୍କର ବ୍ୟଞ୍ଜନାକୁ ଆତ୍ମସାତ୍ କରିବାର ଏକ ଅନବରତ ପ୍ରଚେଷ୍ଟା ଚାଲିଥାଏ କବି ଭିତରେ। ଏଥିଲାଗି ଏକ ବିକଳ ଭାବ ଏକ ଲୋଡ଼ିବାପଣ ନେଇ ଜିଇଁବାକୁ ପଡ଼େ। ଏକ ମୌଳିକ ଦୃଷ୍ଟିକୋଣ ବା ମନୋବୃତ୍ତି ବ୍ୟତୀତ କବି ପାଇଁ ଆବଶ୍ୟକ ହୁଏ ତା' ନିଜର ଆଦର୍ଶ ଓ ଅନୁଭୂତ ସତ୍ୟକୁ ଆପଣାର ଜ୍ଞାନ ଓ ପ୍ରଜ୍ଞା ସହିତ ଭେଟ କରେଇବା। ଆଦର୍ଶମାନଙ୍କୁ ତିଆରିବା ସହଜ ନୁହେଁ। ସେମାନଙ୍କୁ କଳ୍ପନାରେ ଦେଖିବାକୁ ହୁଏ, ବାସ୍ତବିକତା ଭିତରେ ଖୋଜିବାକୁ ପଡ଼େ ଓ କଦାଚିତ୍ ସେମାନଙ୍କ ପାଇଁ ସଂଘର୍ଷ ବି କରିବାକୁ ହୁଏ। ପ୍ରତିଟି

କବି ପାଖରେ ତା' ନିଜର ଆଦର୍ଶ ଥାଏ ତାହା ସେ କେଉଁଠାରୁ ମାଗି ଆଣି ନ ଥାଏ - ଏକ ସତ୍ୟ ଭଳି ଆପଣା ଜିଇଁବା ଭିତରୁ ଖୋଜି ବାହାର କରିଥାଏ - ଯାହା ତାକୁ ନିଜ ପାଖରେ ଏବଂ ନିଜ ରଚନା କର୍ମ ପାଖରେ ନିଷ୍ଠାପର ରହିବାକୁ ପ୍ରତି ନିୟତ ବାଧ୍ୟ କରୁଥାଏ। କବିତା ଦେବା ନେବାର କଥା ନୁହେଁ, କିଣା-ବିକାର କଥା ନୁହେଁ। ଏହା ମନୋବୃତ୍ତି, ଏକ ଦୃଷ୍ଟିକୋଣ।

ନିଷ୍ଠାପରତାର ଅଭାବ କବିକୁ ଏକ ଭୟଙ୍କର ବିପର୍ଯ୍ୟୟ ଆଡ଼କୁ ଟାଣି ନିଏ। ସେ ଆଉ କାହାର (ଅନ୍ୟ କବି ବା ଲେଖକର) ଭୋଗିଥିବା ସତ୍ୟ ବା ଆଦର୍ଶକୁ ଚୋରେଇ ଆଣି ନିଜ କବିତାରେ ଖଞ୍ଜେ। ସେ ଅନୁକରଣ ବା ଅନୁସୃଜନ କରେ ଏବଂ ଯେଉଁ ଅଳ୍ପ ଟିକିଏ ଆନନ୍ଦ ବା ପ୍ରଶସ୍ତି ମିଳେ ସେତିକିରେ ସନ୍ତୁଷ୍ଟ ରହିବାକୁ ବାଧ୍ୟ ହୁଏ। ତେବେ ଏ କଥା ବି ସତ ଯେ, ଅନ୍ୟ କବି ବା ଲେଖକର ସୃଷ୍ଟି ମଧ୍ୟ କବିର ବାସ୍ତବିକତାର ଏକ ଅଂଶ। କବିର ସହୃଦୟ ଭାବ କିନ୍ତୁ ଆପଣାର ମନେ ହେଉଥିବା ସେ ବାସ୍ତବିକତାକୁ ସେମିତି ଚୋରେଇ ଆଣିବାକୁ ଚାହିଁବନି। ହୁଏତ ସେଇ ବାସ୍ତବିକତାକୁ ଆହୁରି ଗଭୀର ଭାବରେ ନିରୀକ୍ଷଣ ଓ ଅନୁଭବ କରିବାକୁ ଚାହିଁବ। କବି ଯଦି ବାସ୍ତବିକତାମାନଙ୍କର ଅନ୍ତରାବଲମ୍ବନ ବା ଅନ୍ତର୍ବିରୋଧକୁ ଦେଖି ପାରୁଥାନ୍ତେ, ତା'ହେଲେ ସେ ନିଶ୍ଚୟ ହୃଦୟଙ୍ଗମ କରିପାରିବେ ଯେ, ବାସ୍ତବିକତାମାନେ ବି ବଦଳୁଥାନ୍ତି- ପାଗ ବଦଳିବା ଭଳି ନୁହେଁ, କ୍ୟାଲେଣ୍ଡରରେ ମାସ ବା ତାରିଖ ବଦଳିବା ଭଳି ସାବଲୀଳ ଓ ସ୍ୱାଭାବିକ। ବୁଝିବାକୁ ହେବ ଯେ, ଅନ୍ୟ ଦ୍ୱାରା ଲେଖା ସରିଥିବା ସତ୍ୟ ସାର୍ବଜନୀନ ଅନୁଭୂତି ପାଲଟି ସାରିଥାଏ। ଆମେ ଯଦି କବି, ଲେଖକ ବା ସାହିତ୍ୟିକ ଆମ ପାଖରେ ଏକମାତ୍ର ଉପାୟ ହେଲା ଆମେ ସେ ସତ୍ୟକୁ ଆଉ ଥରେ ଅନୁଭବ କରିବା ଓ ତାହାକୁ ଆତ୍ମସାତ୍ କରିବା ଠିକ୍ ଯେମିତି ଖରା ଓ ପବନକୁ ଗ୍ରହଣ କରୁଛେ। ସମ୍ଭବତଃ ଏହାପରେ ସେହି ସତ୍ୟ ଆଉ ଏକ ସତ୍ୟ ପାଖରେ ପହଞ୍ଚେଇ ଦେବାର ଉତ୍ପ୍ରେରଣ ପାଲଟି ଯାଇ ପାରେ - ଏକ ନୂଆ ଦିଗ, ଏକ ନୂଆ ଅନୁଭବର ଅନୁରଣନ ଶୁଣେଇ ଦେଇ ପାରେ। ଗୋଟିଏ କୃତି ଆହୁରି ଏକାଧିକ କୃତି ଲାଗି ପ୍ରେରଣା ପାଲଟି ପାରେ। ଆତ୍ମସାତ୍ ହୋଇ ନ ଥିବା ସତ୍ୟ (ଧାର୍ ବା ଚୋରି କରାଯାଇଥିବା ସତ୍ୟ) ନିଶ୍ଚିତ ଭାବରେ କବିତା ଭିତରୁ ଭାରି ବିକଳ ହୋଇ ଆମକୁ ଚାହୁଁଥିବେ। ଶବ୍ଦମାନଙ୍କର ଗୁଞ୍ଜନ ଶୁଭୁଥିବ, କିଛି ଅର୍ଥ ମିଳୁ ନ ଥିବ। ଯଦିଚ ଅର୍ଥ ମିଳୁଥିବ, ତାହା ନିରସ ଲାଗୁଥିବ। ବ୍ୟଞ୍ଜନାର ଅଭାବ ତାକୁ ଏକ ନକଲ ବୋଲି ଧରା ପକାଇ ଦେଉଥିବ।

ଆକାଶର ରଙ୍ଗ ତୂଳିର ସ୍ପର୍ଶରେ ଅନନ୍ତ ଆକାଶ ହିଁ ପାଲଟେ। ଶବ୍ଦ

ଯାଦୁକାରୀରେ ସତ୍ୟ ଠିକ୍ ସେହି ସତ୍ୟ ହିଁ ରହେ। ଏହା ବିସ୍ତାରିତ ହେବାର ସମ୍ଭାବନା ରଖିପାରେ କିନ୍ତୁ ସଂକୁଚନର ନୁହେଁ। ଯଦି କବିତାରେ ହୃଦୟର ସ୍ପନ୍ଦନ ଥିବ, ତେବେ ଆମେ ନିର୍ଦ୍ୱନ୍ଦ୍ୱରେ କହିପାରିବା, ଏହା ଜୀବନ ଓ ଅନୁଭବମାନଙ୍କର ପ୍ରୟୋଗଶାଳା। କବି ଯେତେ ଗଭୀର ଭାବରେ ବାନ୍ଧି ହେଉଥିବେ ସ୍ୱରଚିତ ଆଦର୍ଶ, ସ୍ୱ-ଆବିଷ୍କୃତ ସତ୍ୟମାନଙ୍କ ସହିତ ସେତିକି ଅଧିକ ନିଷ୍ଠାପର ପାଲଟି ଯାଉଥିବେ - ସେତିକି ଅଧିକ ଆତ୍ମମଗ୍ନ ହେଉଥିବେ - ଆବେଗ ଓ ସମ୍ବେଦନା ଭିତରେ ଲୁଚି ରହିଥିବା କରୁଣାକୁ ଖୋଜି ଆଣିପାରୁଥିବେ। ହୁଏତ କବିତା ବି ନିଜର ସରଳ ମୁହଁଟି ଧରି ଆପେ ଆପେ କବି ପାଖରେ ପହଞ୍ଚି ଯାଉଥିବ ଓ ପରକ୍ଷଣରେ ପାଠକକୁ ଆନନ୍ଦ ଦେବା ସହିତ ତାକୁ ଗମ୍ଭୀର ଓ ବିମର୍ଷ ବି କରି ପକଉଥିବ। କବିତା ତା'ର ସୁକୁମାରପଣ ଭିତରେ ଅନୁଭବର ତୀବ୍ରତାକୁ ସାଇତି ଥିବ। କବିତା ପଢୁ ପଢୁ ହୁଏତ ପାଠକକୁ ଲାଗୁଥିବ, ଛୋଟ ପ୍ରଜାପତିଟିଏ ତା' ହାତମୁଠା ଭିତରେ ଡେଣା ହଲେଇ କଲବଲ ହେଉଛି। କବିତା, ପ୍ରଜାପତି ବୋଲି କହିବାର ଇଚ୍ଛା ମୋର ମୋଟେ ନାହିଁ। କିନ୍ତୁ ମୁଁ ପ୍ରଜାପତିମାନଙ୍କୁ ନିଠେଇ ଦେଖିଛି। କେତେ ରଙ୍ଗ, କେତେ ଚିତ୍ରମୟତା! ଜଣେ ଜଣଙ୍କର ନକଲ ଭଳି ଜମା ଲାଗନ୍ତିନି।

ଅନ୍ୱେଷା

ସେଦିନ ସାହିତ୍ୟୋତ୍ସବରେ ସାକ୍ଷାତ ହେଲା ଜଣେ ବୟସ୍କ ପିତୃପ୍ରତିମ ଭଦ୍ରବ୍ୟକ୍ତିଙ୍କ ସହିତ। ସେ ଆସି ପାଖରେ ବସିଲେ। ମୋ ନାଁ ଧରି ସମ୍ବୋଧନ କଲେ ଏବଂ ପଚାରିଲେ- ତମର ଦୁଃଖ କ'ଣ, କ'ଣ ତମର କଷ୍ଟ ? ତାଙ୍କର ଏ ଅଭାବିତ ପ୍ରଶ୍ନରେ ମୁଁ ଅପ୍ରତିଭ ହେଇଗଲି, ଚୁପ୍ ରହିଲି। ଏଣୁ ତେଣୁ କହି ଖସିଯିବି ବୋଲି ଭାବୁଥିଲି। ସେ ପୁଣି ଆଉ ଗୋଟିଏ ପ୍ରଶ୍ନ ଥୋଇଲେ - ଯେଉଁମାନେ ତମକୁ କଷ୍ଟ ଦେଇଛନ୍ତି, ତମେ ସେମାନଙ୍କୁ କ୍ଷମା କରି ଦେଇଛ ?

ମୁଁ ନୀରବରେ ଉଠି ଯାଇଥିଲି। ଏହା ଅଭଦ୍ରାମୀ। ଥରଟିଏ ବି ପଚାରିଲିନି, କାହିଁକି ଏ ପ୍ରଶ୍ନ। ପରେ ଜାଣିଲି, ସେ ଜଣେ ଲେଖକ। ତାଙ୍କର ଏକାଧିକ ଗଳ୍ପ, ଉପନ୍ୟାସ ପ୍ରକାଶିତ ହୋଇଛି। ତାଙ୍କୁ ନ ଚିହ୍ନି ପାରିବା (ଯଦିଓ ତାଙ୍କୁ ଦେଖିଥିଲି ଛାପା ଅକ୍ଷରରେ) ମୋ ଲାଗି ଯେତେ ପୀଡ଼ାଦାୟକ ନ ଥିଲା ତା'ଠାରୁ ଅଧିକ କଲବଲ କରିଥିଲା ତାଙ୍କର ପ୍ରଶ୍ନ - ଭୁବନେଶ୍ୱରରୁ ପୁରୀ ଫେରିବା ବାଟସାରା ଏବଂ ତା'ପରେ ଆଉ କିଛିଦିନ।

କବିତା ତା'ର ବ୍ୟାପକ ଓ ପ୍ରାମାଣିକ ଅର୍ଥରେ ଜୀବନର ସମୀକ୍ଷା, ଆମେ ଜାଣୁ। ମର୍ମାହତ ହେବା ବି କବିର ସ୍ୱାଭାବିକ ପ୍ରତିକ୍ରିୟା ଏହା ମଧ୍ୟ ଆମେ ଜାଣୁ। କିନ୍ତୁ କବି ଭିତରେ ଲୁଚି ରହିଥାଏ ଯେଉଁ ଅତଳତଳ, ସମୁଦ୍ରଠାରୁ ଗଭୀର ଦୁଃଖ, ତାହା ଅବଶ୍ୟ ଆମେ ଧରି ପାରୁନି। ତାହାର ପ୍ରାମାଣିକତା ବି କବି ଦେବାକୁ ଚାହେଁନି। ତାହା ହିଁ ତ ତାକୁ ଭିତରେ ଭିତରେ ଅଧାଖଣ୍ଡିଆ କରି ରଖିଥାଏ। ଈଶ୍ୱର କି ଦେଇଥାଏ। ଅନ୍ୟ ଅର୍ଥରେ କହିଲେ, ସାଧାରଣ ମଣିଷଠାରୁ ଆଉ ଟିକିଏ ଅଧିକ ସମ୍ବେଦନଶୀଳ କରି ଗଢ଼ି ତୋଳିଥାଏ। ପୃଥିବୀର ସବୁ ଦୁର୍ଯୋଗ, ସବୁ ଦୁର୍ଘଟଣା, ସବୁ ଷଡ଼ଯନ୍ତ୍ର ବିରୁଦ୍ଧରେ କବି ଭିତରେ କୁହୁଳୁଥିବା ନିରବତା ଏହାପରେ କାଳି ପାଲଟି ଯାଏ ଏବଂ ଜୀବନ୍ମୋଖୀ ଏକ ବିଚିତ୍ର କୁଣ୍ଡା କଲମ ହୋଇଯାଏ। ଏହାପରେ ସେ କେଉଁଠି ନା

କେଉଁଠି ସୂତ୍ର ଖୋଜିବାକୁ ଆରମ୍ଭ କରେ - ଦୁଃଖ ପାଖରୁ ମୁକୁଳିବାକୁ ନୁହେଁ, ଦୁଃଖର ପାଖୁଡ଼ା ଭିତରେ ବନ୍ଦୀ ହେଇ ରହିଯିବାକୁ। ସେ ସେହି ଅନ୍ଧ ବୃତ୍ତମାନଙ୍କୁ ବି ଅଣ୍ଡାଳିବାକୁ ଆରମ୍ଭ କରେ ଯେଉଁଠି ଦୁଃଖମାନେ ମୁକୁଳିତ ହେବାର ସମ୍ଭାବନା ଦେଖା ଯାଉଥାଏ (ଯାହା ଅନ୍ୟମାନଙ୍କୁ ହୁଏ ଜଣାପଡୁ ନ ଥାଏ)।

କବିକୁ ଅନୁଭବର ଗହୀରତାକୁ ଯିବାକୁ ପଡ଼େ। ପ୍ରତ୍ୟେକ ମଣିଷ ଓ ବସ୍ତୁ ଭିତରେ ଛପିଥିବା ସେ ଗଭୀରତାକୁ ଦେଖିବାକୁ ସେ ଇଚ୍ଛା କରେ ଏବଂ ଏହା ସ୍ୱାଭାବିକ ମଧ୍ୟ। କାରଣ ନିଜକୁ ଚିହ୍ନିବା ପରେ ସେ ଅନ୍ୟ ସହ ତଦାତ୍ମ ଅନୁଭବ କରେ। ଲାଗେ ହୁଏତ କିଏ କେଉଁଠି ଅଛି ଏମିତି ଓ ଏହାଠାରୁ ଭୟଙ୍କର ଘା'ମାନଙ୍କୁ ଲୁଚେଇ। ଉତ୍ପୀଡ଼ିତ ଜୀବନର ବ୍ୟଥା ସେ ବହନ କରେ, ତାହାକୁ ନିଜ କପାଳର ଏକ ଅଙ୍ଗ ବୋଲି ସ୍ୱୀକାର କରେ ସତ କିନ୍ତୁ ତାହାକୁ ଏକାଦିକ୍ରମେ ପର୍ଯ୍ୟବେକ୍ଷଣ ଓ ଅନୁଭବ ବି କରୁଥାଏ।

କଷ୍ଟ ଅର୍ଥାତ୍ ଜୀବନାଭିଳାଷର ବ୍ୟଥା। ଏହା ଚିରନ୍ତନ। ଏହା ଯେବେ ଆସେ ବିଜୁଳି ମାରିବା ଭଳି ଚକେଇ ଦେଇ ଚାଲିଯାଏ। ଓଃ ! ଏତେ ଲମ୍ବା ଆୟୁଷ ଭିତରେ ହୁଏତ ମୁହୂର୍ତ୍ତଟିଏ। କିନ୍ତୁ ସେ ମୁହୂର୍ତ୍ତଟିରେ ଚମକି ପଡ଼ି କବି ବୋଧହୁଏ ଆଖି ବନ୍ଦ କରିଦେଉ ନ ଥିବ। ବରଂ ଏମିତି ହେଉଥିବ, ସେ ଚମକ ତା' ଭିତରେ ସହସ୍ର ଆଖି ଖୋଲି ଦେଉଥିବ କ୍ଳାନ୍ତି ଆଣି ଦେଉ ନ ଥିବ। ବହୁତ ଦୂର ଚାଲିବା, ବହୁ ଦୁଃଖ ଓ ଦୁର୍ଯୋଗମାନଙ୍କୁ ଭେଟିବା ପରେ ଆସୁଥିବା ସେଇ ମାଦକଭରା କ୍ଳାନ୍ତିକୁ ପରାହତ କରିବା ପାଇଁ କବିକୁ ପୁଣିଥରେ ଜୀବନର ବିକାଶୋନ୍ମୁଖ ତତ୍ତ୍ୱମାନଙ୍କ ସହିତ ସଂଶ୍ଳିଷ୍ଟ ହେବାକୁ ହିଁ ପଡୁଥିବ। ସମ୍ଭବତଃ ଏଭଳି କବିଙ୍କର ସୃଷ୍ଟିରେ ଆମେ ସ୍ପଷ୍ଟ ଭାବରେ ଦେଖିବା ଏକ ମୌଳିକ ଦୃଷ୍ଟିକୋଣ। ହଁ, ସେ ନିଶ୍ଚୟ ନିଷ୍ଠାପର କାହିଁକିନା ସୃଷ୍ଟି, ପ୍ରଚ୍ଛନ୍ନରେ ତାଙ୍କର ମୌଳିକ ଉପଲବ୍ଧିମାନଙ୍କୁ ସାଥିରେ ନେଇ ଚାଲୁଥିବ। ଆମକୁ ଲାଗୁଥିବ କବି କେବଳ ସତ୍ୟକୁ ଖୋଜିବାକୁ ବାହାରି ନାହାନ୍ତି ସତ୍ୟକୁ ଅନୁଭବ କରିଛନ୍ତି, ଉପଭୋଗ କରିଛନ୍ତି, ସହ୍ୟ କରିଛନ୍ତି।

ସମକାଳୀନ ଲେଖକ (କବି)ଙ୍କ ଭିତରେ କେଇଜଣ ଏମିତି ବି ଥିବେ ଯେଉଁମାନେ ନିଜ ନିଜର ନିଷ୍ଠାପରତାରେ ପ୍ରେରିତ ହୋଇ ସତ୍ୟକୁ ଖୋଜିବାକୁ ବାହାରିଥିବେ ଏବଂ ଆଖପାଖ ଦୋକାନରୁ ଯାହା ମିଳିଲା ସନ୍ତୁଷ୍ଟ ହେବା ଭଳି ଯାହାକିଛି କେଉଁଠୁ ମିଳିଲା ତାକୁ କୌଣସି ପ୍ରକାରେ କାବ୍ୟରୂପ ଦେବାକୁ ଚେଷ୍ଟା କରୁଥିବେ। ଛାତିରେ କଣ୍ଟା ନ ଫୁଟେଇ ବି ଗୋଲାପକୁ ଲାଲ କରାଯାଇ ପାରିବା ଭଳି ତାଙ୍କର ଏ ଅଦମ୍ୟ ବିଶ୍ୱାସ ପାଖରେ ଅବଶ୍ୟ ମୁଣ୍ଡ ନୁଏଁଇବାକୁ ହୁଏ କିନ୍ତୁ ସେ ଯେ ଜୀବନର

ବେଦନାମାନଙ୍କର ଭିତରେ ଦେଇ ଯାଇ ନାହାନ୍ତି ତାହା ତାଙ୍କର ସୃଷ୍ଟି କହି ଦେଉଥିବ। ଅନେକ ଦୈନନ୍ଦିନ ଅନ୍ତର୍ବିରୋଧ, ସମସ୍ୟା ଓ ପୀଡ଼ା ତେଣୁ ତାଙ୍କର ହାତଛଡ଼ା ହୋଇଯାଉଥିବ।

ଯେତେବେଳେ ଛାତିର କଷ୍ଟକୁ ମୁଣ୍ଡରେ ବୋହି ବୋହି କବି ଗୌରବାନ୍ୱିତ ଅନୁଭବ କରୁଥାଏ, ସେତେବେଳେ ତାହା ଅଦ୍ଭୁତ ଭାବରେ ଜୀବନପୋଷକ ଶକ୍ତି ପାଲଟି ଯାଇଥାଏ ତା'ର ଜୀଜିବିଷା ପାଇଁ। ସେ ବିନୟାବନତ ହୋଇ ଈଶ୍ୱରଙ୍କ ପ୍ରାର୍ଥନା କରିବା ବଦଳରେ ହୁଏତ ନିଜ ଅନୁଭବମାନଙ୍କୁ ସୁଧାରିବାକୁ ବାହାରି ପଡ଼ିଥାଏ। ଯଦ୍ୱାରା ପୀଡ଼ାମାନଙ୍କୁ ଆଉ ଟିକେ ଭଲ କରି ଚିହ୍ନିହେବ ଓ ଭୁଲ୍‌ମାନଙ୍କୁ କ୍ଷମା କରିଦେଇ ହେବ। ଏହା ହିଁ ତ ନିଷ୍କୃତି ଯାହା କବିତା ଦ୍ୱାରା କିୟଦଂଶରେ କରାଯାଉଥାଏ। କ୍ଷମା କରିଦେବା କେବଳ ଗୁଣ ନୁହେଁ ଏକ ନିଷ୍କୃତି - ସେଦିନ ସେ ମହାନୁଭବ ପଚାରିଥିବା ପ୍ରଶ୍ନକୁ ନୂଆ ଭାବରେ ହୃଦୟଙ୍ଗମ କରି, କେଜାଣି କାହିଁକି ଟିକିଏ ଉଶ୍ୱାସ ଲାଗିଲା।

■

ଉପଲବ୍ଧି

ଆପଣାର ଅନ୍ତର୍ଗତ ସୌନ୍ଦର୍ଯ୍ୟ, ଯାହା ଆମକୁ ଅଭିଭୂତ କରେ ତାହା ହିଁ କବିତାର ରୂପ ନେଇଥାଏ - ଜନତାର ସେବା କରିବା ପାଇଁ କବିତା ଲେଖାଯାଉଛି କହିବା ଏବଂ ସେ ନେଇ ସାମାଜିକ ଦୃଷ୍ଟିକୋଣକୁ ପ୍ରାଧାନ୍ୟ ଦେବା ଆଜିକାଲିକା କବିଙ୍କର ଗୋଟେ ଫେସନ୍ ହୋଇଛି। ଏହା ଥିଲା ମୋର ଜଣେ ଅଗ୍ରଜ କବିଙ୍କର ମନ୍ତବ୍ୟ।

କବିତାକୁ ନେଇ ଯୁକ୍ତି କରାଯାଏନି - ଏହା ହୃଦୟଙ୍ଗମ କରିଥିବା ହେତୁ ମୁଁ ଚୁପ୍ ରହିଲି ଆପାତତଃ। କିନ୍ତୁ ଭିତରେ ଲୁଚି ବସିଥିବା ସମୀକ୍ଷକ (ହୁଏତ ସମ୍ପାଦକ)ଟି ଇତସ୍ତତଃ ହେଲା। ଏମିତିରେ ବି ଦେଖିବାକୁ ଗଲେ କବିତା ନିଜର ସୃଷ୍ଟିର ସମ୍ପାଦନା ଓ ସମୀକ୍ଷା କରିଥାଏ। ଅନ୍ୟ ଅର୍ଥରେ କହିଲେ, କବି ଭିତରେ ଥାଏ ଏକ ମୂଲ୍ୟାଙ୍କନକାରୀ ଶକ୍ତି। ଯେକୌଣସି ବିଷୟରେ ଆତ୍ମଗତ ଆକଳନ କରୁଥିବା ସମୟରେ ଏହାର ବିବିଧ ବିକଳ୍ପମାନଙ୍କର ମୂଲ୍ୟାଙ୍କନ ବି ଚାଲିଥାଏ ଭିତରେ ଭିତରେ, ଯେଉଁ ପର୍ଯ୍ୟନ୍ତ ସୃଜନଶୀଳ ପ୍ରକ୍ରିୟାଟି ସମାପ୍ତ ନ ହୋଇଛି। ସୃଜନଶୀଳ ପ୍ରେରଣା (ସେ ପ୍ରଜ୍ଞା) ସ୍ୱୟଂ ଏକ ମୂଲ୍ୟାଙ୍କନକାରୀ ଶକ୍ତି ବୋଲି କହିଲେ ଅତ୍ୟୁକ୍ତି ହେବନି। ତାହା ମୂଲ୍ୟାଙ୍କନ ଦ୍ୱାରା ହିଁ ବିବିଧ ପ୍ରସଙ୍ଗ ଓ ବିକଳ୍ପମାନଙ୍କୁ ବାଛିଥାଏ ଏବଂ ତାହାକୁ କଳାତ୍ମକତା ପ୍ରଦାନ କରିଥାଏ। ମୂଲ୍ୟାଙ୍କନକାରୀ ଶକ୍ତି ବିନା କୌଣସି ସୃଜନ କବିତା ତ ନୁହେଁ ସାହିତ୍ୟ ହେବାର ଯୋଗ୍ୟ ବି ନୁହେଁ - ତାହା ଶିଶିରସିକ୍ତ ଫୁଲର ମହକ ହେଉ, ପ୍ରେମିକାର ମଧୁର ସ୍ପର୍ଶ ହେଉ, କାରଖାନାର ହଡ଼ତାଳ ହେଉ କି ଯୁଦ୍ଧ ଭୂଇଁର ବିଭୀଷିକା ହେଉ। ସେହି ମନୋବୈଜ୍ଞାନିକ ପ୍ରକ୍ରିୟାରେ ମୂଲ୍ୟାଙ୍କନକାରୀ ଶକ୍ତି ହିଁ ବଳବତ୍ତର ଥାଏ ଏବଂ ବରାବର ଲାଗିଥାଏ ପ୍ରସଙ୍ଗଟିକୁ ମାର୍ମିକ କରିବାକୁ। ଆମର ସୃଜନ ପ୍ରତିଭା ତେଣୁ ଆରମ୍ଭରୁ ଅନ୍ତଃ ଯାଏ ସମୁଦାୟ କବିତାଟିରେ ରଚିତ ଅଂଶମାନଙ୍କୁ ସ୍ଥାନ ଦେବା ପାଇଁ ଅନବରତ ମୂଲ୍ୟାଙ୍କନ ଓ ସମ୍ପାଦନା କରି ଚାଲିଥାଏ। କବି (ଲେଖକ) ଏତିକିରେ ବି ସନ୍ତୁଷ୍ଟ ହୁଅନ୍ତିନି। ଭାବୁଥାନ୍ତି, ଆହୁରି ବହୁତ କିଛି ରହିଗଲା

କହିବାକୁ ବା ଏହାଠାରୁ ହୁଏତ ଆହୁରି ଭଲ ଭାବରେ ଏ ସବୁ କୁହାଯାଇପାରନ୍ତା। କହିବାର କଥାଟି ହେଉଛି, କବି ଜୀବନ ପ୍ରସଙ୍ଗ ଭିତରେ ବୁଡ଼ିଯାଏ ତଲ୍ଲୀନତା ପ୍ରାପ୍ତ ହୋଇପାରନ୍ତି କିନ୍ତୁ ସମାଧି ନୁହେଁ। ତାଙ୍କୁ ସଚେତନ ରହିବାକୁ ହୁଏ ଲେଖିବା ବେଳେ ଏବଂ ଲେଖା ସରିବା ପରେ ବି।

ତେବେ ମୁଖ୍ୟ ପ୍ରସଙ୍ଗଟି ହେଉଛି କବିତାରେ ସାମାଜିକ ଦୃଷ୍ଟିକୋଣକୁ ସ୍ଥାନ ଦେବା ବେଳେ ତାହା ତା'ର ଅନ୍ତର୍ଗତ ସୌନ୍ଦର୍ଯ୍ୟ (ଯାହାଦ୍ୱାରା ଅଭିଭୂତ ହୋଇ କବିତା ଲେଖାଯାଏ) ଦ୍ୱାରା ପ୍ରଭାବିତ ହୁଏ କି ନାହିଁ? ଅନ୍ତଃସୌନ୍ଦର୍ଯ୍ୟ କହିଲେ, ମୋର ସେହି ଅଗ୍ରଜ କବିବନ୍ଧୁ କ'ଣ ବୁଝିଥିଲେ ମୁଁ ଠିକ୍ ଧରିପାରିନି କିନ୍ତୁ କବିର ଅନ୍ତଃସୌନ୍ଦର୍ଯ୍ୟ ଯେ କେମିତି ଓ କାହିଁକି ପରମ୍ପରା, ସାମାଜିକ-ରାଜନୈତିକ ବାୟୁମଣ୍ଡଳ ଏବଂ ପ୍ରାଚୀନ ଓ ନବୀନ ଉପଲବ୍ଧିମାନଙ୍କ ଦ୍ୱାରା ପ୍ରଭାବିତ ନ ହେବ ତାହା ବୁଝି ହେଲାନି।

ଯେଉଁ ସମାଜରେ ଆମେ ରହୁଛେ, ତାହାଦ୍ୱାରା ପ୍ରଦତ୍ତ ଛୋଟବଡ଼ ଅସଂଖ୍ୟ ଉପଲବ୍ଧିମାନଙ୍କ ଠାରୁ ବିଚ୍ଛିନ୍ନ ହୋଇ ଆମେ ଯାହା ଲେଖିବା, ତାହା ଆମର ନିଷ୍ପାପର ପ୍ରୟାସ ହେବ ତ (?) କବିତାରେ କେବଳ ହିଁ ସୌନ୍ଦର୍ଯ୍ୟ ରହିବ, ପ୍ରେମ ବର୍ଣ୍ଣନା ରହିବ, ସାମାଜିକ ସମସ୍ୟା, ପୀଡ଼ା ଓ ବ୍ୟର୍ଥତାର ଛବି ରହିବନି ବୋଲି ଡିଣ୍ଡିମ ପିଟୁଥିବା ଲୋକେ କବିତାରେ ସାମାଜିକ ଦୃଷ୍ଟିକୋଣକୁ ଜବରଦସ୍ତ ଲଦା ହେଉଛି ବୋଲି ଯେତେ କହିଲେ ବି ସେଥିରେ ଏକମତ ହୋଇ ହେବନି। କାରଣ କବିତା ଯଦି ଦୃଷ୍ଟି, ତେବେ କବିତାରେ ଅନ୍ତର୍ଗତ ସୌନ୍ଦର୍ଯ୍ୟ ନୁହେଁ ଉପଲବ୍ଧି ହିଁ ଏକ ସ୍ୱ-ଚେତନ ଆଲୋକ ହୋଇ ପ୍ରକଟିତ ହୁଏ। ଏହାକୁ ଆମେ ସୌନ୍ଦର୍ଯ୍ୟ କହିପାରୁ, କଳାତ୍ମକତା କହିପାରୁ ବା ସାମାଜିକ ଦୃଷ୍ଟିଭଙ୍ଗୀର ନାଁ ଦେଇପାରୁ। ଯେଉଁ ସାମାଜିକ ଦୃଷ୍ଟିରେ ସ୍ୱ-ଚେତନ ଆଲୋକ (ଉପଲବ୍ଧି) ନାହିଁ ତାହା ଅନ୍ୟ କିଛି ହୋଇପାରେ, ଦୃଷ୍ଟି ନୁହେଁ। ଦୃଷ୍ଟିର ଅଭାବରେ ଯାହା ରଚିତ ହୁଏ, ତାହା କେବଳ ଶବ୍ଦମାନଙ୍କର ବିଫଳ ଓ ବିକଳ ସମାହାର, ଏଥିରେ ଦ୍ୱିମତ ନାହିଁ।

ଆମେ ଯେଉଁ ସମାଜ, ସଂସ୍କୃତି, ପରମ୍ପରା, ଯୁଗ ଏବଂ ଐତିହାସିକ ଆବର୍ତ୍ତ ଭିତରେ ଶ୍ୱାସ ପ୍ରଶ୍ୱାସ ନେଉଛେ ତାହାର ପ୍ରଭାବ ଆମର ହୃଦୟରେ ପଡ଼େ। ଆମର ଆତ୍ମାରେ ତାହା କେବଳ ନିଷ୍କଳୁଷ ସୌନ୍ଦର୍ଯ୍ୟ ବୋଲି ଯେତେ କୁହାଗଲେ ବି ତାହା ଯେ ସମାଜପ୍ରଦତ୍ତ ଏଥିରେ ସନ୍ଦେହ ନାହିଁ। ମାନବୀୟ ସହାନୁଭୂତି ଓ ମାନବ କଲ୍ୟାଣକାରୀ ଭବନଠାରୁ ଦୂରକୁ ଯାଇ ପାରିବନି କବି। ଏହାକୁ ଯଦି ଦୁଷ୍କୃତି କୁହାଯିବ ତାହା ହେଲେ ତରୁଣ (ପ୍ରବୀଣ ବି) କବିଟି ଯେ ଏ ରୋଗର ପୀଡ଼ାକୁ ସହ୍ୟ କରୁଛି

କହିବା ଲାଗି କୁଣ୍ଠା ନାହିଁ। ଅନ୍ତଃସୌନ୍ଦର୍ଯ୍ୟ ଓ ସାମାଜିକ ଦୃଷ୍ଟି ପରସ୍ପରର ବିରୋଧୀ ନୁହନ୍ତି। କାହିଁକି ନା ଆଜିର ମଣିଷ ବ୍ୟକ୍ତିତ୍ୱ ଏକ ସାମାଜିକ ବ୍ୟକ୍ତିତ୍ୱ। ଆମେ ଯାହା, ବସ୍ତୁତଃ ଆମର ଜୀବନ ଯାହା, ତାକୁ ସାମ୍ନା କରିବା ପିଲାଖେଳ ନୁହେଁ। କୃତ୍ରିମତାକୁ ପରିତ୍ୟାଗ କରିବା ଆଜି ସବୁଠାରୁ ବଡ଼ ସମସ୍ୟା। ତେବେ ଅନ୍ତର୍ଗତ ମାର୍ମିକ ଆକଳନ (ମୂଲ୍ୟାଙ୍କନ) ଲାଗି କ୍ଷମ କବି ଜୀବନର ବାସ୍ତବିକତା (ହେଉପଛେ ତାହା ଛଳନାପୂର୍ଣ୍ଣ, ବିଭସ୍ସ) ସହ ଆମର ପରିଚୟ କରାଏ। ସେଠି ବି ତ ଥାଏ ଏକ ଅନନ୍ୟ ସୌନ୍ଦର୍ଯ୍ୟ - କବିତା ରିକ୍ତ ଓ କୃତ୍ରିମ ବୋଲି ତ ଜଣାପଡୁ ନ ଥାଏ।

■

ମନ୍ତ୍ର

ଜଣେ ସହୃଦୟ ପାଠକଙ୍କଠାରୁ ଚିଠିଟିଏ ପହଞ୍ଚିଲା। ସେ ଲେଖିଛନ୍ତି, କବିତା ମନ୍ତ୍ର, ଯେଉଁଠାରୁ ବି ପଢ଼ିଲେ ମନ୍ତ୍ର ଭଳି ଲାଗେ। ସେ କାହିଁକି କବିତାକୁ ମନ୍ତ୍ର ବୋଲି କହିଲେ ଲେଖି ନାହାନ୍ତି। କିନ୍ତୁ ମୁଁ ଆଶ୍ଚର୍ଯ୍ୟ ହେଲି ଯେ, ଏତେଦିନ କାଳ କେମିତି ମୁଁ ଭାବିନାହିଁ ଯେ, କବିତା ମନ୍ତ୍ର ଛଡ଼ା ଆଉ କିଛି ନୁହେଁ।

କେତେବାର କେତେ କବିତା ପଢ଼ିବାବେଳେ ଲାଗିଛି ଦେହରୁ ଓହ୍ଲାଇ ଯାଇଛି ପୀଡ଼ା, କଲୁଷ, ସଂକୀର୍ଣ୍ଣତା। ସ୍ପନ୍ଦନରେ ଫେରି ଆସୁଛି ଗୋଟିଏ ଅଦ୍ଭୁତ ଛନ୍ଦ, ରକ୍ତରେ ଉଷ୍ଣତା, କିଛି ମୁହୂର୍ତ୍ତ ଆଗରୁ ଅପାଙ୍‌କ୍ତେୟ ମନେ ହେଉଥିବା ସ୍ଥିତି ମନେ ହେଇଯାଉଛି ମହାର୍ଘ୍ୟ। କ'ଣ ଅଛି କବିତାରେ ? କ'ଣ ? ଯାହା ଓଁକାର ଭଳି ନାଭିରୁ ଉଠି ସମ୍ପୂର୍ଣ୍ଣ ସତ୍ତାରେ ପରିବ୍ୟାପ୍ତ ହୋଇଯାଉଛି ଓ ପରେ ବାୟୁ ଭଳି ବ୍ୟାପ୍ତି, ଆଲୋକ ଭଳି ଉଜ୍ଜ୍ୱଳତା ଓ ଜଳ ଭଳି ନମନୀୟତା ଦେଉଛି ମୋ ସତ୍ତାକୁ। କାହିଁକି ମୁଁ ଭାବି ନାହିଁ ଏତେଦିନ କାଳ ଯେ ଓଁ ଭୂର୍ଭୂବଃ ସ୍ୱଃ ଠାରୁ କୌଣସି ଗୁଣରେ କମ୍ ନୁହେଁ କବିତା।

କେତେବାର କିନ୍ତୁ ଅନୁଭବିଛି ଯେବେ ଭୁଲ୍, ପାପ, କଲୁଷ ଭିତରୁ ଉଠିଆସି କଲମ ଧରିଛି, ତାକୁ ମଥାରେ ଛୁଇଁଁଇଛି, ଆକୁଳରେ କହିଛି- ମୋର ମୁକ୍ତି ଦରକାର, ଲୁହ ଭଳି ଜକେଇ ଆସିଛି ଅନୁତାପ। କବିତା ତିଆରି ହୋଇଯିବା ପରେ ଲାଗିଛି ସତେ ଯେମିତି ଆତ୍ମଶୁଦ୍ଧି ହୋଇଗଲା। ଲକ୍ଷେ ମନ୍ତ୍ର ଉଚ୍ଚାରିଲେ କି ଗଙ୍ଗାସ୍ନାନ ପରେ ହୁଏତ ଠିକ୍ ଏମିତି ଲାଗୁଥିବ। ଏମିତି କ'ଣ କେଉଁଠି କବି ଜଣେ ଥିବେ ଯିଏ କେବେହେଲେ ବି ଗୋଟିଏ ହେଲେ ବି କବିତା ଲେଖି ସାରିବା ପରେ କାନ୍ଦି ନ ଥିବେ(?) କବିତା ଅନୁତାପ ପାଇଁ ରାସ୍ତା ଫିଟେଇ ଦିଏ ଯାହା ଅନେକ ସମୟରେ କ୍ଲିଷ୍ଟ ମନେ ହେଉଥିବା ମନ୍ତ୍ରମାନେ କରିପାରନ୍ତିନି।

କେଉଁଠି କେଉଁଠି ଟିପ୍ପଣୀ ହେଇଛି ଯେ, ସଭ୍ୟତାର ବିକାଶ ସହିତ (ଇଣ୍ଟରନେଟ୍ ଯୁଗରେ) କବିତାର କ୍ଷରଣ ହେଉଛି। କେମିତି ? ଏଭଳି ମନ୍ତବ୍ୟ

ଦେଉଥିବା ମହାମୂର୍ଖମାନଙ୍କୁ ବୁଝେଇ ଦେବାକୁ ଇଚ୍ଛା ହୁଏ ଯେ, କବିତା ଅଛି - ହୁଏତ ଆଗଠାରୁ ଆହୁରି ଆକୁଳ ଭାବରେ ଆମକୁ ଭିଡ଼ି ଧରୁଛି। ପୃଥିବୀସାରା ମୃତ୍ୟୁ ବିକିରଣର ଆତଙ୍କ ଆମକୁ ଘେରି ଗଲାଣି- ହାତ ପାହାନ୍ତାରେ ଏହାର ପ୍ରମାଣ ଥାଇ ବି ହୃଦୟ ବିଶ୍ୱାସ କରୁନି। ମଣିଷର ସମସ୍ତ ସମ୍ପର୍କ ଯାନ୍ତ୍ରିକ ହୋଇଗଲାଣି - କେବେ କେବେ ଏ ତିକ୍ତତାକୁ ଅନୁଭବ କଲେ ବି ମନ ତାକୁ ଗ୍ରହଣ କରୁନି - ଅର୍ଥାତ୍ କବିତାର ଭବିଷ୍ୟତ ଅଛି। ହିନ୍ଦୀ ଭାଷୀ କବି ଓ ସାହିତ୍ୟିକ ଆଚାର୍ଯ୍ୟ ହଜାରି ପ୍ରସାଦ ଦ୍ୱିବେଦୀଙ୍କର ଧାଡ଼ିଟିଏ ପଢ଼ିଥିଲି। ସେ ଲେଖିଛନ୍ତି- କମ୍ବଖତ୍ ନାଖୁନ୍ ବଢ଼ତେ ହୈ, ତୋ ବଢ଼େଁ / ମନୁଷ୍ୟ ଉନ୍ହେଁ, ବଢ଼୍‌ନେ ନହିଁ ଦେଗା / ଓଃ ! କେତେ ବେଶୀ ଆସ୍ଥା କବିର ମଣିଷ ପ୍ରତି ମନୁଷ୍ୟତା ପ୍ରତି, ସାହିତ୍ୟ ପ୍ରତି, କବିତା ପ୍ରତି।

ଏ ଜଟିଳ ସମୟରେ କବିତାର ଜୟଗାନ କରିବା, କବିତା ଚର୍ଚ୍ଚା କରିବା ହୁଏତ ଅନେକଙ୍କୁ ବିରୋଧାଭାସ ଭଳି ମନେ ହୋଇପାରେ। କିନ୍ତୁ ଯଦି ମଣିଷକୁ ମଣିଷ ହେଇ ରହିବାକୁ ହେବ, କୌଣସି ନା କୌଣସି ମୁହୂର୍ତ୍ତରେ ଏ ବିରୋଧାଭାସକୁ ଆନ୍ତରିକତାର ସ୍ପର୍ଶରେ ସ୍ୱୀକୃତିକୁ ବଦଳେଇ ଦେବାକୁ ହେବ। ପ୍ରତି ଯୁଗରେ ପ୍ରତି ମଣିଷର ଜୀବନରେ ଏମିତି ସମୟ ଆସେ, ଯେବେ ସତ କହିବା ସହଜ ମନେ ହୁଏନି। କିନ୍ତୁ ଶବ୍ଦମାନେ ସାହସିକତାର ସହିତ ଏ ଆରୋପକୁ ଗ୍ରହଣ କରନ୍ତି ଓ ଆପଣାର ଆକଳନକୁ ନିର୍ଦ୍ୱନ୍ଦ୍ୱରେ ପ୍ରକାଶ କରିପାରନ୍ତି। ଏତେ ଆତ୍ମବିଶ୍ୱାସ ଓ ସାହସ ନେଇ ଜନ୍ମ ନେଇଥିବ ଯେଉଁ କବିତା, ସେ ମନ୍ତ୍ର ଭଳି ତେଜସ୍ୱୀ ନ ହେବ କାହିଁକି ?

କବିତାର ଜନ୍ମଉତ୍ସ କାରୁଣ୍ୟବୋଧ (ମା ନିଷାଦ ପ୍ରତିଷ୍ଠାଂ ତ୍ୱମଗମଃ...) ହୋଇପାରେ କିନ୍ତୁ ଏହାର ସମ୍ବନ୍ଧ ସର୍ବଦା ସଖ୍ୟ-ବିସ୍ତାର। ସଖ୍ୟ-ବିସ୍ତାର ଅର୍ଥାତ୍ ନିଜ ପାଖରୁ ମୁକୁଳି ଯାଇ ଗୋଟାପଣେ ଅନ୍ୟର ହେଇଯିବା। ସେ ଲାଗି ଆବଶ୍ୟକ ଅହଂର ବିଲୀନ। ରଚନା କର୍ମରେ ନିମଗ୍ନ ମଣିଷଟି ନିଜକୁ ଅହଂମୁକ୍ତ କରାଏ। କବିତା ମଣିଷର ହୃଦୟକୁ ସ୍ୱାର୍ଥ ସମ୍ବନ୍ଧମାନଙ୍କଠାରୁ ଊର୍ଦ୍ଧ୍ୱକୁ ଉଠାଏ ମଣିଷତ୍ୱର ଭାବ-ଭୂମି ଉପରେ ଛିଡ଼ା ହୁଏ ଓ ତା' ଭିତରେ ବିବିଧ ଅନୁଭୂତି ମାନଙ୍କର ସଂଚାର ହୁଏ। ଏହା କବି ପାଇଁ ଯେଉଳି ସତ୍ୟ, କବିତାର ପାଠକ ଲାଗି ବି ସେତିକି ପ୍ରଯୁଜ୍ୟ। ଆପଣାର ସମୟ ସମାଜ ଓ ଜୀବନକୁ ନେଇ କବି ସ୍ୱତଃ ପ୍ରଶ୍ନାକୁଳ ହୁଏ। କବିର ପ୍ରଶ୍ନାକୁଳତା ଜିଜ୍ଞାସାଠାରୁ ଆରମ୍ଭ ହୋଇ ବିକ୍ଷୋଭ ପର୍ଯ୍ୟନ୍ତ ଯାଇପାରେ। କିନ୍ତୁ କବିର ଏ ସାତ୍ତ୍ୱିକ ଆକ୍ରୋଶରେ ଏକ ସଂଯମ ପ୍ରତୀତ ହେଉଥାଏ। ଶବ୍ଦ, ଭାବ, ଲୟ ଓ ବକ୍ତବ୍ୟରେ ଅପରିସୀମ ସଂଯମତା ବୋଧହୁଏ କବିତାକୁ ମନ୍ତ୍ରମୁଗ୍ଧ କରି ଗଢ଼ି ତୋଳେ। ନିଶ୍ଚିତ ଭାବରେ ଏ ଲାଗି ତପର ଆବଶ୍ୟକତା ଅଛି। କବିଟିଏ ଜନ୍ମ ନିଏ ସତ, ହେଲେ ସାରା ଜୀବନ

ତାକୁ ତପସ୍ୟା କରିବାକୁ ହୁଏ । ଚନ୍ଦ୍ରମାର କଳଙ୍କକୁ ସେ ସୌନ୍ଦର୍ଯ୍ୟ କରି ଦେଇପାରେ– ପଦ୍ମ ସହ ଭାସି ଯାଉଥିବା ଶୈବାଳକୁ ସେ ମାଧୁର୍ଯ୍ୟ ଦେଇପାରେ । ତପ ଓ ତାପ ବିନା ହୁଏତ ଏହା ସମ୍ଭବ ନୁହେଁ । ଅନୁଭବର ଉଷ୍ଣତା (ତାପ)କୁ ଶିରା ପ୍ରଶିରାରେ ଧାରଣ କରି ହିଁ ତାକୁ ଆତ୍ମମଗ୍ନ ତପମଗ୍ନ ହେବାକୁ ହୁଏ । ଏତକ ବିନା ଯଦି କିଛି ରଚିତ ହୁଏ ତାହା ଶବ୍ଦର ଅବମୂଲ୍ୟାୟନ ଛଡ଼ା ଆଉ କିଛି ନୁହେଁ । କବିତା ନିରର୍ଥକ ତ କେବେ ହେଲେ ନୁହେଁ – ଏହା ଗାମ୍ଭୀର୍ଯ୍ୟକୁ ବି ଧାରଣ କରେ, ଠିକ୍ ମନ୍ତ୍ର ଭଳି ।

ପ୍ରଭାବ

କବିତାଟିଏ ପଢ଼ି ସାରିବା ପରେ ଅନେକଥର ଲାଗେ ଯେମିତି କେହି ଜଣେ ଥିଲା କବିତା ଓ ଆମ ଭିତରେ। ସେ ଜଣଙ୍କ କବି ନୁହନ୍ତି ନିଶ୍ଚୟ। ଆଉ ଗୋଟିଏ ଅନୁଭୂତି ବି ଅଛି ଯେ, ଯେତେବେଳେ କବି କବିତା ରଚନା କରୁଥାନ୍ତି ସେତେବେଳେ ବି କବିତା ଓ କବିଙ୍କ ମଝିରେ ଶୂନ୍ୟସ୍ଥାନ ନ ଥାଏ। ବୋଧହୁଏ ଏଇଥି ପାଇଁ ଯେ କବିତା କେବେ ବି ଶୂନ୍ୟରୁ ତିଆରି ହେଇ ପାରିବନି। କବି ଓ କବିତା ମଝିରେ ହୁଏତ ମଣିଷ ଥିବ। ମଣିଷର ସଂଘର୍ଷ ଓ ତା'ର ଆଖପାଖର ସମାଜ ଥିବ। କବି ଦେଖୁଥାନ୍ତି ମଣିଷର କାନ୍ଦ, ମଣିଷର ଲଜ୍ଜାକର ପରାଜୟ। ଭୟ ଓ ଅସହାୟତାର ବହୁ ବିକଟାଳ ଦୃଶ୍ୟ କବିଙ୍କୁ ଦେଖିବାକୁ ପଡୁଥାଏ। ଆତ୍ମ-କୈନ୍ଦ୍ରିକ ଓ ସମ୍ବେଦନହୀନ ସତ୍ତାମାନେ ନିଜଲ ଅନ୍ତର୍ବିରୋଧକୁ ନେଇ ଖୁସି ଥିବା ବି ଦେଖୁଥାନ୍ତି କବି।

କବି ଦେଖୁଥାନ୍ତି ସ୍ୱୀକୃତି ପାଇ ଫଳବତୀ ହୋଇଥିବା ଆମର ସମାଜ ଆମର ପ୍ରତିପକ୍ଷ ପାଲଟି ଯାଇଛି। କବି, ସେଇ ସମାଜର ହେଇ, ସେଇ ସମାଜରେ ଥାଇ, ପାଦଟିଏ ବଢ଼ାନ୍ତି ଆଉ କେଉଁ ଗୋଟିଏ ଦୁନିଆକୁ - କଳ୍ପନାର ଦୁନିଆକୁ। ବୁଦ୍ଧିର ସିନା ଗୋଟିଏ ଆଖି, କଳ୍ପନାର ସହସ୍ର ଆଖି। ବୁଦ୍ଧି ଅଳ୍ପ ଦେଖେ, ଅଳ୍ପ ଭିତରେ ରହେ। ତେଣୁ ସହଜରେ ନିରାଶ ହୋଇଯାଏ। କଳ୍ପନା ନିରାଶ ହୁଏନି। କଳ୍ପନାର ଭୂମି ଆପଣାର ଆବଶ୍ୟକତା ଅନୁଯାୟୀ ପ୍ରତି ମୁହୂର୍ତ୍ତରେ ଗୋଟିଏ ଗୋଟିଏ ତର୍କକୁ ବାଛି ନେଉଥାଏ। କଳ୍ପନା, ବୁଦ୍ଧି ଓ ତର୍କକୁ ଏକ ସାଙ୍ଗରେ ଧରି ଚାଲୁଥାଏ। ସେଇଥି ଲାଗି ବୋଧହୁଏ କବି, କବିତା ଓ ତାଙ୍କ ମଝିରେ ପ୍ରତିବନ୍ଧ ହୋଇ ଛିଡ଼ା ହେଉଥିବା କେତେ କ'ଣକୁ ସହଜରେ ଅତିକ୍ରମୀ ଯାଆନ୍ତି। କବିତା ପାଖରେ ପହଞ୍ଚି ଭାବନ୍ତି, ସେହି ସବୁ ବିରକ୍ତିକର, ପୀଡ଼ାଦାୟକ ପରଜୀବୀମାନଙ୍କଠାରୁ ମୁକ୍ତି ମିଳିଗଲା। କିନ୍ତୁ ପର ମୁହୂର୍ତ୍ତରେ ଜାଣି ପାରନ୍ତି ସେ ସମସ୍ତେ, ଯେଉଁମାନେ କବିତା ଓ ତାଙ୍କ ମଝିରେ ଥିଲେ, ତାଙ୍କ ଅଜାଣତରେ ପେଡ଼ି ପୁଟୁଳା ବାନ୍ଧି ତାଙ୍କ ସହ ଯାତ୍ରାରେ ସାମିଲ୍ ହୋଇଛନ୍ତି

ଓ ଏବେ ଆସି କବିତାରେ ଅଛନ୍ତି । ତା ନ ହେଇଥିଲେ, ପାଠକ ସେମାନଙ୍କୁ ପୁଣିଥରେ ଭେଟନ୍ତା କେମିତି ? ପାଠକ ପାଖରେ ବି ତ ଥାଏ କଳ୍ପନା ଅନ୍ନଠାରୁ ଆନନ୍ଦ ଯାଏଁ, ସବୁକିଛିକୁ ଯୋଡ଼ିଦେଇ ପାରୁଥିବାର କଳ୍ପନା । ଦୃଶ୍ୟକୁ ଅଦୃଶ୍ୟ ସହିତ, ବହିଃସ୍ଥକୁ ଅନ୍ତଃସ୍ଥ ସହିତ ଓ ତଥାକଥିତ ଅସମ୍ଭବମାନଙ୍କୁ ସମ୍ଭାବ୍ୟ ସହିତ ଯୋଡ଼ିବା କାମ ହୁଏତ ପାଠକ ଭିତରେ ବି ଚାଲୁଥାଏ, ଯେବେ ସେ କବିତା ପଢୁଥାଏ । ସେଇଥି ଲାଗି ପଢ଼ିସାରିବା ପରେ ସେ ଅନୁଭବ କରେ ଯେ, କ'ଣ ସବୁ ଥିଲା କବିତା ଓ ତା' ମଝିରେ - ତାକୁ କିଛି ସମୟ ଲାଗି କବିଟିଏ ଭଳି ଲାଗେ ।

ଆମ ସମାଜ କେବଳ ବଦଳୁନି, ଓଲଟ-ପାଲଟ ବି ହେଇଯାଉଛି - ଭୂମିକମ୍ପର ବିଧ୍ୱଂସ ପାଲଟି ଯାଉଛି । ବହୁ ସମ୍ବେଦନଶୀଳ ମଣିଷ ଦେଖୁଥିବେ ଭୂକମ୍ପ, ବିସ୍ଫୋରଣ ଓ ବିଧ୍ୱଂସ ପରେ ଭଗ୍ନାଂଶର ସ୍ତୂପ ଉପରେ ରହି ରହି ଆହୁରି ବହୁତ କିଛି ଖସି ପଡୁଛି ବହୁତ କିଛି - ଯେମିତି, ଭଙ୍ଗା କଣ୍ଢେଇ, କାଚ ବିହୀନ ଫଟୋଫ୍ରେମ୍, ଦୁଇଗୋଡ଼ ଥିବା ଚୌକି ବା ଏମିତି କିଛି ଯାହା ଆଉ ଚିହ୍ନି ବି ହେଉନି । କେବଳ ମୋହ ଭାଙ୍ଗେନି, ସ୍ୱପ୍ନ ଭାଙ୍ଗେନି, ଆକାଙ୍କ୍ଷା ଭାଙ୍ଗେନି - ଜୀବନର, ସ୍ପନ୍ଦିତ ଓ ସୁନ୍ଦର ବସ୍ତୁମାନେ ବି କବିତାରେ ପହଞ୍ଚନ୍ତି ଏକ ବିକୃତିକୁ ନେଇ, ସମାଜର ଟୁକୁଡ଼ାଏ ଟୁକୁଡ଼ାଏ ଛାଇ ହୋଇ ।

ବିଶ୍ୱପ୍ରସିଦ୍ଧ ଚିତ୍ରକର ପାବ୍ଲୋ ପିକାସେ ଥରେ କହିଥିଲେ, ସଠିକ୍ ଅଭିବ୍ୟକ୍ତି ଲାଗି ତାଙ୍କୁ କାଳେ ମନ ମୁତାବକ ରଙ୍ଗ ମିଳେନି । କାନ୍‌ଭାସ୍ ସାମ୍‌ନାରେ ଛିଡ଼ା ହୋଇ ତାଙ୍କୁ ଯେବେ କୌଣସି ରଙ୍ଗ ପସନ୍ଦ ଆସେନି ସେ କଳାରଙ୍ଗ ନେଇ କାନ୍‌ଭାସ ଉପରେ ଠାଏ ଠାଏ ରଖି ଦେଇଯାଆନ୍ତି । ଠିକ୍ ସେତିକିବେଳେ ସେ କହନ୍ତି, 'I don't search, I find' କବି କ'ଣ କରେ- ଆଜିର କବି ? ଏ ବିଘଟିତ ବିଧ୍ୱସ୍ତ, ସଦା-କାତର ପୃଥିବୀ ଓ ଆନ୍ତରିକତା-ଶୂନ୍ୟ ସମାଜରେ ଶ୍ୱାସ ନେଉଥିବା କବି କ'ଣ କରୁଥାଏ ? କବିତାରେ ଉପାସନା କରେ ? କବିତ ଗଢ଼େ, ନା ତାକୁ କବିତା ମିଳିଯାଏ ଅଚାନକ - ଅନ୍ଧାର ଭିତରୁ, କଳାରଙ୍ଗ ଭିତରୁ ।

ଜୀବନର ପ୍ରତିଟି କ୍ଷେତ୍ରରେ ଯେତେବେଳେ ଏକ ବିକୃତି ଗୋଡ଼ ଲମ୍ବେଇ ବସିଯିବାକୁ ବାହାରେ, ସେତେବେଳେ ରୂପବାଦୀମାନଙ୍କୁ ବି ରୂପ ପ୍ରତି ଏକ ବିରକ୍ତି ଆସିଯାଏ । ସେମାନେ ଆଇନା ଦେଖିବାକୁ ନାପସନ୍ଦ କରନ୍ତି । ନିଜର ପ୍ରତିରୂପ ଓ ନିଜ ପାଦତଳର ମାଟିରେ ଲୁଚି ରହିଥିବା କଞ୍ଚା ବାସ୍ନାକୁ ଖୋଜି ହେଉଥାନ୍ତି । ପଚା ଶବ ପାଖରେ ଛିଡ଼ା ହୋଇ ତାଙ୍କୁ ବାନ୍ତି ଆସେନି, ମଶାଣିକୁ ଏକୁଟିଆ ଯିବାକୁ ଭୟ ଲାଗେନି । ହଁ, ଏହାର କିଛି ବି ତ ପ୍ରଭାବ କବିତାରେ ପଡ଼ିବ ?

ମୁଁ ଏସବୁ କାହିଁକି କହୁଛି ? କହୁଛି ଏଥିପାଇଁ ଯେ, ସବୁ କବିଙ୍କୁ ପଚରାଯିବା ଭଳି କେବେ କେବେ ମତେ ପଚରାଯାଇଛି – ଆପଣଙ୍କ ସୃଜନକର୍ମ ଉପରେ କାହାର ପ୍ରଭାବ ପଡ଼ିଛି ? ମୋର କହିବାକୁ ଇଚ୍ଛାହୁଏ – ଘରକୋଣରେ ଡେରା ହେଇଥିବା ଅଧାଖଣ୍ଡିଆ ଝାଡୁ, ମୋ ଆଙ୍ଗୁଠି କୋଣରେ କଅଁଳି ଉଠୁଥିବା କଣ ନଖ, ବହୁ ଦିନରୁ ଅବ୍ୟବହୃତ ମାଠିଆ ଭିତରେ ଅନ୍ଧାର ଭଳି ରହିଯାଇଥିବା ଶୋଷ, ଏଣୁତେଣୁ ଗୁଡ଼ାଏ ଖାଲି ଡବା ଓ ବୋତଲ, ଯାହାକୁ ବିକିଦେବି ଭାବି ବିକିପାରି ନାହିଁ – ଏ ସବୁର ପ୍ରଭାବ।

ସତ କଥା ତ ଏତିକି – ସାମ୍ପ୍ରତିକ ସମୟରେ ଆମ ଉପରେ ଯାହା ସବୁର ପ୍ରଭାବ ପଡୁଛି ତାହାର ସଠିକ୍ ଫଟୋଗ୍ରାଫ୍ ମିଳିବା କଷ୍ଟ। କିନ୍ତୁ ସେ ସବୁ ଖଣ୍ଡିତ ବସ୍ତୁ, କବିତା ଓ ଆମ ମଝିରେ ଅଛନ୍ତି – କେବେ କେବେ ଆମକୁ କନ୍ଦେଇ ଦେଉଛନ୍ତି।

ଆତ୍ମଦାନ

ଏହା ସତ ଯେ, କବିର ଏକ ଅଲଗା ଦୁନିଆ ଥାଏ। ତାକୁ ସାଂସାରିକ କୁହାଯାଉଥିଲେ ବି ସେ ସଂସାର ଭିତରେ ନ ଥାଏ। ମାୟା ଭିତରେ ସ୍ୱତନ୍ତ୍ର ସେ ବିଚରଣ କରୁଥାଏ ପାଠୁଆ-ଅପାଠୁଆ, ପଣ୍ଡିତ-ଅପଣ୍ଡିତ ସଭିଏଁ ତେଣୁ କବିତାର ବାଙ୍‌ମୟରେ ନିଜ ନିଜ ଚେହେରା ଖୋଜି ପାଉଥାନ୍ତି। ଗଛପତ୍ର କୀଟ ପତଙ୍ଗ ବି ଆପଣାର ରୂପ ଓ ନାଦକୁ ଅନୁଭବ କରି ପାରୁଥିବେ। ଯେହେତୁ କବିତାର ବାଣୀ ଏକ ସାର୍ବଭୌମ ବାଣୀ ଏହା କେବେବି ଏକ ଗୋଷ୍ଠୀ ବା ଅଳ୍ପ ସଂଖ୍ୟକଙ୍କ ଲାଗି ଉଦ୍ଦିଷ୍ଟ ନୁହେଁ। ତେବେ କବିତାମୃତ ପାନ କରିବା ବହୁ ଜଣଙ୍କ ଭାଗ୍ୟରେ ନ ଥାଏ। କବିତା ସେମାନଙ୍କୁ ତେଣୁ ଅବୋଧ ଓ ସମୟର ଅପଚୟ ଭଳି ମନେ ହେଉଥାଏ। ନିଜ ଭିତରେ ସ୍ୱୟଂଭୂ କବିସତ୍ତାଟିକୁ ସେମାନେ ଚିହ୍ନି ନ ଥାନ୍ତି। କଦାଚିତ୍ କେବେ ଯଦି ଭେଟ ହେଇଥିବ ସେହି ସତ୍ତାଟି ସହିତ, ସେ ମୋଟେ ଆପଣାର ନୁହଁ ବୋଲି କହି ବାଟଭାଙ୍ଗି ଚାଲି ଯାଉଥିବେ। ସାଂସାରିକ ପ୍ରବୃତ୍ତିରେ ଲିପ୍ତ ସେହି ପୋଖତ ବ୍ୟବସାୟୀ ସତ୍ତାଟି ହିଁ ସବୁକିଛି ବୋଲି ସେମାନେ ମାନି ନେଇଥାନ୍ତି। ସେମାନେ ହିଁ କବିତାକୁ ଜୀବନର ଏକ ଅଂଶ ଅପେକ୍ଷା ଏକ ସୌଖୀନ କଳା ବୋଲି ଅଭିହିତ କରନ୍ତି। ଏଭଳି ପାଠକ ବା କବିଙ୍କଠାରୁ ବିଶେଷ କିଛି ଆଶା କରିବା ବୃଥା।

କବି, କବିତାର ଶିଳ୍ପରେ ବସ୍ତୁ ଓ ରୂପର ଅନ୍ତଃରୂପକୁ ଖୋଜି ବାହାର କରନ୍ତି, ଏହାକୁ ଅସହଜ ଭିଡ଼ ଓ ଦଳାଚକଟା ଭିତରେ ସତେଜ ରଖନ୍ତି ଏବଂ ପ୍ରଶ୍ନଚାରୁତା ଦ୍ୱାରା ଏହି ଅନ୍ତଃରୂପକୁ ଲୋକ ଲୋଚନକୁ ଆଣି ପାରନ୍ତି। କବିତାରେ କେବଳ ବାକ୍ ଓ ଅର୍ଥର ପୁନଃସୃଷ୍ଟି ହୁଏନି, ଲୋକ-ହୃଦୟ ବି ନୂଆ ଭାବରେ ସଚେତନ ହେଇଥାଏ। ଗଭୀର ନିଷ୍ଠା ଓ ଆତ୍ମସମର୍ପଣ ବିନା ଏହା ସମ୍ଭାବ ନୁହେଁ। ସମର୍ପିତ ହେବା ଦ୍ୱାରା ହିଁ ଆସାଧାରଣ ଅଭିବ୍ୟକ୍ତି ପର୍ଯ୍ୟନ୍ତ ଯାଇ ହୁଏ। ସ୍ଥାବର-ଜଙ୍ଗମଠି ଏକକାର ନ ହୋଇ ସମର୍ପଣ ସମ୍ଭବ ନୁହେଁ। 'ଗୀତାଞ୍ଜଳି'ର ପ୍ରାରମ୍ଭରେ ହିଁ ବିଶ୍ୱକବି ରବୀନ୍ଦ୍ରନାଥ ଠାକୁର

ନ ହେଲେ ଏମିତି କହି ନ ଥାନ୍ତେ- ଆମାର ମାଥା ନତ କରେ ଦାଓ ହେ / ତୋମାର ଚରଣ ଧୂଲାର ନ ଲେ / ମୁକୁଟ ନୁହେଁ ବୋଧହୁଏ ମଥାଟିକୁ ହିଁ କାଟି ଥୋଇଦେବାକୁ ହୁଏ। ଆତ୍ମଦାନ ବିନା କୌଣସି ନୂତନ ସୃଷ୍ଟି ସମ୍ଭବ ନୁହେଁ।

କବିତା କେବଳ ଥୁଣ୍ଟା, ଶୁଷ୍କ ବିଚାର ନୁହେଁ। ଏହା ମଣିଷର ଐତିହାସିକ ଅନୁଭବ ମାନଙ୍କର ସୂକ୍ଷ୍ମ, ଗମ୍ଭୀର ଓ ପାରଦର୍ଶୀ (transparent) ସମ୍ବେଦନାମାନଙ୍କର ମାର୍ମିକ ଅଭିଲେଖ। ଏକ ପ୍ରବାହ ଯେଉଁଥିରେ ବୁନ୍ଦା ବୁନ୍ଦା ଜୀବନ ପିୟୂଷ ବୋହୁଥାଏ, ଯେଉଁଠି ଜୀବନର କଠୋର ତପର ଦୃଢ଼ତା ଥାଏ, ଯେଉଁଠି ନିଶ୍ଚଳ, ନିଷ୍କର୍ମ ସମ୍ବେଦନା ଥାଏ, ଦୃଷ୍ଟିର ସ୍ନିଗ୍ଧତା ଓ ବିଚାରର ପ୍ରଖରତା - ଏମିତି ଏକ ଅର୍ଥ-ଗାମ୍ଭୀର୍ଯ୍ୟ ଯାହା ଯେତିକି ଗଭୀର ଓ ଅତଳାନ୍ତ ସେତିକି ସହଜ ଓ ସରଳ, ତାହାକୁ ହିଁ ଆମେ କହୁ କବିତା।

କବିଙ୍କୁ ଆମେ ରହସ୍ୟବିଦ୍ୟା ଜାଣିଥିବା ଯାଦୁଗର ବୋଲି କହିଥାଉ। ହେଲେ, ସତ କଥାଟି ତ ଏତିକି ବାଣୀର ପ୍ରବାହରେ ସେ ଏମିତି ଏକ ନାଉରୀ ଯାହାଙ୍କୁ ଅଙ୍କାବଙ୍କା ଗଭୀର ଅଥଳ ସଂକୀର୍ଣ୍ଣ ଓ ପ୍ରଶସ୍ତ ସବୁ ପ୍ରବାହ ଜଣାଥାଏ। ତାଙ୍କୁ ଜଣାଥାଏ କେବେ କ'ଣ କହିବାକୁ ହେବ, କେବେ ଚୁପ୍ ରହିବାକୁ ହେବ, କେବେ ଆନ୍ତରିକ ଭାବେ ଦେଖିବାକୁ ହେବ ଓ କେଉଁଠି ଦେଖୁ ଦେଖୁ ଚୁପ୍‌ଚାପ୍ ମନୋଭୂମିରେ ପହଞ୍ଚିବାକୁ ହେବ। ଏକ ଅଲଗା ଭାଷା - ଜୀବନର ଭାଷା ଯାହା କେବଳ ଜିଇଁବାକୁ ହିଁ ମିଳିଥାଏ ତାକୁ ହିଁ ସେ ବ୍ୟବହାର କରୁଥାନ୍ତି। ଏହା ହେଇ ନ ଥିଲେ, କବି କେମିତି ସେହି ବହୁ-ବ୍ୟବହୃତ ଭାଷାକୁ ମଣିଷ ଓଠରୁ, ବହି-କାଗଜ ଭିତରୁ ଉଠାନ୍ତା, ତାକୁ ସୂକ୍ଷ୍ମ କାରିଗରୀରେ ସଜାଡ଼ି-ଗଢ଼ି ଏମିତି ଖଞ୍ଜି ଦିଅନ୍ତା ଯେ, ତାହା ଏକବାରକେ ନୂଆ ଲାଗୁଥାନ୍ତା।

ବଡ଼ ଭୟଙ୍କର ଏ ଉକ୍ତିଟି, ଯାହା କେବେ କେବେ ଶୁଣିବାକୁ ମିଳେ - ଆମେ ଲେଖୁଛୁ, ଦୁନିଆ ସହିତ ଆମର ସମ୍ପର୍କ କ'ଣ? ଦୁଃଖ ହୁଏ ଏଭଳି ସ୍ରଷ୍ଟାମାନଙ୍କ ପାଇଁ। କେଡ଼େ ସାଂଘାତିକ ସମୟ ଭିତରେ ଆମେ ନିଃଶ୍ୱାସ ନେଉଛୁ। ଅସଂଖ୍ୟ ଜୀବନ ଦାରିଦ୍ର୍ୟର ସୀମାରେଖା ତଳେ ନୁହେଁ, ମୃତ୍ୟୁର ସୀମାରେଖା ପର୍ଯ୍ୟନ୍ତ ଚାଲିଗଲେଣି। ଅନେକ ସଂସ୍କୃତି ପଚା କାଦୁଅ ପାଣିରେ ସଢ଼ୁଛି। ଅସଂଖ୍ୟ ଶରଣାର୍ଥୀ ଜିଇଁବା ପାଇଁ ହୀନରୁ ହୀନତମ କାର୍ଯ୍ୟ ପାଇଁ ତିଆର। ଅସଂଖ୍ୟ ଲୋକ ହତିଆର ଧରି ପ୍ରତିଶୋଧ ପାଇଁ ଡାକରା ଦେଉଛନ୍ତି ଓ ହତିଆରମାନଙ୍କର କିଣାବିକା, ତସ୍କରୀ ଆମର ଜୀବନରେଖା ନିର୍ଦ୍ଧାରଣ କରୁଛି।

ଏ ବିପଦସଂକୁଳ ସମୟରେ ଆଉ ଏକ ବିପଦ ହେଉଛି, ସଭିଏଁ ଝିଲ୍‌ମିଲ୍

ହେଇଯିବାକୁ ଚାହୁଁଛନ୍ତି, ସଫଳତାର ଦୁଆର ସବୁ ଖୋଲିଯାଉ ଭାବୁଛନ୍ତି। ଅର୍ଥ, ସମ୍ମାନ ମିଳିଯାଉ, ସମୀକ୍ଷକ ଓ ଆଲୋଚକଙ୍କର ପ୍ରଶସ୍ତି ମିଳିଯାଉ, ପାଠକଙ୍କର 'ବାହାବା' ମିଳିଯାଉ - ସ୍ରଷ୍ଟାଟିଏ ଏଥିରେ ବି ଆକ୍ରାନ୍ତ। ସ୍ରଷ୍ଟା ତା' ସୃଜନକୁ କେବଳ କାମଟିଏ ମନେକରି ଆଗେଇ ଚାଲିଛି। ଦୈନ୍ୟନ୍ଦିନର ବହୁ ଅନ୍ତର୍ବିରୋଧ ଓ ସମସ୍ୟାକୁ ଅଦେଖା କରିଦେଇ। ଆମେ ତାହାର ତୁଳନା ସେହି ମଣିଷଟି ସହିତ ଅବଶ୍ୟ କରିପାରିବା ଯିଏ ଭିଡ଼ ଭିତରେ ଠେଲିପେଲି, କହୁଣୀ ମାରି କୌଣସି ପ୍ରକାରେ ମଞ୍ଚ ଉପରକୁ ଉଠିଯିବାକୁ ଚାହୁଁଥାଏ। ପ୍ରକାରାନ୍ତରେ ଗୋଟିଏ ପିମ୍ପୁଡ଼ିର ଉଦାହରଣ ନିଆଯାଉ, ଯିଏ ନିଜ ଘରୁ ବାହାରି ଧାଡ଼ିରେ ଚାଲୁଥାଏ, ରାସ୍ତାରେ ପ୍ରତିଟି ପିମ୍ପୁଡ଼ିକୁ ଭେଟୁଥାଏ ଓ ବହୁତ ବିଳମ୍ବରେ ଗୋଦାମ ପାଖରେ ପହଞ୍ଚୁଥାଏ। କବିତାକୁ ଜୀବନର ଏକ ସଂସ୍କାର ଭଳି ଗ୍ରହଣ କଲେ ସେ ଲାଗି ଅସୀମ ଧୈର୍ଯ୍ୟକୁ ବି ଧାରଣ କରିବାକୁ ହୁଏ।

କେଉଁଠି ପଢ଼ିଥିଲି ଜଣେ ଦାର୍ଶନିକ ନିଜ ଶିଷ୍ୟମାନଙ୍କର ଅନୁରୋଧ କ୍ରମେ ସାରା ବଜାର ବୁଲି ଆସିଲେ ଓ କହିଲେ, 'ମୁଁ ହଜାର ଜିନିଷ ଦେଖିଲି ହେଲେ ମୋ ନିଜ ଜୀବନ ପାଇଁ କୌଣସି ଜିନିଷ ମତେ ମିଳିଲାନି।' ଏହା ଏକ ଅତିଶୟୋକ୍ତି ହୋଇପାରେ କିନ୍ତୁ କଥାଟି ହେଲା, ରଚନାକାର ପାଇଁ ଆଜି ଯାହା ମିଳିବା ଜରୁରୀ, ତାହା କ୍ରମଶଃ ଦୁର୍ଲଭ ହୋଇଯାଉଛି। ଆପଣାର ନିଷ୍ଠାକୁ ଅନାଘ୍ରାତ ରଖିବାକୁ ଆଜି କବିଙ୍କୁ ଆଉ ଏକ ଭିନ୍ନ ପ୍ରକାର ଯୁଦ୍ଧ ସହ ଯୁଝିବାକୁ ପଡୁଛି, ଏହା ବୁଝିବାର କଥା।

■

ମଣିଷ

ଗୋଟିଏ ଉଦ୍ଧୃତି ପଢ଼ିଥିଲି। ପର୍ଲ କ୍ଲୀ ତାଙ୍କର ଡାଏରୀରେ ଲେଖିଛନ୍ତି 'Must become a man, Art would follow'। ଅର୍ଥାତ୍ ମଣିଷ ପାଲଟି ଯାଅ, କଳା ତମକୁ ଅନୁସରଣ କରିବ।

ପିଲାଦିନେ ଶିକ୍ଷକ କହିଥିଲେ ଜୀବନରେ ଯାହା ଚାହିଁବ ହେଇଯାଇ ହେବ। କିନ୍ତୁ ମଣିଷଟିଏ ହେବା କଷ୍ଟ। କେତେ ଅହଂକାର, କେତେ ପରଶ୍ରୀକାତରତା ଆମର ଭୂମିକୁ ଦୋହଲାଇ ଦେଉଥାଏ, ଆମକୁ ନମ୍ର ହେବାକୁ ଦେଉ ନ ଥାଏ, ଆର୍ଦ୍ର ହେବାକୁ ଦେଉ ନ ଥାଏ। ଧାପେ ଖସିଗଲେ କାଳେ ଛୋଟ ହେଇଯିବୁ ସେଇ ନିଶାରେ ଭାରି ନମ୍ର ଭାବରେ ଆମେ ଆମର ଅହଂକାରଗୁଡ଼ିକୁ ହିଁ ବଖାଣିବାରେ ଆନନ୍ଦ ନେଇଥାଉଁ। କେତେବାର ଅନୁତାପ କରିବାକୁ ହେଉଥାଏ - ଆହା! ମଣିଷ ହେଇ ହେଲାନି।

ଏଇ ଅନୁତାପ ବୋଧହୁଏ ଚାବୁକ୍ ପ୍ରହାର ଭଳି ଚେତେଇ ଦେଉଥିବ ଯେ, ଆମେ ମଣିଷ। ପୃଥିବୀର ସବୁଠାରୁ ଅସହାୟ, ନିଃସଙ୍ଗ ଓ ଆଶାହୀନ ମଣିଷଠାରୁ କୌଣସି ଗୁଣରେ ଆମେ ଅଲଗା ନୋହୁଁ। ଯେତେବେଳେ ଅନୁରାଗରେ, ଆର୍ଦ୍ରପଣରେ ଭିଜିଯାଇ କବି ମୁଣ୍ଡପୋତି ବସିଥାନ୍ତି ଓ ବହୁତ ଦେଖେଇ ହେଉ ନ ଥିବା ଲୁହ ଭିତରେ ରାହା ଖୋଜୁଥାନ୍ତି ସେତେବେଳେ ଅହଂ ବୋଲି ତ କିଛି ନ ଥାଏ, ଥାଏ ଯଦି ଥାଏ ମାଂସ ଚମଡ଼ାର ସେ ଢିଲା ପୋଷାକ, ଯାହାକୁ ଢାଙ୍କି ନେଲେ ମଣିଷ ଭଳି ଦିଶି ହେବ। କବିତା ଯେମିତି ଓର ଉଣ୍ଡୁଥାଏ ଠିକ୍ ଏଇ ବେଳରେ ଆସିବାକୁ।

ଅସଲ କବି ବୋଧହୁଏ କେବେ କେନ୍ଦ୍ରରେ ନ ଥାଏ। ବୁଢ଼ିଆଣୀ ଭଳି ଜାଲ ବିଛେଇ କେନ୍ଦ୍ରରେ ଛକି ବସି ନ ଥାଏ। ଆପଣାର ତପସ୍ୟାକୁ ବିକି କାଳେ ଇନ୍ଦ୍ରପଦ ହାସଲ କରିହେବ ସେଇ ଯୋଜନା କରୁ ନ ଥାଏ। ସେ ବିସ୍ତାରିତ

ହେଉଥାଏ, ବାଟ ଚାଲୁଥାଏ। ବଗିଚାର ସବୁ ଫୁଲ, ଆକାଶର ସବୁ ତାରା, ମାଟିର ସବୁ ଭିଜା ମହକକୁ ସାଥିରେ ଧରି ସେ ଚାଲୁଥାଏ। ଚାଲୁଥାଏ କେଉଁଠି କି ? କୌଣସି ପ୍ରାପ୍ତି ପାଇଁ ନୁହେଁ, କୌଣସି ସମ୍ମାନ କି ସ୍ୱୀକୃତି ଆଶାରେ ନୁହେଁ। ଚାଲୁଥାଏ ମଣିଷ ପାଖକୁ। ମଣିଷ ପାଖରେ ନିଜକୁ ଖୋଜି ପାଇବାକୁ। ନିଜ ଭିତରେ ମଣିଷକୁ ଆହୁରି ଗୋପନରେ ଜାକି ଧରିବାକୁ। କବିଟିଏ ହେବାକୁ ହେଲେ ମଣିଷଟିଏ ହେବାକୁ ହେବ। ଏ କେବଳ କହିବାର କଥା ନୁହେଁ। ଏହା ଏକ ଉପଲବ୍ଧି। ଦୀର୍ଘକାଳ ଧରି କବିତା ଲେଖାର ଅଭ୍ୟାସ କରୁକରୁ ହୁଏତ ଦିନେ କବି ଅନୁଭବ କରିପାରିବ ଜୀବନରେ ଆଉ ଯାହା ମିଳୁ ବା ନ ମିଳୁ କବିତା ଲେଖାରୁ ମିଳିଛି ସଂସ୍କାର। ଏତେ କାଳ ଧରି ସେ ଯେଉଁ ବାଟରେ ଚାଲୁଥିଲେ ତାହା ପ୍ରତାରଣା ନ ଥିଲା ସେ ଜାଣି ପାରିବେ। ସେ କବି ହୋଇ ପାରିଛନ୍ତି କି ନା ସେ ଅଲଗା କଥା, ହେଲେ ସେ ଟିକିଏ ମଣିଷର ହେଇ ପାରିଛନ୍ତି, ଏ ଗୋଟିଏ ଖୁବ୍ ବଡ଼ ଆଶ୍ୱାସନା।

ହିନ୍ଦୀ କବିତାକୁ ନୂଆ ଭୂମି ଓ ରୂପ ଦେଇଥିବା ଜଣେ କବି ହେଉଛନ୍ତି କବି ଧୂମିଲ୍। ନିଜ କବିତାରେ ଠାଏ ସେ କହିଛନ୍ତି- ଶବ୍ଦ କିସ୍ ତରହ କବିତା ବନ୍‌ତେ ହୈ / ଇସେ ଦେଖୋ / ଅକ୍ଷର କେ ବିଚ୍ / ଗିରେ ଆଦ୍‌ମୀ କୋ ପଢ଼ୋ।।

ଅକ୍ଷରମାନଙ୍କ ମଝିରେ ସେ ମଣିଷକୁ କ'ଣ ଦେଖିହୁଏ ? ମୁହଁମାଡ଼ି ପଡ଼ିଥିବା ମଣିଷ, ମୁଣ୍ଡପୋତି ବସିଥିବା ମଣିଷ, ପ୍ରତିରୋଧର ହାତ ଉଠେଇଥିବା ମଣିଷ, ଅନୁରାଗରେ କୃତକୃତ୍ୟ ମଣିଷ। ଦେଖିହୁଏ ସେ ମଣିଷକୁ ? ଯଦି ନୁହେଁ, ତା'ହେଲେ ସେଠି ତପୋରତି ଥାଇପାରେ, ଆୟାସ ଥାଇପାରେ, ପ୍ରୟାସ ଓ ସମ୍ମତି ଥାଇପାରେ, ଶବ୍ଦ ଛିଟା ଛନ୍ଦଭ୍ରମର ଗୋଟିଏ ବାହାଦୁରୀ ଥାଇ ପାରେ। କିନ୍ତୁ ହୃଦୟକୁ ସ୍ପର୍ଶ କରିପାରିବାର ସୁକୁମାରପଣଟିର ଅଭାବ ବାରି ହେଇ ଯାଉଥିବ। ସେଠି ହୁଏତ କାବ୍ୟିକ ଚମତ୍କାରିତା ଥାଇ ପାରେ, କିନ୍ତୁ କାବ୍ୟିକ ସ୍ନିଗ୍ଧତାର ଅଭାବ ଦିଶି ଯାଉଥିବ।

ଦିନେ ବାରବର୍ଷର ପିଲାଟିଏ (ମୋର ଜଣେ ଛାତ୍ର) ପଚାରିଲା, କବି ହେବା ଲାଗି କ'ଣ କିଛି ମନ୍ତ୍ର ଅଛି ? ଏ ଏକ ଅବୋଧ ପ୍ରଶ୍ନ ନ ଥିଲା। ଗୁଡ଼ାଏ ବର୍ଷ ଲାଗିଗଲା ମତେ ଜାଣିବା ପାଇଁ ଯେ, 'ହଁ, ମନ୍ତ୍ରଟିଏ ଅଛି।' ନିଜକୁ ସର୍ବୋତଭାବେ ସମ୍ମତ ଓ ଗ୍ରହଣଶୀଳ କରି ପାରିଲେ ଯାଇ ସେ ଅନନ୍ୟ ଓ ଅବ୍ୟକ୍ତ ମନ୍ତ୍ରଟି ମିଳେ। ସେ ମନ୍ତ୍ରଟି ମିଳିଗଲେ ଜୀବନ ମନ୍ତ୍ରମୟ ହୁଏ। ତେବେ

ମନ୍ତ୍ରଟିଏ ପାଇଯିବାର ସମ୍ପୂର୍ଣ୍ଣ ଅର୍ଥଟି ହେଉଛି, ସେହି ମନ୍ତ୍ରଟିକୁ ସଙ୍ଗୀ କରି ଜୀବନଟିଏ ବଞ୍ଚିବା। ମନ୍ତ୍ରକୁ ସମ୍ମୁଖରେ ରଖି ପୂର୍ବବତ୍ ବ୍ୟାକୁଳ ହୋଇ ଅଗ୍ରସର ହେବା।

କବିତାକୁ ମନ୍ତ୍ର ବୋଲି କହି ଗ୍ରହଣ କରି ନେଉଥିବା ବ୍ୟକ୍ତି କଦାପି ତାହାକୁ କୌଶଳ ସ୍ତରରେ ଅଭିଷିକ୍ତ କରି ନ ଥିବ। କବିତା ତାଙ୍କ ପାଇଁ ଆଖି ପାଲଟି ଥିବ। ବାଟ ଦେଖେଇ ନେଉଥିବ। ଗୋଟିଏ ପରେ ଗୋଟିଏ ଅସରନ୍ତି ଆଖି ଯୋଗେଇ ଦେଉଥିବ - ପ୍ରକୃତି ଓ ସଂସାରକୁ ଦେଖିବା ଲାଗି ଏବଂ ସର୍ବୋପରି ମଣିଷକୁ ଖୋଜିବା ଲାଗି।

■

ଆତ୍ମସୃଜନ

ସଚ୍ଚିଦାନନ୍ଦ ହୀରାନନ୍ଦ ବାତ୍ସ୍ୟାୟନ (ଅଜ୍ଞେୟ) କବିଙ୍କୁ ଶବ୍ଦମାନଙ୍କର ଈଶ୍ୱର ବୋଲି କହିଛନ୍ତି। ଶବ୍ଦମାନଙ୍କର ନୂଆ ଅର୍ଥ ଭରିବାରେ ଓ ସେମାନଙ୍କର ସ୍ଥିତିଠାରୁ ସେମାନଙ୍କୁ ଊର୍ଦ୍ଧ୍ୱତର ଓ ମହିମାମୟ ଆସନ ଦେବାରେ କବିଙ୍କର ଭୂମିକା ମହାର୍ଘ୍ୟ। କଠିନ ତପସ୍ୟା ପରେ ହିଁ କେହି ଜଣେ ଏହି ପରମପଦଟି ଲାଭ କରିପାରେ।

ଅଜ୍ଞେୟଙ୍କର କହିବାନୁଯାୟୀ କବିଙ୍କୁ ତିନି ପ୍ରକାରର ଶବ୍ଦ ମିଳିଥାଏ। ପ୍ରଥମ ପ୍ରକାରର ଶବ୍ଦ, ଯାହା କେବେ ବି ତାଙ୍କର ଜିହ୍ୱାଗ୍ରକୁ ଆସେନି। ଦ୍ୱିତୀୟ, ଯାହାକୁ ଉଚ୍ଚାରଣ ତ କରିହେବ କିନ୍ତୁ ସବୁବେଳେ ମନେହେବ ଅନ୍ତର୍ଗତ ପୀଡ଼ାଠାରୁ ଏ ଶବ୍ଦମାନେ (ଶବ୍ଦାର୍ଥ) ନ୍ୟୂନ ଏବଂ ତୃତୀୟ ପ୍ରକାରର ଶବ୍ଦମାନେ ଏତେ ସୁକୁମାର ଯେ ସେମାନଙ୍କୁ ଉଚ୍ଚାରଣ କରି ହରେଇ ଦେବାକୁ ଇଚ୍ଛା ହୁଏନି। ସେ ଲାଗି ବୋଧହୁଏ କବିଟିଏ ସଂଯତ (ମୌନ) ଥାଏ ପ୍ରାୟତଃ। ଏହା କବିଙ୍କର ବ୍ୟକ୍ତିତ୍ୱ, ଅହଂକାର ନୁହେଁ।

କବିତାରେ ଶବ୍ଦମାନଙ୍କର 'ଅର୍ଥପୂର୍ଣ୍ଣ ଉପଯୋଗ'ଠାରୁ 'ଅର୍ଥପୂର୍ଣ୍ଣ ମୌନତା' ପର୍ଯ୍ୟନ୍ତ କବିଙ୍କର ଏ ଯାତ୍ରା ନିଶ୍ଚୟ କୌଣସି ତପସ୍ୟାଠାରୁ କମ୍ ନୁହେଁ। ଶବ୍ଦମାନଙ୍କର ନିହିତ ଓ ସମ୍ଭାବ୍ୟ ଅର୍ଥ ବ୍ୟତୀତ କବିଙ୍କୁ ଶବ୍ଦମାନଙ୍କ ମଝିରେ (ଶବ୍ଦହୀନ ଅନ୍ତରାଳରେ) ନିହିତ ଅର୍ଥ ପ୍ରତି ବି ଧ୍ୟାନ ଦେବାକୁ ହୁଏ। ଇଲେକ୍ଟ୍ରୋନିକ୍ ଯୁଗରେ ସମ୍ବାଦପତ୍ର, ଟେଲିଭିଜନ, ପତ୍ର-ପତ୍ରିକାଦିରେ ଶବ୍ଦମାନଙ୍କର ବିପୁଳ ଓ ଅନେକ ସମୟରେ ବାଚାଳ ବ୍ୟବହାର ଚାଲିଥିବା ବେଳେ ଅଜ୍ଞେୟଙ୍କର ଏହି କଥାଟି ମନକୁ ଛୁଏଁ ଯେ, କବିତା, ନା ଭାଷା, ନା ଶବ୍ଦରେ ଥାଏ। କବିତା ଶବ୍ଦମାନଙ୍କ ମଝିରେ ଥିବା ନୀରବତାରେ ଥାଏ। ସେଇ ମୌନତାରେ ହିଁ କବିତାର ସମ୍ପ୍ରସାରଣ ସମ୍ଭବ ହୋଇଥାଏ।

କବି ଶ୍ରଦ୍ଧାବାନ୍ ଓ ଆସ୍ତିକ। ବିନା ଆସ୍ଥାରେ ରଚନା ସମ୍ଭବ ନୁହେଁ। ନାସ୍ତିକ କଦାପି କବି ହୋଇପାରିବ ନାହିଁ। ସେ ସମୟର ପ୍ରବଳ ନାସ୍ତିକ ବ୍ରେଡ୍‌ଲେଫଙ୍କ ବିଷୟରେ ଗାନ୍ଧିଜୀ ଠିକ୍ ହିଁ କହିଥିଲେ ଯେ, ସେ ନାସ୍ତିକତାକୁ ମାନୁଛନ୍ତି, ତାହା ହିଁ

ତାଙ୍କ ପାଇଁ ଈଶ୍ୱର। ଆସ୍ଥା କହିଲେ ଆମେ ଅନୁଭବକୁ ବୁଝୁ, ଜ୍ଞାନ ନୁହେଁ। କବିତା ଜ୍ଞାନ ଅପେକ୍ଷା ଅନୁଭବକୁ ହିଁ ସ୍ୱୀକୃତି ଦିଏ।

କବିତାରେ କବିର ଏ ଅନୁଭବ ମୂଳତଃ ଆତ୍ମାନୁଭୂତି। ତେଣୁ ଏମିତି ବି କହିହେବ ଯେ, କବିଙ୍କର ପ୍ରତିଟି ସର୍ଜନା ପ୍ରକୃତରେ 'ଆତ୍ମସର୍ଜନା'। ଅନୁଭବମାନେ ଅଦ୍ୱିତୀୟ ଓ ବିଶିଷ୍ଟ। ତେଣୁ ସେମାନେ ଅନୁଭୂତି ପାଲଟି ଯାଇ ପାରନ୍ତି। କବିତା ବି ତେଣୁ ନିଜ ଜାଗାରେ ଅଦ୍ୱିତୀୟ, ବିଶିଷ୍ଟ ଓ ସ୍ୱତନ୍ତ୍ର ପାଲଟି ଯାଇପାରେ। କବିତାରେ ଭାଷାର ଏକାଧିକ ନୂଆ ରୂପକୁ ଅନୁଭବ କରିବା ପାଇଁ କିନ୍ତୁ ଆମର ଟିକିଏ ପ୍ରସ୍ତୁତି ଆବଶ୍ୟକ। ଆମକୁ ଜାଣି ରଖିବାକୁ ହେବ ଯେ, ଏକ ସ୍ୱତନ୍ତ୍ର ଚେତନା ସହ ଭେଟ ହେବାକୁ ଯାଉଛି ଆମର। ତେବେ ଯାଇ ଆମେ ନିଜକୁ ନୂଆ ଭାବରେ, ନୂଆ ବାଗରେ ଚିହ୍ନିବାର ସୁଯୋଗ ପାଇ ପାରିବା। ଏ କଥାଟି କବିଙ୍କ ପାଇଁ ଯେତିକି ଜରୁରୀ, ପାଠକ ପାଇଁ ବି ଠିକ୍ ସେତିକି।

ନିଃସନ୍ଦେହ ଯେ, କବି ଜୀବନ ଓ ତା'ର ବିଭିନ୍ନ ପ୍ରକ୍ରିୟାମାନଙ୍କର ଗମ୍ୟତା ଭିତରୁ ଯୋଗ୍ୟ ସାମଗ୍ରୀମାନଙ୍କୁ ସାଉଁଟି ଆଣେ। କିନ୍ତୁ କୃତିକୁ ରୂପାନ୍ତରିତ ହୋଇଯିବା ପରେ ଏ ସାମଗ୍ରୀମାନେ ସ୍ୱତନ୍ତ୍ର ଓ ବିଶିଷ୍ଟ ଜୀବନଟିକୁ ଆବିଷ୍କାର କରି ନିଅନ୍ତି। ତେବେବି ରହିଯାଏ ବହୁତ କିଛି ରହସ୍ୟ ଯାହାକୁ ଲେଖିବା ପାଇଁ ଲିପି ନାହିଁ। ସେଇଥି ଲାଗି କବି ଜାଣେ ବହୁତ କିଛି ତା' ପାଖରେ ପହଞ୍ଚି ବି ଶବ୍ଦମାନଙ୍କଠି ଧରାଦେଇ ନାହାନ୍ତି। ଏହି ଅସହାୟତା ହିଁ କବିତାକୁ ସମ୍ଭବତଃ ଅଧିକ ଆକର୍ଷଣୀୟ ଓ କବିଙ୍କୁ ତାଙ୍କ ଚେତନାର ସୀମାକୁ ଅଧିକ ବିସ୍ତୃତ କରିବାକୁ ଅଭିପ୍ରେରିତ କରାଏ।

ରାଜନୈତିକ କୋଳାହଳ, ସ୍ଲୋଗାନ୍, ଯାନ୍ତ୍ରିକ ଜୀବନ ଶୈଳୀ ଓ ବଜାର ସଂସ୍କୃତି ମଝିରେ ଆମ ଆତ୍ମାର ଖୁବ୍ ପାଖାପାଖି ଅଛି ଗୋଟିଏ ନିସ୍ତବ୍ଧତା। ଯେଉଁ ମଣିଷଟି ପାଖରେ ଶବ୍ଦ ଅଛି ତା' ପାଖରେ ସତ୍ୟ ନାହିଁ ଯାହା ପାଖରେ ଭୀଷଣ ଅସହନୀୟ ଅନୁଭବମାନଙ୍କର ସତ୍ୟ ଅଛି ଶବ୍ଦମାନଙ୍କ ଉପରେ ତା'ର କୌଣସି ଅଧିକାର ନାହିଁ। କବି ପାଇଁ ସତ୍ୟ ତା' ନିଜର। ସତ୍ୟ କେବେ ବି ନୂଆ ନୁହେଁ। ଶବ୍ଦ ହିଁ ସତ୍ୟକୁ ନୂଆ ଅନୁଭବରେ ବଦଳେଇ ଥାଏ। କବି ଲାଗି ସତ୍ୟ ବସ୍ତୁନିଷ୍ଠ (objective) ବି ନୁହେଁ। କବିତା ସର୍ବଦା ସତ୍ୟର ବହୁଳତାରେ ବିଶ୍ୱାସ ରଖେ।

ପ୍ରାୟ ପନ୍ଦର ବର୍ଷ, କବିତା କ'ଣ ବୋଲି ମୁଁ ଖୋଜି ହେଉଛି। ସେ ଖୋଜିବାର ପୀଡ଼ା କବିତା ଲେଖିବାର ପୀଡ଼ାଠାରୁ ଯେ କୌଣସି ଗୁଣରେ କମ୍ ନୁହେଁ ତାହା କ'ଣ କହିବାକୁ ହେବ? ତେବେ ସତ କଥାଟି ହେଉଛି, କବି ଓ କବିତା ସମ୍ପର୍କରେ ମୋର ବୁଝିବା ଶ୍ରେଷ୍ଠ ନୁହେଁ, ଅନ୍ତିମ ନୁହେଁ। କବିତାର ବିପ୍ଳବ ଓ ରହସ୍ୟମୟ ସାମ୍ରାଜ୍ୟର

ମାତ୍ର ଝଲକଟିଏ ମତେ ମିଳିଛି ଏବଂ ସେତିକିରେ ମୁଁ ବହୁତ କିଛି କହିବାର ଦୁଃସାହସ ଅବଶ୍ୟ କରିଛି। ହୁଏତ ମୋର ଜାଣିବା ତ୍ରୁଟିପୂର୍ଣ୍ଣ ହେଇପାରେ, ମୋର ବୁଝିବା ନୁହେଁ, ଅନ୍ତତଃ ଏତିକି ବିଶ୍ୱାସ ନିଜ ଭିତରେ ସାଇତିଛି।

ସମୟ ଓ ସମାଜର ବହୁବିଧ ସଂକଟକୁ କବିତା ଆଜି ଅନେକୋନ୍ମୁଖୀ ସମ୍ବେଦନାରେ ପ୍ରକାଶ କରି ପାରୁଛି। ସୁଖ ସୁବିଧା, ଅତ୍ୟାଧୁନିକ ଜୀବନଶୈଳୀ ମଝିରେ ମଣିଷକୁ ଜଣା ନାହିଁ ଯେ, କିଛି ଗୋଟେ ଅମୂଲ୍ୟ ତା' ପାଖରୁ ଖସି ଯାଉଛି, ଦୂରେଇ ଯାଉଛି। ସେ ଅମୂଲ୍ୟଟି କ'ଣ, ତାହା ଆଉ କହିବାର ଆବଶ୍ୟକତା ନାହିଁ। ଦାର୍ଶନିକ ଗୋଟେଙ୍କର ଏହି ଉକ୍ତି ଏବେ ସତ ଲାଗୁଛି- We are our demons, we expel ourselves from our paradise.

ଠିକ୍ ଏହା ସହିତ ବି ମୁଁ ମନେ ପକଉଛି କବି ଅଜ୍ଞେୟଙ୍କର କବିତାର ଏଇ ଅଭୁଲା ଦୁଇ ଧାଡ଼ି। ଅଜ୍ଞେୟ କହନ୍ତି- ମୈ ମୃତ୍ୟୁକା ଗୀତ ନହିଁ ଗାତା / ପର୍ ମୃତ୍ୟୁ ହୈ / ଇସ୍‌ଲିଏ ଗାତା ହୁଁ / କବି ପାଇଁ ଶୂନ୍ୟତାର ଅନୁଭବ ଜୀବନ ଓ ମୃତ୍ୟୁଠାରୁ ବି ଊର୍ଦ୍ଧ୍ୱରେ, ଏହା ମତେ ଧୀରେ ଧୀରେ ଶିଖେଇଛି କବିତା।

ଅନ୍ତଃବେଦୀରୁ ଧୂଆଁ ଉଠୁଛି। 'ସ୍ୱାହା' କହିବା ପାଇଁ ଥରେ ଥରେ ସମୟ ଓ ସୁଯୋଗ ମିଳୁନି। ଜୀବନ ଅନବରତ ବରଷି ଚାଲିଛି ଅମୃତଧାରା। ଶବ୍ଦମାନେ ମେଘଭଳି ଛାଇ ଯାଇଛନ୍ତି, ଜୀବନକୁ କୋଳେଇ ନେଉଛନ୍ତି। ଅନୁଭବମାନେ ପୀଡ଼ା ଦେଉଛନ୍ତି, ପୀଡ଼ାର ଉପସମ ବି ଦେଉଛନ୍ତି। କବିତା, ଜୀବନକୁ ସମ୍ଭାଳି ନେବାର ଗୋଟିଏ ନାଁ। ହୁଏତ ଯେଉଁ ଅମୂଲ୍ୟଟି ହଜି ଯାଇଛି, ଆମ ଭିତରୁ, ତାହାକୁ ବାରମ୍ବାର ଖୋଜି ଆଣିବାର ଦାୟିତ୍ୱ ନେଇଛି କବିତା।

■

BLACK EAGLE BOOKS

www.blackeaglebooks.org
info@blackeaglebooks.org

Black Eagle Books, an independent publisher, was founded as a nonprofit organization in April, 2019. It is our mission to connect and engage the Indian diaspora and the world at large with the best of works of world literature published on a collaborative platform, with special emphasis on foregrounding Contemporary Classics and New Writing.